CUENTOS DE CINE

CUENTOS DE CINE

SELECCIÓN Y PRÓLOGO DE JOSÉ LUIS BORAU

GRANDES NARRADORES CELEBRAN EL PRIMER SIGLO DEL CINE

EXTRA ALFAGUARA

ALFAGUARA

1996, Santillana, S. A.
Juan Bravo, 38. 28006 Madrid
Teléfono (91) 322 47 00
Telefax (91) 322 47 71

• Aguilar, Altea, Taurus, Alfaguara S. A.
Beazley 3860. 1437 Buenos Aires
• Aguilar, Altea, Taurus, Alfaguara S. A. de C. V.
Avda. Universidad, 767, Col. del Valle,
México, D.F. C. P. 03100

ISBN: 84-204-2879-5
Depósito legal: M. 36211-1996
Coordinación:
José Luis Borau y Rosa Junquera

ÍNDICE

Prólogo

JOSÉ LUIS BORAU

A Francisco Ayala, temprano y fiel enamorado

Un día de la pasada primavera, al abrir la ventana y asomarme, vi a través de la ventana abierta de mis vecinos, cómo ella, la vecina, se asomaba también a la suya y, dando la espalda, comenzaba a atusarse el flequillo frente a un pequeño espejo. Permaneció así un buen rato, demasiado quizá para tan fútil operación, hasta que de súbito, al manipular el espejito, éste despidió una *rata* que vino a herirme en las pupilas, y comprendí la verdad. Lo que realmente estaba haciendo aquella mujer era espiar mi curiosidad, aunque lo hiciera de manera bastante más solapada y creativa que yo. Irritado por el descubrimiento pero sin ningún derecho a la protesta, claro, se me escapó el pensar: *¡Podría, al menos, tener la delicadeza de darme a entender lo que ha sacado en limpio!*

De ahí surgió la idea de componer este libro. ¿No sería interesante, o al menos oportuno, habida cuenta del tan traído y llevado centenario del cine, saber cómo han recogido nuestros vecinos, los *narradores de letra*, el quehacer en que unos cuantos andamos metidos en lo que va de siglo? ¿Qué piensan ellos de nosotros, de los trabajos y desvelos que nos ocupan, de la ambición que nos impulsa, del nuevo tinglado de la farsa levantado a partir del experimento de física recreativa que en un principio fue todo, de los mitos paridos a la vista —nunca mejor dicho— del público, de cuanto hay de mentira y de verdad en imágenes que han venido trastornando a la humanidad durante los últimos cien años, a veces impidiéndole pensar, otras proporcionando fórmulas prefabricadas para alcanzar un rato de felicidad, pero asomándole en ocasiones —no tan raras como pretenden los sempiternos aguafiestas— a un universo virgen e inesperado, un reino mágico, incluso por su realidad, al que nos hubiera resultado imposible acceder desde cualquier punto de partida anterior?

La idea venía lastrada por ciertas dificultades, como pasa siempre. En primer lugar, la dichosa del idioma. Habría que prescindir a la fuerza de Fitzgerald, de West o de Isherwood, autores surgidos a la sombra del Hollywood de nuestras delicias, además de otros oriundos de lugares, digamos *reales,* donde el cine alcanzó mayor brillo y fuerza que aquí, un Svevo o un Camus, sin ir más lejos. Según el buen gusto editorial, no cabe mezclar textos originales con traducciones, actitud comprensible aunque, dicho sea de paso, algún día habrá que saltársela a la torera si no pretendemos ponerle vallas al campo de la creación y vivir en una parcelita tonta.

Circunscribiéndose a los pagos hispanos, y prescindiendo del costado poético, dentro del cual justamente algunos de nuestros autores —los del 27— bien pueden ser considerados adelantados universales en cuanto al arrebato cinematográfico, tampoco cabía agrupar novelas por razones obvias de extensión, ni menos aún íbamos a desguazar las existentes para ofrecer piezas o fragmentos entresacados a capricho. Se trataba, además, de recoger voces vivas, en ejercicio aún —o en ejercicio ya—, a efectos de que el testimonio llegara en caliente y fuera susceptible de réplica —de réplica íntima, se entiende—, por parte del lector contemporáneo de la voz en cuestión, quedando así excluidos nombres del relieve de Gómez de la Serna, Puig,

Carranque, Jardiel, Mihura, Neville o nuestro ínclito *Azorín,* merecedores todos de recuerdo y homenaje a la hora de pasar lista de quienes tomaron un día la sublime decisión de incorporar el cine a su temática particular cuando éste todavía era considerado diversión propia de niños, criadas y soldados, o poco más.

A cambio, incluiríamos trabajos de ese puñado de ambivalentes privilegiados cuya potencia artística les permite brillar y cabalgar a la vez en los dos campos, el propio y el vecino. Directores que a veces escriben y escritores que a ratos dirigen, sin que uno —el espectador o el lector de turno— sepa muy bien cuándo es el Dr. Jekyll y cuándo Mr. Hyde quien le está contando.

Somos conscientes de que podrían haberse buscado también textos donde no se hablara del cine expresamente pero que estuvieran inspirados o conformados por influencia cinematográfica, fuera ésta confesada o no, conocida e incluso ignorada por los respectivos autores. En el fondo, se hubiera tratado de un experimento menos inocente y mejor revelador del peso específico que la pantalla alcanzó en la formación de la conciencia y el conocimiento de la gente de letras, mal que pueda pesarles a algunos de sus representantes más conspicuos. Pero tal criterio implicaba el correspondiente estudio de cada trabajo seleccionado y, aun cuando no renunciemos al proyecto por considerarlo necesario a la hora de estudiar mutuas influencias entre Cine y Literatura durante este primer siglo de coexistencia más o menos pacífica, parecía prudente dejarse de tales honduras por el momento.

Aquella misma tarde de primavera hablé con Juan Cruz, quien pescó la idea al vuelo y, pareciéndole atractiva, soltó un *vale,* vocablo sin prestigio, a pesar de su intachable condición castellana y de protegernos cual detente idiomático del contagioso *okay,* pero que suele agradecerse en tales circunstancias. Sólo puso una condición: el inductor debía figurar también en el libro, aparte de escribir su prólogo, requisito éste cuyo cumplimiento se daba por descontado.

Sopesé riesgos, para el lector y para mí mismo, y decidí aceptar con tal de poner el proyecto en marcha. Ustedes disimularán, como solía decirse antiguamente en el teatro —es decir, antes de la aparición del *Cinematographe*—, cuando se trataba de suplicar indulgencia.

JOSÉ LUIS BORAU
Madrid, julio de 1996

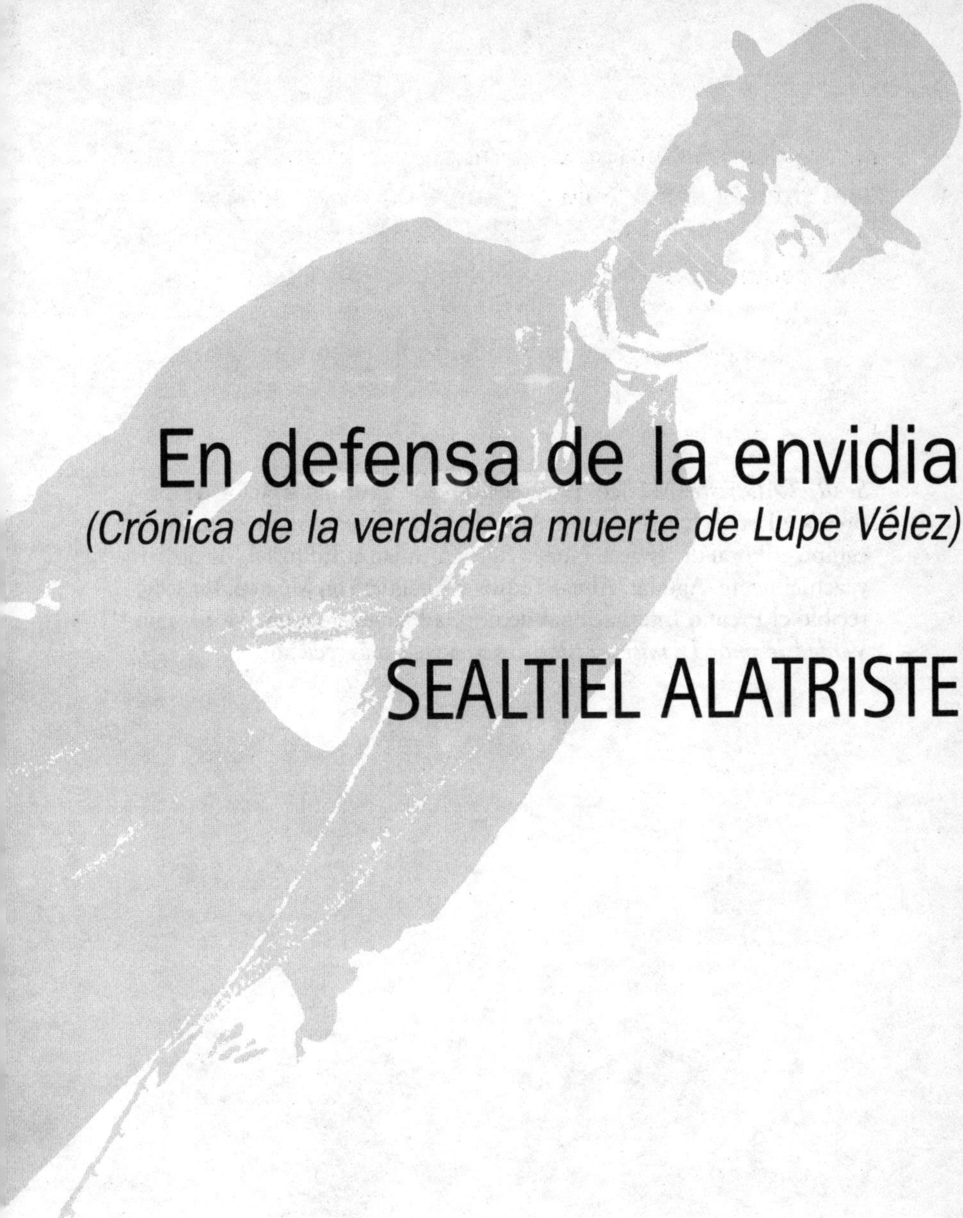

En defensa de la envidia

(Crónica de la verdadera muerte de Lupe Vélez)

SEALTIEL ALATRISTE

Sealtiel Alatriste (México, 1949) se licenció en Administración de Empresas y Letras Españolas por la UNAM. Destaca por su labor en el campo editoral dirigiendo Nueva Imagen, Alianza Editorial Mexicana, y, actualmente, Aguilar, Altea, Taurus y Alfaguara en México. En 1994 recibió el Premio Internacional de novela Planeta/Joaquín Mortiz con *Verdad de amor*. *La misma historia* es su novela más reciente.

Me parece que perdonar a nuestros enemigos
es el más morboso y curioso placer.

OSCAR WILDE, *Cartas a Lord Alfred Douglas*

Mi único instante de gloria es un recuerdo o, si se quiere, un recuerdo que proyectado hacia el futuro resulta glorioso, pues yo, Uriel Eduardo Alatriste, como todos los mortales tuve un primer amor, pero al contrario de muchos mortales, el mío fue con un mito, con la Afrodita azteca, con *the Mexican spitfire,* nada más y nada menos que con Lupe Vélez.

Ahora todo el mundo sabe que Lupe fue una envidiosa de lo peor, pero entonces, cuando se inició nuestro romance, nadie tenía la menor idea de que un cuerpecito tan redondo y suculento como el de ella fuera capaz de almacenar tanta envidia. Tengo una foto en la que (sentada frente a un tocador, vestida con un camisón transparente, de espaldas a la cámara, su rostro se refleja en un espejito de mano) muestra su portentosa anatomía. La dedicatoria es un insulto y prueba que, además de envidiosa, en los años en que dejé de verla se dejó crecer en vanidad sin límites: «Para que veas lo que te perdiste». Alude a nuestro romance, cuando todavía se llamaba Guadalupe Villalobos y no era famosa; cuando nos íbamos dizque a platicar a la sombra del ahuehuete que estaba en la esquina de casa de su abuelito, y yo le sobaba los senos mientras ella me contaba la película que había visto esa tarde, mezclando la anécdota con descripciones casi pornográficas de los hombres que habían aparecido en la pantalla, y, para variar, terminábamos haciéndonos promesas de matrimonio, pidiéndonos que no nos fijáramos ni en otros hombres ni en otras mujeres, medio jadeantes, sin que yo hubiera acabado de comprender nada de lo que me había contado.

En alguna de nuestras usuales tertulias del año 45, Salvador Novo descubrió la foto de Lupe, que yo tenía sobre una mesita llena de objetos familiares. Mientras la observaba dijo con sarcasmo inaudito (no en él, que siempre se burló de todo, sino inaudito porque iba dirigido a Lupe en esa pose de tentación) que la Vélez siempre fue de aspecto muchachil y rostro lilial, dulce, arrogante y querubínico, pero de un carácter, heredado de la rama paterna de su familia, que desmentía su apariencia angelical.

—Lupe fue propensa a la ira —agregó Novo, levantando su hoy famosa mano siniestra—, caprichosa, mimada, dilapidadora, orgullosa, arisca. Su imagen venía a ser el reverso de su temperamento melindroso.

—Y eso por decir lo menos acerca de ella, ¿no, Chava? Y, claro, sin el menor deseo de ofender.

—Al contrario, querido Uriel: ¡en su defensa! Y, ya que la quisiste tanto, tú deberías hacer lo mismo.

Levantó su copa y brindó por ella con voz engolada y estentórea:

—En defensa de la envidia.

Le conté entonces, conmovido por su frase, cómo nos cachó su mami en un retozón *non sancto,* cómo me sacó del armario (donde nos sorprendió), y nunca más me permitió verla. Lo nuestro era amor, amor del bueno, y hubiéramos hecho una pareja histórica si su bendita progenitora no hubiera soltado el tipludo grito de «puutaaa»; si no me hubiera jalado de las orejas; si al menos me hubiera dejado explicarle, para que no se estuviera imaginando cosas, por qué tenía metida mi mano dentro de la pantaletita de su hija.

No creo que haya sido adrede, pero con aquella actitud su madre condenó a Lupe a asumir eso que ahora se llama «rol vital», y, la mera verdad, queriendo evitarlo le metió lo puta hasta la médula de los huesos, y no solamente hizo pedazos su autoconfianza, sino parte de la mía también.

—Pude haber sido su redentor, Salvador, y mírame, fui el instrumento que el destino usó para tirarla a la perdición. Llevo esa culpa sobre mi conciencia.

—Urielito de mi vida, siento decirlo, pero estás que ni mandado a hacer para personaje de don Federico Gamboa.

Preferí ignorar si su comentario era un insulto o un piropo, y seguí pensando en la cara de espanto que puso Lupe, ahí en el armario, paralizada en su posición fetal; en sus ojos que me suplicaban que la salvara de la arpía, que no la dejara sucumbir ante la loba; en los girasoles que yo le había ido ensartando en el cabello; en su cuerpo terso, todavía delgado, aunque lleno de curvas por todos lados; en su seno albo, fuera del sostén, que fue la última imagen que tuve de aquel amor pendenciero (pues el jalón de su madre me nubló la vista). Por más que hice después, nunca la pude volver a ver, parece que alguna vez me escribió una nota de auxilio que no llegó a mis manos, y que para liberarla de mi influencia e insistencia, su madre (otra vez su madre) se la llevó a vivir a Los Ángeles. Obras son amores y no buenas razones, pero no pude hacer nada por detenerla, por evitar que la loba cimentara la desvaloración hacia sí misma que la llevó a su trágico final. Algún amigo que la vio hacer sus pinitos en Hollywood me habló de ese sentimiento de inseguridad que fue su peor defecto, y que sin duda se acrecentó cuando su relación conmigo terminó de manera tan abrupta.

—Ya sé que vas a pensar que es una explicación simplista —le dije a Novo bastante contrito, con la foto de

Lupe entre las manos, sintiendo el dolor de su dedicatoria—, pero no he podido liberarme de la culpa que siempre he sentido hacia ella.

—El destino es el destino, Uriel. Contigo o sin ti, la ambición de Lupe hubiera triunfado sobre sus buenos propósitos. ¡Convéncete!

No sin amargura, entonces, me puse a contarle todo lo que sabía acerca de la serie de acontecimientos, dignos de película de los hermanos Marx, que a Lupe le costaron la vida.

Resulta que una mañana (muy quitada de la pena, como si su historia no estuviera a punto de ponerla a prueba) Lupe entró al vestidor de su mansión de Beverly Hills, y sin qué ni para qué, sin justificación alguna, encontró a una de sus secretarias probándose uno de sus vestidos favoritos: la Vélez, que se las traía como pocas, montó en cólera, se le fue encima a la chica vociferando maldiciones, e importándole un rábano el valor del vestido, se lo arrancó a manotazos dejándola desnuda. ¡Menuda sorpresa! La muchacha tenía un cuerpo prodigioso; firme, pequeño, torneado, apenas cubierto por un levísimo vello rubio que le hacía aparecer la piel como cáscara de melocotón. La Vélez, muda, retrocedió. En ese momento se le vinieron a la cabeza multitud de cosas que había venido escuchando en los últimos días: le habían dicho que su agente (que era el amante en turno de Lupe) salía con esa secretaria, que había perdido el seso por ella, que la malvada medio lo explotaba, y que si él seguía con Lupe era por birlarle los dolarucos que la chamaca le exigía. El chisme le había parecido una exageración, ¿cómo iban a pensar que ese galancete muerto de hambre iba a preferir a otra mujer?, pero tener enfrente el motivo de la exageración (propiamente de carne y hueso) la amedrentó un poco, y, dado que era muy morbosa, la conmovió la intimidad inintencional que se había creado en el estrecho vestidor. La jovencita, ofendida, se sacó de dentro un mal carácter que nunca le hubiera sospechado, se quedó parada donde estaba, abrió las piernas como para que sus caderas y su sexo resaltaran, acarició sus senos, alborotó su cabellera negra y le dijo: «Vieja envidiosa, lo que pasa es que ya está refea y no soporta que una esté tan güena». Lupe se acordó de la chiquilla indocumentada que le habían traído hacía tres años, de su mirada gacha, su vestido negro y sus modales michoacanos; «déle chance», le había pedido la señora Beulah Kinder (que había sido su asistente y compañera durante los últimos años), y, por lástima, la Vélez había contratado a la infeliz. ¿En este monstruo se había convertido aquella niña tímida? ¿Qué contestarle ahora? ¿Con qué argumentos rebatirla (que no fuera darle un buen jalón de pelos)? ¿Cómo defenderse de la insolencia de la fiera? ¿Cómo sacar la garra, la autoridad, si su cuerpecito la había desarmado? Sin pensarlo más, Lupe le aventó un cojín que tenía a mano y le dijo, con voz temblorosa, de pito de tren alejándose de la estación: «Vístete y lárgate, desgraciada. Uno las saca del fango y así pagan, canijas». No satisfecha con la humillación, la secre tomó el vestido rojo de lentejuelas (el famoso vestido del escote que llegaba hasta el principio de la nalga, que tantos desvelos le causó al último marido de Lupe), unos zapatos de raso blanco y el chal bordado con chaquiras e hilo de oro donde se veía el paisaje mexicano, con los dos volcanes, la nopalera y el sol despuntando en el horizonte. «A mí se me va a ver muchísimo mejor», dijo la escuincla envalentonada, «así que me lo llevo, total, como dice el Johnny» (o sea, el hasta ese momento no mentado agente, pero nombre del hombre en el que habían estado pensando las dos mujeres), «usté ya'stá pa'l arrastre. ¡Quédese con su rencor, vieja horrible, que yo me llevo puesto este vestido!», y se fue.

La Vélez no pudo, o no fue capaz de detenerla. Se derrumbó en el sillón de su tocador, llorando, cumpliendo una rutina de sobresaltos faciales que terminó en una expresión similar a la que se ve cuando alguien se mira en un espejo estrellado. Parecía un *picasso* cubista. Nunca (lo sé a ciencia cierta) en todos sus años de actriz había logrado tal eficacia en el gesto, tal dimensión de la actuación, tan conmovedora imagen. Presa de la impotencia prendió la marquesina que rodeaba el espejo. La luz, su reflejo, la mala suerte, le mostraron un rostro surcado por líneas de rímel, donde las patas de gallo, la incipiente papada, las arrugas en las comisuras de la boca, la V en la frente, le enseñaban la versión actual de lo que había sido su belleza. Lupe pasó una mano por su cara, intentando inútilmente reencontrar la lozanía de su juventud, sustituida ahora con plastas de maquillaje, con rubor exagerado, con sombras verdes y violetas en los ojos, falseada en las fotografías que circulaban por ahí con tomas bien pensadas, con ángulos en que la luz la favorecía, con gestos repetidos hasta el cansancio; su juventud truncada, disimulada su gordura, ocultando su decrepitud, simulando su belleza, que en la soledad de su vestidor era un lujo de la ausencia. Se le apareció entonces, como fantasma en el espejo, el cuerpo esbelto de la secretaria. Lupe creyó ver los movimientos suaves, como de película en cámara lenta, con que abrió las piernas, irguió el busto, alborotó la melena, y ella, *the Mexican spitfire,* imaginó cómo se entreabrían sus labios, los de la cara, brillantes por un resto de saliva, y esos otros de su bajo vientre, humedecidos por la violencia de su rabia, por el poco recato con que ella la miraba. La Vélez sintió que se desvanecía, que se derretía su famoso orgullo en el charco de su pasión, humillada porque deseaba que su secretaria no se hubiera ido, porque se excitaba con el solo recuerdo de sus muslos firmes, con el de las nalgas muscu losas, con el de los vellos tupidos y abultados que remataban en la imagen escondida de su sonrisa vertical; pensó en la cabellera —rumorosa, estrepitosa, volcánica— que no era más la de la chica, sino la de una ninfa odiada y deseada al propio tiempo. El mismo deseo que sentía era una forma de humillación, de locura, de decrepitud anticipada. En el espejo se le aparecieron (filmados en blanco y negro) los ojos oscuros, la piel satinada, la tez canela, la carcajada lanzada al aire, el orgullo sin medida, el desprecio en todo su esplendor. El recuerdo entero contrastaba con su rostro en el espejo, cada momento más estropeado, tupido de colores revueltos en los párpados, resquebrajado el colorete de las mejillas, la tristeza y la envidia campeando por todos lados. Con esa cara, con esa mueca descompuesta, la Vélez decidió su vida.

—No sigas, Urielito —me dijo Novo, cubriéndose los ojos con las manos—, ¡nomás de imaginármela se me pone la carne chinita, chinita!

—Ojalá y todo hubiera acabado ahí, Chava, pero no.

—Te imaginas lo que hubiera hecho De Sica con ella de tenerla al alcance de la cámara.

Esa noche Lupe dio una gran fiesta a la que asistieron todas sus amistades, y por lo que se dejó ver, también una que otra de sus enemistades. Cuando todos se hallaban reunidos en un patio mexicano —lleno de fuentes, arreglos florales y mesas rebosantes con bandejas de sopes, guacamole, quesadillas, pambazos y tacos diminutos— Lupe apareció en lo alto de una escalera, ataviada como princesa azteca —falda blanca y colorada, sin blusa pero con un portabustos verde (en forma de nopal), y penacho monumental, gris y blanco, manufacturado con plumas de guajolote— custodiada por una docena de guerreros entre babilónicos y olmecas —con cascabeles huicholes en las muñecas y los tobillos, que agitaban al ritmo de un tunkul que resonaba a lo lejos—. El público quedó perplejo frente a la aparición precolombina, y los guerreros, aprovechando la confusión que causó entre la concurrencia la sofisticada vestimenta de la anfitriona, empezaron a besarse los unos a los otros mientras un rumor de escándalo surcaba el patio mexicano. Lupe, parada en lo alto de la escalinata, iluminada por dos poderosos reflectores, con una mano en lo alto y la otra sobre su chichi izquierda, glamurizada por el hielo seco que brotaba de unos enormes jarrones de Talavera, era lo más parecido a la visión del más allá hollywoodense. Su belleza, pese a todo, era deslumbrante y le iba al parejo a su enorme inseguridad.

Gracias a que el agente se lo había pedido, los invitados se formaron en una larga fila al pie del primer escalón y empezaron a aplaudir y a gritar bravo bravo, mientras Lupe descendía lentamente, en zigzag, tomando de la mano a cada uno de sus guerreros. Cuando estuvo abajo, uno por uno de aquellos sorprendidos invitados al ágape (ya para entonces calificado de inmisericorde por los partidarios del buen gusto), le dijeron que estaba hecha un mango. Ésa fue la manera que el agente encontró para pedirle perdón.

La historia, el origen y los motivos de este perdón son una apología de la truculencia, pues esa mañana, por teléfono, su agente y amante de turno se había tenido que zampar no sólo la chilleta de Lupe, sino el reclamo que no podía contener un segundo más en la garganta: «Cómo puedes engañarme con una tipeja como mi secre»; «¿pero cómo crees, Lupita?»; «¿de verdad le dijiste que estaba pal' arrastre?»; «¡híjoles, pero qué mentirota!, ¿me crees capaz, mi reina?»; «ella misma me lo dijo, canalla, bajo, padrote, cinturita. ¡Te creo capaz de eso y más!»; «*darling, don't be silly,* si para mí tú eres todo, lo mejor de lo mejor, me cai»; «que te caiga tu abuela, mantenido, conmigo no vas a jugar»; «ay, ay, ay, Lupitita, no me trates así»; «si tú crees que una mujer de esa calaña es más guapa que yo lo vas a pagar muy caro»; «mira nada más, ora sí que la hicimos. Te apuesto lo que quieras a que en la próxima fiesta todo el mundo te dice que estás muy buena, que eres la más buenísima de todas las mexicanas de California»; «pus entonces que esa fiesta sea esta misma noche». Y así quedó concertado el convivio, y que él, *Johnny the greatest,* se ocuparía de que asistiera la crema y nata del mundo celuloide.

La fiesta resultó carnavalesca, esperpéntica, apoteósica, digna de la fábrica de sueños en que siempre quiso vivir mi *Mexican spitfire*. Empezó como una ilusión de Cecil B. de Mille y terminó con la mayoría de los ilusionados cantando *Cielito lindo,* completamente borrachos. Dicen que Cary Grant (que ya empezaba a destacarse como el prototipo de la futura virilidad de la meca del cine) estuvo muy solícito, platicando alegremente con Ricardo Montalbán; que Dolores del Río se paseó por los jardines bailando tap, al ritmo del jarabe tapatío, con la peregrina intención de volver a fascinar a Fred Astaire (ya se sabe que así había conseguido su contrato para *Flying down to Río,* entre otras malas artes que también puso en práctica); que Chaplin perdió el sentido por una mesera de trece años a la que le propuso que actuara con él en su próxima película; y que el Ciego Benítez (que, aunque no hablaba ni escribía inglés, reporteaba para una revista norteamericana de nota roja), creyéndose Mike Hammer le fue a dar una patada en los güevos a Ronald Reagan, que empezaba a destacar en papeles de segunda, pero que ya le caía muy gordo; esto no solamente echó por tierra el buen ambiente que se estaba creando en la fiesta, sino que ahora a él, al Ciego, le ha costado la visa americana porque Reagan tiene influencias en el gobierno gringo y ha puesto a Benítez en la lista de indeseables. Este hecho (patada en los güevos y no pérdida de visa) fue seguido de otros, a cual más desafortunado: el primero fue que Benítez, huyendo de unos gorilones amigos de Ronnie, empezó a llamar a los gritos a la secretaria, la provocadora de todo el drama, y Lupe, *ipso facto,* se sintió ofendida.

—No vayas a creer, Chava —dije, interrumpiendo mi relato para darle más suspenso—, que todo esto lo estoy inventando; nanay, me lo contó el mismo Ciego en La Mundial, la cantina de todos los periodistas, cuando me vi con él para saber toda la verdad sobre este negro suceso en la vida cultural mexicana.

—El Ciego siempre ha sido bueno para el chisme, ni hablar del peluquín.

«Mira, hermanito», me dijo Benítez muy circunspecto, «ofendida es poco, Lupe se sintió mancillada, ultrajada, casi violada, pues como tú bien sabes, no tenía ni pizca de sentido del humor, y fíjate, lo que vino después le destrozó el corazón».

Como respuesta a los gritos del Ciego apareció la secretaria de marras, enfundada en el vestido de lentejuelas (también de marras), tras unos macetones que guardaban la alberca. ¿Cómo había entrado ahí?, ¿cómo burló la orden de «disparen a matar» que había dado Lupe a los guardias por si la veían aparecer de incógnita? La luz entera de la fiesta, entonces, pareció caer sobre la joven que, entre los restos de la neblina provocada por el hielo seco, caminó hacia donde se encontraban los mudos espectadores; el vestido se le amoldaba al cuerpo como anillo al dedo, y todos pensaron que venía desnuda, firme y dura, tal como Lupe la había visto esa mañana en su vestidor, con la misma soberbia con que le infligió el insulto y la clandestina excitación. Los invitados, sorprendidos por la nueva aparición (la primera había sido la de Lupe), recularon, guardando un silencio temeroso, con la vaga impresión de que las mexicanas tenían la costumbre de presentarse de esa forma fantasmagórica. El camarada Benítez (como entonces era conocido en el gremio reporteril), valiéndose del desconcierto fue a donde se había quedado parada la secre, la abrazó, y en el mejor estilo de Rodolfo Valentino la besó prolongadamente.

«A mí me había dado la impresión», acotó el Ciego en la aludida comida que tuvimos, «de que todo el mundo mostraba una excesiva alegría, una forma terrible e involuntaria de hilaridad, que yo atribuí a que todos se habían percatado de los graciosos gestos que hacía Reagan al sobarse los bajos. Desgraciadamente, Urielito, ésa no era la causa.»

Cundía entre los invitados, efectivamente, un tono de bacanal, de desmadre, o de pelea campal en cantina de *western*. En ese momento, Lola del Río, que empezaba a darse cuenta de lo que estaba ocurriendo, suspendió el zapateado que ejecutaba sobre una de las mesas rebosantes de manjares nacionales, y dejó escapar algo similar a un aullido. *The Howling,* dijo uno de los invitados. Los entonces jovenzuelos, Grant y Montalbán, fueron a consolar con palmaditas en la espalda a la ya para ese momento histérica Lola del Río; ésta los codeó demostrando aptitudes pugilísticas hasta ese entonces ignoradas, fue hasta donde el Ciego y la secretaria protagonizaban su escena de amor, y de un aventón los tiró a la alberca. «Hoy mismo, cuando me hacías el amor, mendigo invidente, me juraste felicidad eterna», jadeó Dolores, ya histerizada sin remedio, incapaz de cualquier pensamiento constructivo.

«Ojalá, y eso hubiera sido cierto, Uriel», me comentó el Ciego visiblemente perturbado, saboreando unas enfrijoladas de fantasía. «Ojalá. Es cierto que la cortejaba y que de haber podido me habría acostado con ella, pero Lola era rejega, y aunque se decía enamorada de mí, nunca me las dio. Alguna vez escribiré una especie de largo reportaje autobiográfico en el que, aunque mienta, me la eche literariamente con todas las de la ley, pero te juro que en la realidad no se me hizo con ella, ¿qué gano yo con negártelo?»

«¡Vieja arpía!», gritó desde la alberca la secretaria, dando palmotadas para no ahogarse, «todas ustedes son unas envidiosas». El destino, que aparentemente no tenía nada que ver con la pobre, la había colocado frente a las únicas dos mexicanas que habían triunfado en Hollywood —y ese mismo destino truncó sus ambiciones de tiple—. La versión que el Ciego dio de ese suceso (en un fragmento que publicó el suplemento *México en la cultura* de su proyectado reportaje autobiográfico) es una vil mentira. Ni Lupe fue a tratar de ahogar a la jovencita, ni Lola del Río se soltó a llorar desconsoladamente en el hombro de Fred Astaire, ni Ronnie Reagan echó balazos al cielo, ni pasaron ninguna de las otras mentiras que el Ciego escribió. Lo sé porque yo tengo en mi poder un recorte de *The Beverly Hills Herald,* donde se puede comprobar que la verdad fue muy otra, verdad que yo estoy tratando de reproducir aquí (por así convenir a mis intereses): a duras penas la secretaria salió de la alberca empapada hasta el último milímetro de su piel de melocotón, el vestido se le había enrollado a la altura de la nalga y era un remedo inútil de su piel morena, el maquillaje y el peinado se le habían descompuesto, pero aunque estaba para dar lástima, su belleza era aún más patente gracias a las gotas de agua que le escurrían por todo el cuerpo, reflejando con destellos multicolores la luz de los reflectores; y si antes había aparecido como un fantasma, entonces, en esa pose —embravecida, encueradona y vulgar— era uno más de los manjares mexicanos preparados para esa cena. Desde lejos, Lupe Vélez lo miraba todo, medio espantada, con la excitación crispándole el deseo, pero encorajinada, sin atinar a comprender la encrucijada que la mala suerte le había tendido. Quizá se acordó del día en que su santa madre nos descubrió en el armario a punto de cometer lo peor y sintió el mismo escalofrío de angustia recorriéndole el cuerpo, con la certeza de que el tiempo de la saña volvía para acabar con su vida. Sus ojos, grandes y expresivos, se achinaron con el mismo horror de siempre, chasqueó la lengua, encogió los hombros, miró al cielo, pero un instante después, su mirada chocó con la figura enclenque de su agente, con su rostro habitualmente baldío, y una corazonada fulminante le hizo saber que algo había tenido que ver él en todo aquel enredo que se había creado a su alrededor. Lupe quiso encender sus pupilas, pero el famoso hechizo hipnótico de su mirada la había abandonado, y su labio inferior la hacía aparecer como una imbécil; sin embargo (consta en la crónica de sociales a la que hice referencia) el ya mentadísimo agente tuvo la delicadeza de enrojecer cuando se percató de que *the Mexican spitfire* se lo hubiera querido escabechar. Tenía la cara inflamada, pálida e hinchada y le costaba trabajo respirar.

«Y sí, mi hermano, fue todo culpa de él», me aseguró el Ciego. «Él me había contratado para asistir a la cena y representar la escena de amor con la secretaria, ¿qué te voy a contar?, aunque no estaba tan buena como decían. Yo de güey que acepté, bueno no tanto, pues estaba muy pobre y necesitaba unos dólares milagrosos, así que estuve de acuerdo en representar el papel de galán. Según el tipo ésa era la única manera para que Lupe se convenciera de que él no andaba con la secretaria: si la chica tenía el mal gusto de andar conmigo, la Vélez sabría que era imposible que hubiera aceptado salir con él. Cuando me lo dijo, así con esa desfachatez que tienen los pochos, me dieron ganas de madreármelo, y si no lo hice fue por hambre, te lo juro. Él inventó toda la escena, la aparición, el beso y todo, pero no contaba con mi odio visceral hacia Reagan, ¿pero a quién no le dan ganas de patear a un tío así, que es un descastado y un arribista? Y, bueno, ya sabes todo el resto».

—El asunto no fue ni tan fácil, ni tan claro, Urielito —me interrumpió Novo, que tenía su propia versión de los hechos—, en la base de todo se encontraba una injuria, o en el mejor de los casos, una mala jugada. Tú ya sabes que Pepe Gorostiza vivió enamorado de Lupe, ¿no? —(yo ya sabía)—, pues él me dio otra versión de los hechos.

La versión de Gorostiza, palabras más, palabras menos, es la siguiente: parece ser que fue el mismo agente el que le sugirió a la secretaria que se burlara de Lupe, pues ésta estaba últimamente muy engreída y por cada contrato quería cobrar una fortuna. Sammy Goldwyn ya se había quejado con el representante, pues de seguir Lupe en ese plan de *expensive diva,* todo el negocio se iba a ir al traste. Una bajadita de humos, viniendo de la misma secretaria, no le haría ningún mal, pensó el agentucho, pero el tiro le salió por la culata. Con la bromita la Vélez cayó en tal estado depresivo que se vio obligado a inventar la fiesta apoteósica, el *show* de Benítez y todo lo demás, pero la Lupe salió con su domingo siete: no fue más que ver el estado del desaguisado que se había armado para sentir la misma corazonada fulminante de esa tarde: tomó tres botellas de tequila, llamó a los que parecían los más machitos entre los guerreros de su comitiva olmeco-babilónica, y se fue a la recámara con ellos (y las tres botellas) dispuesta a una encerrona de alcohol y sexo. En la madrugada la fiesta había degenerado hasta el punto de parecer una caricatura. En el jardín, varios de los invitados, arrodillados, le rezaban a una Diana cazadora (reproducción de la del Paseo de Reforma), que estaba en lo alto de una de las tantas fuentes, otros se arrastraban por el suelo en busca de botellas semivacías, con colillas de mariguana en la comisura de los labios; algunos otros simplemente seguían haciendo el amor cubiertos por manteles que habían jalado de las mesas, para que con el sereno de la mañana no les diera pulmonía. Lupe, en su cuarto, desmayada en su cama, en medio de los guerreros muy machitos, se despertó con un agudo dolor en el bajo vientre. Algunos dicen que había bebido tequila hasta decir basta, otros que unas quesadillitas de huitlacoche le cayeron mal; unos que se había embotado de barbitúricos, los más coinciden en que una combinación de todo le había no solamente destrozado el intestino, sino que, como era de esperarse, le habían robado las ganas de vivir, y así, en ese estado que lindaba con la extravagancia nutricional, Lupe se levantó de su cama y fue al baño a volver el estómago. Encendió la luz, se hincó sobre el guáter, y en el agua de la taza volvió a ver la imagen que, como remordimiento, desde esa mañana la acechaba. Volvieron las arrugas de los labios, las patas de gallo, la mueca cadavérica, las oquedades marcadas por el rímel: la decrepitud, toda, reflejada en el fondo del caño.

—¿Te la imaginas? —me preguntó Novo, al ver que me era imposible cerrar la boca del puro susto—. La belleza deslumbrante, el orgullo sin fronteras, la *vieillesse dorée* del *star system* nacional derrotada en un excusado como espejo. Cualquiera que se precie se suicida y Lupe no iba a ser menos, metió la cabeza en el agua y se ahogó.

Los diarios del día siguiente dijeron que había sido un desafortunado accidente. A mí, Novo (transmitiéndome la versión de Pepe, que en su vida dijo una mentira) me dejó convencidísimo de que había sido un suicidio, y, para no quedarme con la duda, me volví a ver después con el Ciego Benítez, que me lo confirmó, aunque con una variante un poco más asquerosa.

—Así es, Urielito, Chava no te mintió, aunque no es que haya metido la cabeza en el agua de la taza, sino que el susto le provocó náusea, y la náusea un desmayo, y Lupe murió ahogada, voluntariamente o no, en su propio vómito.

Oyéndolo vi a la muerte en Lupe Vélez como rondándome por todas partes, sentí que me acompañaba una calaca, y pensé en ella asustada, en cuclillas dentro del armario, ajada en el espejo, humillada por la secretaria, asustada porque su madre la llamaba puta, desahuciada en el fondo del caño, noviando en la esquina conmigo creyendo que el futuro entero le pertenecía. ¿Cuánto tiempo había pasado desde que la acompañaba a comprar el pan?, ¿cuánto desde que su abuelito, don Antonio Villalobos, nos contaba historias de la revolución, en su casa de la calle de La Fuente? La vida, entre el miedo, la obstinación, la envidia y las imágenes desproporcionadas, seguía y seguiría siendo siempre un circo. Tal vez en ese momento me prometí, en recuerdo del brindis que Novo hizo de mi amada, salir en defensa de la envidia y escribir la extraordinaria historia, de malentendidos y mala saña, de aquella siniestra fiesta en que mi amada perdió la vida.

(Inédito)

Happy End

JOSEFINA R. ALDECOA

Josefina R. Aldecoa nació en León en 1926. Formó parte del grupo literario de la revista *Espadaña*. Se doctoró en Filosofía y Letras en la Universidad de Madrid. En 1952 se casó con el escritor Ignacio Aldecoa. Ha publicado con gran éxito *Historia de una maestra*, *Mujeres de negro* (finalista del Premio Nacional de Novela) y *Porque éramos jóvenes*.

—Qué lugar para un «breve encuentro» —dijo Julia.

—¿Con Harrison Ford o con Trevor Howard? —preguntó Cecilia.

—Con Trevor Howard, desde luego —aclaró Julia.

La tarde descendía pausadamente y el último sol del día teñía de rosa y morado los volcanes. Los campos de lava se oscurecían en torno a las casas blancas, rodeadas de diminutos jardines de geranios rojos. En la línea impecable del horizonte, el mar aún conservaba el azul. Pero más cerca, en la orilla, en las aguas del puerto, bajo el gran ventanal del bar abierto sobre los barcos del muelle, el azul se disolvía en sombras. Por el este de la isla, el brillo de las primeras luces salpicaba de luciérnagas la costa.

El Bar empezaba a animarse y el piano despertó de pronto con una música lánguida, intemporal. El pianista era muy joven: pelo largo, un pendiente plateado en la oreja, una camiseta roja Billabong.

Desde el primer día, desde el aterrizaje suavísimo en el aeropuerto de la isla, todas las tardes, a esa hora, habían recalado en el Bar. Fue una llegada tensa, marcada por la última discusión con la hija de Cecilia —«no creo, de verdad, que a mamá, le vaya a sentar bien este viaje tan precipitado... después de tanto ajetreo con la boda de Enrique...»—. Y ella,

Julia, se había empeñado de una manera un poco ¿estúpida? Más bien tozuda, en un afán quizás exagerado de ayudar a la amiga a quien había encontrado extrañamente abatida, atormentada por algo que todavía ahora, después del viaje, no había logrado interpretar.

En primer lugar estaban las lágrimas de Cecilia. Eso sí era un síntoma claro de alteración en ella, que tenía reacciones tan previsibles y estaba tan segura de sí misma. Las lágrimas habían sido decisivas para apreciar el cambio. La primera vez fue cuando se encontraron al entrar en la iglesia y Cecilia había abrazado a Julia con fuerza, y sin poder reprimir el llanto le había dicho: «Creí que no vendrías», lo cual era absurdo porque Julia siempre había pensado asistir a la boda del hijo pequeño, el favorito de Cecilia, el último de los tres que abandonaba la casa.

Pero no era propio de Cecilia llorar en una ocasión así. Las bodas, las ceremonias, los ritos la exaltaban, la emocionaban con la alegría de la celebración. Pero llorar, no.

Luego estaba la segunda aparición del llanto inesperado. Los novios se habían ido y Julia encontró a Cecilia en el tocador arreglándose el maquillaje y, al verla, estalló en una sucesión de sollozos incontenibles.

Luisa, la hija mayor que había entrado en ese momento, impidió a Julia cualquier intento de consuelo. Luisa parecía indignada y Cecilia trató de serenarse. Fue entonces cuando Julia intervino para decir: «Estás agotada, ¿por qué no vienes conmigo a pasar unos días de descanso? Yo me voy a ir sola de todos modos porque no puedo más. Pero si te animas lo pasaremos muy bien. ¿Y qué mejor sitio que la isla?».

Cecilia parecía tan triste, tan cansada, tan absolutamente derrotada que se dejaba llevar. Ante su propuesta dijo «Sí», o «Bueno» o «De acuerdo», sin demasiada convicción. Pero habían organizado el viaje, habían volado sobre el mar hasta el refugio soleado y remoto, mucho más lejano psicológicamente que en la realidad, traducida a millas, que lo separaba de la Península.

Aquel primer día de la llegada, después de deshacer las maletas en el hotel y abandonar en los armarios los trajes de chaqueta, los bolsos, los zapatos ciudadanos; una vez renacidas de un baño prolongado y vueltas a vestir —pantalones de lino, jerséis ligeros, sandalias— se habían dirigido en el descapotable recién alquilado a la pequeña ciudad que se extendía al borde del mar.

Un breve parque provinciano —palmeras, arbustos de hojas grandes y carnosas, el templete de la música, el quiosco de los helados, los caminitos de tierra oscura entre los parterres— se interponía entre el mar y la calle principal.

El aire perfumado de flores y un aroma espeso de especias salido de un almacén cercano o quizás de una tienda de productos ultramarinos, desmesuraba la inequívoca condición atlántica de la isla.

—¿Qué te parece? —había preguntado Julia.

Y Cecilia, que había permanecido callada durante el recorrido en coche, dijo después de un instante de reflexión, regresando de su ensimismamiento:

—Maravilloso. Parece América, una ciudad colonial americana.

—Sí, pero físicamente es África. Espera a la noche. Espera a ver la luna altísima y la palmeras destacándose en el cielo y la brisa que viene del mar y refresca la tierra seca...

Cecilia sonrió y Julia la miró de reojo: «Hay que esperar un poco», se dijo, «tiene que serenarse y descansar. Ya habrá momento para las confidencias».

Conducía despacio, entre el parque y las casas de la calle principal. En los bajos estaban instaladas las tiendas de los indios, las agencias de viajes, los bancos. Arriba, el piso primero y único lo ocupaban viviendas con terrazas, ventanas con celosías blancas o verdes, balcones cubiertos de buganvillas moradas.

Un rumor de zoco, de colmena subía del parque y de la calle y se elevaba hasta el cielo.

—Te llevaré a mi bar favorito —dijo Julia—. Tomaremos la copa de bienvenida.

Habían transcurrido dos días y ahora estaban allí, de nuevo, instaladas en una mesa cercana a la leve barrera de cristal que las separaba del agua. Cuando el pianista empezó a tocar, era cuando Julia había dicho:

—Qué lugar para un «breve encuentro...».

Y al preguntar Cecilia con quién, ¿con Harrison Ford o con Trevor Howard?, su respuesta —con Trevor Howard, desde luego— había hecho reír a Cecilia, y Julia pensó: «Es la primera vez que ríe desde que llegamos». Luego ella también rió y dijo:

—Otra vez he caído en la trampa de las dos opciones.

El viejo juego de la adolescencia levantó entre ellas un puente de reconocimiento y cercanía. Y encendió una bengala de esperanza.

—¿Quieres otra copa? —preguntó Julia. Y sorprendentemente Cecilia aceptó.

Cuando el camarero se alejó con las copas vacías, Julia dijo:

—Te has pasado la vida planteándome elecciones. Gilbert Bécaud o Yves Montand. El profesor de Historia o el de Filosofía... Y yo siempre caía en el juego, lo pensaba mucho con ese afán mío de estudiante responsable que quiere encontrar siempre la respuesta exacta...

Las copas llegaron y Cecilia empezó a beber con cierta urgencia.

—Perfecta —dijo— de hielo y de ginebra y de tónica. Perfecta...

Desde la cama Julia contempla el cuadro colgado en la pared de enfrente, sobre la mesa en la que ha extendido libros y papeles, en un intento un poco escéptico de trabajo.

En el cuadro, todo en azules, una mujer sostiene en la mano un espejo alzado a la altura de su rostro, un poco separado del cuerpo. Es muy joven, casi una niña pero hay algo en su expresión que la transforma en mujer. Quizá su mirada, abstraída, ajena al primitivo impulso que la llevó a alzar el espejo. Como si de pronto hubiese descubierto algo: ¿el temor a un fracaso?, ¿la intuición de un futuro decepcionante? Cuando eran niñas, cuando eran jóvenes, Cecilia y ella nunca habían dudado del futuro. ¿En qué medida se habían cumplido sus previsiones? Julia conocía muy bien sus propias respuestas pero no las de Cecilia. Y tuvo que admitir que el impulso inesperado que la llevó a invitarla tenía mucho que ver con el desconcierto que le produjeron sus lágrimas.

Se veían muy poco en los últimos tiempos. Encuentros esporádicos. Cartas en Navidad. Acontecimientos familiares. Pero desde que sus vidas adultas se habían orientado hacia rumbos muy distintos, nunca habían tenido ocasión de charlar sobre sí mismas, sobre sus aciertos y errores. Nunca.

Cuando Cecilia llamó a la puerta Julia se sobresaltó. Se había quedado dormida en medio de sus divagaciones.

—Pasa. Cinco minutos y estoy —dijo saltando de la cama.

Y una vez más pensó que era fundamental tener dos habitaciones en lugar de una como cuando eran adolescentes y pasaban juntas unos días, en una u otra casa, en los veranos larguísimos del norte.

Ahora, sin embargo, estaban demasiado necesitadas de independencia, de soledad para pensar, moverse, entregarse a sus modos y manías adquiridas con el paso del tiempo...

—Anoche estuve leyendo hasta muy tarde —explicó Julia poniéndose en movimiento. Cecilia miraba el cuadro azul.

—Es bonito —dijo—. En mi cuarto, tengo frente a la cama un barco que se aleja con las velas al viento. No se entiende la firma, pero es de un hombre, seguro. Es un cuadro que tiene mucha fuerza. Te dan ganas de embarcarte para una aventura. Hay algo en el cuadro que te da tranquilidad, seguridad...

—Ese algo será el patrón del barco —dijo Julia desde el cuarto de baño.

Cecilia se echó a reír.

«Sólo en tres días», pensó Julia, «hemos conseguido lo principal. Que Cecilia fabule un poco. Y que se ría».

—Este lugar me parece siempre un finisterre —dijo Julia—. Más allá de esta roca que se hunde en el agua, tengo la sensación de que no hay tierra hasta América...

Estaban sentadas en una terraza sobre el mar, una explanada abierta artificialmente sobre la costa erizada de lavas antiguas sobre las que hervían las olas en violentos ataques.

Una fuente profunda, en la mesa, exhibía la espléndida ensalada de la isla: los tomates maduros, los pepinos finísimos, la sabrosa cebolla y la lechuga recién transportada de la isla mayor. El camarero llegaba ya con la parrillada de peces. Un fulgor de escamas plateadas, rojas y negras, centelleando al sol.

Se acercó una niña rubia, ¿sueca, alemana?, y se quedó mirando, curiosa, la fuente de pescado. Los padres rubios también, delgados, silenciosos, permanecían inmóviles al otro lado de la terraza. La cabeza apoyada en el respaldo de los sillones de madera, los ojos cerrados, absorbían el calor por cada poro de sus cuerpos.

El camarero se dirigió a la niña y sin palabras señaló con el dedo a los padres somnolientos. Ella lanzó una última mirada a la mesa y se fue a saltitos hasta ellos.

—Suecos, seguro. Suecos de Bergman. Fíjate qué silencio, qué incomunicación...

Las dos rieron y Cecilia dijo.

—¿Te das cuenta de hasta qué punto nos ha influido el cine?

—Bueno, he hecho un comentario muy vulgar. Pero lo cierto es que sin el cine no hubiéramos sabido lo que queríamos y no teníamos, lo que necesitábamos y no conocíamos...

Cecilia siguió con interés la entusiasta declaración de Julia y no pudo evitar interrumpirla.

—Era una época... Vivíamos tan aislados... Te acuerdas que de fuera no llegaban ni libros ni revistas... Y aquellas comedias que veíamos en el cine, hasta las más sosas, significaban mucho para nosotras. Los trajes, los peinados, aquellas casas. Todo frívolo, pero tentador.

Por un instante guardaron silencio. El sol había retrocedido ligeramente. Sólo la mitad de la mesa recibía el calor directo de sus rayos.

—De verdad, yo creo que el cine fue la clave de nuestra educación sentimental —dijo Julia—. El cine nos dio el modelo de persona que queríamos ser, el proyecto de vida que queríamos llevar. De algún modo, el cine nos hizo como somos.

Julia se estremeció ligeramente. «El vino frío», se dijo, «y el temblor de los recuerdos».

Cecilia comía en silencio. Saboreaba los peces, los distintos componentes de la ensalada. De vez en cuando bebía vino blanco.

—¡Ah! —dijo de pronto—, luego están los ídolos. Nos enamorábamos de los actores, elegíamos entre ellos el modelo que mejor se adaptaba a nuestro instinto más primario. Y entre las mujeres buscábamos nuestro propio personaje ideal. Yo siempre pensaba en el Oeste, en los colonizadores. Me veía viviendo en una casa de madera con porche, en una pradera con un río abajo. Quería ser como ellas, con sus trajes recién planchados, el pelo graciosamente peinado, valientes, luchadoras, que lo mismo cocinaban que cuidaban el ganado y cultivaban la tierra. Habían llegado hasta allí con los restos de las vajillas arrastradas millas y millas en diligencias. *Home, sweet home.* Mi héroe era John Wayne, fuerte, animoso, de una pieza.

—Yo no tenía un héroe fijo —declaró Julia—, pero el modelo de mujer, sí. Aquellas mujeres abogadas que tenían oficinas de cristal en los pisos altos de los rascacielos.

—Aquellas mujeres en blanco y negro que se lanzaban a las calles de Nueva York a otra lucha diferente que a ti, Julia, te fascinaba —añadió Cecilia.

—Sí —dijo Julia—. Otra vez la elección ¿campo salvaje o gran ciudad? Yo elegí la gran ciudad. Yo descubrí la gran ciudad en el cine. Deseé huir de mi vida provinciana, en el cine. Katherine Hepburn era mi modelo. Aquel pelo, aquellos trajes, aquel carácter rebelde, abierto, triunfador. Recuerdo expresiones, gestos de la Katherine de aquellos años y no recuerdo la cara de mi madre entonces. Ni cómo era ni cómo vestía. ¿Era más real para mí Katherine? ¿Era mi madre tan fantasmal?

Una nube ocultó por completo el sol. La terraza entera quedó desamparada, fría, sin la caricia de los rayos solares. La brisa marina se acentuó, se adueñó por completo de la costa. La niña rubia, dormida en los brazos de su madre, se despertó llorando. El padre, sin palabras, se levantó, entró en el restaurante y salió en seguida con el dinero de la vuelta en la mano. Hizo un gesto moviendo la barbilla en un giro brusco de dentro afuera y echó a andar seguido de la mujer y la niña.

—¡Qué diferentes éramos! —exclamó Cecilia. Se había puesto un jersey fino, introduciéndolo por la cabeza y estirándolo luego, cuidadosamente—. Tú querías estudiar, ser algo por ti misma —continuó—, encontrar un hombre parecido a ti; un compañero. Yo quería un protector, una familia tradicional. Tener tres o cuatro hijos con mi John Wayne...

—De algún modo —interrumpió Julia— las dos elegimos nuestro sueño.

—Eso no es del todo cierto —protestó Cecilia—. Al final sólo queda lo que tú eres, lo que tú has hecho. Fíjate en mí. Se acaba de casar el hijo que me quedaba. Y ahora ¿qué hago yo? Esperar a que me coloquen nietos para que los cuide mientras sus padres se van de viaje. Luisa ya lo hace...

La nube, caprichosamente, se hizo a un lado y otra vez el sol se detuvo en las rocas. Abrazó con energía la breve extensión de la terraza, vacía salvo por la presencia de las dos amigas que cerraron los ojos y recibieron, silenciosamente, el placer del sol recuperado.

De vuelta al hotel permanecieron en silencio. El coche se deslizaba despacio por las curvas de la estrecha carretera que rodeaba y envolvía el volcán. El mar quedó atrás pero reapareció en seguida al fondo; otro perfil de la costa, otra acumulación de lava oscura, petrificada, detenida al borde mismo del agua.

—Pero, Julia, ¿quién ha acertado? —preguntó de pronto Cecilia en un tono inesperadamente alto.

—Acertar, nadie —dijo Julia. No se había sorprendido de la pregunta porque tampoco ella había cortado el hilo de los recuerdos, suscitados hacía un rato por la conversación.

—Nadie, acertar, nadie —repitió—. Pero, Cecilia, tú tienes a tu John Wayne y tu vida en esa finca esplendorosa, con caballos y ganado; como en el Oeste que soñabas pero mucho mejor...

Cecilia levantó la mano, la colocó delante y alejada de sí misma como un stop para que la amiga no continuara hablando.

Julia se quedó mirándola y supo, tuvo la seguridad de que iba a hacerle una revelación. Giró el volante y se introdujo lo más posible en los campos de lava, al lado de la carretera. Un nubarrón gris ocultó el sol y Julia se estremeció. En un instante el paisaje se había vuelto amenazador. La lava negra, el mar oscurísimo, el silencio total. La isla era un desierto suspendido en el océano. Cecilia empezó a hablar.

—Espera; escúchame —dijo—. La finca, sí. Aquel refugio soñado, sí. Los niños, el hogar, sí. Pero John Wayne me ha fallado. John Wayne era un *bluff*. Poco antes de la boda de Enrique, por pura casualidad, me entero de que el tal Wayne tiene un asunto estable y duradero, desde hace dos años. ¿Sabes con quién? Con la hija de una amiga mía. La misma edad de Luisa; jugaban juntas cuando eran niñas. Los padres tienen la finca cerca de la nuestra, más hacia Guadalupe. Es una niña que, como yo, soñaba con vivir en el campo. No ha estudiado. No ha trabajado. Venía mucho por casa y montaba a caballo con John Wayne...

Dejó de hablar y preguntó:

—¿Qué te parece la película? —y luego añadió—: ¿Qué voy a hacer yo ahora?

La pregunta quedó en el aire y Julia suspiró.

—Me has dejado hecha polvo. No lo esperaba, de verdad. Parecíais siempre tan serenos, tan identificados...

—De todos modos, estarás de acuerdo en que tú lo hiciste mejor. Fracasaste con Diego, sí. Pero has tenido libertad para trabajar, vivir, viajar. Para tener otras historias. Aun teniendo un hijo, has sido libre...

—Bueno, eso no es así. La maternidad déjala aparte. Eso, otro día... Sí, he tenido otras historias, como tú dices, pero con un final poco satisfactorio. Lo que ocurre es que aquellas películas de entonces, las del final feliz tenían una trampa. Terminaban justo donde empieza todo...

Julia dio marcha atrás y el coche salió a la carretera. Condujo lentamente. Cecilia no hablaba. Al alcanzar la carretera general, el sol brillaba de nuevo. Julia aceleró y dijo, como para sí misma:

—Volviendo al cine, déjame que te cuente lo que me sucedió una vez. Hacía poco tiempo que me había separado de Diego y tuve que ir, por mi trabajo, a Nueva York. Ya sabes mi pasión por esa ciudad. Bueno, pues yo estaba bastante deprimida. Sin Diego la ciudad me abrumaba; habíamos ido tantas veces juntos... Una tarde, después de rechazar invitaciones de amigos y compañeros, me fui sola a dar un paseo por las calles. En un cine estrenaban *Manhattan* y decidí entrar. Me senté en una butaca y cuando empezó la película y apareció en pantalla el telón de rascacielos en blanco y negro y sonó la música de George Gershwin, no pude soportarlo y me eché a llorar. Descubrí que aquél, el de la pantalla, era mi verdadero Nueva York. El cine nos da lo que deseamos alcanzar. Que no es más real en el cine pero sí más verdadero. Yo estaba en el Nueva York real pero el cine me daba la nostalgia de Nueva York. Salí pensando: «Necesito una copa». Y me metí en el Bar del Plaza.

—¿Cómo está el agua? —preguntó Cecilia.

—Maravillosa —contestó Julia. Luego, siguió nadando en torno al islote que se elevaba en el centro de la piscina. La mañana radiante convertía el baño en una experiencia plena. El agua de mar reforzaba la engañosa sensación de formar parte del océano que se extendía unos metros más abajo, hasta un horizonte limpio.

Saliendo de la bahía, un ballet de jóvenes *windsurfers* giraba una y otra vez sobre sus tablas. Las velas triangulares rojas, verdes, amarillas, arrastradas por la brisa surcaban el mar con la alegría del juego.

Cecilia se decidió al fin y fue a reunirse a grandes brazadas con Julia que ya se disponía a salir rumbo a las tumbonas azules. «El tiempo y la angustia por la fugacidad del tiempo han quedado lejos durante unos días», pensó Julia. «La lucha con las fechas, las horas, la prisa.» Una tregua artificial pero intensamente disfrutada. Julia se tumbó y un lánguido reposo la invadió. Cuando Cecilia regresó a su lado, y habló, Julia abrió los ojos. Un brillo nuevo rejuvenecía la mirada, la sonrisa, los movimientos de la amiga.

—Sólo creo en el bienestar físico —declaró mientras extendía la toalla cuidadosamente.

Lejos, en el mar, un barco blanco y larguísimo se deslizaba rumbo a otra isla o a la costa africana.

—Todo es fabuloso en este momento —dijo Cecilia—. Engañoso y feliz.

—No es engañoso. Es lo único real, lo único que tenemos de verdad. Lo malo es que no dura... Aunque todavía nos quedan veinticuatro horas... —dijo Julia.

Y pensó: «Un largo y estupendo *Happy End*».

Lanzarote, abril de 1996

(Inédito)

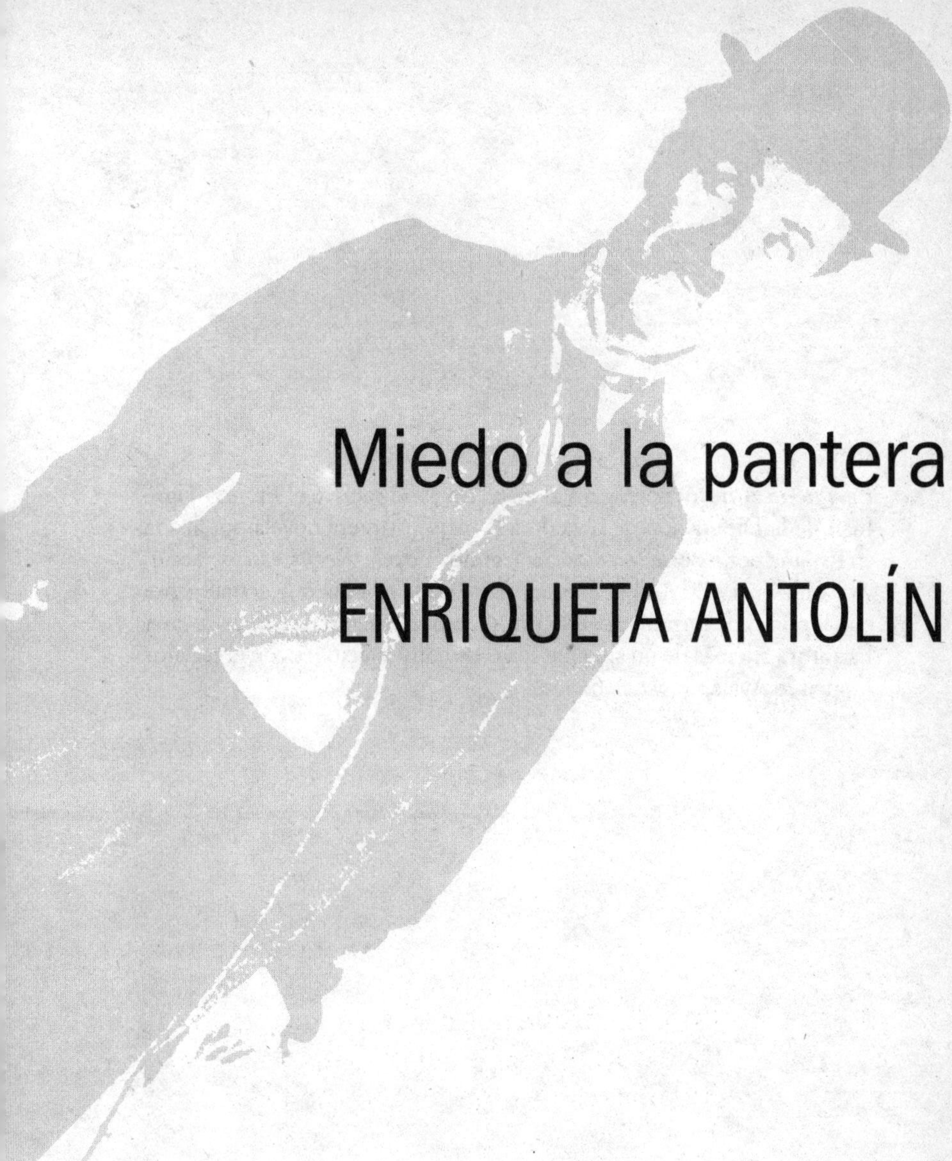

Miedo a la pantera

ENRIQUETA ANTOLÍN

Enriqueta Antolín nació en Palencia. En 1992 recibió el Premio Tigre Juan de la Diputación de Oviedo a la mejor primera novela publicada en España por *La gata con alas.* Su segunda novela, *Regiones devastadas*, vio la luz en 1995. Ambas forman parte de la trilogía que actualmente está a punto de terminar con la próxima publicación de *Mujer de aire.* Es autora además de un singular libro de conversaciones con el escritor Francisco Ayala, *Ayala sin olvidos*.

Yo no puedo pintarme las uñas de rojo. No soporto la visión del pincel sanguinolento, la gota coagulada lamiendo la superficie. Se me nubla la vista. Y no pienses que no lo he intentado, qué va. Cuando voy a la peluquería se me van los ojos detrás del estuche de la manicura, y no hay vez que alguna aprendiza, engañada por mi embeleso, no me ofrezca amable sus servicios. Y ahí vienen entonces mi desencaje, las torpes explicaciones, la vehemencia descontrolada con que reniego de la oferta. Al final acaban mirándose las unas a las otras, consternadas, y a mí de reojo, como a una loca.

Pero, en fin, no es de pequeñeces de lo que pretendo hablarte. Al fin y al cabo tú ya debes haberte acostumbrado a mis manos, y si no te había explicado todavía el porqué de su sencillez monacal es porque hasta anoche no pensé que lo nuestro pudiera ir en serio. Pero cuando en la despedida me apretaste contra la pared de la fachada, de mi pecho salió aquel borbotar que a ti ni te inmutó y a mí me dejó yerta. Porque en la tapia de enfrente, la que tú no veías porque quedaba a tus espaldas, yo sí vi, por entre tus brazos que me estrujaban, la sombra que agita mis sueños.

Verás: tienes que imaginarme niña y en Toledo, esa ciudad que para mí es la mejor del mundo y que a ti no acaba de gustarte. No me extraña. A Toledo tiene que presentártela alguien que esté loco por ella. Sólo así accede a descubrirse; solamente para sus amantes descorre sus velos. Los demás visitantes se van como llegaron, agotados, eso sí, del vano esfuerzo por ver lo invisible, y quizá decepcionados. Es coqueta y recatada como una novia a la antigua, y yo tenía la ilusión de descubrírtela poquito a poco. Pero no sé si después de leer estas líneas te quedarán ánimos para hacer proyectos conmigo.

Fue en agosto, y yo andaría por los ocho o los nueve años, no más. Ya sabes que Elisa, mi única hermana, me saca diez, así que por aquellas fechas tendría más o menos mi edad de ahora y era guapísima; salías a la calle con ella y todo era oír piropos: bombón, fiera..., ésos eran los inocentes, los que casi la hacían sonreír aunque disimulara. Luego estaban las barbaridades: que si haría contigo esto o lo de más allá..., y ella entonces encajaba las mandíbulas y apretaba el paso, con todo el cuerpo tenso, a punto de saltar. Me parece que ahora los hombres ya no piropean tanto, en cualquier caso a mí no suelen decirme nada cuando voy por la calle. Ya sé que no soy fea; es más, últimamente a todos les está dando por decir que cada vez me parezco más a ella, pero ni me lo creo ni, aunque te resulte sorprendente, me apetece. Ella es majestuosa como una reinona de cuento de hadas, no exactamente como la dulce Blancanieves sino más bien como la bellísima madrastra, ¿me comprendes? Si algún día vienes conmigo a mi casa, ojalá, comprobarás por ti mismo que no exagero, hay montones de retratos suyos por todas partes: encima de la tele, uno en cada mesilla del dormitorio de mis padres..., hasta en el vestíbulo, nada más abrir la puerta, los visitantes se topan con su sonrisa enorme. Nunca he visto una sonrisa así. Y es que con ese trabajo tan raro que tiene, que ninguno en la familia terminamos de saber en qué consiste, se pasa el tiempo viajando de un lado para otro y nos manda sus fotos para que no la olvidemos, dice. Pero yo, la verdad, no necesito verla para tenerla bien presente. De hecho, me he negado a enmarcarla en mi cuarto, y aunque mi madre no lo entiende, ya no insiste. Creo que en el fondo piensa que tengo envidia, pero si le contara la verdad, jamás iba a creerme.

En fin, vuelvo a lo que me preocupa. Ya te he dicho que la historia ocurrió en agosto, y cuando como ahora me pongo a recordarla, lo primero que siento es el calor. Si me concentro un poco, al rato tengo las manos húmedas y las ondas de la frente se me pegan como se me pegaba el flequillo infantil hasta que, sin darme cuenta, soplo hacia arriba como soplaba entonces, con la boca torcida, en un esfuerzo vano por aliviar aquel fuego. Créeme: digan lo que digan los termómetros, el calor toledano no es como otros calores. A nosotros nos gusta fantasear que lo que abrasa sus entrañas es el abrazo amoroso del Tajo.

Pues bien. Aquel verano fue, según parece, más tórrido que nunca. Durante los siguientes se rememoró el horno en que se habían convertido las callejas durante el día, la noche torturante que no daba tregua. La gente se quedaba en las terrazas de bares y tabernas hasta que los camareros, desfallecidos, empezaban a apilar las sillas sin atender a razones y echaban el cierre de golpe. Sólo entonces los parroquianos abandonaban el lugar y vagaban en grupos de almas en pena, dudando frente a los portales si subir a casa o quedarse en la calle sentados en camiseta en el quicio de la puerta, con un botijo al lado y toda la paciencia del mundo para esperar el fresquillo improbable del amanecer.

En una noche de ésas mi hermana me invitó al cine al aire libre, si bien, todo hay que decirlo, muy a su pesar. Aún veo, o mejor dicho, aún oigo a mi madre detrás de la puerta de la cocina porfiando con ella. O cargas con la niña o te quedas en casita, venía a decir.

La niña era yo, claro está, y, como ya habrás supuesto, se trataba de colocarme de carabina. Con qué angustia seguí los pormenores de la refriega, cuánto me costó no irrumpir en la escena para, arrodillándome a los pies de la cruel como una teatrera, implorar que por favor aceptara mi compañía, asegurarla mi discreción, jurar que cumpliría no sabía qué compromisos, los que fuera, qué más me daba a mí con tal de no perderme una ocasión como la que se presentaba.

Lo primero que vi, cuando al fin salimos de casa, fue una luna imponente rodando entre las nubes. Elisa caminaba un paso delante y yo procuraba no quedarme rezagada, sin atreverme a pedirle que me diera la mano, un poco intimidada por el bamboleo de sus caderas y el perfume denso de su melena, que me llegaba a vaharadas.

Seguimos solas y en silencio hasta el final de nuestra calle. Allí, debajo del farol y envuelto en humo, estaba el hombre. «Todavía falta un buen rato para que empiece la película», dijo mirándola interrogante y señalándome a mí con el puro, como si acabara de aparecérsele un demonio del infierno. Ella se encogió de hombros, indiferente al disgusto de él y por supuesto al mío, hizo un mohín de disculpa y se colgó, mimosa, de su brazo.

Estaba claro que no tenían prisa por llegar al Miradero, donde ponían la película, así que se detuvieron por los jardines umbrosos de La Vega: vamos a jugar al escondite, intentaba él engatusarme, a ti te toca quedarte, cuenta hasta cien y luego nos buscas. Pero yo ya debía de ser entonces tan bruta como dicen que soy ahora, y mientras se alejaban me quedaba mirándoles con los ojos bien abiertos. Ni siquiera fingía el gesto de ocultármelos con las manos. Los veía perderse en lo oscuro y sin dejarles un respiro corría tras ellos, ¡te pillé!, le alarmaba al pobre chico agarrándome a su cintura, justo cuando él intentaba hacer lo propio con su amada.

Al fin, frustradas quizá sus esperanzas, tomamos el camino del cine, que ya iba siendo hora, admitió él después de consultar su reloj. Y allá fuimos los tres por la cuesta arriba, ellos bien apretaditos y yo dando tumbos, unas veces delante, estorbándoles el paso, otras perdiéndome detrás. Del río subían vapores malsanos y la Puerta del Sol temblaba como los espejismos.

Cuando terminamos de acomodarnos en las sillas plegables el título ya había desaparecido de la pantalla y los últimos nombres se evaporaban uno tras otro. «¿Cómo se titula?», interrogué al bulto rebullidor que tenía a mi lado. «*La pantera negra*», contestó la voz familiar como si masticara un chicle. «*La mujer pantera*», se superpuso pastosa la voz masculina. «*La mujer pantera negra*», resumí yo en silencio, fascinada ya por la aparición sinuosa de una señora imposible que descendía por una escalinata, con media cara oculta detrás de las ondas de su melena de plata y los ojos aguados clavados en los nuestros.

No sé si ya te he dicho que el cielo presagiaba tormenta. De hecho, antes de salir de casa, habían golpeado los cristales unas gotas gordas como granizos que nos metieron el corazón en un puño. Pero antes de que nuestra madre aprovechara la circunstancia para obligarnos a dejar para otro día las ilusiones, había despejado.

Sin embargo ahora, mientras en la pantalla se iba desarrollando el drama, allá a lo lejos, por los campos, los relámpagos zigzagueaban en el cielo. Al principio eran tan sólo luces, y la bella se hallaba en el vestidor de su palacio probándose un vestido negro, con cola, tan ajustado como una piel, casi a oscuras, y cuando su marido que tanto la quería iba en su busca, se quedaba paralizado en la puerta, pálido, viéndola y sin atreverse a entrar ni a hacer ruido, al tiempo que por primera vez nos llegaba, todavía amortiguado, el sonido del primer trueno, y los espectadores se removían inquietos en sus asientos mientras la hermosa enguantaba sus manos de uñas afiladísimas y se quedaba inmóvil, al acecho, con sus ojos perforando la oscuridad, hasta que descubría a través del espejo la figura temblorosa de quien la amaba y que, al verse descubierto, retrocedía trastabillante sin poder evitarlo, y algunos ya se asustaban de verdad con el rayo que surgió de entre las nubes y cayó tan cerca y con el trueno fenomenal que le siguió sin darle un respiro, y la dama ya había salido detrás del caballero y él la estaba esperando como si no hubiera pasado nada, sonriéndola forzadamente, y la gente todavía no quería moverse de sus asientos aunque ya un viento huracanado hacía naufragar la pantalla y la mujer se ondulaba, se ondulaba huyendo de los hombres, llamada por su naturaleza más profunda, y de pronto ya no nos quedaba más remedio que abandonar aprisa las sillas de madera y buscar inútilmente un refugio en el que guarecernos; así que nos acurrucamos bajo el mostrador de las patatas fritas, pero no sirvió de nada porque ya sobre los truenos, mucho más terrible que ellos, se imponía el rugido de la pantera que, con sus ardientes ojos líquidos y sus dientes perfectos, se escapaba del cuadro de tela que ondeaba, desgarrado, al viento, y corría con un galope alado por la orilla del Tajo, trepaba por las rocas del Valle, cruzaba el Puente de Alcántara y se perdía por las calles para no volver más.

Aún esperamos un rato a que escampara. Las familias se reagrupaban como después de una catástrofe, y catástrofe eran las sillas volcadas y empapadas, los jirones al viento colgando de los mástiles, la desolación con que los espectadores abandonaban el lugar mirando atrás una y otra vez, incitando a los rezagados a apresurar el paso. Pero ni mi hermana ni su amigo parecían molestos. Yo era, al parecer, la única que sentía un cierto temblor en las piernas, pero ya para entonces la pareja ni siquiera se molestaba en fingir interés por mí. En su estrecho abrazo yo no tenía cabida. Lo cierto es que, con el barullo inesperado, allí estábamos los tres, en medio de la calle otra vez seca y con un tiempo libre por delante al que no había por qué renunciar. En eso, aunque nadie me pidió opinión, estuve totalmente de acuerdo con ellos y así lo dije cuando propusieron un paseo al que me uní gozosa, encantada de husmear, a aquellas horas vedadas a los niños, los secretos de aquel laberinto que ya entonces empezaba a fascinarme y que mis padres se empeñaban en mantener fuera de mi alcance, como si se tratara de un libro prohibido.

Tú no sabes cómo es Toledo bajo la tormenta. Da la impresión de que los que fueron sus dueños a lo largo del tiempo —los romanos, los visigodos, los árabes, los judíos y hasta los emperadores cristianos— usaron todos sus saberes para calcular luces y contraluces, medir las alturas de sus torres y minaretes, el ojo de sus puentes y el espesor de sus murallas antes de atreverse a tocar una sola piedra. Me gusta pensar que cuando las añadieron o las modificaron debieron de hacerlo rezando cada cual a su dios para no equivocarse: y no se equivocaron.

Aunque yo no tenía edad para entender lo que ahora trato de decirte, sí la tenía para sentirlo. Aquella experiencia fue definitiva para mí, no sólo por lo que ya voy a contarte, no te impacientes, sino porque fue la primera vez que entreví que la ciudad me estaba eligiendo antes de que yo me rindiera a ella.

Les oí decir que íbamos a dar un paseo por los Cobertizos. No era la primera vez que entraba en aquel paraje misterioso, pero siempre lo había hecho de la mano de mi madre y a toda prisa, camino de una modista que vivía por los alrededores. Además de La Vega y el Miradero de los que ya te he hablado, la Puerta de Bisagra, la calle Ancha, Zocodover y la catedral, poco más había visto. Y los puentes, por supuesto, el de Alcántara y el de San Martín, que si sabías colocarte en el punto adecuado al otro lado del río, se veían los dos al mismo tiempo. Aunque al fin y al cabo eso viene a ser lo que conocen los turistas, tiendas de damasquino y de recuerdos falsos incluidas. No hay quien lo entienda, pero la mayoría de los viajeros que vienen de tan lejos se van sin haber pisado aquellos recovecos techados que entonces resonaron con nuestros pasos y por los que casi debía ser obligatorio andar de puntillas. Imagínate: tapias conventuales, crucifijos y hornacinas de santos en las paredes, susurros levísimos detrás de las puertas, tornos cerrados a cal y canto, la punta afilada de un ciprés dando fe de un jardín oculto, campanadas de rezo que no espantaban a las palomas que dormían en los aleros. No exagero. Ya sé que parece incongruencia que además de tener fama de bruta la tenga de romántica, pero no estoy fantaseando. Tú mismo lo verás conmigo si te atreves, claro; si te sigues atreviendo cuando llegue al final de mi relato.

¿Y por qué no llegas de una vez?, te estarás preguntando. Por la misma razón que, probablemente, me impedirá echar al correo esta carta cuando la acabe; la misma por la que, a otros antes que a ti, los he despedido sin explicaciones justo cuando acababan de decidirse a dar por fin el paso que, no creas que no me doy cuenta, mi actitud distante y mi apariencia huraña hacen tan difícil. A ellos como a ti les ha perdido —¿o les ha salvado?— el brillo de la luna llena, una alusión imprudente a mis ojos claros o a mi sonrisa abierta, un abrazo estremecido en un rincón. Y no me digas que el miedo no es excusa, porque no hay otra de más peso en la historia. Al fin y al cabo las religiones, las filosofías, los ejércitos, las fronteras, la ONU y todos esos organismos se inventaron para combatirlo, ¿no te parece? El miedo es muy legítimo, querido amigo. Y el mío, tanto como el que más.

Aquella noche yo estaba más excitada que asustada, a pesar de que mi hermana parecía dispuesta a meternos a su amado y a mí la desazón en el cuerpo. Juguetona, de pronto se separaba del abrazo que el otro buscaba con afán, y desaparecía en las oscuridades para reaparecer donde menos la esperábamos: agazapada en el quicio de un portón, subida de algún modo inverosímil en un repecho delgadísimo, camuflada entre la reja de un ventanal. Puede que se quitara los zapatos —aunque yo no recuerdo que los llevara en la mano— porque si no resulta incomprensible que no la oyéramos desplazarse en aquel silencio de cementerio, cuando de un salto huía y de otro volvía para abrazar al hombre que, cada vez más desconcertado, parecía a punto de perder la paciencia; que intentaba acabar con el juego y hacerla entrar en razón.

Vano empeño. Mi hermana, más hermosa que nunca, con la cara y los brazos bruñidos de sudor, se zafaba una y otra vez y se reía. Con sus carcajadas agudas y las respiraciones anhelantes de los dos empiezan todas mis pesadillas.

De pronto me vi sola. Sola y casi a oscuras, porque la luna, que hasta entonces había iluminado los juegos inquietantes, acababa de ocultarse detrás de un campanario. De nuevo fui una niña pequeña y asustada, a punto de llorar; una niña que intentaba llamar a sus mayores sin atreverse a hacerlo, esperando un tiempo interminable a que éstos dieran fin a la broma —porque ¿qué otra cosa podría ser aquella situación sino una broma?— y aparecieran de una vez para reír con ella de su angustia, para decirle que no fuera un bebé, que las señoritas de su edad ya no lloran, y ella no lloraría, pero, por favor, que volvieran, que regresaran a su lado de una vez.

Hasta que al fin los vi, qué alivio inmenso. A pasitos temblones me fui acercando al rincón más oscuro, allí —ya te lo enseñaré, si quieres, algún día— donde hace esquina el convento de Santa Clara. Pero no pude llegar. Un gruñido animal, un jadeo salvaje, un revolcarse jadeante y asesino me lo impidió. Debí de gritar, porque de pronto se hizo el silencio. Por las tapias se deslizó, silbante, la sombra de la pantera.

Caminando de espaldas, tanteando con las manos por las paredes ásperas, con los ojos entrecerrados para no ver mi condena me fui alejando paso a paso. A mis oídos llegaban ahora sonidos de chupeteo, mordiscos y sorbetones. Cuando estuve lo suficientemente lejos como para no oírlo calculé que también lo estaba como para no ser oída y emprendí, ya sin precauciones, una carrera suicida sin mirar dónde ponía los pies, segura de que pese a todo ya nada podría salvarme de la sombra que me seguía, reapareciendo, cuándo aquí, cuándo allá, esperándome a veces, proyectándose otras sobre mi propio cuerpo derretido.

Llegué antes que ella al quicio del portal. Hubiera podido subir las escaleras de dos en dos con los restos del aliento, pero no lo hice. No me preguntes por qué, porque no tengo respuesta.

Me senté en el escalón y esperé su llegada.

Venía recelosa, caminando sin ruido, mirando a un lado y a otro, quizá dispuesta a huir. Me vio. Se paró un momento ya muy cerca de mí. Se atusó, se relamió, me embrujó con su mirada de agua verde.

Yo me rendí. Empujé la cancela y comenzamos a subir juntas la escalera. Cuando ya llegábamos a la puerta clavó sus uñas, afiladas y rojas, en mi cuello. «¿No se lo contarás a nadie, ¿verdad?», susurró una voz enronquecida que no reconocí. Negué con la cabeza...

(Inédito)

Declaración de Guillermo

BERNARDO ATXAGA

Bernardo Atxaga es el nombre con que Joseba Irazu Garmendia firma su producción literaria. Nació en Asteasu, País Vasco, en 1951, y en 1976 publicó su primera novela corta, *Ziutateaz* («De la ciudad»). Con *Obabakoak* (1988) obtuvo el Premio Nacional de Literatura, el de la Crítica y el Premio Euskadi. *El hombre solo* (1993) consiguió el Premio de la Crítica. Su última novela, *Esos cielos* (1995), obtuvo el Premio Euskadi.

Pepe y yo emigramos al norte el mismo día que en Rute, nuestro pueblo natal, ponían *El Álamo.* Vimos la película, tomamos unas copas en el bar de la plaza y salimos en autobús hacia Bilbao, porque al principio eso era lo que pensábamos, que la fábrica que nos había empleado estaba en Bilbao; pero luego resultó que no, que estaba en un pueblo aún más pequeño que Rute y que no tenía ni cine ni nada. Era un pueblo que a la semana de llegar me parecía a mí más raro que cualquier sitio de África o de Arabia, tan raro tan raro que no había día que no me volviera hacia Pepe y le dijera:

—Pepe, esto no es España.

En cuanto se lo decía Pepe se echaba a reír con toda su alma burlándose de mí y preguntándome si estaba asustado, porque en aquella época Pepe era así, un hombre muy reidor y echado para delante. Tenía entonces veinticinco años, y cuando pienso que se fue de este mundo con veintisiete casi no me lo puedo creer, no me entra en la cabeza que una persona pueda cambiar tanto en dos años. Porque a Pepe no lo mató la enfermedad ni lo mató nadie, sino que se mató él mismo.

Siguiendo con lo de la rareza del pueblo que nos habíamos encontrado al salir del nuestro, yo le respondía a Pepe que no era cuestión de miedo, que era cuestión de que allí no podíamos hablar con nadie, porque la gente de aquel pueblo decía *chacurra* donde nosotros decíamos «perro», o decía *Egunon* donde nosotros decíamos «buenos días», es decir, que hablaban el vasco, una lengua que parecía imposible de entender incluso para los naturales del país. Por otro lado, tampoco es que a ellos les resultara fácil entendernos a nosotros, por el acento sobre todo, y a veces nos pasaba que ni con la mejor voluntad podíamos charlar con un compañero de la fábrica o con una chica. Había una chica, concretamente, que cada vez que bailaba con ella me decía algo así como *icasialdec hizquetan andaluza*, es decir, «¿has aprendido ya a hablar, andaluz?». Y yo le decía que no, pero que podía bailar mejor que cualquiera de los del pueblo. De todas formas, no era sólo lo de la lengua. También estaban las costumbres, y por ejemplo allí no gustaba nada que la gente saliera la noche de Navidad a cantar villancicos, a la tarde sí pero a la noche no, y así nos lo dijo Enriqueta, la señora andaluza que llevaba el teléfono público, que ni se nos ocurriera salir con lo de pero mira cómo beben los peces en el río, que por la tarde lo que quisiéramos, pero que de noche se consideraba un sacrilegio, y que la mala fama que tenían muchos andaluces en el pueblo era por cosas de ésas. Recuerdo que también en aquella ocasión Pepe se rió mucho, no se preocupe Enriqueta que éste y yo ya nos cuidaremos de que la Navidad nos agarre en un sitio en que se pueda tocar la zambomba hasta las cinco de la madrugada, ya me entiende usted. Aunque luego, la verdad sea dicha, la Navidad nos agarró en la fábrica, porque nos tocó turno de noche, y lo único que hicimos de especial al día siguiente fue ir al cine más cercano, que estaba a cinco kilómetros, y ver una película de John Wayne, *El hombre que mató a Liberty Valance.*

Comiendo también eran diferentes. Allí no podía encontrar uno gazpacho, y lo mismo ocurría con la ensalada de tomate. Ahora parece impensable, pero es cierto: los vascos del pueblo donde trabajábamos Pepe y yo se partían de la risa si nos veían comer tomate crudo con un poco de sal y aceite. Por poner un ejemplo, cuando la chica con la que yo solía bailar se cansó de decirme aquello de *icasialdec hizquetan andaluza*, empezó a preguntarme a ver si ya había comido tomate aquel día, *gaur janaldec tomatia andaluza.*

Yo no sé qué le pasó a Pepe, pero ahora que he hablado del baile me parece que fue mala suerte que él se echara novia en Córdoba unos cuantos meses antes de salir para el norte, porque aquello, como decía Garmendia, el taxista del pueblo, era un *flanco abierto;* claro que Garmendia con eso del flanco abierto solía referirse a la forma de torear de los toreros que no le gustaban, como El Cordobés, y no a las cuestiones de la vida. Pero da igual: lo que yo quiero decir es que lo de la novia que dejó en Andalucía era como la zona débil por donde le entró todo lo malo igual que entró la lanza en el costado de Cristo.

Lo primero, lo primero de lo malo quiero decir, era que Pepe vivía en dos lugares a la vez, lo cual no significa que viviera doble, sino que vivía la mitad o no vivía en ninguna parte, porque se pasaba el día escribiendo cartas *querida Herminia aquí estoy otra vez contigo para contarte lo que he hecho hoy,* que así se llamaba su novia, Herminia, y así empezaba él todas las cartas, *querida Herminia aquí estoy otra vez contigo para contarte lo que he hecho hoy.* Además, no estaban sólo las cartas, estaban también las llamadas de teléfono, y no era raro que la señora Enriqueta apareciera por el bar donde nos alojábamos diciendo te llama Herminia desde Rute, y entonces Pepe dejaba lo que estuviera haciendo, dejaba por ejemplo la cena a medio comer y se iba al teléfono público. Aquello me parecía a mí pasarse de la raya, y a veces así se lo decía, pero Pepe, acuérdate, te estás poniendo como aquel soldado que nunca salía del cuartel, aquel que llamaban *Bolígrafo* porque siempre estaba tumbado en el catre y escribiendo a alguien, sinceramente te lo digo Pepe, no sé cómo a Herminia y a ti no se os acaba la correa. Pero él se reía y decía que aquello era amor. ¿Amor? Eso no es amor, hombre, eso es una cursilada, le decía entonces Garmendia el taxista enfadándose con él. Verdad que para Garmendia la mayoría de las cosas eran una cursilada, era cursilada por ejemplo la forma de torear de El Cordobés o una película como *Los comancheros,* que a casi todo el mundo le gusta muchísimo, pero con lo de Pepe tenía razón.

En lo que a mí se refiere, cada vez me encontraba mejor en aquel pueblo. Tenía trato con bastante gente, sobre todo con aquella chica con la que me juntaba en el baile, y también con Garmendia, con quien solía tener unas discusiones enormes debido a que él era muy de El Viti y yo muy de El Cordobés. Eso, sin contar con los que me veía a diario en el bar del pueblo, en aquel bar que era en realidad un *ostatu,* una especie de posada que tenía de todo, comedor, camas, tienda y carnicería. A mí me gustaba mucho el ambiente de aquel sitio. La dueña, que se llamaba Concha y a la que todos sin excepción llamaban Señora Concha, era una mujer especial, pero especial a la manera buena, porque por ejemplo era generosa, y no era raro que viniera donde los que estábamos cenando y nos dijera os gusta la tarta de crema y almendras, pues ahí os la dejo, comed lo que queráis, y no me deis las gracias porque es la que sobró en la boda de ayer. Además, tenía costumbres que yo no he visto en ninguna parte, como la de humear todo el local con la primera olla de café, de tal modo que cuando bajábamos los huéspedes a desayunar nos encontrábamos con un olor que daba gloria respirarlo. Y luego estaba lo del ciclismo. Hasta que la conocí, yo no concebía que una mujer pudiera ser entendida en ciclismo, y me quedé de piedra cuando, al hacernos la ficha de alojamiento, y al decirle Pepe y yo que éramos de Rute, Córdoba, ella dijo con toda tranquilidad, ah, ya, del pueblo de Gómez de Moral. Buen ciclista ese Gómez de Moral. Buen rodador, sobre todo. Y cuando llegaba la temporada de ciclismo, la cosa era sabida: se cenaba bajo el toldo de la terraza y escuchando la crónica de la Vuelta o del Tour. Si los de alguna mesa se ponían a hablar alto, cosa que casi siempre sucedía en la que se sentaba Garmendia, que era contrario acérrimo de Bahamontes, ella subía el volumen de la radio y asunto arreglado.

Siguiendo con la historia de Pepe, él apenas participaba en aquel ambiente. Parecía conformarse con las cartas, el teléfono y alguna película que otra, aunque también lo de las películas lo fue dejando, porque según decía no le encontraba gusto a ninguna, ni siquiera a aquella tan buena de Robert Mitchum, *El póker de la muerte* creo que se llamaba. Naturalmente, aquello no podía durar, no era plan para un hombre de veinticinco años. Poco a poco, las cosas empezaron a torcerse. No sé, quizás empezaron a torcerse el día en que le propusimos cambiar de vida. ¿Por qué no te traes a Herminia?, le preguntamos aquel día después de que volviera de otra de las llamadas a media cena. Él respondió: porque no tengo piso propio. Cuando tenga piso propio me casaré con ella y la traeré. Entonces Garmendia le dijo: pues mientras tanto que te llame media hora antes o media hora después, porque de lo contrario no vamos a poder cenar en paz. Ella me llama cuando puede, le respondió Pepe algo molesto.

Lo que le pasa a éste es que no quiere casarse, dijo entonces el médico del pueblo señalando a Pepe con un gesto chulesco. Era un tipo alto y bastante joven, y se alojaba en el bar como nosotros. Seguro que esa Herminia es feísima, añadió. Era una broma, claro, pero de mala intención. Aquel médico no era buena gente. Cuando metía baza en nuestras conversaciones, siempre era para desairar a alguien.

Ya he dicho antes que la novia era el flanco abierto de Pepe, la parte de su vida por donde le entraba todo lo malo. Pero lo malo que habíamos conocido hasta entonces, lo de vivir en dos sitios a la vez y todo eso, era poca cosa, y aquello de las cartas y las llamadas hubiera terminado el día en que Pepe se comprara un piso para casarse con Herminia. Con el médico, en cambio, la cosa fue diferente. Lo malo de lo malo, el verdadero sufrimiento, le llegó a Pepe con aquel médico. Parece mentira que la única persona con cultura en aquel bar fuera la más dañina, porque yo sé que eso no suele ser así, pero nada es más cierto que lo que digo.

Pepe no olvidó lo que el médico había dicho sobre la fealdad de Herminia, y una noche que estábamos tomando un helado en la terraza se acercó donde nosotros con una fotografía en la mano. Primero se la entregó a Garmendia, el taxista. ¿Qué le parece a usted, Garmendia? ¿Es fea mi novia? Hombre, no me vengas con cursiladas, le dijo Garmendia volviéndose hacia el otro lado, porque Garmendia era así, un buen hombre pero un poco bárbaro hablando. Sin embargo, cuando al fin miró la foto exclamó, ¡Qué belleza, Pepe!, ¡qué belleza! ¡Pero si parece Claudia Cardinale! ¿Estás seguro que es así? Entonces Pepe le quitó la foto y me la entregó a mí. Cuéntales, Guillermo, me dijo, cuéntales si es o no es así. Es así o más guapa, dije yo. Y no mentía. Herminia pasaba por ser una de las chicas más guapas de Rute. Entonces se levantó el médico y miró la foto por encima de mi hombro. Todavía recuerdo el silbido. Le salió del alma. Yo creo que hasta se calentó un poco. ¿Ésta es Herminia?, dijo en un chillido. Pues sí, ésa es la chica que según usted debía de ser feísima, le respondió Pepe. Ahora sí que no entiendo nada, dijo el médico llevándose las manos a la cabeza. ¿Cómo puede un hombre dejar a una mujer así en Andalucía? ¿Cómo puede quedarse tan tranquilo estando ella a casi mil kilómetros de distancia? Desde luego, yo no la dejaría. No soy tan ingenuo. ¿Qué quiere usted decir?, le dijo Pepe. Hombre, no seas cursi, ya sabes a lo que se refiere, dijo Garmendia. Pues no, no lo sé, afirmó Pepe poniéndose tenso. Antes de hablar, el médico se rió con su risa de chulo. Pues es bien fácil, dijo. Seguro que hay muchos señoritos en Rute que se mueren por llevar a tu novia a la cama. Y con la oportunidad que tú les estás dando, alguno de ellos lo logrará, seguro. Si no lo ha logrado ya, claro.

Pepe guardó la fotografía y luego le insultó al médico, bien claro se ve, le dijo, bien claro se ve la clase de mujeres que usted ha frecuentado, empezando claro está por su madre. Como toda respuesta el médico soltó una carcajada. Además de chulo, era un cobarde.

Por aquella época yo ya no hablaba tanto con Pepe, en parte por su culpa, por el asunto de las cartas y demás, y en parte por la mía, porque para entonces, al año de nuestra llegada al pueblo más o menos, yo tenía bastante trato con la chica del baile, es decir, que ella y yo ya estábamos en la fase de *ecarri mushua*, es decir, en la de los besos. A pesar de todo, yo a Pepe no le veía mal, aunque, claro, para saber lo que en aquel momento pasaba por su cabeza yo habría tenido que leer sus cartas y ver si había habido algún cambio en ellas, si por ejemplo le hacía preguntas raras a Herminia. Pero, en fin, a primera vista no parecía que Pepe estuviera mal, y eso que el médico seguía actuando como esos boxeadores rastreros que siempre golpean en la herida abierta. No perdía oportunidad para recordarle a Pepe la cantidad de hombres que andarían rondando a Herminia allí en Rute.

No sé cuántos meses pasaron desde el día que Pepe vino con la fotografía de Herminia, aunque debieron de ser bastantes, porque recuerdo que Dorotea y yo, es decir, la chica del baile y yo ya estábamos en lo de *ezcontzian bai orain ez*, en la fase de cuando nos casemos sí ahora no, quiero decir. Entonces ocurrió lo que tenía que ocurrir. Ocurrió concretamente un domingo. Mientras nosotros, Dorotea y yo, nos metíamos en el cine a ver *La conquista del Oeste,* Pepe se dedicó a perderse por la ciudad, pero a perderse por el barrio de mala nota, y no volvió al pueblo hasta muy tarde, y además borracho, que bien lo sentí yo desde la habitación de al lado. A la mañana siguiente, uno de los encargados de la fábrica pasó junto a mí y me preguntó que dónde estaba Pepe, y yo le dije casi sin pensar que estaba enfermo. Espero que no sea una cosa de la cabeza, me dijo el encargado. ¿De la cabeza? No, creo que es una gripe, le respondí un poco asustado de lo que el comentario daba a entender. Mejor, mejor, me dijo el encargado, las cosas de la cabeza no se curan nunca.

Cuando volví del trabajo y subí a la habitación de Pepe, lo encontré de rodillas y mirando a la pared, y gimoteando ay, Dios mío, ay, Dios mío, y yo me acerqué donde él y le dije, qué pasó ayer, Pepe, ¿te fuiste de putas?, y él asintió con la cabeza varias veces, y me pareció que, efectivamente, estaba enfermo de la cabeza. Cuando se tranquilizó un poco me dijo que pensaba quedarse de rodillas durante siete días y siete noches, como castigo por haber engañado a Herminia. Qué voy a hacer ahora, me dijo, a lo mejor se me ha contagiado una enfermedad de esas sucias. Intenté razonar con él, pero no me fue posible. Te echarán de la fábrica, le dije. Pero nada, en aquel momento a él le daba lo mismo. Te subiré algo de comida, le prometí antes de marcharme. Era lo único que se podía hacer con él.

De la fábrica no le echaron, porque cuando salió de aquella penitencia tenía un aspecto tan malo que todo el mundo creyó lo de su enfermedad. Pero, de aquello, Pepe no se recuperó. Le dio por pensar que si su carne era débil, también la de Herminia lo podía ser. Yo he fallado, así que también ella puede fallar, ése era el razonamiento que se hacía a sí mismo y que luego repetía a todos los que se encontraba en el mostrador del bar. Una de esas veces se encontró con el médico y, claro, éste no desaprovechó la ocasión para hacer su chiste, será follar, le dijo, no fallar. Con todo y con eso, Pepe no lo rehuía; al contrario, parecía disfrutar de la humillación a la que le sometía aquel chulo. En lo que a mí se refiere, sólo me buscaba para pedirme cosas raras, por ejemplo que les escribiera a mis primas de Rute rogándoles de su parte que vigilaran a Herminia. Yo le decía que sí para que se tranquilizara, no por otra cosa. A mí no me gustan los que no se respetan a sí mismos. Para esas cosas, yo soy de raíz muy honda.

Luego hubo un cambio en su personalidad, el último. Se hizo muy huraño. Dejó su habitación en el bar y alquiló un piso. Yo casi no le veía, porque además me cambiaron de sección en la fábrica. Así las cosas, un día me pidió que fuera a tomar café a su piso. Recuerdo que estaba bastante sucio y que todo olía a fritanga. Hasta el vino que me ofreció olía a fritanga. Se sentó frente a mí, me miró a los ojos y exclamó:

—¡Esto no es España, Guillermo!

Yo me quedé un poco parado con aquella frase, porque era la misma que yo había soltado al llegar al pueblo, casi dos años antes. Pero lo que yo había dicho con asombro, o quizás con miedo, él lo decía con amargura. Enseguida me di cuenta de que achacaba todos sus males a la gente del pueblo, a lo raros que eran y a lo poco que nos querían a los de fuera. Pero para entonces yo ya había fijado la fecha de la boda con Dorotea, que era más del país que las manzanas, y todo lo que Pepe me decía me sonaba a tontería o a mala baba. Me marché sin decirle que me casaba y sin preguntarle por Herminia.

Tuvo algunos problemas más, porque con aquello de echar la culpa de todo a los vascos cogió fama de chivato de la Guardia Civil, y todos lo rehuían. Pero aquella situación duró muy poco. Un día de mayo, otro domingo, Pepe llamó a Garmendia y le dijo que tenía que llevarle al cementerio de Rute en su taxi, porque Herminia había muerto y quería verla por última vez. Dorotea y yo nos enteramos al volver del cine, y la noticia nos quitó el buen sabor de boca que nos había dejado la película que habíamos visto aquella tarde, *Cuatro tíos de Texas,* creo que se llamaba.

Lo que sabemos a partir de ahí lo sabemos por Garmendia. Dice Garmendia que durante el viaje Pepe estuvo muy callado, y que a veces reía y a veces lloraba, y que cuando llegaron al cementerio de Rute le pagó el viaje y le encargó que nos diera recuerdos a todos. Y Garmendia: yo no pienso volver ahora mismo, no me voy a meter otros mil kilómetros entre pecho y espalda. Si quieres te espero hasta mañana y volvemos juntos. Pero, por lo visto, Pepe no quiso. ¿Qué llevas en esa bolsa?, dice Garmendia que le preguntó entonces. Llevo flores para Herminia, dice que le dijo Pepe. Pero no era verdad. Lo que llevaba era una escopeta de caza. Y con ella se mató allí mismo, después de sentarse en una de las tumbas del camposanto; en una tumba cualquiera, quiero decir, y no en la de Herminia, como se ha corrido por ahí. Y es que tiene razón Garmendia, a la gente le gustan las cursiladas estilo Sissi, y prefiere creer que los dos murieron de amor en vez de hacer caso a lo que ya les hemos explicado mil veces, es decir, que Herminia no murió y que hace muy poco acaba de tener su primer hijo, lo mismo que yo.

(Inédito)

Hora muerta

FRANCISCO AYALA

Francisco Ayala nació en Granada en 1906. Fue catedrático en la Universidad de Madrid. Marchó al exilio y enseñó Derecho en varias universidades de Estados Unidos. En 1983 recibió el Premio Nacional de Literatura por sus memorias, un año más tarde fue elegido miembro de la Real Academia y en 1988 Premio Nacional de las Letras Españolas. Ha escrito: *El jardín de las delicias* (1971), *Muertes de perro* (1988), *El as de bastos y otros cuentos* (1989), *Contra el poder* (1992), *El tiempo y yo o El mundo a la espalda* (1992), entre otros títulos. En 1929 publicó *Indagación del cinema,* libro pionero que ha tenido sucesivas ediciones enriquecidas, la última de las cuales acaba de aparecer bajo el título de *El escritor y el cine.*

A Melchor, fraternalmente

I

La ciudad, plataforma giratoria. Un poco chirriante.

La aurora de la ciudad es una aurora de carteles nuevos. Frescos. Húmedos —ropa limpia— de rocío.

Carteles: sábanas desplegadas —tiernas, refrigerantes—. Toallas para enjugar las últimas miradas turbias de los chicos que van en grupos a la escuela.

Es una aurora entonada con el canto de gallo —ufanía— de las llamadas murales. Canto de color sostenido —orden de plaza— como toques de corneta. (Vibran en la retina los carteles con una gran limpidez.)

(Yo he buscado hoy tinta roja. Y tinta verde. Y tinta azul. He llenado un papel repitiendo esta palabra: *cartel,* en rojo. En verde. En azul. Para ver si conseguía la sensación auroral de la ciudad.)

La ciudad —aurora débil (de anemia) que se apoya en las paredes—, destacada, violenta, geométrica. Edificios altos, disparados al cielo en línea recta. Puentes de hierro, tiritando. Cables musicales.

Las fábricas respiran con dificultad —pobremente—. Y hasta se producen escenas de sugestión rural: ese mecánico —tendido en el suelo— que agota la ubre de su automóvil...

Luego; exhalaciones. Vertiginosidad. Nubes de humo. Ruidos.

Las chimeneas de fábrica hacen viajar el horizonte. Hinchan el vientre del cielo. Le dan un tinte gris, pesado.

Noche. La luna, quieta, es —también— anuncio luminoso. El bastón colgado de mi brazo me sugiere mansamente un brazo de mujer. Dócil. Sumisa. Y leve.

Pero que me retiene —con eficacia— frente al imperativo de indicaciones gráficas y guiones urbanos.

Estación. Pista. Fábrica. Velódromo. Universidad. Circo. Gimnasio. Cine.

La ciudad, gran plataforma giratoria.

Capitán de la Marina. Siempre cantando. O silbando. O recitando... Lejanamente.

Con los ojos más azules de su colección. Con la frente alta —una faceta a cada viento—. Con saludos y banderas internacionales.

Ha perdido —definitivamente— el barco o la aeronave, y se ha refugiado en la ciudad. Renunciando a los horizontes geográficos.

Sin embargo, en los oídos —caracolas de la playa— le queda un viento fuerte.

(El bar, mientras llueve. Silbidos de vapor. Entre dientes, canciones marineras.)

Acaricia a los niños. Para robarles —tan sólo— ese aire de primera comunión que van consiguiendo.

Equilibrista, anda por el borde de las aceras. Sin perder pie. Sin perder la pipa de a bordo.

Boxeador. Dientes blancos. Frente angosta.

Un *ring* en cada meridiano. Sonrisas inexpresivas. Apretones de manos también inexpresivos...

No recuerda. No recuerda. Pero... ¡a su lado va el *manager*!

Negro. Sonrisas grandotas. Plebeyez —democracia multitudinaria— de sombrero hongo, muy metido, y cartera en la mano. (En la otra mano, un junco. Y en las dos, guantes amarillos.)

Gran bailarín. Sólo él recoge y sintetiza la formidable ópera de la calle: gritos, claxons, timbrazos de tranvía y parpadeo de los escaparates.

Se va parando ante todos los escaparates, y ante el cartel del circo.

Sonrisas grandotas.

Campesino. Oscuro, grave, despacioso. De mirar bajo, de mirar agudo.

(Hace diez años que acaba de llegar.)

Motorista. Fino. Eléctrico. Hecho al contrapelo de las carreteras. Con ironía de ruidos fugaces y esguinces violentos.

Ojos dilatados en gafas de velocidad. Acostumbrados a recoger los perfiles desprendidos de las cosas.

Ceñido a las curvas duras —virginales— de las pistas más jóvenes.

Sonrisa donjuanesca de campeón ante la máquina fotográfica.

Chino. Sinuosidad. Tormenta-verbena. Relámpagos, ocultos bajo su facha de pobre hombre.

¿Biombos, farolillos y literatura...? ¡Ah, sí! ¡También! En el aleteo de pájaro azul que tiene —cuando lo saca del bolsillo— su pañuelo.

Soldados. Todos iguales. Al mismo paso. Con la misma seriedad. Fusil al hombro.

Una esquina los suelta. Otra se los traga. Rasándolos. Afilándolos.

Les duele el pájaro que volaba sobre ellos y que —de pronto: radicalmente— se les ha vuelto. Sin aquella hélice ideal, es más duro el paso —contra aquella pequeña hélice.

Soldados. Soldados. Soldados...

Niña. Anita —de blanco— saltando a la comba. Calcetines a rayas: ondas eléctricas... «¡Tas, tas...! ¡Tas, tas...!» En el patio del colegio. Nimbada, orlada de comba, como la Virgen de los Gitanos, en la provincia de los gitanos, con farolillos, sobre una columna alta... —de comba eléctrica.

Los ojos —grandes— bajo el agua.

(¿Qué agua? —¡Ay! Bajo el agua de un estanque inocente, parado.)

Debajo del agua —de tanta claridad como tenían.

Le dije: «¿Qué carta quieres?».

La pequeña Anita cogió el rey de espadas. Se lo guardó en el bolsillo.

En el bolsillo —blanco— tenía bordado —en rojo, rojo— un corazón.

La ciudad, gran plataforma giratoria.

Estación. Pista. Fábrica. Velódromo. Universidad. Circo. Gimnasio.

Y cine.

II

Todos los relojes marcaban la hora retrasada. Sus campanadas —campanadas del revés— eran de regreso. Picoteadas —ya— por los gallos de las veletas.

Eran campanadas muertas, exangües. Caían verticalmente, con las alas cerradas. Como frutos.

Pero el cine —al fin y al cabo— es una concavidad. Bien podía permitirse la broma de dar equivocada la marcha del tiempo. Como un espejo —¿No vemos en los espejos de las tiendas cuándo vamos a cruzarnos por la calle con nosotros mismos?

¡Ah, señor! Se encontraban los que iban con los que volvían... ¡Terrible tropezón!

Carlomagno —barba florida— había olvidado su espada en la bastonera, junto al bastoncillo de Chaplin.

Y Chaplin —Hamlet— atravesaba la cortina con la espada del Emperador. Sin encontrar —por supuesto— el cuerpo de Polonio.

La confusión era espantosa. El reloj hacía horas extraordinarias. (Reclamaba el Sindicato...)

«¡Tac...! ¡Tac...! ¡Tac...!»

Sonó —por fin— hora tardía, la recién muerta. (Todos teníamos su eco en el corazón.) La de los ojos claros y rostro de maniquí.

Asomó entre puertas. Sonrisa triste, estereotipada. Palidez y abanico. Y una mano —guante blanco, paloma al viento—. «¡Ven!, ven a buscarme, ¡oh, tú...!, etcétera...» A mí. Se dirigía a mi horizonte —saludo al viento de ropa puesta a secar—. ¡A mí! ¿Por qué a mí? Es increíble. Y sin embargo...

Me volví al que estaba a mi derecha:

—¿Es a mí, caballero?

Tres cabezadas. Y una sonrisa.

Pensé:

«¡Pues me ha llamado! Y es una dama. De las que yo admiraba tanto en mis carnavales infantiles... Una dama: será preciso complacerla.»

Mi cabeza se había inclinado como si hubieran aflojado la cuerda. Oscilaba tristemente, arrastrando por el suelo miradas turbias.

De pronto, un tirón violentísimo. La cabeza, erguida. Las miradas de repercusión —fusil de repercusión— a la pantalla.

... Y la dama de aquella hora perdida había desaparecido. Totalmente. Sin dejar ni el sitio.

La pantalla estaba ocupada —ahora— por un puente de hierro. Muy estremecido. Muy transitado.

La sugestión del tránsito me empujó a la calle. En busca de la calle. No hubiera podido permanecer más. Y salí del cine con fiebre. Con violencia interior.

Codazos. Empujones. Brechas. Huecos de perplejidad. Momentos atónitos, imaginativos.

(Jonás persiguiendo al tranvía, que se niega a tragarle.

Un timbrazo aplastado que cae en un charco y se sumerge rápidamente.

Nada.)

La puerta de mi casa me salió al encuentro. A sorprenderme. A darme una palmada en el hombro.

Una ansiedad inexplicable me llevó a la alcoba. Como si me urgiera alguna comprobación. Como si quisiera cerciorarme de que, en realidad, había dejado olvidada la cartera, y no la había perdido en la calle.

... Pero me quedé —allí, en medio de la habitación— parado. Reflexionando. No sabía. No sabía... ¿Para qué tanta prisa?

(Nada. Un absurdo. Una depravación estúpida: sofaldar la cama. Levantarle el vuelo de la ropa. Mi cama era gorda y opulenta. Blanca. Indolente. ¡Ay, señor...! Qué absurdidad! Irremediable.)

Me pasé la mano por la frente. No sabía...

Otra cosa: probar el interruptor de la luz. *Fíat lux!* Pero...

No me encontraba. Había perdido —era evidente— la dirección...

Ya había intentado coger el pez —eremita— de la pecera, y siempre se me escapaba entre los dedos. ¿Poner a hervir la pecera? ¡Saltaría en el agua como un caballito del circo! Desistí.

Al fin —recuerdo— me tomé el pulso, con algo de alarma. Con aprensión.

Pero fue como si la mano se me electrificase. Encendida. Varillas metálicas.

Descargué sobre el piano mi botella de Leyden y saltaron chispas musicales.

Notas adultas, con su contrapartida adolescente. (Casi niñas, para la Sixtina.)

¡Ah! ¡Oh! ¡Ah! ¡Oh!

... Toda la noche la pasé soñando jugadas de ajedrez.

III

Al día siguiente, por la tarde —asociación súbita—, comprendí de pronto el motivo de aquel quebranto.

(Mis lágrimas —florecidas— saltaron de alegría sobre un plato. Seis rosetas.)

Fue recuerdo súbito de la hora fenecida que me había ordenado buscar la palidez, el abanico y la mano-gaviota del horizonte cinematográfico. Buscarlos —¡claro está!— en el seno del XIX.

¿El seno del XIX? Abierto como una granada... Se me representó la casa que era, con toda su imponencia de casa ignorada. Pasada y repasada de siempre. Sin curiosidad por ella.

Ahora —ahora— me explicaba su entraña maravillosa, para encantamiento. Su algo de cueva de Montesinos.

Y salí a la calle. Decidido. Precipitado. Lleno de aire. Viaducto. Lanzaderas. Gente. Más gente. Más gente.

En medio, mi apresuramiento.

Oí chistar a mi espalda. Pero la llamada me había pasado por encima del hombro, y no quise volverme.

Otra vez, chistar. Y ahora me había picado en la oreja. No hubo remedio.

—Y ¡qué! ¿Dónde vas?

—Voy en busca de Mercedes... Sí. Ya sabes: su carita era de cera... Pero todo esto no importa.

La respuesta me había cantado en el corazón. Era respuesta forzada. Seguramente no había otra.

—¡Ah! Pero llevas el traje de todos los días.

—También ella ha ido al cine a buscarme. Al cine. Ha venido ¡al cine! Además, no tengo esas levitas impecables...

—Un bigote. Al menos, un bigote.

Seguí andando sin responder. En realidad, no hacía falta nada de eso. Hacía falta cumplir, cumplir...

De pronto —sustracción, escamoteo de mí mismo— caí en un portal, ancho y de mármol. ¡Qué maravilla! Sordo. El silencio me golpeaba las sienes. Cerré los ojos, y... Antro. Cueva. Cueva fresca. Angustia en el pecho. Ya.

Al pasar ante los leones blancos, de blanca sonrisa, me quité el sombrero. Un saludo al uno. Otro saludo al otro.

El llamador, dorado. Y el campanillazo, dorado también. Había caído aquel campanillazo en la fuente. Sin duda. Abriendo círculos. Espantando a los peces.

La contracción de un cable —sin mano aparente— abrió la puerta.

Las huellas de mis pies quedaban —transparentes— en la escalera de mármol. Sembradas de luz.

¡El salón! Olía a salón cerrado. Desde el siglo anterior —desde todos los siglos anteriores—. El aire se agitó a mi entrada. Las cortinas, que estaban ciñéndose la liga, dejaron caer la falda precipitadamente, y los espejos —dormidos— estremecieron sus aguas para que temblara mi figura. (¡Quedaron rayados —sin embargo— por las aristas duras de mi siglo XX!) Un libro de la consola se entretenía en doblar y desdoblar sus hojas. La ventana —díptera— me saludó con un cordial y trémulo aleteo.

En cambio, la mascarilla de Beethoven no me miró siquiera. Ni la paloma de porcelana.

Pero el perro disecado —disecado por la familia, que no quería perder nunca su compañía prudente de faldero— me guiñó uno de sus ojos de cristal. Buen amigo. (El perro es el amigo del hombre.)

Sobre la mesa —de mayor a menor: en fila— siete pajaritas de papel. Me incliné sobre ellas. Le soplé a la más grande, y todas escaparon, volando, por la chimenea.

Dijo la ventana:

—¡Ay! Aunque clavada aquí por el entomólogo de las arquitecturas, aún estoy viva. Y yo podría —también— volar.

Yo. No me atrevo. Quién sabe si toda la cristalería vendría abajo. No me atrevo.

Volvió a toser el reloj. Su esfera tenía un livor veteado, asustante. Llegué a temer que diera su hora retrospectiva. Que se abriera su caja —caja en pie—. Y que ella apareciese, sonriendo. Con su abanico y sus guantes. Y su palidez melancólica. Y sus ojos llovidos.

¡Un segundo! ¡Y otro! ¡Y otro...! Mi temor se enriquecía de inminencia. Se hacía angustioso.

Por lo demás, el ciprés del jardín había arañado la platina del cielo, y se cuarteaba el techo del paisaje. Mientras, la ventana sufría una palpitación barométrica.

El gran monóculo del reloj dardeaba la mascarilla de Beethoven, más impasible que nunca: padre de la tormenta.

Beethoven. Alma atormentada. Prisionera. ¡Hija del aire!

La paloma. Ábreme tu pecho, ventanita. Quiero enhebrarlo con mi libertad.

Yo. Libertad. Aires de *Marsellesa.* Humo de ferrocarril-invento.

El reloj empezó a toser. Daba lástima: tuberculoso.

Y Beethoven se dirigió —patéticamente— a la paloma de porcelana:

—Quita de mi bronce esa mirada única de tu ojo derecho. Ese clavo. Ese ojo providencia por el que reconozco en ti al Paracleto...

Luego —a mí— añadió:

—Me tiene encantado con esa mirada inmóvil. ¡Qué crueldad!

La paloma trató de disculparse:

—No podré quitarle mi mirada mientras no me saquen el alfiler que tengo clavado en la cabeza. Soy la princesa de aquel romance: no miento... Si quisiera... ¡Ay! ¡Si quisiera!

En cuanto al perro, bien claro se veía que estaba sobrecogido su corazón de paja. Y que pronto empezaría —loco— a dar vueltas persiguiéndose el rabo.

El autobús del cielo rodaba ya de nube en nube.

Y apremiaba —mi miedo— la inminencia de la aparición. (Sonrisa. Abanico. Palidez.) En todo mi cuerpo, punzadas de terror. No me atrevía ni a cerrar los ojos.

Un impulso —latigazo— de violencia. De heroísmo casi. Cogí bajo el brazo el perro disecado, y salí corriendo.

(Precisaba salvar al perro: me había guiñado uno de sus cristales, y era mi amigo.)

Corriendo. Cada vez, más. Cancelaba mis huellas anteriores sobre el mármol de la escalera. Me llevaba otra vez mi claridad.

¿Un trueno? ¿Un portazo? La calle. El Viaducto. Mi fuga.

Pero la gente había reparado en mi turbación. Todos sabían ya que había robado —de cierta casa— un perro disecado. Y me persiguieron, gritando.

Me perseguían: gritos-avispas.

Corrí.

El perro, siempre bajo mi brazo. De vez en cuando tiritaba. Pero ¡siempre rígido!

Pronto, una multitud perseguidora. Muchos. Muchos. Muchos. Muchos. ¡Multitud!

Alcanzar aquella esquina. Luego, aquella otra. Las esquinas se abrían y cerraban como biombos. Los anuncios luminosos me chorreaban de sangre, de añil. Me evidenciaban en colores. Corrían tras de mí por los bordes de las fachadas. Me descubrían. Me indicaban, conminatorios.

Y los maniquíes de las tiendas —¡ellos también, villanamente!— me enganchaban de la manga. Trataban de detener mi huida.

Arriba, el cielo se había cerrado.

Portazos —truenos-portazos—, truenos. La tormenta había cerrado todas las puertas del cielo.

La avenida lo encañonaba perentoriamente. Disparos contra su fortaleza.

Avenida larga —demasiado larga— para mi carrera.

No miraba atrás por no perder un segundo. No soltaba al perro.

Pero llevaba colgados del hombro los pasos y los gritos de mis perseguidores.

La avenida —cada vez más estrecha— terminaría por apresarme en lo más agudo, en el vértice —casi— de su ángulo. Y entonces...

(El parpadeo de los anuncios luminosos, muertos de sueño. El jadeo de los anuncios luminosos.)

Era preferible romperse la cabeza contra una de aquellas esquinas desprendidas. Esconderse detrás de uno de aquellos biombos —cubiertos de carteles, como lápidas—. Cualquier cosa. Un refugio cualquiera.

IV

Verja. Lanzas verdes. Verde jardín. Jardín del colegio. Abierto.

Yo respiraba con fatiga de locomotora. «¡Ah! ¡Ah! ¡Ah! ¡Ah!»

Mis seguidores —despistados— habían pasado de largo. Las telarañas del anochecer se les habrían metido en los ojos. No podía ser otra cosa.

(Gotas de lluvia —pocas y gruesas— perforaban las primeras sombras en aquel momento.)

El milagro, acaso.

La pequeña Anita salta a la comba en el jardín del colegio. La cuerda, toda florecida de bombillas eléctricas. ¿Milagro?

Salté —el perro bajo el brazo— dentro de la comba. Riendo sin júbilo. Sin emoción alguna.

A cada salto mi brazo oprimía el vientre del perro disecado. El perro disecado daba —a cada salto— un débil ladrido.

Creyó la pequeña Anita que le regalaba un juguete e hizo un gestecillo de desagrado. Cayeron sus brazos. Se apagó la orla de bombillas eléctricas.

Y ya, en la noche, sólo podían verse las ondas rojas —anillos vibrantes— de sus calcetines, los ojos, bajo el agua temblona de su inocencia.

(Del libro Cazador en el Alba,
Alianza, 1988)

Cinema Ideal

RAFAEL AZCONA

Rafael Azcona (Logroño, 1926) publicó algunos libros de humor en los años cincuenta, entre ellos *Los muertos no se tocan, nene* o *El pisito*. A partir de los sesenta se dedicó al cine, con casi un centenar de guiones de películas como *El verdugo*, de Berlanga; *Ay, Carmela*, de Carlos Saura; *Pim, pam, pum, fuego*, de Pedro Olea; *El bosque animado*, de José Luis Cuerda; *El año de las luces* y *Belle Époque*, de Fernando Trueba, además de trabajar con directores italianos como Lattuada, Tognazzi y Polidoro, entre otros muchos. También ha escrito guiones para televisión y una adaptación teatral.

1

Como siempre que cambia el programa, el Tío Joaquín —sombrero negro, palillo entre los dientes de oro, pelliza con cuello de piel, garrota colgada del antebrazo, la parentela detrás de su espalda— se planta ante la cartelera media hora antes de que abra la taquilla y uno de sus nietos, apartándose los tufos de los ojos, deletrea para los demás lo que la cartelera anuncia: dos grandiosos reestrenos, *Recuerda,* con la maravillosa «In-gri-Ber-man», y *La guerra de Dios,* con el gran Francisco Rabal; luego, para matar el frío y la espera, la tribu hace palmas por bulerías, una vieja sin dientes canturrea «Por la calle abajito va el que yo quiero», su bisnieta empieza a bailar, algunos jalean sin ningún convencimiento «Viva el arte», «Lo que sabe la niña», «Toma, toma, pastillas de goma» y los demás se juegan la honra a los chinos.

Ya está ahí esa gentuza, deduce la taquillera, empeñada en la tarea de encajar en su angosto cuchitril la considerable masa de sus ochenta y cinco kilos de peso, el termo de café con leche y el bocadillo de mortadela que le ha preparado su hermana, el bolso con sus cosas, el jersey que le está tejiendo a un sobrino y el envase de dulce de membrillo que acaba de recoger en el despacho de Dirección con los tacos de entradas y el dinero para cambios; a Manolita, la taquillera, los gitanos no le gustan ni en la pantalla, una vez hasta probó a ponerse guantes para no tocar su dinero, lo malo fue que luego, al lavarlos, la lejía le abrasó la cabritilla, *Amalio debería negarles la entrada, que para eso está el derecho de admisión, pero ése sería capaz de venderle una entrada al bacilo del cólera,* piensa la opulenta cuarentona mientras se libera de la faja sin quitarse la falda ni el abrigo; luego enchufa la estufita que le caldeará los bajos durante las siete horas largas de jornada laboral, se sienta en su silla, coloca los tacos de entradas sobre el mínimo mostrador, pasa al cajón el dinero para cambios y se pone a hacer punto hasta que falten cinco minutos para la apertura: según Amalio —don Amalio para el resto del personal— así se ahorra luz y hasta agua, que parece mentira la cantidad de gente que espera la hora del cine para hacer sus necesidades.

En Dirección —eso pone en la puerta, pero en realidad es el almacén donde se custodian, junto a unos archivadores y una vieja Underwood, las patatas fritas y las pipas de los descansos, un bidón de ozonopino y su pulverizador, dos sacos con recortes de película y una caja fuerte— don Amalio cuelga del perchero la gabardina y la bufanda, pero no la boina, que conserva puesta, pues los resfriados los coge siempre por la cabeza, abre la caja fuerte, se sirve una copa de la botella de Anís Las Cadenas que hay junto a una caja de farias, selecciona el cigarro que fumará, masticará y ensalivará durante toda la tarde, y encendiéndolo y dándole chupitos al anís vuelve al vestíbulo para esperar la llegada del resto del personal, y allí sorprende a la puñetera gata, acuclillada bajo la sonrisa de Miguel Ligero, de sombrero cordobés y clavel tras la oreja en una de las fotos de la vieja colección de Cifesa; como primera providencia don Amalio le suelta una patada al minino, luego coge de detrás del bar en desuso una bolsa de azufre, *todo lo tiene que hacer uno,* se congestiona al agacharse para esparcirlo a lo largo del zócalo, y una vez que recupera el aliento se concentra en la tarea de avivar la combustión del farias, que tira mal; primero hurga en sus entrañas con un mondadientes sin obtener grandes resultados, y después, tras metérselo invertido en la boca con mucho cuidado para no quemarse ni los labios ni la lengua, pega un par de formidables soplidos y ya soltando nubes de humo les franquea la entrada a Jimeno y a su hijo Paquito, que entran ateridos.

—Paquito: un duro te doy si le echas mano a la gata y la tiras al Ebro.

En la cabina, el señor Fede, electricista jubilado y hombre mañoso, carga el Nodo y las películas del programa en los proyectores; el hombre opina que *La guerra de Dios,* como todas las de asunto Iglesia, es un sermón de mucho cuidado que no interesa más que a las beatas, y don Amalio, el cigarro en una mano y la copa de anís en la otra, se consuela aseverando que la Bergman siempre gusta mucho al público; el proyeccionista admite que la sueca puede ser una buena actriz, pero deja claro que como mujer a él no le dice nada, y el patrón proclama que aparte el aspecto artístico, la Bergman está cojonuda; el señor Fede, picado, insiste en que ni como mujer ni como artista resiste la comparación con la Amparito Rivelles *pongamos por ejemplo; a ésa sí que le pegaría yo un revolcón*, puntualiza, y don Amalio, después de dar por supuesto que al viejo no se le levanta desde hace siglos, y de recomendarle mucho ojo con el orden de los rollos, corta el interesante debate al advertir que se echa encima la hora de apertura:

—Bueno, bueno, tengo que abrirle al público.

Desde que vendió en su pueblo el Salón Contreras y el rebaño de ovejas heredados de su padre, y se trasladó a la capital para comprar el Ideal Cinema y progresar, Amalio se adjudicó el «don» y dejó de referirse a los espectadores como «la gente», aunque, eso sí, a los de su pueblo sigue denominándolos «aquellos tíos», *me acuerdo cuando en el invierno metíamos las ovejas en el Salón para caldearlo; lo dejaban lleno de cagarrutas, pero aquellos tíos entraban y veían la película sin decir ni mu, no como el público de aquí, siempre protestando de la calefacción,* rumia bajo la boina a la vez que alarga una mano para comprobar el grado de calor de los radiadores.

Ya ha llegado Pachi, que charla con Jimeno mientras se uniforman con las resudadas y descoloridas chaquetillas, en otro tiempo rojas y ahora color calabaza; portero y acomodador coinciden en que si no nieva es porque está helando, y Paquito, con la caja de las patatas y las pipas colgada del cuello, sigue a la gata, que se desliza hacia los servicios.

—¿Se ha acordado de la pila, jefe?

Jimeno acciona el interruptor de su linterna, que parpadea débilmente, y don Amalio le da una pila que saca del bolsillo mientras, con un gesto, le indica a Pachi que ya puede abrir la puerta.

—Que aproveche, don Contreras.

Don Amalio corresponde al saludo alzando su copa de anís, y el patriarca, que se ha tocado el ala del sombrero con dos dedos muy tiesos, presenta ostentoso su manojo de entradas; Pachi cuenta quince mientras gruñe que cada espectador debe llevar la suya, controla luego el paso de los derechohabientes, y finalmente se las devuelve, ya con un pico arrancado no sin trabajo, porque Pachi tiene las manos deformadas por el reuma, la artritis, la artrosis o lo que sea. El Tío Joaquín, recogiendo las entradas, le da otras tres con el mismo ademán aparatoso de antes:

—Las de mis nueras, para cuando vengan con la cena.

No es que a don Amalio le haga feliz que los gitanos disfruten de los tres pases del programa por el precio de uno, pero docena y media de espectadores son dieciocho entradas vendidas, y además los calés son tan considerados que para cenar sin molestar a nadie se instalan en las butacas de la primera fila, localidades invendibles incluso cuando el público se pega por entrar, cosa que sucede pocas veces, pero sí siempre que se repone *Lo que el viento se llevó,* sobre todo desde que el señor Fede tuvo la idea de aligerar la gran película cortándole el incendio de Atlanta, *que, verdaderamente* —reconoce don Amalio— *era un aburrimiento.* Y cabecea, incapaz de comprender que los americanos, con lo que saben de cine, tiren el dinero de aquella manera.

Despachados los billetes al primer golpe de espectadores —los gitanos, tres matrimonios jubilados, media docena de quintos, un ciego con su lazarillo, tres parejas de novios cada una por su lado, una pandilla de adolescentes, cinco tipos sueltos, y dos señoras mayores— la taquillera vuelve al jersey de su sobrino, y dándole a las agujas recuerda asqueada que aquella noche, como la película es de Ingrid Bergman, Amalio se empeñará en que lo masturbe mientras ven un trozo de la cinta; hace ya años que Manolita está harta de aquel cabrito: aparte de que no ha dejado a su mujer, como le prometió cuando la sedujo al poco tiempo de darle el puesto de taquillera, se está volviendo un pervertido, sólo a un maníaco sexual se le ocurre ponerse cachondo viendo a Ingrid Bergman, con aquella cara que tiene de no haber roto un plato en su vida.

2

Hacia las diez de la noche, en el último pase del Nodo, el Caudillo inaugura otro pantano, y justo en el momento en el que el locutor dice lo de siempre sobre el salvador de España, al Ideal Cinema llegan las nueras del Tío Joaquín cargadas con una garrafa de vino, una palangana llena de lechuga, cebolla y aceitunas negras, y un perol de arroz con conejo. Ya en el vestíbulo, las mujeres sacuden sus mantones para librarlos de unos copos de nieve, y precedidas por el haz de luz de la linterna de Jimeno entran en la sala medio vacía dejando tras ellas un rastro de sofrito y ropa mojada.

—Si quiere hacer aprecio —invita el Tío Joaquín en voz queda al acomodador, que después de aceptar un trago de vino, *mejor que me diera una propina, pero algo es algo,* remonta el pasillo mientras a su espalda empieza a oírse el ruido de las cucharas; como cada vez que vuelve hacia el vestíbulo, Jimeno lanza ráfagas de luz a uno y otro lado del pasillo, él dice que por obligación, pero la verdad es que descubrir a las parejas manoseándose, enfocarles la linterna a la cara y amenazarlas con echarlas a la calle le produce una gran satisfacción —el acomodador fue guardia municipal hasta que lo expulsaron del cuerpo por un malentendido— y aparte del gustazo de volver a sentirse autoridad no olvida los cinco duros que un tío le metió en la mano para que se callara, cosa que no ha vuelto a suceder desde entonces. Pero Jimeno no desespera.

Paquito, que salía del despacho después de consignar el producto de las ventas y la caja con la mercancía no vendida, sigue a su padre hacia la puerta preguntándole a qué hora se van a ir a casa: en la calle sigue nevando, a Pachi le avisa el reuma que la nevada va a ser de órdago, y Jimeno está de acuerdo en que aquella noche ya no vendrá ni un alma, pero mejor esperar a que empiece la primera película para decírselo al jefe, no sea que le salga la mala leche y los tenga allí hasta las tantas.

—Entonces voy a ver si cojo a la gata —decide Paquito.

Unos golpecitos en el cristal de la taquilla despiertan a Manolita, que roncaba con la cabeza caída hacia atrás, las nalgas rebosando de la silla y el jersey de su sobrino entre las manos: desde fuera le sonríe un hombre con unos dientes sanísimos —cosa rara, a la ventanita sólo se asoman mellas, caries o dentaduras postizas— y la taquillera, antes de abrirla, recompone su postura e incluso se echa una mirada en el espejito que cuelga bajo el horario de los pases.

—Una butaca, por favor.

Como el hombre es guapo además de simpático, Manolita se cree obligada a advertirle que la primera película del programa ha empezado hace ya unos minutos, pero al hombre, que debe de tener unos cuarenta años, habla con una voz abaritonada y huele a Varón Dandy, no le importa: es igual, dice, el tren que tiene que coger trae retraso y no pasará hasta las dos o las tres de la madrugada, y no vale la pena meterse en un hotel para tan poco rato; Manolita le da la butaca, se la cobra, y con un suspiro se acuerda de *Breve encuentro,* una película que no le gustó demasiado cuando la vio la primera vez, pero que luego, con el pasar de los años, le ha gustado más y más cada vez que la ha visto, *la última hasta lloré con aquella música tan bonita que tiene, es que yo soy una tonta, imagínate que cojo y me voy a la estación y que llega él a coger su tren y me ve allí, con mi maleta, y nos enamoramos, y de pronto nos damos cuenta de que nuestro amor es imposible, a ver qué hace una después, a mí me pasa eso y me tiro al Ebro, cualquier cosa antes que volver a casa de mi hermana, que cada día está más insoportable con que deje a Amalio y busque a un hombre como es debido.* Sobreponiéndose a su tristeza, Manolita le echa una mirada al relojito —regalo de Amalio— y se dispone a hacer arqueo.

—Don Amalio, ya tengo a la gata.

Paquito le ha echado mano cuando el animal estaba ocupado con los restos del arroz de los gitanos, y don Amalio, que cena en la mesa de su despacho las chuletitas de cordero con patatas fritas que, como todas las noches, le han servido de la taberna de la esquina, levanta la mirada y ve al chico, que sostiene en vilo un saco manteniéndolo apartado de su cuerpo: por su expresión parece que don Amalio no creía al chico capaz de la hazaña, y que ahora, viendo cómo bufa, salta y maúlla lo que hay dentro del saco, se arrepiente de haberlo condenado a muerte; bueno, estupendo, porque la gata, de puro vieja, ya no tiene a raya a los ratones, pero no hace falta que la tire al río, mejor que la deje en un solar, lejos del cine, eso sí, porque si no es capaz de volver a la querencia.

—¿Y el duro?

Don Amalio se sirve lo que queda en la botella de Viña Tondonia y regatea: como Paquito ya no debe darse la caminata hasta el Ebro, con una peseta va que arde; el chico protesta, muestra los arañazos que tiene en una mejilla, *a punto de sacarme un ojo ha estado,* dice, pero su padre, que ha aparecido con el portero, le da un capón y parlamenta con el jefe: son cerca de las once, la nevada va a más, y Pachi y él han pensado que lo mejor es que se vayan a casa cuanto antes, no sea que se queden bloqueados; el jefe masculla algo como *camastrones, no pensáis más que en cobrar,* pero se levanta rechupando el hueso de la última chuletita y los sigue hacia la puerta de la calle.

Manolita ha guardado en la caja de dulce de membrillo el dinero de la recaudación y los tacos de entradas, ha metido en su bolso el jersey del sobrino y el termo vacío, y ha apagado la estufa; cuando se disponía a ponerse la faja recuerda que aquella noche van a ver a Ingrid Bergman, y con un suspiro de los suyos mete la faja en el bolso —al cerdo de Amalio le gusta encontrarle las carnes sueltas— y sale de la taquilla dándole vueltas a la cabeza, *con lo fácil que resulta en las películas matar a la mujer del hombre que una quiere, no digo matarla así, a sangre fría, sino que tenga un accidente de coche o que se muera del corazón, y no es que yo tenga nada contra la mujer de Amalio, al fin y al cabo qué culpa tiene la pobre, otra víctima como yo, pero él debería comprender que así no podemos seguir, mucho decirme que estaba muy enferma y que nos casaríamos cuando se muriera, y en los siete años que llevo con él han tenido cinco hijos más, se dice pronto, y los tres últimos mellizos para más inri, mi hermana lleva razón, su mujer tan campante y yo cada día más fea y más gorda.*

Amalio, que después de cerrar la puerta de la calle se dirigía a su despacho, al ver a Manolita saliendo de su cubículo se interesa por el importe de la recaudación, tuerce el gesto al conocerlo, se hace cargo de la caja de dulce de membrillo, y cuando la taquillera ya se volvía para dirigirse a la sala, le da una palmada en la grupa y le dice:

—Anda, vete a tu casa, que está nevando mucho, y además me duele la cabeza.

Manolita se vuelve, estupefacta; no comprende nada, pero se teme lo peor, *éste se ha cansado de Ingrid Berg-*

man y de mí, y se echa a llorar. Amalio, ignorándola, acciona un interruptor en el cuadro eléctrico, y fuera, en la calle, el luminoso Ideal Cinema, que ha parpadeado durante toda la noche, se apaga —como en las películas— para que se vea mejor lo mucho y lo bien que está nevando.

(Inédito)

El interfecto

JOSÉ LUIS BORAU

José Luis Borau nació en Zaragoza en 1929, donde se licenció en Derecho. Comenzó su aproximación al mundo del cine ejerciendo como crítico para *El Heraldo de Aragón*. Desde entonces, ha sido profesor, productor, director y guionista, y ha obtenido numerosos galardones, entre ellos la Concha de Oro del Festival de San Sebastián por su película *Furtivos* (1975) y la Medalla de Bellas Artes (1988). Además, ha escrito y producido títulos como *Camada negra,* Oso de Plata del Festival de Berlín de 1977, *Mi querida señorita* y la premiada serie de TV *Celia,* ganadora de la Medalla de Oro del Festival de Nueva York. En la actualidad es presidente de la Academia de las Artes y las Ciencias Cinematográficas de España.

Claro que puedo hablarles de él. Y más que por ese parentesco que ustedes conocen —tardío y llegado de carambola, a través de la boda de mi hermana Carmen—, por figurar un servidor entre las contadas, contadísimas personas que se lo echaron a la cara durante las pocas horas que pasó en el pueblo. Pensándolo bien, quizá sea yo el único de cuantos le vieron aquel día que sigue en pie. Cincuenta y cinco años no pasan en balde.

No me pregunten, en cambio, porque no lo sé, si había matado o no, ni en el caso de que lo hubiera hecho, si fue por obligación, en defensa propia, o por el simple gusto de apretar el gatillo. Desde luego, opiniones hubo para dar y tomar pero la verdad es que ninguna acabó de convencerme nunca, considerando la catadura de quienes llevaban la voz cantante, tanto por un lado como por otro, y teniendo en cuenta las circunstancias en que vivíamos todos a la sazón. Habían pasado demasiadas cosas para encontrar discernimiento ni justicia así como así.

Volviendo a mi hermana, apenas soltó prenda en su vida. Entre que la pobre era más bien corta, y su marido no digamos, se fueron los dos, el uno pronto y la otra tarde —ella hará cosa de tres años—, sin aclarar punto alguno de sustancia. Ni siquiera pudo saberse a ciencia cierta si mi cuñado era hijo de quien decían los papeles o, como siempre se apuntó por el pueblo, del hermano de aquél, o sea, del propio interfecto. Y no creo que quepa achacar al miedo tanto secreto, la verdad. ¿Quién iba a meterse al cabo del tiempo con un hombre que apenas contaba meses cuando empezó el Movimiento? Y menos aún iban a hacerlo con su mujer, eso admitiendo que semejante paternidad hubiera resultado cierta. No, yo me inclino a pensar que ninguno de los dos llegó a averiguar nada. Quizá ni movieron un dedo por conseguirlo. Menudos eran en cuanto a dejados. A mi cuñado no recuerdo haberle visto escribir una línea en su puñetera vida. Y otro tanto, o poco menos, cabría decir de ella, a pesar de haber ido a las Adoratrices. Yo mismo sería incapaz de reconocer ahora su letra.

De los datos que me dan ustedes sobre el interfecto, sólo me ha extrañado el de la estatura. Uno sesenta y siete es más o menos mi propia talla, y a él le recordé siempre como un tipo bastante alto. Se conoce que me lo pareció frente a mi altura de niño, y de niño no especialmente desarrollado, por si fuera poco. En cuanto al resto de la descripción, creo que es correcta. Parece como si le estuviera viendo todavía, con su corcusido traje de dril, y una bufanda cruzada y remetida bajo la chaqueta por todo abrigo. ¡Con la dureza de aquellos inviernos!

Las mujeres comentaron a raíz de los hechos que era un hombre guapo. Yo no me atrevería a asegurarlo, pero sí puedo dar fe de que tenía unos ojos brillantes, como de animal salvaje, porque me los clavó al hablar conmigo y soltar lo poco que dijo. En realidad, eran los mismos ojos, verdes me parece, de su hermano, y también los del supuesto hijo, con la única diferencia de que los del primero, el hermano, no miraban con la misma fuerza y más parecían propios de un bicho de corral, y en cuanto a los de mi cuñado, tiraban a un gris pálido y triste, que le hacían insípido no sólo cuando miraba sino de continuo.

De lo que no cabe duda es de que se trataba de un tipo listo. Escaparse y cruzar el país entero, burlando a la Guardia Civil, a la policía y aun al mismo Ejército si me apuran, no pienso que sea cosa fácil, y menos en aquellas fechas, pero yo lo digo, sobre todo, por su comportamiento conmigo en el breve encontronazo que tuvimos y del cual no parece que nadie les haya hablado hasta ahora, según veo.

Fue la mañana de la Lotería de Navidad. De eso estoy seguro porque recuerdo que, mientras jugábamos unos cuantos chicos del barrio —el Jesús, el Chato, el pobre Quino y no sé si alguno más, aparte de yo mismo, claro—, se oía la sempiterna cantinela del sorteo cuando alguien abría, al entrar o al salir, la puerta del Bar Avión. Así que también podría precisar la fecha, aunque a ustedes seguramente no les hará falta: 22 de diciembre de 1941. A no ser que tal día cayera en domingo, en cuyo caso todo habría ocurrido veinticuatro horas antes, es decir, el veintiuno. Pero eso también ha de ser fácil de averiguar.

Estaba yo, como digo, con mis amigos jugando a las chapas —ya saben, tapas de botellas de cerveza o de *orange* en cuya parte interior los chicos pegábamos estampas o fotos recortadas de futbolistas de la época: Quincoces, Epi o Campanal— cuando apareció el interfecto. Venía en dirección de las vías del tren. Yo siempre he creído que se tiró en marcha del mismo tan pronto como pudo, bien porque no quería bajarse en la estación temiendo que allí le aguardaran los civiles, bien porque para ir derecho al Rabal no resulte preciso, ni entonces ni ahora, dar tanta vuelta. En el segundo supuesto, alguien tendría que haberle orientado porque, al parecer, él nunca había estado antes en el pueblo. Precisamente el hermano y la mujer dieron aquí en plena guerra, huyendo del baldón, por considerar que este sitio era el culo del mundo.

Discúlpenme si insisto en hablar mal de un lugar que de leal, y menos aún de noble, tiene bastante poco, ponga lo que ponga en su escudo. Para mí sigue siendo un pueblo por mucho que haya crecido desde entonces, y aunque hoy se viva indiscutiblemente mejor. La gente, que es lo que cuenta, no ha cambiado: la misma papanatería, la misma mala leche, y sobre todo la misma cobardía. Aquí nadie ha querido nunca saber nada de nada, ni complicarse la vida por nadie, ni echar una mano al vecino, aunque luego, eso sí, dentro de casa despellejen vivo a todo cristo.

La cuestión es que el interfecto apareció junto a nosotros con la mala suerte de que de donde salía una pareja de civiles era justo de donde venían también las voces del sorteo, es decir, del mismo Avión. Otro delincuente cualquiera, siempre aceptando que él lo fuera, se habría echado a correr, lo cual, desde luego, hubiera resultado un gran error. O habría intentado disimular haciendo como que con él no iba la cosa, lo cual, a su vez y con suerte, quizá hubiera podido dar mejor resultado puesto que los números no parecían ir en plan de coger a nadie, sino que salían de tomarse unos vinos con los torreznos que Blas, el dueño, solía poner como tapa, y llevaban —además de un palillo en los dientes— la imaginación puesta probablemente en el susodicho sorteo, el partido del domingo o vete a saber en qué, pero implicaba jugárselo todo a una carta. Y una carta difícil, encima.

El huido, por el contrario —lo que prueba su inteligencia y hasta cierto carácter de artista, si me obligan—, prefirió, siguiendo con el símil del juego, ir de farol, y hacer algo que aún me asombra. Vino derecho hacia nosotros, y en concreto hacia mí, supongo que eligiendo al azar entre los cuatro o cinco chicos que formábamos el grupo, porque en unos instantes es imposible que pudiera advertir la reconocida condición de pánfilo que uno ha padecido siempre, y en voz alta, para que se le oyera bien, espetó, a medias enfadado y a medias afectuoso:

—¿O sea que estás aquí? ¡Haz el favor de irte a casa ahora mismo!

Y por si fuera poco descaro, añadió volviéndose a los mismísimos guardias:

—Tiene a su madre loca, buscándole por todo el barrio.

Hace falta valor, y cabeza, sobre todo cabeza, para reaccionar así en semejante brete, exponiéndose a que yo, en lugar de obedecer, le hubiera plantado cara, manifestando que no le conocía o que mi madre sabía de sobra donde me encontraba, como ocurría aquel día por pura casualidad. A la velocidad del rayo, el tío debió de calcular que tales riesgos o cualquier otro parecido —¡podía haber topado con un huérfano, sin ir más lejos!— resultaban menores en comparación con el de salir por piernas o hacerse el sueco. Si un hombre, debió de pensar, era capaz de dirigirse a un chico en tales términos, significaba que le conocía de sobra, que conocía a su madre también y que él mismo vivía en aquel barrio, todo de un golpe, y todo opuesto a la idea del escapado que cae en una plaza nueva para él.

Fue en aquellos instantes decisivos y que a todo tirar no llegarían a un par de segundos, mientras mantenía su mirada de fuina clavada en la mía, cuando la imagen del interfecto se me quedó impresa para siempre en la memoria. Durante años solía volver a verle en sueños llegando a despertarme en más de una ocasión, incluso estando yo casado y todo. Aunque también es posible que, de no haber ocurrido después lo que ocurrió, y de no descubrir que había sido el sujeto de los acontecimientos quien se dirigiera justo a mí, aquella impresión se hubiera diluido en mi mente como un azucarillo, sin volver a recordar en la vida tal mirada ni siquiera el incidente en cuestión.

—Venga, obedece —dijo uno de los civiles, creyendo apoyar con su autoridad una buena acción cuando lo que estaba haciendo era redondear, a costa propia, la faena del enemigo. Y yo me apresuré a cumplir la orden, sin discusión. Dicho sea de paso, de la pareja de civiles nunca volvió a saberse, y eso que con las investigaciones que vinieron después me llevaron al cuartelillo, y a Blas también. Yo no supe identificarles porque estaba jugando, según he dicho ya, con mis amigos, aparte de que con el tricornio, el uniforme y el bigote todos me solían parecer el mismo. Y en cuanto a Blas, vino a declarar otro tanto; en su caso, creo yo, más echando mano de la cuquería local que con sinceridad.

Ésa fue, en definitiva, la única vez que vi al interfecto cuando todavía no lo era, es decir, estando aún en carne mortal. El resto de cuanto pueda añadir ha de apoyarse necesariamente en comentarios y habladurías escuchadas alrededor ya que, aun de haber tenido uno edad para leer la prensa, en *La Voz* —según tengo entendido— apenas salió información, como si se tratara de un suceso más. Ya saben con cuánta prudencia solían recogerse en aquel entonces las noticias de ese tipo, si se recogían. Por otra parte, mi padre no compraba el periódico. Decía que le costaba demasiado ganar veinticinco céntimos para gastárselos en leer mentiras. Y no le faltaba razón.

De la plazuela del Avión, el individuo que con el tiempo hubiera llegado a ser algo así como tío político mío —las vueltas que da la vida ¿verdad?—, tiró directamente a casa de su hermano o de su mujer, según por donde quiera tomarse. Nadie sabe de fijo lo que pasó allí dentro, como es natural, aunque se dieran explicaciones de todo tipo. Según algunos, los hermanos llegaron a pegarse o poco menos, teniendo que separarlos ella, y como consecuencia de la pelea el recién venido fue puesto cruelmente en la calle. Según otros, al haberse casado el de aquí con la novia del otro por pura lástima de la mujer y del chiquillo, se produjeron lloros, besos y abrazos de todos con todos. Dentro de esta explicación, que encuentro más ajustada, hubo incluso quien llegó a asegurar que el hermano de aquí —por cierto, me parece que era el mayor— dejó al recién llegado que se acostara con la antigua novia, o sea, con su propia mujer, como despedida. Pero esto me parece ya una fantasía torpe, no sólo por la aberración que implica sino porque, en tal caso, al interfecto no le habrían quedado ganas de hacer las guarrerías que poco después hizo.

De cualquier modo, le dieron, además de un paquetón de comida, muy de apreciar en los peores momentos del racionamiento, ropa del dueño de la casa para que se cambiase, tanto con vistas al frío de la estación como para camuflar su aspecto. Así que cuando le recogieron no llevaba ya el mismo trajecillo de dril con el que yo le había visto horas antes, sino pantalones de pana y un abrigo viejo pero bueno. Razón también para pensar que el encuentro familiar no debió de ser tan brutal como pretendieron algunos, y de que en aquella casa halló, en cambio, apoyo y afecto.

Lo que no pudo encontrar fue cobijo, algo muy de comprender, habida cuenta del acoso de la Guardia Civil y su ostentosa presencia en el Rabal. Bastante milagro significaba que el interfecto hubiera podido llegar hasta allí. A lo que se ve, lo hizo saltando de huerto en huerto y de corral en corral sin que nadie le viera ni se le echara perro alguno encima, todo lo cual, por otra parte, suena poco creíble y confirma el juicio que tengo del vecindario, aunque la cobardía y el egoísmo trabajaran a favor del débil en tal ocasión. Se hicieron los desentendidos, que quede claro, no por altruismo —y menos con personas de fuera—, sino por miedo de verse envueltos en líos, y a pesar de que algunos, muchos quizá, a la fuerza habrían de tener la misma manera de pensar que el escapado; vamos, digo yo.

Aquí no te puedes quedar, ni siquiera una noche, es de imaginar que le dirían en la casa, así que el hombre, tras de lavarse y comer algo, y vestido con la ropa del hermano, hubo de salir a toda prisa. Pero lo hizo —y esto sí que no son conjeturas— de una manera particular, recurriendo al mismo ingenio, o talento, como ustedes quieran, que ya había demostrado horas antes frente al Avión. Como se trataba de encontrar refugio hasta la noche, puesto que de día resultaba impensable escapar de la población, el interfecto —aunque, bien mirado, también pudo ser alguno de los otros dos— decidió que un cine, un cine de sesión continua se entiende, resultaría el mejor escondite. El Moderno debió de parecer a la pareja el más apropiado. Además de ser el mayor de la localidad, contaba con dos pisos y varias puertas, y aun cuando no gozaba de buena fama ni siquiera en una época en que el público no solía permitirse demasiadas alegrías en la oscuridad, permanecía abierto más tiempo que cualquier otro, desde las cuatro de la tarde hasta la una y pico de la madrugada, dependiendo, claro está, del programa, que era siempre doble además de continuo.

Y allá se fueron, el escapado, la mujer y el niño, pretextando ser la familia que a lo mejor eran en realidad, para estar dando vueltas por las calles más céntricas mientras se acercaban, poco a poco y como quien no quiere la cosa, al susodicho local conforme se acercaba también la hora de su apertura. Yo creo que en esa ronda fue cuando él cayó de verdad en la cuenta de cuán desesperada era su auténtica situación, porque hubieron de cruzarse sin remedio con parejas de civiles, siempre distintas, y aunque los números no parecían buscar a nadie en particular ni prestaban atención a un matrimonio que paseaba al sol del invierno de la mano de su niño parándose ante los escaparates del turrón y de los juguetes, estaba claro que iban tras él, seguros de tenerle casi acorralado. Probablemente sabían que se encontraba en la ciudad, y hasta es posible que en aquellos momentos ya se hubieran presentado en casa del hermano.

Los tres llegaron al Moderno demasiado pronto porque lo abrían justo a la hora anunciada para la primera película, una españolada de las que se estilaban en la posguerra, y no diez minutos antes como ellos habían pensado. Así que tuvieron que entrar a tomarse un café en el café vecino, el Universal, lleno por lo general de tratantes de ganado que fumaban puros baratos, escupían en el suelo y se rascaban sus partes mientras hablaban de toros. Allí parece ser que les saludó vagamente un conocido del marido, es decir, del hermano, que tomó al interfecto por aquél sin mayores consecuencias, hasta que a las cuatro en punto pudieron colocarse frente a la ventanilla.

El plan era entrar los tres y luego, al cabo de un rato, salirse ella y el niño, quedando dentro el aparente cabeza de familia. Pero no habían contado con el programa —a lo mejor el hermano mayor pensaba igual que mi padre y tampoco compraba el periódico—, y resultó que la segunda de las películas, la extranjera, una de policías y ladrones, no era, como se decía entonces, *tolerada* y un crío como aquél no podía verla ni siquiera acompañado de sus mayores. La rubia oxigenada de la taquilla, a la que raparon al principio de la guerra por roja, hubiera estado dispuesta a venderles las entradas pero advirtió en buena ley que el portero, quizá por la mala fama del local, no se casaba con nadie en tal aspecto. Según ella confesó después, la pareja discutió en voz baja la posibilidad de buscar otro cine, o de que el niño se volviera solo a casa. Pero la idea de andar deambulando por las calles durante una hora más, o sea, hasta las cinco, que era cuando abrían las dos o tres salas restantes, no debió de gustarles mucho, y tampoco la madre parecía estar segura de que el niño supiera encontrar el camino de vuelta. Así que decidieron despedirse allí mismo, frente a la taquilla, en el estrecho vestíbulo donde clavaban las fotos y los carteles de las películas.

A la rubia le había llamado ya la atención el desconcierto que se apoderó de la pareja cuando les avisó de que el niño no podría entrar, así que decidió fijarse en una despedida que, desde su cuchitril, juzgó exagerada. El hombre levantó en brazos al pequeño y le cubrió de besos ruidosos, como hacemos la gente de pueblo, y luego se quedó plantado ante la mujer por un momento mirándola con mucha fijeza en los ojos. Tanto una cosa como otra resultaban extrañas, como ya lo era de por sí el hecho de que él decidiera entrar solo en el cine mientras la mujer y el niño volvían a casa. Demasiada escena únicamente porque la película no hubiera resultado apta para menores ¿no? Así, aquella mujer, la taquillera, se convirtió en testigo inapreciable de uno de los pasos primordiales del drama, proclamando luego a los cuatro vientos no sólo cuanto había presenciado sino también deducciones propias y algún que otro adorno sacado de la manga, todo lo cual no le sirvió, por cierto, sino para traer de nuevo a colación la historia de su pelado, a la que ahora se añadió la circunstancia de que también se hubiera visto obligada a beber aceite de ricino, castigos —es preciso entenderlo bien— que entonces significaban una gran vergüenza para todos, empezando por la propia víctima.

Al ser el interfecto el primer espectador del día la sala se encontraba, además de completamente vacía, casi a oscuras porque, para ahorrar consumo, la iluminación se iba dando conforme llegaba la asistencia. Tampoco había calefacción. Se pondría a partir de entonces como mucho, y siempre si la recaudación lo justificaba. Así que el frío, la lobreguez y el olor del local —una mezcla de orines, desinfectante y humedad que todavía tengo clavada— debían ser finos. El acomodador se le acercó, según declaró en su momento, ya que también él se convirtió en testigo de primera mano, abrochándose aún la chaquetilla, extrañado de que empezaran a llegar clientes tan pronto, máxime cuando se esperaba muy poca audiencia en tal día. Las fechas anteriores a la Navidad, en general, y la del sorteo en particular, alejaban a la gente de los espectáculos; todo el mundo andaba comprando o haciendo planes, y en el caso del 22, vivía pendiente de la lista tomada al oído, que salía a media tarde en una tirada extra de *La Voz*.

El acomodador llegó, y él cometió, a mi entender, la pifia de tratar de esquivarle para ahorrarse la propina, una simple perra gorda, ya ven, sacando a relucir su talante de campesino tacaño cuando justamente lo que le convenía era no significarse. En eso no anduvo listo, la verdad. Para disimular, tiró escaleras arriba y el acomodador, creyendo que iba en busca de los servicios, le informó de que también había otros en la planta baja.

—Es que desde arriba lo veo mejor —dijo él por no dar su brazo a torcer, sentando así plaza de una preferencia chocante, dado que, a pesar de tener todas las localidades el mismo precio, las de arriba sólo se ocupaban si abajo no quedaban sitios buenos. Basándose en ello, el acomodador aseguraría después que el interfecto entró en la sala con el propósito decidido de hacer lo que hizo, afirmación algo bastante discutible, a mi entender.

Hace años, cuando daba vueltas a todo esto, y la verdad es que las daba con frecuencia porque, como creo haber dicho ya, fue una historia que me causó tremenda impresión, trataba de imaginar el calvario que hubo de sufrir aquel hombre, sintiéndose acorralado en una población extraña, sin el consuelo de los suyos, y sepultado en la oscuridad de una cueva tan siniestra como el Moderno. Pretendía yo deducir si pudo contar con temple suficiente para leer los letreros de la primera película, la española, cuando se iluminara la pantalla y para dejarse llevar por el argumento de la misma, o buscó cobijo en su abrigo y en el mismo asiento, tratando de concentrarse para inventar un plan de huida nocturna, o para descubrir, de una vez por todas, en qué había consistido el fracaso de su vida, si era culpa suya o de las circunstancias, por qué no había podido vivir como el resto de los mortales y, en cualquier caso, por qué todo debía acabar tan pronto y de manera irremediable. Claro que a lo mejor sólo pretendió dormir, rendido como debía de sentirse, al calorcillo del abrigo y de la calefacción, si es que llegaron a encenderla.

Pensándolo mejor, lo más probable es que el hombre hiciera de todo un poco en las nueve horas y pico que pasó allí. Desde luego, ánimos para comer no le faltaron aunque no fuese capaz de acabarse el enorme pan relleno de chorizo frito que le prepararan en casa de su hermano, y dejara bastante más que migas y pellejos en el envoltorio de papel grasiento hallado luego bajo la butaca. En cuanto a seguir el argumento de las películas, cada una de las cuales pudo ver tres veces, es difícil averiguar si lo intentó siquiera, aunque está claro que miró, y bien, a las artistas, sobre todo a la española, que se llamaba Estrellita Castro y era más popular por entonces que el *TBO*.

Según mi hermana —y no me pregunten de dónde lo sacó— el interfecto no había visto nunca una película de aquella mujer pero, en cambio, su compañero de celda en Ocaña tenía empapelada buena parte de la pared de la cama con fotos de la misma, que era morena como recordarán, con los ojos claros también, por cierto, e iba siempre muy pintada —para algo trabajaba en el cine—, con caracolillos pegados a la frente y un par de peinetas clavadas en el pelo, ese pelo negro y ondulado que tanto nos gusta a los hombres, a mí por lo menos. Y como el tal preso siempre estaba hablando de ella o tarareando sus canciones más conocidas, de las que yo también me acuerdo, *Mi jaca galopa y corta el viento* o *Suspiros de España,* pongo por caso, debió de ser una sorpresa para el desgraciado encontrarse con ella en plena desesperación, y verla en blanco y negro, como era el cine en aquellos días, oyéndole cantar a toda pantalla las canciones que estaba aburrido de oír al otro. Y debió de resultar mujer de su gusto, o a lo mejor le daba igual una que otra, quién sabe, porque el caso es que dejó los pantalones y la misma butaca perdidos tras andarse tocando, ustedes ya me entienden, y sabe Dios cuántas veces a juzgar por el rastro, sin molestarse en ir a los retretes ni importarle lo que nadie pudiera pensar cuando toda aquella miseria fuera descubierta. De ahí que la historia de que el hermano le había dejado acostarse con su mujer poco antes de salir de casa resultara bastante absurda a mi juicio, y más pareciese fruto de las mentes retorcidas de esta preclara villa que de la lógica.

Con todo, una vez por lo menos sí hubo de ir el interfecto a los servicios, o mejor dicho dos, y debió de ser cuando aún no había pensado acabar con su vida allí mismo o, si lo tenía decidido, aún no sabía cómo hacerlo. Al entrar se encontró con que no funcionaba la luz y el proyeccionista y otro operario —que también serían obligados a declarar en su momento— estaban tratando de componer la avería.

El primero de ellos le hizo el favor de iluminar con su linterna el lugar apropiado. Al cabo de un rato, tras irse la pareja y ya con la luz funcionando, volvió el interfecto y descubrió enrollado en el suelo el cordón sustituido. Lo cogió, se lo llevó a la butaca, hizo un lazo, ató el otro extremo a la pata metálica de la misma, y supongo que cuando ya no pudo más, después de comer y sobarse de lo lindo, y antes de que dieran las luces definitivamente y le echaran a la calle, se descolgó por el repecho del piso principal, dejándose caer a plomo.

El cordón no tardó en romperse, pero de todas formas aguantó lo suficiente como para que al chocar su cuerpo contra la platea, originando el susto y el escándalo consiguientes, al hombre ya no le quedara ni un aliento de vida. En la mano izquierda, fuertemente apretada, guardaba la entrada recibida de manos de la rubia del ricino al principio de la tarde. Sólo que, en el envés del papelillo, el interfecto había garrapateado a lapicero: *Mama, no yore. Es mejon asi. Paquito.*

Mi hermana, que por entonces iba de alumna gratuita a las Adoratrices y sería toda su vida una beata de armas tomar, no pudo volver a ver nunca una foto de la susodicha artista sin santiguarse y pasar a toda prisa la página, si es que venía en una revista. Y otro tanto hacía cuando se topaba con el cartel de alguna de sus películas, en plena calle. Según ella, aquella pobre señora era la responsable de que su suegro —o el interfecto, porque ella nunca reconoció tal parentesco— se condenara eternamente. Ya ven qué cosa tan absurda, como si para eso no fuera bastante pecado el quitarse la vida. Aunque he de conceder que, en cierta ocasión, al reprocharle yo tamaño despropósito, me puso los pelos de punta. «¡Parece que estoy viendo al desgraciado —dijo—, columpiándose en el aire, con la lengua fuera y los ojos saltones ya, pero fijos aún en esa perdida mientras ella seguía cantando, tan fresca, *A la lima y al limón*!». Verdaderamente, las mujeres saben sacar un cuadro de todo.

Y ahora, miren cómo será la gente de este pueblo, que la película de la tal Estrellita, a pesar de lo mala que por lo visto era, llegó a convertirse en uno de los acontecimientos de aquellas Navidades, más que el concurso de belenes y casi tanto como la cabalgata de Reyes. Eso sí, la ponían en otro cine. El Moderno estuvo cerrado una buena temporada y sólo fue abierto una vez que lo hubieran pintado de color de rosa —color muy desinfectante, al parecer, porque recuerdo que en el cuartel nos obligaban a pintar así las letrinas—, y con otro nombre además, el de cine Palacio. Al parecer, todo el mundo quería ver lo mismo que había visto el desdichado en sus estertores, y se hacían cábalas sobre si habría sído aquí o allá, durante ésta o la otra canción, cuando decidió tirarse a la platea.

En mi escuela, que no era de curas pero sí gratuita también, el maestro de Religión daba, además, Gimnasia y Educación Patriótica, así que no contaba con tanto tiempo para andarse con disquisiciones morales como las monjas. Pero otro profesor, don Manuel, que enseñaba Gramática además de cuentas, sí que trajo a colación la nota dejada por el interfecto. Gracias a él me enteré de que el verbo *llorar* se escribe con *ll,* de que *mejor* lleva una *r* al final y, sobre todo, de que no se dice *mama,* sino *mamá,* con acento. De todo lo primero tomé buena nota, como ustedes pueden ver, pero en cuanto a lo último, la verdad, nunca pude acostumbrarme a llamar así a mi madre.

(En la transcripción se han procurado eliminar las repeticiones excesivas, tanto de léxico como de concepto, junto a referencias sobre personas, lugares u objetos por completo irrelevantes, a la vez que se paliaba cualquier expresión coloquial que pudiera ofender la sensibilidad del hipotético lector. Debe hacerse constar igualmente que algunos de los datos recogidos resultaron erróneos al ser verificados. Así, el propietario del Bar Avión no se llamaba Blas, sino *Basi*, de Basilio; el suicida, en su recorrido por diferentes presidios, nunca estuvo en el de Ocaña, y Estrellita Castro tampoco cantó *A la lima y al limón* en ninguna película.)

(Inédito)

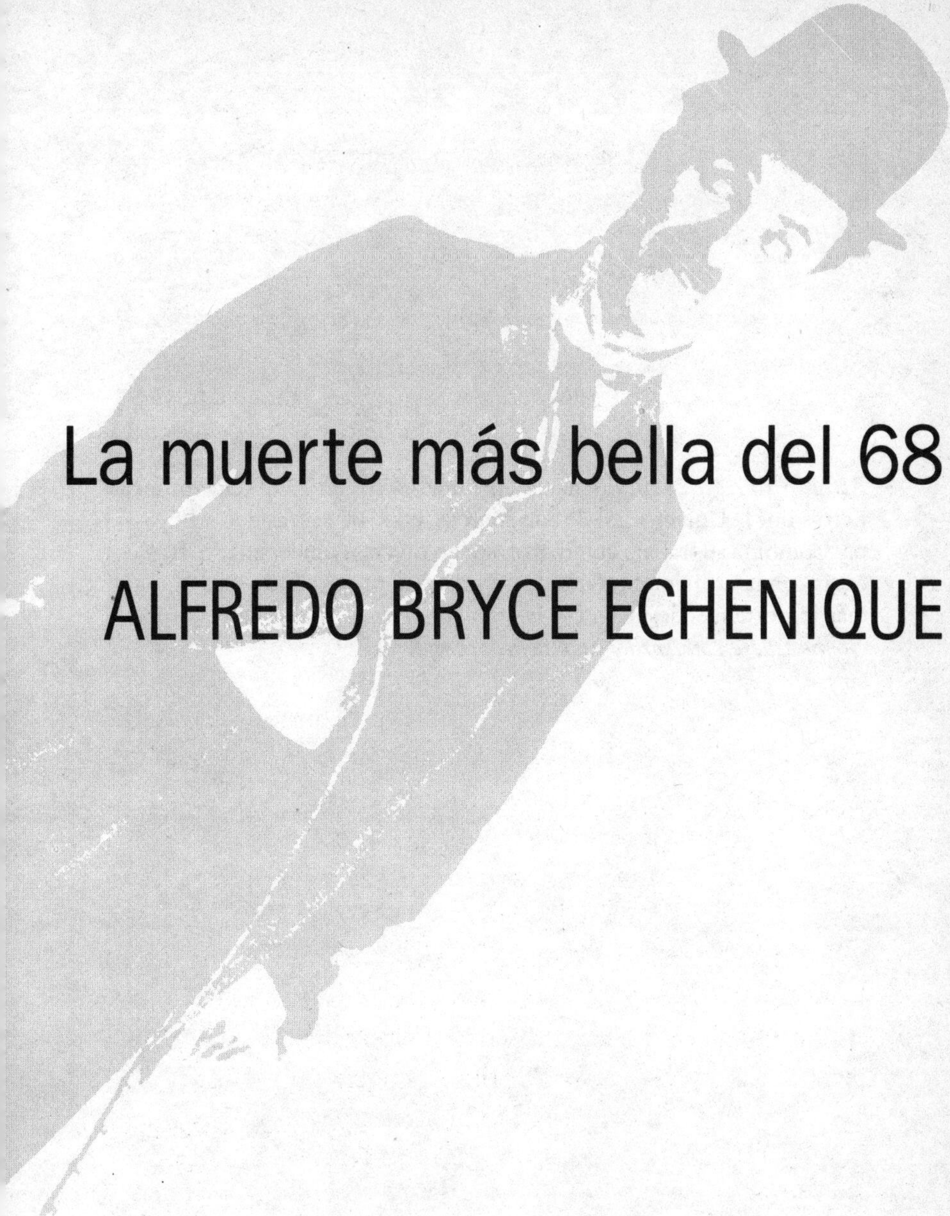

La muerte más bella del 68

ALFREDO BRYCE ECHENIQUE

Alfredo Bryce Echenique nació en Lima, Perú, en 1939. Doctor en Letras por la Universidad de San Marcos, en 1964 se trasladó a Europa. Combina su trabajo como profesor en diversas universidades francesas con la creación literaria de un universo propio. Entre sus obras más importantes destacan *Un mundo para Julius*, *Tantas veces Pedro*, *No me esperen en Abril* y sus *Cuentos completos*.

Para Alfonso Flaquer, fraternalmente

Me imagino que me gustaría contar esta historia de una forma determinada. Pero, en realidad, mi situación en aquellos años pecaba precisamente de todo lo contrario: pecaba de indeterminación. En Francia, entonces, se militaba mucho, siempre eso sí hacia la izquierda. Yo, que en ese sentido no tenía ningún problema, porque desde niño supe que mi corazón lo tenía a la izquierda, creía pues que tenía las cosas muy claras.

Pero no, señores. Resulta que el cine norteamericano, por provenir del imperialismo yanqui, era todo de derechas. Asunto grave para mí, porque en mi país de proveniencia, o sea en el Perú, casi todito el cine que llegaba venía de los Estados Unidos. Había, por supuesto, el cine San Martín, donde uno tenía que soplarse el Nodo y no entender nada sobre cómo y por qué Franco había inaugurado algún pantano, en algún lugar que a lo mejor no quedaba muy lejos de donde había nacido don Luis Buñuel, que además vivía en México y que hacía de director de la película que uno iba a ver enseguida con el título de *Se han robado un tranvía,* o *Muerte en este jardín.*

Pero resulta que en esas películas no salían ni John Wayne, ni Frank Sinatra, cuando era flaco, ni Dean Martin, cuando no quería ir a la guerra con Marlon Brando, en *Los jóvenes leones.* En fin, que lo único que uno había visto al salir del cine era a Franco inaugurando un pantano, en el cine San Martín, de la distribuidora de don Eduardo Ibarra.

También había los cines franceses, que se llamaban Le Paris y Biarritz, pero ahí tampoco salían ni John Wayne, ni Dean Martin, ni Humphrey Bogart, ni siquiera el inmortal Indio Bedoya, mexicano oficial de Hollywood, cuya frase favorita era la siguiente: Pancho, bring pronto my pistolas, that I go to kill the General Gómez. Ahí, en esos cines, en el Biarritz y en el Paris, salían las pecaminosas Mylène Demongeot y Brigitte Bardot, con la recomendación muy seria puesta en los periódicos: «Para adultos, no recomendable para señoritas».

Yo me seguía acordando de John Wayne, Richard Widmark, Dean Martin y Jane Mansfield, que además murió decapitada en la vida real. Y también, por supuestísimo, me acordaba de una cosa. Me acordaba de mi gran Richard Widmark, porque tenía mi tesoro privado cinematográfico, que era esa película suya llamada *El Rata,* en que cuando besaba a su novia en un muelle, y mientras la besaba (ella se llamaba Jean Peters), le robaba la cartera.

Bueno, después me vine a Europa, donde era pecaminoso para la izquierda seguir viendo a esos actores maravillosos. Entonces, ya en 1964, recién llegadito a todo, o sea a Europa y a la izquierda, que no era la de mi corazón, me escapé al cine. Vi que anunciaban una en que trabajaban Dean Martin, Kim Novak y Felicia Farr, que en la vida real estaba casada con Jack Lemon. Entonces me metí a ese cine. La película se llamaba *Bésame, idiota,* y era dirigida por Billy Wilder, y me divertí como un ser independiente. Me reí a carcajadas con la canción aquella llamada *Sofía* y con la noche entera en que Dean Martin trata de seducir a Kim Novak, que hace de esposa y dueña de casa, mientras que Felicia Farr hace de puta, mientras su esposo trata de seducir a Dean Martin, poniéndole a una puta llamada Kim Novak, para que se sienta dueña de casa y esposa y él cante una canción llamada *Sofía,* y el asunto termine todo con final feliz aunque con Kim Novak nostalgiquísima de su noche de falsa esposa fiel y Felicia Farr de lo más contenta con su noche de puta falsa.

Después, lógicamente, salí a la calle e intenté buscar a algún amigo que, como yo, hubiese visto *Bésame, idiota.* Me expulsaron de todas las casas de todos los peruanos que había en París. Y me sentí solo en la calle y anduve repartiendo besos volados, de François Truffaut, como un idiota, y nadie me los recibió ni a la volada. Tomé un taxi, yo que entonces no tenía ni para metro (ya ni hablar de la Metro Goldwyn Mayer) y le pedí que me llevara hasta Montmartre. El taxista, que era gruñón, o sea parisino, me preguntó que para qué quería ir tan lejos, y yo le expliqué que era un asunto de besos de Dean Martin, Kim Novak y de Felicia Farr, con lo cual comprenderán, ustedes señores, que el tipo me dijo: Mire, si lo que usted desea es ir a Hollywood, tome un avión o un barco, pero esto es un taxi.

Me dejó, como se suele decir, en la misma calle, quiero decir en la misma calle en que lo tomé. Y recuerdo con todo el cariño del mundo mi larga caminata, mi travesía del barrio 17, mi cruce del Boulevard Pigalle y mi encuentro final con el funicular que llevaba a Montmartre. Ahí intenté repartir un par de besos, idiotas, y lo único que recuerdo es que alguien me dijo: Ha llegado usted al punto más alto de París, hablando de una película que aquí nadie conoce y ahora baje, sí, señor, empiece a bajar, váyase al mismísimo infierno.

Todo eso sucedió en 1964, o a lo mejor fue el 65. Después decidí olvidarme de aquella vivencia, olvidarme del Perú, del cine que había visto, y sobre todo de Richard

Widmark, mientras en *El Rata* le daba a su novia, Jean Peters, besos robados porque le estaba robando la cartera.

La verdad es que Neruda dice que es bien largo el olvido, pero mi opinión personal es que es bien largo el recuerdo. Ya después me volví un hombre serio. Nunca más volví a ver una película norteamericana, e incluso recuerdo haberme entretenido mucho viendo películas italianas, españolas, francesas. Me acuerdo, además, que fui afortunado, que una vez en la cinemateca se sentó a mi lado Elsa Martinelli, y que ella y yo, a la salida, nos pusimos de acuerdo en que ella era muchísimo más bonita en la vida real que en la pantalla. Y me acuerdo que le conté que en aquella película llamada *Un amor en Roma,* yo nunca entendí por qué diablos a ella la plantó aquel actor desconocido, por una ninfómana francesa que valía muy mucho menos que ella. Eso le hizo mucha gracia a Elsa, y así nos despedimos, sonriendo.

Y me acuerdo también de que una vez en los Campos Elíseos me crucé con Elke Sommer, que era más bien chatita e iba acompañada, de tiendas, por su esposo John Hyams, un fotógrafo al cual ella le fue siempre fiel y que le tomaba fotos desnuda que después él mismo vendía a *Playboy.* Y después me acuerdo que, en Menorca, perdimos un avión juntos una actriz muy bonita, que trabajaba en *El conformista* de Bertolucci. Estaba con su hijita y reservó un hotel. Yo me fui a un bar y después ella entró a comer en ese bar y me preguntó que por qué no había reservado un hotel. Yo le expliqué que era por un asunto de dinero y dialogamos mucho en torno a ese problema. Del nombre de esa bella actriz no me acuerdo y no vayan a creer ustedes que yo soy Agatha Christie y que va a aparecer en el desenlace de este cuento. No, si lo supiera, si lo recordara, lo diría desde ahora.

Bueno, pero este recuerdo es de 1976, en Menorca, y entonces ya había pasado lo que sí les quería contar, que es lo siguiente. Ustedes se acuerdan de que en 1964 o 1965 fui a ver esa película que no pude comentar con nadie y que se llamaba *Bésame, idiota.* Pues en 1968, cuando ya yo era un señor establecido (o así me lo imaginaba, con autoengaño) y sin recuerdos, pero con pesadillas, estalló una revolución en París, un fenómeno social que es conocido como mayo del 68, y del cual se ha escrito mucho y no se ha dicho nunca nada, salvo una cosa que la dijo Alain Touraine, que es ésta: Mayo del 68 no tiene mañana, pero sí tiene un futuro. En esa revolución, donde el Partido Comunista sí sacó algunos acuerdos salariales, llamados de Grenelle, y después dejó a los estudiantes solos, la gritería era inmensa. Tanto es así, que al final los estudiantes no tomaron la Bolsa de París sino el teatro del Odeón, para seguir desahogándose a gritos de una Francia aburrida.

En plena revolución, donde no hubo ni un solo muerto de verdad, salvo algún muchacho que se ahogó tratando de tirarse al río, creo, yo andaba caminando por una calle del barrio judío de París, llamada Saint-Paul, y la muchedumbre gritaba furibunda contra una película de Don Siegel, llamada *Madigan,* pero que en francés la habían traducido como *Police sur la ville,* o sea *Policía sobre la ciudad.* Actor: Richard Widmark. Prohibido verla, según gritaban en la misma revolución cuyo máximo, más bello e inolvidable eslogan era: PROHIBIDO PROHIBIR.

Presa de mil contradicciones, me fui a mi casa, atravesando la revolución. Tumbéme en la cama, y recordé al Rata: era Richard Widmark, y era el actor de la película ésa *Madigan,* que después fue una famosa serie de televisión, pero sin él como actor. Porque les cuento, señores, que, aunque he visto su foto, viejo y calvo, de visita en alguna tasca madrileña, él fue la muerte más bella de mayo del 68. Por eso les cuento, que a la mañana siguiente de haberme ido a mi casa, presa de mil contradicciones, desperté. No había taxis, ni metros, sólo estudiantes revolucionando por las calles, y yo, que, modestia aparte, sigo siendo un estudiante de la vida, caminé tranquilamente hasta la calle Saint Paul, hasta el mismo cine Saint-Paul, y ya, por supuesto, habían quemado el letrero aquel de *Policía sobre la ciudad,* pero seguían dando la película *Madigan.*

Ya no había ni vendedora de entradas para ir a ver esa película. Y yo, que por aquella época usaba una boina vasca (no sé por qué), me la quité, respetuoso. Entré, me senté en la última fila del cine a ver la película y allí estaba Richard, El Rata, pero ahora era un viejo policía vestido de civil. Se le había caído mucho pelo, pero todavía conservaba esa sonrisa que parecía que alguien estaba haciendo gárgaras, esa sonrisa con la cual incluso sedujo a Marilyn Monroe, en una de sus primeras películas, debutante. Él, Richard Widmark, que en la vida real no era más que un granjero de Missouri. Él, que le gustaba salir en las fotos detrás de la verja de su granja con unos vaqueros azules y una camisa a cuadros azul y blanca.

Cuando vi que lo hirieron, vestido de policía de civil, me pasé a la fila de adelante. Cuando vi que sus compañeros policías lo venían a auxiliar, me pasé a la fila de más adelantito. Cuando vi que llegaba una ambulancia, ya me corrí como cuatro filas más para adelante. Cuando vi que el último viaje era en esa ambulancia y que Richard Widmark se estaba muriendo, como lo que era, un actorazo, corrí en la platea hasta la primera fila para estar lo más cerca posible de aquella ambulancia, porque quería oír muy bien lo que les iba diciendo a sus colegas que trataban de inspeccionar unos balazos que le habían metido en la barriga.

Esa escena, les juro, era de una belleza, de una ternura, porque el hombre entendió, y lo dijo ya en palabras que justificaban su conducta en la vida, que le avisaran a su esposa, para que ella después se las agenciara y viera cómo les avisaba a sus hijos, que ya no voy, que no volveré a cenar esta noche, porque la verdad es que el hombre sabía que ya no iba a llegar ni siquiera al hospital.

Después, ustedes comprenderán, señores, salir del cine, comprobar que llegó julio, comprobar que llegó agosto, comprobar que la revolución, en el otoño siguiente, se había acabado sin muertos, y que he tenido que esperar todo este tiempo para contarles que sí hubo una muerte muy bella. Y que como ya la he contado en líneas más arriba, lo único que me queda es decirles: Besen, idiotas. Besen a la muerte más bella del 68, señoras y señores.

Madrid, abril de 1996
(Inédito)

El fantasma del cine Essoldo

GUILLERMO CABRERA INFANTE

Guillermo Cabrera Infante es una de las grandes figuras literarias de nuestra lengua. Nació en Gibara, Oriente, en 1929 y creció en los cines de La Habana, donde vivió hasta que se alejó del régimen castrista. En 1960 apareció su primer libro *Así en la paz como en la guerra* (colección de cuentos). En 1964 obtuvo el Premio Biblioteca Breve por *Tres tristes tigres.* Ha publicado dos libros de cine y dos novelas. Entre sus obras más recientes se destacan *Mea Cuba*, *Delito por bailar el chachachá* y *Ella cantaba boleros* (narraciones). Su conocimiento y pasión por el cine le llevaron a publicar con enorme éxito *Un oficio del siglo XX,* libro en que se mezclan las críticas de cine y la biografía de un *alter ego.*

«El fantasma de la Ópera realmente existió.»

GASTON LEROUX

La L de Londres viene y va de laberinto: la ciudad es de veras un enorme dédalo de calles y de nombres. Permítanme que esta lista como mapa sea su Ariadna —si ustedes reprimen el deseo de ser Teseo. Vivo, céntrico como otro Minotauro, en Gloucester Road, que algunos se empeñan en comenzar escribiendo *Glow,* que en inglés es resplandor, incandescencia y estado de bienestar. O sea, un sentimiento de vivo placer. Pero Glou o Glow, como cualquier otro placer, pronto se disipa en la confusión, que es el castigo urbano, en Londres, al vicio de callejear. Hay más de un Gloucester en Londres y el mío que será el de ustedes queda en South Kensington. Pero, cuidado, que Dédalo diseñó el plano local y para acertar conmigo hay que fijar la fachada fatal que se ve entre Palace Gate y Cromwell Road. Un poco más abajo y la calle se convierte en Cranley Gardens. ¿Confuso? No lo esté si toma como referencia el palacio de Kensington donde reside esa rubia peligrosa, Di de día y Diana de noche. Cuando vivía con ella el príncipe Carlos, Diana se convertía en cazadora y en días claros se podía oír volar la vajilla y el príncipe era Acteón, aquel de los anteojos para cazar la zorra. Pero para él (como para mí) ¿qué otro nombre se le podía dar a la diosa?

Dejamos nuestro *flat* sin decir adiós sino hasta luego una noche, una noche toda llena de rumores y de amores y en diez pasos estábamos en Queen's Gate Gardens para cruzar la primera bocacalle. Allí un letrero como Otelo, negro sobre blanca placa, nos informa: «Lleva a Queen's Gate Place», como si este lugar fuera el centro de nada no de todo. Pero una calle callada adelante se llama, otra vez, Queen's Gate Gardens —y comienza el laberinto. Londres es ahora una versión de *El año pasado en Marienbad* al aire libre: «Una vez más recorro estos corredores, a través de estos pasillos, cruzando galerías en un inmenso edificio». No pisamos ese pavimento tan real para los metafísicos, sino que atravesamos un jardín que es en realidad una manzana árabe. ¡Ah si este sólido bloque pudiera derretirse y convertirse en arena! Esta ilusión es tal vez un espejismo para los árabes ricos que habitan aquí. No olviden que este barrio se apoda *Saudi* Kensington. Los Rolls que ruedan de aquí pueden ser otros tantos camellos del oasis urbano y junto a la acera los chóferes rumian su espesa espera. El desierto de la noche, dice la repetida autora de *Alf Layla wa Layla,* es un vasto laberinto de arena que no mide las horas sino la eternidad hecha espacio. La arena en el reloj viaja de una ampolla a otra creando desiertos gemelos que se llena una constantemente y la otra se vacía infinita. Pero arena en inglés es un teatro o la escena donde ocurren conflictos o una intensa actividad. ¿Qué otro nombre mejor para el cine y su pantalla de arena, de polvo de estrellas?

Ahora enfrentamos, afrontamos, la densa niebla de gases de escape y el incesante clamor del otro tráfico, tránsito de autos, taxis, camiones y cruzar es bravear la corriente de golfos en motos, bicicletas y patines. Otros, más afortunados, van en *van: ¡vanitas!* Cruzamos otras calles, otras rúas y las avenidas bien venidas, cuando, *tará,* estamos en ¡King's Road! King's Road, damas y caballeros, amables lectores que saben descifrar las letras sin mover los labios. King's Road que traducido al francés quiere decir:

Son et Lumière Frères. Las luces eléctricas, extáticas, crean una corriente que, al revés del tiempo y del río, fluye en ambas direcciones: arriba y abajo de la vía de la vida. Heráclito se equivocó: podemos bañarnos más de una vez en el río de la noche. El cielo está lleno de caras y el alba de neón ocurre tarde en la noche y temprano en la mañana. La noche tiene nombres, muchos, en latín, pero Petronio, que vivió y murió de noche, nunca tuvo tal profusión de seres nocturnos, arañas invisibles que tejen telas incandescentes. A lavarse los ojos en la luz porque la noche eléctrica ha llegado —o hemos llegado a la aurora boreal irreal. Es el *éblouissement* final de la fantástica fachada que a la luz del glauco día no es más que ladrillos y pintura ocre. El frente luminoso nos fuerza a vadear la calle corriente, el mismo arrabal, para llegar a la misma meta: el Essoldo. La noche acababa de volverse Aurora, madre de Menón, la que lloraba rocío —las lágrimas de la mañana.

Después de comprar las dos entradas y casi al acceder a esa penetralia miré a lo alto, a un letrero pintado allá arriba en una pizarra luminosa. Medio letrero más bien o más mal porque no vi bien o no vi más que el falso final que decía alma. ¿Estaba en español en espíritu o era un anuncio de Alma Mahler Gropius Werfel en persona en una pieza de resistentes, *Die lustige Witwe?* La viuda alegre o la viuda negra, que es el color del pelo de mi amor en lo oscuro. Nada aísla más a las almas gemelas que la oscuridad, que es el escalpelo negro para los siameses. Negra es la tumba. También la entrada al cine con las luces apagadas y la entrada pagada. Dice Harrods: «Cuando se entra a un cine se penetra otro mundo». Pero, peor, si el cine está a oscuras...

—¡Maldita sea! Llegamos tarde de nuevo. ¡Mierda!

Las almas se pierden más en el mal que en el mar. SOS quiere decir sálvese el que pueda.

—Pero si la película acaba de empezar —dijo ella.

—¿Quién dijo?

—Ella, la acomodadora.

—Que acomode a su madre, si la tiene.

—Pero ella debe saber.

La miré los ojos oscuros en lo oscuro.

—Las acomodadoras, rica, no saben distinguir lo que se mueve en la pantalla de lo que se filtra por la puerta. Son ciegas de tanto andar en la oscuridad. ¿No te das cuenta de que la película, como la vida, se acaba?

—Pero acaba de empezar. Mira a todo el mundo ahí.

—¿A quién miro que no veo?

—A los actores. Están todos a la espera. Es obvio que la película acaba de empezar.

—No para mí. Los créditos, genéricos o como tú dices los letreritos no son para mí el menú sino el plato fuerte.

—Mira —pero no miro sino sigo.

—Si no veo los créditos la película bien puede haberse acabado. Por lo menos si se ha acabado puedo leer el reparto al final.

—Pero, vida...

—¿No te das cuenta de que no puedo decir *who's who*?

—Amor...

—Quién es el villano, quién el héroe.

—Mira: chicas, chicas.

—¿Qué cosa?

—Muchas muchachas.

—¿Dónde?

Miré al patio de lunetas: lunas vacías.

—Allá arriba.

—¿En el paraíso?

—En la pantalla, *dearie.* Cien mujeres y un hombre.

—¡Dios! ¿No cien hombres y una muchacha? Deanna Durbin invertida entonces.

¡Mi sueño hecho irrealidad! Ahogarse en un lago de *legs.* Piernas, piernas, ¿para qué tantas piernas? Ahah. Alma en el mal, *mar.* Fue ahí que dejé de echar de menos a las altas torres, los reflectores, los rayos de colores: ¡la fanfarria de un joven *fan*! Todo levemente artdecó. Popart de có. El logo de lo que vendrá. El arte del siglo veinte. 20th Century Fox. Un edificio del siglo veinte que me brinda la manzana y todas las Evas de corral. *Le fantôme de l'Opéra. The Phantom of the Opera.* El fantasma de la Ópera.

Ce soir-là, qui était celui des directeurs démissionnaires de l'Opéra, donnaient leur dernière soirée de gala.

Nunca he podido atrapar al vuelo el nombre de aquellos que conozco por primera vez. Por ejemplo, los dos gerentes de la ópera que renunciaban a sus cargos, M. Devine y M. Polyakov, ¿se llamaban de veras así? ¡Adivinar un nombre polaco sin ser Conrad —qué osadía! Como un Camilo Flammarion debo ser un astrónomo que ve fantasmas entre las castas estrellas. Pero, ay, ya no hay estrellas. Ni siquiera una estrellita. Ni castas. Por primera vez tengo que aprenderme los nombres de esos que no serán un extraño: Winslow Leach, Swan, Phoenix, que de aquí en adelante se llamará Fénix, la que no será una gritona sino una cantante que baila con gracia y es bella. Lástima que sea una cantante, pero por lo menos, haciendo gracia a su nombre, no morirá, no. Swan, por el camino, no tiene otro nombre de pila porque nunca fue bautizado. Su pasado es un misterio pero su persona es ya una leyenda, como la Swanson. *A swan's song.* Importó los *blues* a Inglaterra y las armonías de Liverpool a América. Este importador-exportador hizo famoso a un grupo, The Juicy Fruits, llamados los Pájaros Pintos en España, las Locandieras en Argentina. Ahora Swan sigue su camino en busca del acorde perdido, mientras inaugura su Jazznadú, su Disnealandia, su Palau de la música —¡el *Paraíso*! Es también el jefe de los Discos Death: su etiqueta es negra, su logo un canario amarillo con el ojo tan negro. Negrissimo es para él *fortissimo.*

Pero volvamos a Fénix: siempre hay que volver a ella porque ella es un fénix frecuente. De Arizona, de su capital, tiene una bella voz de contralto bajo contrato con Swan, ojos si no de estrella por lo menos estrellados y una boquita como una ciruela pasa siempre a punto de reír o por lo menos de sonreír: tiene algo, no sé qué, de Mona Lisa. Aunque es pequeña danza con un vigor y una gracia petulante que es a la vez animal pero animal domado. Parece un muchacho: un niño lindo hechado (¿echado?) a perder por Swan y la fama y la lana en argot. Baila ella a la música con canto y encanto. «¡Magia y Garbo!» proclama el programa y es estafa porque Garbo no aparece aquí para nada. Pero aparece su cara, la de Fénix: *pretty baby.* Pero todo es cosa de Swan que parece una *reductio ad absurdum* de Robert Redford, como un enano que envejece con su cara geográfica. Es de veras un enano más viejo que Doc y que Grumpy juntos, aunque se parece a Dumpy, el pilluelo perdido, libidinoso mozo, Pulgarcito crecido en el mar del mal. En su mansión —su casa es su caza— tiene un vídeo con una película en glorioso color que envejece y vieja viaja en el tiempo en su templo, tan inmaculado retrato como los guantes blancos con que trata a la trata. Es, lo adivinaron, ¡Mefisto Gray! O el hombre que fue un cuadro.

La película empieza *—la séance commence—* con un grupo de rock moviéndose, meneándose, meándose en la música y dando gritos como negritos. Ah, aah, ya, yah, yaaah pero en inglés: *she waddy, oh she waaddy wadddy,* *ah, ah, hah, wadddaddadawy! Cooocookoo!* (O palabras parecidas.) Dos manos enguantadas aplauden discretas —y todo el mundo en el ensayo aplaude a rabiar. Swan está contento o al menos lo parece. Apenas oye lo que su testaferro todo cabeza de hierro le dice, quejándose de cierta esposa amorosa con otro y lo que quiere es venganza, retribución —cuando de pronto dice Swan en un suspiro: «Cucha, cucha» que es escucha. ¿A quién, jefe?

A Winslow Leach al piano cantando su serenata mulata. Es, adivinaron, el futuro Fantasma de la Pópera. Es joven pero viejo: desgarbado, jorobado y nocturno. Los pocos pelos suyos son rubios y lleva gafas gordas que ocultan sus ojos saltones: es feo pero todavía no es un monstruo. Se volverá espantoso —*épanteux* en el original francés— y se verá forzado a usar una máscara. Su cantata canta la historia de Fausto, el que vendió su alma, *soul,* por la *soul music.* Los primeros compases de Winslow —¿les importa que lo llame Winslow?— al piano suenan como un órgano. Cuando el testaferro, con atuendo de agente, viene a visitar a Winslow, éste le informa que su composición es una cantata con un tema de, ¿a que no adivinan?, Fausto. El detestaferro le pregunta como un agente de aduanas: «¿Con quién has grabado antes, Mac?».

Swan y su gente y su agente y un tal Castro que es un convertible Castro: un cantante de rock que da rabia con su voz de tiple y su cuerpo triple. Pero tiene bíceps y tríceps y vocea las canciones como un cantante una noche en la ópera. Desgraciadamente la parte de su arte es la que Winslow compuso para Fénix y el castrato es un capón que canta como Nelson Eddy —aunque él mismo es su Jeanette McDonald. Como cada capón el castrato nació para morir, pero su muerte le pondrá la carne de gallina. Lo mata Winslow Leach con una suerte de rayo de la muerte: un tubo de neón. Señal de los campos eléctricos de un Satán satinado: ¡tantos villanos y nadie a quien odiar! Debiera haber alguien arriba en el gallinero a quien degollar y no hay más que capones. La testa del testaferro fue cortada y se quedó solo en ferro. Swan murió como un diablo de utilería, que es lo que era: antojos y trampantojos. ¿Quién queda? Nadie, *nessuno torna indietro,* Mr. Nobody, *lettre et le nain.* Pero ¡un momento! Todavía queda uno y se llama Angelo Kuchacevich ze Schluderpacheru. ¿Se llama así, de veras? Sí, pero cuando es Herbert Lom es capaz de decir, de susurrar más bien: «Es la voluntad, Madeleine. La voluntad que me sobrevive». Dice esto el Fantasma desde el bajomundo o el más allá o las regiones infernales: murmura la frase y uno sabe enseguida que el sentido, el sentimiento del verso que es un universo, dice «amor que vive más allá de la muerte» —y uno sabe entonces qué quiere decir más allá de la muerte y aun lo que quiere decir amor.

Debo de. ¿Debes de? ¡Sí! Debo levantarme y salir. Ahora. Aunque detesto hacerlo. Odio levantarme en medio de una película por mala que sea, ¡maldita sea! Pero debo, *tengo,* que hacer agua, *aguas* —o me meo.

—¿Qué quiere decir FO?

—Tal vez Don Fo, el BO Plenty de *Dick Tracy.*

—No, ahora, aquí.

—Ah. Entonces el Fantasma de la Ópera. FO naturalmente.

Paréntesis preñado de silencio, luego susurros y suspiros.

—Mira cuántas mujeres lindas.

¿De qué hablaba? En la pantalla sólo se veían dos hombres feos hablando de negocios.

—No veo nadie lindo, sólo dos ángeles.

—¿Ángeles? ¿Qué ángeles?

—*Agentes.* Que hablan de puntos y porcentajes.

—No digo allá arriba sino a mi lado.

Miré de reojo. Por una esquina de mis gafas, a través de espejuelo oscuro, enmarcadas por mi montura de falso carey, más allá de su cuerpo y de la noche, vi no dos muchachas sino dos mujeres hechas pero no derechas (estaban a mi izquierda) que no estaban mal a media luz las dos. Me viré un tanto y por cierto vi a las mujeres: una rubia, la otra morena. La rubia era más alta o tal vez tenía el cuello más largo o la espina dorsal bífida, como *une blonde d'Ingres,* que podía ser *ma violon* sin violarla. O tal vez tenía más nalgas en que posarse. ¡Esteatopigia! La morena en mi miopía tenía un buen perfil que iba sin embargo camino de hacerse brujita. Miraban cómodas la película, mientras yo incómodo las miraba mirar. Mejor las sombras que la carne. Regresé a la función hecha discontinua por ser mirón.

Lon Chaney se movía con estudiada languidez de miembros, como si dijera yo acoso pero gozo y a través de las cloacas de París largo era Lon. ¡Ah, Alonzo! ¡Cuánto sufrías y penabas y nunca te quejabas! Todo lo que decías era: «Si soy un fantasma es porque el oído me hizo así. Donde yo pongo el oído otros ponen el odio. Mi odio melodio».

Como ya han visto firmaba sus comunicados con un simple, modesto FO, cuando podía haber escrito, dramático, *El fantasma.* Claude Rains ahora tocaba *La canción de cuna de las campanitas* mientras Susanna Foster oía. Escuchaba porque ella era fina y él fantástico. Pero ella no oía realmente: hacía como que. En cuanto a su canto, que parecía ahora la voz de su amo no de su amor, podría llamarse soprano de coloratura —si alguien sabe su color. «¡Oh, Susana!», parecía entonar el Fantasma, «no cantes más por mí». Pero el hombre no sólo era educado de oído sino de buenas maneras. Mientras tanto en Inglaterra, Herbert

Lom aullaba de dolor por todo lo malo que de él decían los críticos a los que ya había degradado a gacetilleros. ¡Ratas de erratas!

El maquillaje de Chaney era tan horrible, tan repulsivo y hediondo que el estudio no envió fotos a la prensa antes de estrenarse la película. Su horror era horrendo entonces (antes de Hiroshima, antes de Auschwitz, antes de los horrores de las guerras modernas que otro sordo, Goya, nunca imaginó) que *El fantasma de la Ópera* se exhibió a veteranos primero de la Primera Guerra. Claude Rains, por su parte en el arte, tenía una cabeza demasiado bien hecha para ser un monstruo de andar por alcantarillas no ya verdadero, siquiera veraz. *Les égouts de Paris* le daban asco, como decía en su ópera: *«Me fa schifo»,* cantando con una mano en la nariz. Era, de veras, un monstruo delicado y aun su máscara era elegante como para mostrar su barbilla británica, que más que fugitiva desaparecía del todo en *El hombre invisible,* dejando sólo su acento como un *stiff upper lip* que se oye, que huye. Herbert Lom tenía una manera perturbadora de mirar a un costado de la pantalla cuando no había nadie allí, como si tratara de captar al apuntador al mismo tiempo que mantenía a la damita joven en foco. El monstruo hecho por el hombre era London Chaney, Herber Lomdon o tal vez ambos: Herbert Lom Chaney como si Rains nunca llegó. Pero detrás de la máscara, checa o chica, siempre estará la detestable cara de Lon Chaney, aquel a quien el hombre-lobo llamó amo, con su verdadero antifaz hecho de cicatrices, sus ojos todo órbitas desorbitados y sus dientes, ¡sus dientes! —de asco, asquerosos. ¿Cómo describirlos? Sus encías vacías eran capaces de darle a la piorrea el mal nombre de periodontiditis, que es como dicen ahora los dentistas que ya no son dantistas aunque visiten el infierno sin purgatorio de una boca podrida como una fosa séptica.

¡Piorrea, piorrea, para que vea! Pero es en este momento de mal aliento que el Fantasma, señoras y señores, baja —no, *desciende*— la gran escalinata de la Ópera a todo color, ya que todo ha sido de trágico blanco y negro antes: el monocromo hecho cromo, cromado. ¡Ah si pudieran ver ustedes su socapa, su capa negra y carmesí, como un *rideau cramoisi,* disfraz de gran señor de Castilla y su máscara enjoyada —y vean cómo de súbito cupido todo a su alrededor se vuelve al instante un baile de máscaras y ya que estamos en la ópera, *un ballo in maschera* de Verdi que te quiero Verdi. Fue el Fantasma el que inventó el carnaval.

Cristinita hacía pucheros, lloraba casi.

—Me prometiste dejarme ir si me portaba bien.

—¿De veras?

—Sí que lo prometiste. ¡Lo prometiste!

—No hizo tal Tales de Mileto, mulata.

—Lo prometiste.

—Me niego a recordarlo.

—¡Lo prometiste, que lo prometiste!

—Querida, ¿no ves que mi *trahison d'être* es más fuerte que tu *raison d'être?*

—No sé francés.

—¿Cómo? ¿En l'Opéra de Paris y no sabes francés? Te lo diré cantando entonces: mi traición es más fuerte que mi vida y mi sino, es más fuerte que el miedo hacia Dios. Ya lo ves, es pecado y sigo pecando como quiere Mae West.

Cristina es Christine Daae en *Le Fantôme de l'Opéra* (versión francesa).

El Fantasma detrás de su máscara pensaba, penaba.

«Cristina, mi Cristina, abrió la boca y la dejó abierta. No es que imitara a esa otra falsa rubia, Marilyn Monroe. (Aunque pensándolo bien también ella era rubia gracias no al cielo sino al H_2O_2 —es decir se oxigenaba.) Es que mi cultura la apabulló y esa boca era una O de Osombro no de ósculo. La cerró para abrirla de nuevo y contarme su versión que es subversión. Pero prefiero la historia de Cristina a las que se han contado antes. La memoria es una nostalgia amenazante. Si quieren, es como una neuralgia.»

Había confrontado ella más que afrontado al Fantasma en su guarida, usando la vanidad de una manera salomónica: *vanitas vanitatem* como una estratagema.

—¿Te gusta aquí?

El Fantasma la miró de medio lado o de lado y medio.

—¿Qué quieres decir?

—Quiero decir vivir *aquí* —y acentuó aquí aguda. Pero no quería ser grosera, por supuesto. Había tratado de que aquí sonara como casa. Era una pronunciación extraña, pero ella era, después de todo, una cantante de ópera: aunque era soprano ligera sabía usar su fraseo.

—No vivo aquí, habito, aunque no moro. Eso se lo dejo a Otelo.

No entendió. Era un malvado mal hablado.

—Ésta es mi morada aunque la veas demorada. Vivo, de hecho, entre los desechos. Que es vivir en la excreta.

—¿Qué quieres decir, por favor?

—Digo lo que quiero y quiero lo que digo. No hay secreto en las excretas. ¿Existen las secretas? No lo creo. Lo que en mi delirio de grandeza yo llamo mi palacio o mi Hotel Palace es en realidad un subterfugio. Mi refugio es un subterráneo en el lugar de las heces; mierda pura, pura mierda. Los famosos canales de la Ópera son en realidad cloacas. La reina Victoria, de reinar, me daría la Orden de l'Ordure. Aunque tal vez todavía me armen *chevalier de la Légion d'Horreur.* ¿Quién sabe? Habito pero no co-habito, mi pinito. Aquí sueño mientras soy una pesadilla y practico mi filosofía, que no es más que un sistema para vivir después de muerto. Puedes llamar esta vagancia mi extra vagancia. O séase *ma métaphysique de la merde.* O los desastres de Sartre. Me da lo mismo. Es más, me gustan las aliteraciones y puedo decir, como el capitán a bordo que soy, que no sufro de *mal de merde.*

—Pero, entonces, vives una vida virtuosa, ¿no?

—Supongo que sí. Pero tengo un vicio oculto que suele aflorar de noche. Es mi único vicio: soy adicto al opio de las palabras. ¿Conoces las *Hazañas de Manuel?* Es un manual.

—Me temo que no.

—Que no Queneau —dijo el Fantasma avanzando hacia ella—. No temas que no. Teme que sí. ¿Un verso o un beso? Aquí va el verso:

En Alicante en un café cantante
quisieron sodomizar a un elefante.
El animal aterido y poco fiero
tapóse con la trompa su agujero.
De lo que aquí se infiere
que el que se deja coger es porque quiere.

Dejó de cantar.

—Ahora el beso —y avanzó hacia los grandes labios de Christine. Pero ella dio un paso atrás y luego a un lado, luego al otro. Parecía que bailaba un vals triste, pero era que el Fantasma la repelía. Él sintió su rechazo en su misma alma y se tambaleó como con un ala herida. Bajo su máscara tal vez enrojecía —pero los huesos envejecen, no enrojecen.

Hizo o pareció que hizo como si inspeccionara su entorno por el bochorno y abrió los brazos como en un abrazo cósmico que no era cómico. El Gran Señor de la Ópera parecía un enajenado nada ajeno.

—¿No te impresiona el tamaño de mis *carceri* románticas? Cárceles con cascada, como quien dice. Mira a la dramática expresión que he dado a mi *Lebensraum,* cómo he colocado mi *Sturm* cerca de mi *Drang.* (Perdona mi alemán, pero es que soy un romántico tardío.) Este salón del aliento fenomenal es la representación de la arquitectura transformada en una construcción de la prisión como drama: la penitenciaría de uno solo bajo la ópera. Puro Piranesi, ¿no crees?

—Ya veo —dijo Christine cortésmente.

—¿De veras? Hay tan poca luz.

El Fantasma esbozó una risita.

—Perdona es una broma.

Christine ni se sonrió esta vez.

—Dostoievski, colega mío, dijo una vez que los ideales tienen consecuencias. Hoy, más bien esta noche, esta noche toda llena de murciélagos, sé más que el viejo Dosto. Sé, por ejemplo, que los ídolos tienen consecuencias.

Christine permaneció como Lon Chaney: muda. Era obvio que no entendía nada, pero miró al alto techo oscuro. El Fantasma se dio cuenta.

—Ésta, mi más excelente bóveda casi celeste, es una *canopy* que es una copia de una marquesina *art déco.* Tenía entonces un lema: «Más estrellas que las que hay en el cielo». Si te fijas bien verás que las estrellas mil mías fueron pintadas, una a una: pega y pena. Algunos dicen que no es nada funcional. Funcional viene de función, de defunción. Lo que no es es una gruta de Gropius ni una comba de Corbusier. Detesto la arquitectura moderna. Espero que le guste a Gaudí.

—¡Es bello!

—Para mí es mucho más que eso: es la vida. Es decir una pestilente congregación de miasmas.

—¿Por qué dices eso?

El Fantasma se las arregló para esbozar otra sonrisa debajo de su máscara y la noche.

—Dame la mano.

—Aquí está.

—¿Dónde?

—Aquí.

—¡Maldito lugar! Tu mano, tu mano.

—Pero si está aquí.

—Mejor, mujer. Ahora puedo sonreír y tal vez también con la ayuda de una broma, aun reír. *Ride, ride, rideau! A stanotte e per sempre tuo sarò.* Esta noche tengo tal hambre metafísica que me comería un león y un caballo.

—Se dice me comería un caballo.

—Me refiero a Leoncavallo el compositor que me robó a mí para su ópera *Pagliacci,* originalmente *Pagliaccio.* Me comería a Leoncavallo. Pero, como ves, metafísico estoy y es que no como.

—Pues debieras. Hay magníficos restaurantes por aquí, en la Place de l'Opéra, por ejemplo. Conozco un bistró que...

—¿Y tú crees que podría entrar y ser servido en un restaurante con esta cara mía, *cara mia*? Donde dije cara pon máscara. Arrojar la cara importa, la máscara no hay por qué. *Vesti la giubba!* Que quiere decir que siga la fiesta. *La vita è una fiera.* Fiera quiere decir feria en italiano pero para mí la vida es fiera, belleza. O una fiera belleza, si quieres.

—¿Quiero qué?

—Lo que quieras. Pero prefiero que seamos dos en uno. Tres en uno es un aceite, como sabes. Uno, dos hasta que la muerte me separe. Pero no moriremos juntos. Para mí, gracias a Leo Cavallo, *la commedia è finita!*

—Todos vamos a morir.

—Todos vamos al muere.

—¿Se dice así?

—No, pero es más argentino.

—Todos vamos a morir.

—Ya lo dijiste.

—¿Lo dije?

—Sí, no tienes más que mirar arriba. Pero, *please,* no mires a mi bóveda. Me refería a la página. En todo caso, te repites.

—¡Qué vulgar!

—Prefiero que seas vulvar. La noche tiene una vagina. Así es como se llama la luna en hawaiano.

—Hay idiomas obscenos.

—Puedes ser, como Van Gogh, dura de oído no dura de odio. Pero te aburro y me aburro. Me muero de aburrimiento.

—En ese caso moriremos los dos.

—Así me gusta, que seas divertida. Pero tienes razón, pues tengo un santo horror a hacer las cosas por mí solo.

—¿No estás confundiendo la vida con otra cosa?

—¿Con qué?

—Con la masturbación, por ejemplo.

—Como dijo el huevo herido, *poché.*

—No entiendo.

—Quiero decir, mi vida, que me has tocado en mi vida. Profunda, honda, mente. Tu dardo es un petardo, Christa.

—Mi nombre es Christine.

El Fantasma soltó un bufido.

—Christie, tienes nombre de subasta.

—¡Basta! —dijo ella como un eco.

Basta basta, dije yo y me las arreglé para dejar mi asiento, firme. Había completado mi *tour d'horizon.*

Siempre se le ve apuntando a lo invisible. ¿Trata de decirnos algo?, ¿o no es más que su manera de llamar la atención hacia otra cosa que no sea su cara deforme? Ah, la susceptibilidad del monstruo. Lo vi una vez sentado ante su órgano, grande, de la marca Cavillé-Coll, girando oculto en su banqueta de tornillo, su pecho destacado por el cajón de aire o fuelle, emergiendo desde la enorme consola con el teclado de mano, sus pies pequeños danzando en los pedales todavía, dando frente a la multitud de tubos y de cañas (accionado por un viejo mecanismo Sticker-Backfall-Tracker marca registrada, en vez de la Acción Pneumática actual), que era un monstruo —también ése— todo bronce brillante y majagua morada y el genuino teclado de marfil y ébano. El instrumentista se veía transformado en otro órgano del órgano a pesar de su frac fúnebre y su elegante pero incómoda capa carmesí: erecto aun cuando estaba sentado, su brazo derecho estirado, su mano huesuda señalando, como dije, a lo que no se podía ver porque estaba fuera de la pantalla, su cabeza que coronaba su bulto rojo y negro ¡Ah, su cabeza! Su cráneo, su calva total, su calavera de dientes desnudos y labios hendidos y secos y cuarteados como los de una momia viva que regresa de entre los muertos después de veinte años que fue cuando se hizo esta película. Porque, verán, era Cagney como Chaney.

El Fantasma actual, de cuerpo presente más que de *córpore insepulto,* es, hay que anunciarlo, el último de la dinastía. Como todos los Fantasmas pasados se caracteriza por su voz —excepto por supuesto Lon Chaney, que era mudo y murió de cáncer de garganta. Este nuestro Fantasma tiene una voz, tenía que ser, de ultratumba: siniestra, fúnebre pero fuerte que viene del más allá hasta el más acá a través de un teléfono funesto. El nombre detrás de El Nombre es Winslow Leach, que es un mal juego de palabras. Mezcla de *win* (ganar) y *slow* (pero lento) y Leach parece *leech* mal escrito. (*Leech* es en inglés sanguijuela.) Llamarlo Viento Lento sería violento. Llamémoslo Winslow entonces. El pájaro pinto debajo de su máscara es Winslow burlado por el pajarito, un canario mudo. Aparte de la capa roja ancestral, Winslow realmente tiene cabeza de pájaro aunque no de chorlito sino de ave de presa, un halcón maltusiano. Aunque Winslow mismo ha sido presa de bribones, expoliadores y, lo que resulta cómico, de sanguijuelas del arte.

Tiré para abrirla de la cortina rudamente bajo la señal que decía GENTLE —que era obvio que era la mitad de MAN. No hay penetralia que cambie más de nombre: *toilet, rest rooms, lavatories* que dan lugar a lavabos, retretes y aseos, cuando no hay un dibujo ridículo en la puerta: chisteras, faldas con miriñaques, tutús, don quijotes, dulcineas, etc., etc. Salí indemne.

—¿Qué hubo? —pregunté como si viniera del más allá.

—Cristina cabalgó un garañón blanco por entre las cloacas.

—Lo que prueba —dije— que se puede llevar un caballo al agua, pero no hacerlo beber las heces.

No lo cogió: simplemente ni se enteró. ¡Ah, las mujeres!

Entonces Christine rizó sus bellos labios. Beber sus eses, siseó:

—Llevas máscara para esconder tu fealdad pero tu conducta es odiosa y sin embargo no la cubres de seda.

El Fantasma se dobló no de dolor sino doloso.

—Me hirió tu flecha de nuevo. Dos veces dos: cuando murió el año viejo y cuando me dijiste adiós. Pero el tuyo no es de mente el arco, Juana de.

—¡Por favor! Mi nombre es Christine.

—¡Dios! ¡Que le tienes apego a tu nombre! ¿No ves que el hombre agoniza como todos los hombres, solo y triste en Trieste?

—¿Qué hombre?

—Yo, Chrissie, soy ese hombre, aunque nunca seré tu hombre. Pero te lo agradezco. No pegaba un ojo antes de verte y ahora tu amor me ha convertido en *zombi.* Me quedaré despierto hasta que la muerte nos separe. ¡Es el amor, Christine, el amor que vive siempre, para siempre, por siempre!

—¿Qué quieres decir con eso de que te ayudé?

—Permíteme una penúltima pedantería en latín. *Amor vincit omnia,* excepto por supuesto *insomnia!*

De alguna parte, de allá arriba (pero no del cielo de raso: *l'Opéra probablement*) vino música y una voz que cantaba «¡Una furtiva lágrima!», de *L'Elisir d'amore,* de Gaetano Donizetti. Nacido en Bérgamo en 1797, murió allí en 1848 y compuso unas sesenta óperas: tenía el don de la melodía y sabía escribir para cada cantante, entre ellos el Gran Lanza.

—¡Ah, *il mio Mario*!

—Lo siento pero no entiendo español.

—Es italiano, monina. Significa, *my* Mario ah!

—¿Te duele algo?

—No es más que una inversión tan frecuente entre artistas. Pero los villanos tenemos más derecho a voltear una frase hecha. Pura paradoja.

—Hablas en plural...

—De majestad.

—... acerca de tus pares. ¿Son tus amigos?

—No tengo amigos, Cris. Nadie es amigo bajo tierra. Es el territorio del mal. De vez en cuando, sin embargo, viene el amor que es como una rosa buscando abono en el estiércol. ¿Estás de acuerdo?

—No soy yo quien para estar de acuerdo o en desacuerdo.

—Términos musicales, sin duda. Pero en la coda, criatura, los villanos siempre tenemos que defendernos solos. *Alone!*

FO tarareó un compás o dos de *Alone,* imitando a Allan Jones en el muelle cuando Kitty Carlisle en la nave va. Los villanos, hay que decirlo, son muy buenos en la imitación y la parodia —que viene de paranoia. El Fantasma rió en alta voz como si cantara *ride, ride, Pagliaccio. Una noche en la ópera* le hizo mucho daño a *l'Opéra* y al mito del Fantasma. Desde entonces ni la ópera ni el libro, reducido a libreto, han sido lo mismo. FO no era ni fu ni fa.

—¡No tengo amigos! Solo, estoy solo, soy solo. ¡Oh solo mío!

—Por favor, dime entonces ¿por qué?

—¿Por qué qué?

—Todo esto, lo que le haces a *l'Opéra.*

—Es, *mignonne,* mi *modus operandi.*

La miró intensamente pero ella no movió un músculo —al menos de su cara.

—*Castigat ridendo* es mi lema, mi tema. Pero no veo que rías.

—Tampoco tú te ríes.

—Es por la máscara. Pero suelo ser ingenioso.

—El retruécano es la más baja forma del ingenio —dijo ella como si citara, recitara.

—Ése es el mal de Addison no el tuyo.

—¿De quién?

—Addison, el idiota que dijo que el retruécano es la más baja forma del ingenio y lo hizo una ley de retórica. Pero como ves soy un fugitivo. Ahora río.

—¡Cualquiera como que se da cuenta!

—Así me gustan a mí las mujeres, que destrocen la gramática y usen *mascara* no máscara. Hablando de máscaras, me gustan, las adoro. Llevas máscara, aun una sola telita de tafetán, y dejas de ser un ciudadano respetuoso de las leyes. Un pañuelo vulgar sobre la boca y tu visita se convierte en un atraco. Pero si voy por la vida *larvato prodeo* no es porque sea un criminal. Es decir, moralmente. Soy puro. Aun más porque vivo en la cloaca mayor de París. Soy un mojón urbano y cada comemierda es mi vecino no mi más mortal enemigo. Para mí, todo esto que ves aquí, incluyéndome, es cosa de todos los días. Soy un pedo desde niño, cualquier pedófilo te lo diría. Traté mucho de estudiar la metafísica, pero mi padre me interrumpía con sus exhalaciones traseras y mi madre se convirtió en una rosa de los vientos. No se puede venir desde más bajo, *ma p'tite.*

Christine se llevó la mano a la nariz, la tapó y cerró los ojos. En broma, claro está, ante el relato del Fantasma como mofeta en su tierra. Pero éste exhaló un gran grito y Christine abrió los ojos a tiempo para ver al Fantasma comenzando a caer como caen los muertos.

—¡Me muero, Ópera, me muero!

Cayó por fin al suelo y se dio un golpe en la base del cráneo con la base de una quinta columna. Su máscara ocultó su dolor como peña oculta pena. ¿Se moría de veras? Pero el Fantasma habló con su voz detrás de la máscara, como un actor griego en una tragedia al estilo de Esquilo.

—¡Me matas, mujer, me matas!

Christine abrió la boca grande.

—*¿Yo?*

—¡Sí, tú! Me matas de amor. No con tu amor sino con la ausencia de tu amor a mi amor no correspondido, que, sin embargo cultivo como una rosa blanca: eres la cruel que me arranca.

—Debes de ser un romántico.

—Sí, me puedes llamar romántico, pero me llamarías mejor si me llamaras un romántico incurable. ¡Ése es mi mal! Pero no lo cogí por mí mismo. Fue mi padre. Que se lo pegó a mi madre, el muy bribón. Ella me lo pasó a mí, esa santa, sin saberlo. Se llama chancro. No mi madre sino el nombre del mal. Entonces no existía el 606, llamado también Salvarsán, ni la bala mágica de Ehrlich. Pero una bala de plata habría bastado. En el pecho. Odiosa enfermedad incurable, hereditaria, minuciosa y obscena. Podrían haberlo tratado con yoduro de potasio, cura obtenible desde 1834. ¡Bien podía haberse curado este monstruo! No hay que decir que no tuvo cura sino cuando ya era tarde, para darle la extremaunción. ¿Y qué hizo el canalla? Se la pegó a mi madre y muy pronto ella llevaba el espíritu del mal en su vientre. ¡Ah, Ibsen! He vivido en un vientre y conozco tus espectros.

Christine tenía todavía la boca abierta.

—*Imagine, quand mon père, Louis, ne m'a jamais vu et quand ma mère, pour ne plus me voir, m'a fait cadeau, en pleurant, de mon premier masque!*

Pero Cristina no sabía una palabra de francés, el idioma natal del Fantasma, que vio esta ignorancia en sus grandes ojos ingleses: azules de porcelana, de pestañas negras y cejas arqueadas *au naturel*.

—Perdona mi francés. No pude evitarlo. El francés es más fuerte que yo, que mi vida y mi sino. Si no.

—Entendí algo aquí y allá.

—¿También acullá?

—Un poquito.

¿Sonrió FO, pronunciado fo, como en peste, hedor o padre podre?

—Verás, mi cielo. Que no quiere decir que verás mi cielo, que nunca se ve aquí. Cuando uno tiene miedo o es movido por las pasiones, siempre revierte a la lengua materna como a un útero conocido.

—Comprendo.

—Pero no entiendes francés.

—No, francés no. Entiendo cuando hablas de la emoción y eso.

—¿De veras?

—¡Sí!

—Entonces me entiendes. Porque yo soy eso: emociones y eso. Cubierto todo por una máscara.

El Fantasma se desvaneció, es decir, no desapareció sino que se desmayó.

—¿Se murió ya? —preguntó una voz en la oscuridad.

—Todavía no.

—Se muere siempre —dijo la voz en la oscuridad—. En diferentes versiones.

Pero... ¿y Fénix? ¿Qué pasa con Fénix? ¿Qué le pasa a Fénix? La Fénix de las ingenuas fue el único sobreviviente de la hecatombe que ocurrió en el escenario, en la escena, a la cena. *Alacena.* Pero Fénix murió eventualmente, conventualmente: se refugió en un convento con un nombre irlandés, Ophelia O'Phoenix. Vivió y murió y revivió, intermitente mortal y como tal hay que saludarla: ¡Ave, Fénix!

Fénix es el arte, siempre recomenzado. Christie en el libro y en este cuento cruento es el arte del canto, llamado *bel canto* por Bellini, el autor de *La sonámbula* no del cóctel. El Fantasma es el artista como ser fuera de la ley. Es capaz de vender su alma al diablo con tal de ver su arte hecho arte. El diablo, como siempre, es un empresario astuto, que conoce los entretelones del teatro de la vida: siempre espera tras bastidores. El Fantasma le vendería su historia a cualquiera, aun, a un diablo menor llamado Mefistofénix a cambio de su arte, que es ahora una parte menor. Fénix lo mataría por llegar, porque FO es ahora Winslow Leach, como lo fue también Swan. Que hizo todo endiabladamente barroco, que no es, como el gótico, un arte que lleva dentro una gárgola, sino que parece parodia, cuyo lema es «Parodio por odio», pero que lo hizo todo posible: fue el diablo como empresario. Fénix es el medio, el pájaro griego que trae regalos. El arte para el Fantasma era una sesión espiritista bajo la ópera: una temporada en Hades.

Trama y drama. Es Winslow, *du côté de chez Swan,* quien descubre que su agente ha hecho un pacto con el diablo —es decir, consigo mismo y de parte de su compañía, Satanás Incorporado. Así su contrato con Swan, no lo firmó con una tintura roja sino con sangre. *(Inc* hecho *ink,* tinta.) El trato no es inválido, es válido. Winslow, un valido, aborta la conspiración roja. Vuela de entre y tras bastidores para desenmascarar a Swan en el último episodio: cuando está a punto de casarse con Fénix. Pero Winslow, literalmente, lo desenmascara: planeaba asesinar a Fénix en escena, porque como es famosa no quiere matarla sino cometer un magnicidio. El asesinato sería sensacional y se transmitiría en directo mientras Fénix fenecía. Su subteniente, el agente transmisor, estaría vestido de obispo o arteobispo con mala arte y se transmitiría en vida, en vídeo y en el noticiero de la una. Pero cuando el ajedrez se mueve misteriosamente hacia el jaque mate con el obispo, llamado Al Fil, recibe el jaque del francotirador oculto en un fin de partida.

Winslow jaquemata a Swan con sólo desenmascararlo y le quita la vida al quitarle la máscara. Swan se revela ante el público como el enano más viejo del mundo, inmundo: padece de una suerte de lepra moral que se ve en su cara geográfica. Lo mata la lepra, la sífilis y el miedo escénico, en ese orden: todo ocurre ante un público de quinceañeras eternas y el pop hace puf. Aplausos, gritos, alaridos del ala herida y el rocanrol es tocado por Rocambole. Pero Fénix, contrita y sin contrato, descubre el alma buena de *chez* Swan y llora por el alma del desalmado. Winslow trata de morir en escena en su parte de partiquino, pero él es el Fantasma de la Ópera Pop. Fin de fiesta, por toda la compañía.

—¡Ah, eso es lo que se llama un reparto perfecto!

—Ella sí que es buena.

—No, no. Me refiero al reparto, a la lista de personajes, a los créditos a los que apenas dan crédito.

—¡Oh!

—Sabía que te gustaría. ¡Es la película perfecta! Todo mito y música y un coro de niñas nada corifeas. ¡Puro pop! Mucho arte pero sin arte. *Ars celarem artem.*

Lights, lights, lights!

—¿Qué pasa?

—Hay problemas.

—¿Entre quién y quiénes?

—Esas muchachas de ahí al lado.

—¿Te molestan?

—No, pero están molestas.

—Ahahá. Debieran haber empezado antes.

Music, music!

Estaban tocando el himno. No las muchachas sino los altoparlantes. Altocantantes.

—¿No les gusta que la *commedia* sea tan finita?

—Aparentemente han perdido algo.

«Perdido» es un número de jazz. Las miré a la luz suave del cine y a la música suave también, ya que el himno a la noche había terminado y ahora sonaba una *bossa nova* vieja desde detrás de la cortina carmesí que ocultaba la pantalla. Las dos muchachas se revelaron como dos inglesas corrientes y malolientes. Las sombras de este lado de la pantalla suelen ser igualmente engañosas.

—Desde aquí puedo ver que no han perdido la virginidad exactamente.

—¡Por favor, no empieces!

—Más bien termino. Fin del Fantasma.

—Estoy segura de que perdieron algo.

—Algo o alga o nalga.

—*Please!* ¿Por qué no les preguntas qué perdieron?

—¿Por qué no les preguntas tú? De mujer a mujeres.

—¡Por *favor*!

Me dirigí a ellas como si yo fuera un dirigible o un misil macho. Mal hecho.

—¿Perdieron algo?

—Una bolsa —dijo la falsa rubia como si hablara de la bolsa de valores. A lo mejor eran los valores de la bolsa. La morena alta movió la cabeza en señal de un asentimiento que nadie le había pedido. Volvieron a su búsqueda. Busconas. ¿Qué habrían perdido? ¿La bolsa en que Miss Prism llevaba su manuscrito luego llamado Ernesto? Ahora sería un máquinoscrito. O mecanoscrito.

—Vamos a ayudarlas —propuso mi compañera de asiento y de un ciento de susurros.

—Parece que les falta algo.

—¿Serán las palabras?

—¡Por por favor! —que parecía su sola exclamación de la noche.

—Vamos a darle una mano.

—Bastará con un dedo.

Ella silbó.

—Me parece.

A regañadientes empecé a buscar una bolsa. Cualquier bolsa. Pero ella, vehemente, se fue a buscar lo que buscara unas filas más alante. La ayudé hasta la primera fila, allí donde el cine es más sabroso y se goza mucho más. De pronto ella se agachó —para sacar la dichosa o fatal bolsa de debajo de un asiento. Más bien la pescó en la oscuridad, sin anzuelo, cebo ni cordel. ¿Cómo pudo? Me mostró el accesorio. Era una cartera ordinaria, ni grande ni pequeña y más vieja que nueva. Más que bolsa parecía un bulto. Pero ni siquiera se podía decir que fuera una cartera cursi. Definitivamente no era un *objet trouvé.* Duchamp *dixit.*

—Dile que ya la encontramos.

—¿Por qué no se lo dices tú?

—Es mejor que se lo digas tú.

—Se lo diré yo pero tú la encontraste.

En contraste.

—Muy bien.

—¡Aquí está!

Grité yo y ella levantó la bolsa en una mano para que las otras mujeres la vieran. Como no era muy pesada la hizo ondear como la bandera de la victoria —¿o era de derrota? Las dos mujeres (no podía, qué quieren, llamarlas muchachas ya más: no con mi sabiduría adquirida hace poco) vinieron corriendo. Parecía que llevaran alas pero no parecía que fueran ángeles. Una de ellas casi le arrebató la cartera a mi ninfa constante. Ruda Ruth. Pero ¿cómo supe que se llamaba Ruth? Podría haberse llamado Vulgar Olga. La otra abrió la cartera (que ella llamó bolsa o bolso: el sexo de los accesorios no es necesario) y exhaló un grito.

—¡Está *vacía*!

—¡Cómo! —dijo el cuarteto reducido a trío.

—¡Está vacía! ¡Todo ha desaparecido, todo! Dinero, *vanity,* libreta de direcciones. ¡Todo! Hasta mi cajetilla de Camels.

—¿Estás segura? —preguntó la otra mujer. En vez de responderle la rubia de rabia volteó el bolso, lo sacudió y no salió nada de adentro. ¿Quieren mayor evidencia? Gritó:

—*Gone!* —que en su acento *cockney* modificado sonó a *gong*. La tal hecha tai. Luego se echó a llorar lágrimas tan reales como había sido el himno: era una mujer que lloraba como mujer lo que había perdido como espectadora. De pronto se hizo el silencio que venía ahora de entre el proscenio y la invisible pantalla. Por fin había parado la música pero no el llanto: ella no sería mi musa pero era ahora Muzak para después de un estreno. Estábamos, me pareció, solos en el teatro. *Alone.*

Excepto tal vez por el Fantasma. No tenía ninguna duda de que había sido él el carterista. Con esta sabiduría de noción, me dispuse a abandonar el patio de lunetas. Mi compañera constante vino detrás, luego la morena oscura y la rubia fea formaba la cola. En algún lugar del sótano de la sala el Fantasma miraba, miraba, buscando un lugar donde pasar el día, ya que la noche era obvio que la pasaba en el cine. En vez de la noche americana era noche por día. Eso es, Essoldo. Seré sordo pero no ciego.

Afuera del cine la cegadora luz de las bombas y bombillas de la marquesina brilló intensa y por un momento la noche tuvo mil ojos, aguados algunos. Luego la noche oscura vino hacia nosotros abrupta, bruta. Se apagaron las luces de la fea fachada. Aun el nombre encima de la marquesina que quedaba sobre los títulos se apagó y sólo pude ver la E y luego las SS siniestras. OLD y la O sin asombro desaparecieron también en el apagón agorero. Pero las dos mujeres se quedaron al lado, una de ellas llorando que no daba pena, mientras la otra la consolaba sola. Mi consolable compañera se veía compungida por el espectáculo de las dos mujeres con bolso pero sin bolsa. ¿O era que la conmovía la devoción en la adversidad universal?

—¿Por qué no les das algo?

Era ella. ¿Qué les dije?

—¿Yo? —era yo.

—Sí, tú. ¿Quién si no iba a ser?

—¿Por qué no se lo das tú?

—Es tu dinero.

—Pero eres tú que lo tienes.

Como la familia real y como esa otra familia real entonces, los Beatles, nunca llevaba dinero. No en Londres en todo caso. En Nueva York llevaba un poco en un bolsillo para darle de comer a los asaltantes de esquina. En Barcelona, gracias a Gaudí, llevaba algún dinero para los innúmeros mendigos armados.

—Está bien —por vencido.

—¿Cuánto les damos?

—Pregúntale cuánto perdieron.

—¿Y si me dicen que perdieron quinientas libras esterlinas?

—No seas tonto.

Me acerqué a la llorosa y consoladora pareja para una consulta.

—¿Cuánto dinero perdieron?

Una de ellas o la otra me miró a través de aguas oscuras.

—¡Todo lo que teníamos!

—¿Cuánto es eso en libras?

Se miraron a los ojos, dos de ellos llorosos. Fue la morena de mi *couple* la que respondió:

—Ex libras.

Parecía un exlibris.

—¿Cuánto es X?

Se volvieron a mirar como si resolvieran la ecuación con los ojos.

—Diez. Diez libras. Un billete de a diez.

Me volví a mi generoso gerundio, amando, ahora dando. Ya ella había abierto su cartera que no bolsa sino balsa: pescó un billete fresco con la Reina en un extremo y el número X en el otro. Crujía. Fue entonces, cuando vi en la oscuridad brillar el billete como si fuera plata aunque no era más que un certificado al portador, que me di cuenta de mi, nuestro error. La mujer inconsolable que había perdido diez libras y no de peso casi arrancó el billete de nuestras, mis manos. Para un extranjero —vidalicet nosotros dos— un billete de diez libras se parece mucho a otro de la misma denominación: ahí está la Reina, ahí está el número 10, ahí está el Banco de Inglaterra —y ahí estuvo la falla en mi carácter. Pero era tarde. La mujer —un hábito suyo sin duda— ya había arrebatado el dinero de mis, nuestras, todas las manos y el billete verde, que ella lo quería verde, voló como un búho hacia el viejo nido con una presa fresca.

—Gracias —fue todo lo que dijo, como si le pagáramos una deuda contraída hacía diez años. De pronto, como un pensamiento, miento: como una idea, me preguntó:

—¿Usted es árabe?

«Que más quisiera yo: debatirme entre el harén y la arena», fue lo que pensé pero fui más sucinto y veraz que eso.

—No puedo decir que lo soy porque no lo soy.

—Persona entonces.

—Claro que soy una persona, aunque una vez fui una nopersona.

—Quiero decir persiano.

—No, pero soy indio, apache. Chirikawa apache.

Oí a mi mujer chirriando entre dos mujeres.

—¿Cómo es tan generoso con el dinero?

—Soy dador. Dador Pérez. Aquí tiene mi tarjeta. Aunque uso un seudónimo en ella. Pero la dirección es verídica. Pueden devolverme el dinero cuando puedan. Siempre estoy.

—Pensé que era museoman.

Me gustó cómo pronunciaba musulmán, pero era hora de irse.

—Circunciso soy. Si quieren les enseño la herida.

—Es hora de irse —dijo mi mujer.

—Es hora de irse —les dije a las mujeres—. Considérenme un eco.

—Adiós.

—Hasta la vista.

Las dos me dieron la espalda para irse, no sin antes la morena hacer de sus finos labios un delgado adiós. Tengo que confesar que nunca me han gustado las mujeres de labios finos, pero en este caso no estaba dispuesto a hacer una excepción. Me quedé, no sé por qué, allí a la entrada del cine Essoldo, bajo la marquesina del cielo protestante. Las vi montar a un blanco, reluciente, descapotable deportivo que era evidentemente un Morgan. Pero no pude, al arrancar el auto con su sonido excesivo, separar lo improbable de lo imposible.

—Creo que cometimos un error.

—Yo también. Es todo un poco, ¿no crees?, demasiado.

—No lo veo claro pero ellas lo vieron bien claro.

—¿Claro cómo?

—¿No te das cuenta? Estábamos sentados cerca.

—Al lado. Y llegaron cuando ya nosotros...

—Llegaron después, ¿no te acuerdas?

—Llegaron después. Está claro aunque el cine estuviera oscuro. De pronto estaban ahí al lado de nosotros con todos esos asientos vacíos alrededor. Luego una de ellas pierde su bolso durante la película. Entonces las ayudamos a buscarlo y lo encontramos en el más improbable lugar, la primera fila. Una descubre que ha perdido, robado, extraviado, diez libras exactamente. La cantidad exacta que les dimos gracias a tu corazón apresurado. Diez libras. ¿Hay quien pueda llamar a todo esto una coincidencia?

Lo iba a llamar yo una coincidencia cuando ella hizo una seña mala.

—Se están besando.

Efectivamente el Morgan se había detenido a media cuadra y las dos pasajeras antes raudas ahora rudas se besaban bien claro en la noche oscura.

—Probablemente se despiden.

—Yo sé cómo son los besos de despedida, Cupido, y ésos no son besos de despedida.

—Es entonces adiós hasta que amanezca.

—¿Qué quieres decir con eso?

—Que es la tragicomedia de Julieta y Julieta. *Kissing is such sweet sorrow.*

Nos volvimos para cruzar de nuevo King's Road, un río devuelto, para regresar por el labio. (Labio es mi forma de escribir laberinto.) Regresamos por la vía más smarrita: *per aspera* pero sin estrellas. Ni la luna de noche... Cuando busqué mi llave para abrir la puerta que da a la calle, ella, discreta, me dio un tirón al brazo.

—Mira.

—¿Qué cosa?

Como todo mirón miope quiero saber lo que voy a ver antes de mirar: precisiones.

—Las mujeres.

—¿Qué mujeres?

—Las mujeres del cine.

Pensé que no sólo me tiraba del brazo sino que me tomaba el pelo que en inglés se dice halar la pierna.

—¿Quieres decir Marilyn Monroe y Jane Russell?

—Las mujeres del Essoldo.

No bromeaba. De veras que parecían versiones inglesas de Jane Russell y Marilyn Monroe. Por lo menos así se veían a la luz de la marquesina del cine toda luces y lamparones, bañadas en la gloria de los cinco minutos de fama que gozaron mientras lloraban y pedían sin pedir dinero, entretanto que a un tiempo se veían un poco culpables: un ligero caso de timo y mito. ¿O éramos nosotros los que parecíamos culpables? Ahora, sentadas en su Morgan morganático que parecía el caballo blanco de la Ópera, César o no cesar, se veían más miserables que misteriosas. Fue entonces, caro lector, cuando supe que las caras mujeres nunca me devolverían mi dinero. Pero fue también cuando leí un lema: «Escribir bien es la mejor venganza». Fue en ese momento que pensé por primera vez escribir un cuento, este cuento, y que, al revés de Hemingway, no lo contaría todo como realmente pasó.

Más tarde, mucho más tarde, con mi resma de papel bajo el brazo, fue cuando visité los vastos dominios del Fantasma, FO *forever,* que quise hacer míos en una ópera de diez libras. Por supuesto, lánguido lector, no lo conté todo. El perfecto espectador nunca ve y cuenta. Y aun si cuenta el argumento sí trueca la trama pero nunca revela el final. Pero para mi final debo citar un *graffito* que vi, al pasar, al viajar en la línea Piccadilly, al ver en la estación de Covent Garden borrado por la velocidad y mi lectura demorada, bien visible, una leyenda:

THE
PHANTOM
REALLY
EXITED

Que quiere decir que el Fantasma hizo mutis por el foro. Que quiere decir que la cinta de escribir o de cine, como la vida, siempre termina con la palabra fin.

(Publicado en inglés bajo el título The Phantom of the Essoldo, *dentro del libro* London Tales *editado como* New short stories *por la editorial Hamish Hamilton, 1983)*

Las actrices y los escritores no deberían conocerse

MARTÍN CASARIEGO CÓRDOBA

Martín Casariego Córdoba nació en Madrid en 1962. Se licenció en Historia del Arte por la Universidad Complutense de Madrid. Ha publicado cinco novelas, *Qué te voy a contar* (Premio Tigre Juan), *Algunas chicas son como todas*, *Y decirte alguna estupidez, por ejemplo, te quiero*, *Mi precio es ninguno* y *El chico que imitaba a Roberto Carlos*. Es guionista de cine y televisión, y colabora habitualmente en la prensa.

Ella es una actriz, o quiere serlo. No está demostrado que para ello baste con haber protagonizado un par de películas. Yo soy un escritor, o eso digo: tener publicado un par de libros es un indicio, pero no una prueba. Yo he ingresado esta misma mañana un cheque de casi 400.000 pelas ganadas escribiendo con el sudor de la pluma. Desconozco si ella ha ingresado algo, pero muy posiblemente su cuenta corriente goce de mejor salud que la mía. La mía es algo tuberculosa, y bastante delgada. Nunca me ha interesado saber cómo es de gorda la suya, y no estoy del todo seguro de si es porque el dinero me importa tan poco como digo, o simplemente porque sé que nuestra unión no va a durar mucho. La unión hace la fuerza, dice mi padre. Yo contesto: la unión hace la tensión. Imagino que su cuenta corriente es saludable, rolliza, con coloretes, como una campesina suiza de las que anuncian quesos, y me pregunto si siguen existiendo campesinas suizas. El caso es que me da igual, me interesa más saber cómo está ella de gorda: cada vez más, aunque cualquier día se mirará en el espejo o su agente o su madre le dirán que está engordando y decidirá adelgazar. Entonces perderá ocho kilos en una semana, los justos para poder exclamar con orgullo: ¡Más de uno por día! Hay que reconocer que sabe subrayar sus triunfos con titulares de periódico con frases publicitarias.

—¡Estoy hasta los huevos de ti!

Ella se mueve nerviosamente de un lado a otro de la habitación, y aunque no tiene huevos, es quien ha pronunciado esa frase ofensiva y repugnante. Cuando está feliz, dice que siente cómo corren por sus venas diminutos pescaditos dorados. Esa frase no es suya: la ha sacado de un libro, detalle que no deja de maravillarme.

Ayer trabajaron por la noche. Yo fui un rato al rodaje. Un rodaje es una de las tres cosas más aburridas que hay. Otra es ver escribir a un escritor durante tres horas seguidas o más. Sobre cuál es la tercera, no está claro: hay división de opiniones.

Al rodar, una toma, en principio sencilla, se repite una y otra vez, hasta que los actores no meten la pata, o no pasa una ambulancia con la sirena a todo meter, o, lisa y llanamente, hasta que al director le da la gana. Yo me enamoré de ella después de verla en el cine, y al natural. Creo que de haber ido diez días a un rodaje suyo antes de quererla, nada de esto estaría ocurriendo. Ayer, el fantoche de Sacha y ella se besaban, iluminados por la luz de una farola y de tres focos. Y justo cuando se besaban, empezaba a llover a cántaros. Imagino que en el montaje añadirán el estallido de un trueno. Entonces ella decía:

—Vete, te vas a mojar.

Y él respondía:

—Lo que me preocupa es que te mojes tú...

Y ella replicaba:

—Ya estoy toda mojada...

Y entonces él empezaba a besarla desordenadamente, a llenar su cara de babas.

Ver eso ocho veces seguidas estuvo a punto de acabar conmigo. Cuando el técnico de sonido dijo que la octava toma no era válida, me acerqué a ella y le dije que me iba. Me pidió que me quedara, pero estaba muy cansado, o eso dije. Tal vez estuviera harto, no cansado. En realidad, estaba profundamente aburrido. Ella me miró con expresión ausente, y dijo:

—Muy bien.

Creo que el origen de la discusión está en todo esto, aunque aún no me he aclarado. Cuando me fui, Sacha, inclinado sobre ella, murmuraba algo en su oído, y se reía. Me fui furioso. En el fútbol, ya se sabe, no hay enemigo pequeño, y en el amor, no hay enemigo viejo.

Miro por una de las ventanas: el cielo resplandece azul, y dan ganas de salir y ver jugar a los niños, ver volar a los pájaros. Pero como en una poesía de Salinas, el cielo está vacío de pájaros. ¿O no es de Salinas?

—Pero vamos a ver... ¿Tú quién te crees que eres?

Otra vez es ella la que habla.

—Yo soy el que te deja toda mojada sin necesidad de una tormenta.

Ella detiene su ir y venir de pantera enjaulada, o de osa polar, porque aún no ha perdido ocho kilos en una semana, me encara, y dice, lentamente:

—¿Qué has dicho? ¿Puedes repetir eso que has dicho?

Yo estoy más seguro de mí mismo que otras veces, y a pesar de lo grosero de la frase, que, tengo que reconocerlo, se las trae, y me cubre de ridículo, no me descompongo. A lo mejor es porque he ingresado cerca de 400.000 calas esa misma mañana, las primeras del año, y estamos en mayo. Ríe la primavera, y el sol entra limpio y cálido por la balconada. Imagino cuánta gente estará riendo ahora en todo el mundo, en este preciso instante, millones de sonrisas de todos los tipos posibles coincidiendo en el tiempo. Y me imagino también cuánta gente estará llorando: millones de lágrimas.

—Yo soy el que te deja toda mojada... —repito, y aunque la frase es digna de la película que ella está rodando, no me importa. Quizá me halle en pleno proceso de pérdida de la vergüenza, o de la autocrítica.

Da dos pasos hacia mí, y no me permite continuar: mejor.

Aguanto estoicamente los palmoteos sin ton ni son con los que jamás podrá dejarme KO. ¿Qué es lo que quiere? Si pretende hacerme daño, ¿por qué no me golpea de verdad, por qué no me araña? Sus uñas son maravillosas, cuidadas, pintadas de rojo pasión, ¿qué es lo que quiere? ¿Y si le pegara un directo en la mandíbula? Ella aterrizaría sobre la mesa de cristal, rompiendo el jarrón con las flores. A lo mejor se cortaría. Sería un bonito final para el cuento o para la escena. Pero no le pego. Su cara es demasiado bella, y sobre todo, a mí me horroriza demasiado la violencia. Ahora, ha dejado de palmotearme con su conmovedora ineficacia (¿en eso consiste ser femenina?), y solloza en un rincón del sofá, acurrucada como su gatito. Por cierto, ¿dónde estará su gatito?

—¿Dónde está *Rob Roy*?

—Se cayó por la ventana... Esta mañana... Está allí...

Señala con un dedo estilizado y tembloroso, terminado en una maravillosa uña rojo pasión, un cesto tapado por una bufanda a cuadros verdes y azules, de tipo escocés, muy a propósito, y me imagino a *Rob Roy* dentro, hecho un guiñapo sanguinolento. Recuerdo a *Rob Roy* ovillado en su cama y lo imagino ahora, convertido en una pastufla que pasado mañana empezará a oler a rayos si antes no se hace nada por evitarlo, y casi me mareo. Me sobrepongo (¿en eso consiste ser masculino?) y doy dos pasos hacia la cesta, sin saber muy bien qué voy a hacer.

Sus sollozos arrecian, y se agarra a un almohadón como si fuera su gatito, o como si fuera el único objeto sobre la tierra que no rechazase su cariño. Siento invencibles tentaciones de acariciarla, de consolarla, pero hago un esfuerzo sobrehumano, y las venzo. Ya he caído en demasiadas trampas, así que esta vez me comporto como un auténtico trozo de hielo. Alguien dirá: como un auténtico cerdo. Bien, no me importa el dinero ni lo que digan, o eso mantengo: me comporto como un auténtico cerdo.

—Márchate —dice—. Déjame sola...

Como es actriz, he visto escenas suyas parecidas, aunque en el cine. Y no sé por qué, pero esta vez, sencillamente, no me lo creo. Todo me parece falso. Ella, yo. Su casa, un decorado. Todo me parece irreal.

—Es como una película —digo.

—¿A qué te refieres? ¿Qué quieres decir con eso de que es como una película?

Su voz ha sido ahora metálica, fría, cortante, y no me sorprendería que también inoxidable. Desde luego, domina todos los registros, y perezosa, casi distraídamente, me pregunto si mi pluma será capaz de reflejar tantos matices como su voz. Probablemente no, o al menos, no de la misma manera.

—Pues eso. Que tú estás actuando, y yo estoy escribiendo. Tú estás haciendo una prueba, y yo estoy escribiendo un puto cuento.

Ella me mira atónita, sin comprender. Pero dura un segundo. Enseguida comprende. Y estalla.

—¡Lárgate! ¡No quiero verte más!

—Tu amor es ahora un sueño —recito—, pesadilla que siempre temí...

Los versos son míos, o eso creo yo. A lo mejor ella también se cree que lo de los pescaditos dorados es suyo, y a ver quién es el guapo que se lo discute, sobre todo en momentos como éste. Todo un carácter, decía una crítica. Si lo sabré yo. Si discutieras con ella, si abrieses el libro indicado por la página indicada y plantaras el índice en la línea indicada y se lo indicases, mira, mira, aquí está lo de los pescaditos de oro que corren por tus venas, no conseguirías que te diera la razón, sólo conseguirías que se enfadara contigo, que te mirase con odio, que se encerrara en un hosco silencio, o que contraatacara por otro lado. Y aun así, la amo, o al menos la amaba ayer, a la hora de la siesta, y anteayer, mientras andaba por la calle y vi pasar un autobús y sin saber por qué me acordé de ella, me acordé de ella sin venir a cuento, porque sí, y la extrañé y pensé que la quería.

—Vete, vete, por favor... —de nuevo, tras la tempestad, la calma.

Me doy la vuelta y me dirijo hacia la puerta. Una idea loca me asalta. ¿Y si el cesto está vacío? Estaría muy bien para el cuento, resultaría muy inquietante... ¿Y por qué querría engañarme? A lo mejor no quiere que entre en su dormitorio. ¿Y por qué no quiere que entre en su dormitorio? No, desde luego, porque esté desordenado: he sido testigo ya demasiado a menudo de su desorden. Entonces, quizá, porque allí está Sacha, su compañero de reparto, el galán otoñal de barriga y canas y barba recortada, agazapado como una rata, conteniendo la respiración, aguardando mi retirada, ridículo porque cree que la sucesión de mujeres en su vida va a detener la sucesión de segundos en el reloj de su tiempo. ¿Acaso mi venida no ha sido inesperada? Me vuelvo. Doy un paso hacia el cesto, y me detengo. No seas loco, me digo. *Rob Roy* está muerto, *Rob Roy* o lo que queda de él está allí. ¿Y si, cuando haga girar el pomo de la puerta para salir, oigo el maullido de un gato? ¿Y de qué gato sería? ¿De *Rob Roy,* o del gato del vecino, encaramado a la barandilla del balcón, haciendo equilibrios?

—Si tú supieras cómo te he querido... —ella me mira, repentinamente trágica y serena a un tiempo. Sus sollozos, como tantas otras cosas antes que ellos, han dejado de existir. Sus lágrimas se han secado, como se seca el río de la vida, pero antes de extinguirse del todo han convertido sus ojos en dos trozos de cristal que brillan y viven, que gritan y amenazan y piden perdón. Si yo pudiera creer algo de lo que he visto con los míos...

—Te he querido durante estos cuatro meses...

Cuatro meses: para mí han sido seis. Los dos primeros, entonces, no contaron para ella: no me tomaba en serio. Quién sabe, igual la compartía con otro. Tonto de mí...

Ella se detiene, y su rostro se deforma por el llanto que finge intentar contener sin demasiado éxito. La miro con la objetividad de un científico: qué fea está.

—... con toda la fuerza de un corazón rojo y hambriento...

Si pudiera creer algo, aunque sólo fuera un pedacito, una porción, una parte de estas últimas palabras...

Pero la prueba ha terminado. Ahora yo tengo que escribir el cuento.

Las actrices y los escritores no deberían conocerse.

(Inédito)

Confidencias

AGUSTÍN CEREZALES

Agustín Cerezales nació en Madrid en 1957. Es autor de los libros de relatos *Perros verdes* (1989) y *Escaleras en el limbo* (1991), y de la biografía novelada de Lucrecia Borgia (*Máscara de sombras*, 1989). Ha colaborado con Paco Rabal en la redacción de sus memorias *Si yo te contara* (El País-Aguilar, 1994), así como en *Cuentos de fútbol* (Alfaguara, 1995). Es traductor, articulista y próximamente publicará su primera novela, *La paciencia de Juliette*.

A Paco Rabal, alegría y amistad

Mi abuelo sonrió de una manera muy rara cuando fui a pedirle ayuda para escapar, para tomar el tren e irme a Florencia en busca de Nani, el hombre de mis sueños.

—¿Por qué te ríes? ¿Sigues creyendo que soy una niña pequeña?

—No, no es por eso. Una niña sí eres, pero también los niños sueñan. Dime, ¿cómo es el tal Nani?

—Es moreno, delgado y muy guapo, aunque está empezando a quedarse calvo.

—¿Y es así como lo soñaste?

—No lo sé. En líneas generales, sí. Excepto en lo de la calvicie, responde a mi hombre ideal.

—Ah... Por un momento había creído...

—¿Qué es lo que creíste?

—Nada; que siendo tú mi nieta y yo tu abuelo, lo mismo éramos almas gemelas.

—Somos almas gemelas, abuelo, y lo sabes bien. Dime, ¿me vas a prestar el dinero?

—No somos almas gemelas, María, pero da igual. Y sabes muy bien que te voy a dar el dinero. Lo hago porque sé que te irías de cualquier forma, no porque me entusiasme el Nani ése. ¿Cuánto necesitas?

—Para el tren; unas quince mil pesetas.

—Y allí, ¿de qué vas a vivir?

—Venderé pulseras en la calle.

El abuelo se levantó entonces, algo menos ágil, me pareció, que de costumbre. Fue a su escritorio, sacó sus papeles y rellenó un talón con su letra tan cuidadosa, tan regular y envidiable.

—Esto es demasiado, no necesito tanto.

—Nunca se sabe, aunque quizá tengas razón, y sea demasiado. Si a mí me hubieran dado algo cuando me vine para Madrid... ¡Lo mismo no habría llegado! Los tiempos cambian, ¿sabes?

Me ofreció la mejilla, pero sentí que era muy poco un simple beso para agradecer tanta generosidad, tantas cosas. Hacía mucho calor, además, y tenía toda la tarde por delante. El despacho de mi abuelo, con las persianas casi cerradas, dejando pasar sólo unos hilos de luz en la penumbra, invitaba a quedarse un rato todavía.

—¿Me invitas a un café?

Le brillaron los ojos.

—Claro, si tú quieres. Espera un rato ahí; ahora vuelvo.

Se fue a la cocina. A esa hora la vieja Amelia dormía la siesta, y además él sostenía, y era cierto, que nadie sabía hacer un café como el suyo. Pude acompañarle, tratar de obtener el secreto, pero preferí estar un rato a solas en el despacho, respirando aquel olor tan peculiar, buscando alguna cara nueva entre las fotos de las paredes, alguna historia olvidada entre tantas historias como había oído en la niñez, arrebujada en el frescor del sofá de cuero rojo.

Empezaba a sentir un grato sopor, pero cuando quise darme cuenta ya estaba él de vuelta, tan preciso y diligente.

—Aquí tienes tu café —traía una bandeja con una taza humeante y un azucarero.

—¿Tú no tomas?

—Me lo han prohibido.

Fue a servirse una copa de coñac.

—¿Y beber sí puedes?

—Tampoco.

—¿Entonces?

—Entonces, nada. Me apetece. Vamos a ver. Cuéntame algo más concreto de ese amigo tuyo, dónde lo conociste, a qué se dedica.

El café era sensacional, pero empecé a arrepentirme de haberlo pedido si ahora tenía que someterme a uno de sus hábiles interrogatorios. No iba a gustarle nada enterarse de que Nani no estudiaba ni trabajaba, y menos de que militaba en un partido de extrema izquierda, dedicado a la captación callejera. Nunca supe mentirle, así que abrevié:

—No lo sé, abuelo, casi ni lo conozco. Sólo sé que es el hombre de mis sueños, y ya está.

Siguió un silencio. Me estudiaba tomándose todo su tiempo, con esa sonrisilla cariñosa que sólo un abuelo —ni siquiera un padre— puede permitirse.

—Tú sabes que yo nací en Jaén, ¿verdad? —dijo por fin, con un tono de voz distinto, como si deseara firmar las paces.

Yo sabía, claro, que había nacido en un pueblo de Jaén. Sabía que su infancia había sido muy dura, que se había quedado huérfano y solo muy pronto, que a los diez años ya trabajaba como un hombre y a los quince se había echado al camino, que había huido de la miseria hasta llegar a Madrid en busca de fortuna, y que la había encontrado. Lo sabía todo, y él sabía que yo lo sabía, pero decidí que bien podía escucharlo una vez más y me estremecí al pensar que acaso ésta fuera la última. La tarde se anunciaba lenta y más valía oír la historia ejemplar y consabida a hurgar en mis ilusiones frágiles. De modo que asentí vagamente curiosa, dulcificando lo más que pude mi voz y mi impaciencia:

—Sí, me lo has contado muchas veces, pero no me aburre, no creas. Siempre hay algo nuevo, siempre me queda la sensación de que aún falta algo.

Esto último era una improvisación descarada, pero surtió efecto. Bebió un sorbo de coñac, con ese gesto suyo seco:

—Claro, hay algo que no te he contado. ¿Te conté la sed que pasábamos?

—Yo en realidad nunca he pasado sed, abuelo, ni hambre. Pero si no llega a ser por ti, creería que sí.

La sed y el hambre eran las palabras clave, la señal de partida. Tras una breve pausa retórica, el abuelo puntualizaba que él, a diferencia de la mayoría de los españoles, había pasado más hambre y más sed antes que durante o después de la guerra, y tras este obligado preámbulo nos internábamos descalzos, rotos los pies, por los olivares interminables de Jaén, por las madrugadas heladoras de las recogidas, por los mediodías abrasadores de las plantaciones, cavando los hoyos para los acebuches, un hoyo tras otro, hoyos de un metro cúbico, un metro a lo hondo, un metro a lo ancho, cavados a fuerza de pico y pala, rompiendo terrones duros como piedras, con el cascabel al cuello y el sudor a mares.

El cascabel era lo peor; nunca conseguía imaginarlo exactamente. Si el cascabel sonaba, era que el jornalero cumplía. Si no, se acercaba por allí el aguador, el odiado chivato intocable, y tomaba nota del descanso ilícito o del sueño traicionero y lo denunciaba al patrón: ese día no se le daba el agua, y esa noche no habría nada que llevarse a la boca.

Como el abuelo solía quedarse dormido más veces de la cuenta, hubo un día en que no lo dejaron ya entrar en la finca, o en que supo que tenía que marcharse de allí. La conclusión era que si la necesidad no lo hubiera empujado, si no hubiera sido tan dormilón, nunca habría llegado a Madrid, nunca habría hecho fortuna, y yo acaso no existiría, o por lo menos no sería una señorita consentida.

—Abuelo —decía yo entonces—, ¡qué suerte que seas tan dormilón! Yo también soy muy dormilona, ¿sabes?

—Es lo que te he dicho siempre, y es verdad: la gran suerte de mi vida fue ser un dormilón. Claro que si te dijera que más que un dormilón fui un soñador, no lo entenderías. ¡Las palabras están tan gastadas!

—¡Claro que te entiendo! ¡Y claro que eres un soñador, siempre lo has sido!

—¿Quieres más café?

—No, gracias. Estaba buenísimo.

—Pues yo voy a ponerme otra copita.

No mentía: la segunda copa era copita, sólo un dedo en el fondo del vaso.

—Los jóvenes, en realidad los viejos también, tendemos a dar por hechos ciertos y comprobados lo que al principio no fueron sino meras suposiciones, o improvisaciones. Es lo más cómodo. Yo mismo, a fuerza de contar mi vida de una manera, he terminado aceptando que fue así, que mi suerte fue ésa. Son ganas de creer algo. La realidad fue mucho más simple, y a la vez más complicada. Tanto que no sé si debería hablar de suerte.

Me estiré en el asiento, alarmada.

—No te emociones —me tranquilizó—, no es nada del otro mundo, o sí, pero eso da igual. Sólo que nunca lo había contado. ¿Tienes prisa?

—No tengo prisa. Cuéntamelo.

—Sucede, sencillamente, que para ser exactos hay que decir que no me despidieron por dormilón, sino que en todo caso me hubieran despedido por soñador. Es verdad que me quedaba dormido a cada dos por tres encima del pico o de la pala, pero no era por agotamiento ni por debilidad, sino porque quería quedarme dormido.

—¿Quieres decir que lo hacías aposta, que querías que te castigaran, para así obligarte a emigrar? —pregunté, en el colmo de la admiración.

—No, no, nunca fui tan maquiavélico, y menos contra mí mismo. Digo que quería dormir porque quería soñar. Es decir, quería volver a tener el mismo sueño de la primera vez.

—No entiendo nada.

—Claro, como que tú no has soñado.

—¡Abuelo! ¡Sueño todos los días!

—Escucha. Te aseguro que era la mujer más bonita, más limpia, más adorable que nunca haya visto nadie. Y estaba en peligro. Un malvado a caballo quería desposeerla de sus tierras, de unos yermos incultos en un lejano confín que le había dejado un abuelo tan viejo como yo ahora, pero que en realidad valían su peso en oro, porque escondían petróleo...

Era horrible que el abuelo chocheara, que se me emborrachara, que don Alberto se volviera loco un día tal que así, delante de su nieta, una tarde candente de finales de julio en Madrid, cuando ya nadie está para nada. Pero había que aguantar el tirón, acompañarlo hasta el final, y lo dejé seguir:

—... ¡Era tan bella! —entornaba los ojos, murmurando para sí, como si recitara un poema—. ¡Era tan tierna, tan dibujados sus labios, y el remolino de su pelo en las sienes y en el cuello, y tan grande el desierto, tan árido el viento, tan picudos los cardos, los mostachos del malvado!

Se quedó un momento estudiando mi reacción, y luego, conciliador, me confesó:

—¡No se lo había contado nunca a nadie, ni siquiera a Benito!

—¿A Benito?

—A Benito Perojo.

Benito Perojo nos estudiaba a su vez con su fina compasión irónica, enmarcado en la pared. Me encogí de hombros.

—María querida: eso fue lo que sucedió, que soñé con ella, que supe que me necesitaba. Y por eso, no por otra razón, por intentar llegar a tiempo, procuraba dormirme y de hecho me dormía.

No sé por qué me puse a pensar en mi viaje, en si no tendría prisa al fin y al cabo. Pero no era verdad. Hasta la mañana siguiente no podía ir al banco a sacar y cambiar dinero, y el equipaje estaba hecho: el saco de dormir —¿de soñar?—, las mudas, el bañador y las camisetas, y el cepillo de dientes.

—¿Y el truco? —me refería a una vieja idea infantil, atar el cascabel a una rama e ir agitándolo tirando de un hilo.

—Déjate de trucos. Los cascabeles sólo sonaban si le dabas al pico. Los llevábamos al cuello, en un collar galguero, candados. Además, has de saber que nunca me despidieron. A ellos qué más les daba. En cuanto a Chacinas, el aguador, era un hijo de puta, pero también tenía miedo.

—Yo creía... —yo creía que Chacinas no tenía perdón de Dios.

—Tú creías, como casi llegué a creer yo, que la historia de tu abuelo era como la de todos, el saldo de una lucha de clases. Pero no es así. Mi historia, tu herencia, es la historia de un sueño. Escucha. Yo ya estaba resignado a no verla nunca más, ya ni me dormía ni nada, casi al contrario, cuando un domingo, en el Pabellón Recreativo...

—¿El qué?

—El Pabellón Recreativo, algo así como el casino de los pobres. Lo montó uno de la CNT, y a veces venía un camión, desplegaban una sábana, y nos echaban una película gratis. ¿Tú has oído hablar de Perlita de Abril?

—Fue una estrella del cine mudo, ¿no?

—Exacto, una *vedette* como la copa de un pino. La reconocí en cuanto apareció en la pantalla, desde el primer instante, y digo el primero porque el segundo vino media hora después, cuando desatascaron la bobina del proyector. El primer fotograma se quemó, y aún tuve alguna duda viendo retorcérsele la sonrisa incomparable, pero luego pude comprobarlo con pelos y señales. Incluso tenía el mismo lunar junto a la oreja izquierda. No era una joven perdida en el desierto, bailaba ahora entre caballeros de *smoking* bajo lámparas de araña refulgentes, pero era ella. Imagínate mi conmoción. Me informé a la salida, hablé con el delegado, y supe que aquella era Perlita, la célebre Perlita de Abril, y que vivía, eso decían, en Madrid. Lo demás ya puedes imaginártelo.

—No, ya no me atrevo a imaginar nada. Prefiero que me lo digas tú. Lo que no entiendo es por qué nunca lo habías contado, ni siquiera a Benito Perojo. ¡Podríais haber hecho una película preciosa!

—Me hubieran tomado por loco, como le pasó a Antonio el Pobre. No obstante, siempre que oigo la expresión «el hombre, la mujer de mis sueños», me entran ganas de poner los puntos sobre las íes. Y además, nunca he renunciado a encontrar un alma gemela, alguna más al menos.

—Abuelo, yo soy tu alma gemela.

—No, no lo eres; y no te importe. Alma gemela mía lo era el mencionado Antonio, pero no tuve valor para decírselo, y mira que me arrepiento. Lo conocí una noche con Paco Rabal, con tu admirado Paco, en un tablado flamenco de la carretera.

—¿Antes de la guerra?

—No, mucho después. Ya tenía yo mi productora en marcha. A Antonio el Pobre le había ocurrido exactamente lo mismo que a mí, o casi, porque él tuvo menos suerte. Quizá por haberlo contado, precisamente. La mujer de sus sueños no le hizo ningún caso, y él, que había abandonado una familia, una situación acomodada, unas tierras, un futuro por ella, fue decayendo inexorablemente, persiguiéndola de teatro en teatro, de ciudad en ciudad, embriagándose de vino y de desprecios, hasta convertirse en un mendigo.

—¿Y tú?

—¿Yo qué?

—¿Qué pasó con Perlita?

—Yo a Perlita no le dije nada... ¡Ni siquiera cuando le salvé la vida! Pero ésta es ya otra historia, y no voy a aburrirte más. Tendrás que hacer tu equipaje.

Ni que decir tiene que no estaba dispuesta a soltar presa. Incluso Orson Welles, Emiliano Piedra, Ava Gardner, todos los héroes queridos de las fotografías dedicadas estiraban el cuello, como si en vez de obedecer al fotógrafo compartieran mi curiosidad. La idea de que aquella misteriosa abuela mía desaparecida en la República hubiera sido una actriz del cine mudo me encantó. ¿Fue mi padre hijo de soltera, era por eso por lo que nunca se mencionaba el asunto? Esto no tenía mucho sentido, pero no se me ocurría otra cosa.

—Perlita de Abril tenía cincuenta años cuando la conocí, y estaba gorda, gorda como un trullo. Mas eso no fue lo malo, sino que me pareció una vieja muy antipática y muy fea, ¿sabes?

—¡Abuelo!

—Como lo oyes. Al principio fue un duro golpe.

—Entonces, la abuela...

—La abuela era preciosa, trigueña y dulce, como tú. Pero no era actriz, sino costurera. Su costurera, claro. Si no te hablamos nunca de ella es porque la fusilaron... ¡Tenía un niño de pecho, y la fusilaron!

Esta vez el silencio fue el silencio, la razón más sorda que he oído nunca: cuatro tiros perdidos en un valle de ecos rotos.

—Todavía no sé por qué no te lo habíamos contado nunca.

—¡Abuelo!

—¿Qué?

—Te quiero.

—Bah, bah, deja eso ahora.

Lo dijo con cierta displicencia, muy viril, aclarándosele la voz al tiempo que recuperaba la firmeza.

Verdaderamente hacía un calor inaguantable aquella tarde en Madrid. Florencia también se las trae a veces, para qué vamos a engañarnos. Yo le digo a Nani que se ha quedado calvo de tanto ponerse la gorra, de tanto sufrir por el proletariado en una ciudad donde sólo hay turistas. Se enfada y me dice que le deje en paz. Me pregunto por qué me aguanta al cabo de tantos años, qué es lo que ve en mí, si no será que alguna vez tuvo un sueño y no ha querido olvidarlo.

(Inédito)

Hasta mañana

EMMA COHEN

Emma Cohen nació en Barcelona en 1946. Actriz, articulista, escritora, guionista de cine y televisión, tras unos años en la Universidad de Derecho y participar en el Mayo del 68 francés, se traslada a Madrid. Su carrera literaria incluye: *Toda la casa era una ventana* (1983), *Tratado de magia amorosa para desesperados y desesperadas* (1986), *Negras tierras negras* (1988), *Muerte dulce* (1993), *Rojo Milady* (1994) y *Loca Magnolia* (1996).

A Pablo del Amo

A Martha Brown —experta editora cinematográfica— le llegó el guión de la película *Boca abajo* el mismo día en el que murió su madre. Llovía, Martha Brown, como siempre, volvía a su casa de unos estudios de montaje y, como siempre, desde la calle, miró hacia la ventana grande de la segunda planta. Esa noche —después de muchos años—, las cortinas no estaban echadas. Se aceleró. Al sacar las llaves del bolso tropezó con un paquete de correos abandonado sobre la esterilla destinada a guardar de polvo y barro el interior de la casa. Ya dentro, Martha Brown, con el guión todavía entre los brazos, subió los escalones de dos en dos, fue a abrazar a su padre. Pero allí no había nadie. Martha encontró a su madre tirada sobre la alfombra más cercana a la chimenea, envuelta en las cortinas desprendidas de las barras de la ventana grande que daba a la calle, abrazada a la última botella de whisky consumida. No supo qué hacer con el guión que todavía llevaba entre las manos. Sintió dolor, un pellizco hueco en la nuca que la llenó de aire malo. El guión de *Boca abajo* fue a parar al suelo, muy cerca del cuerpo de su madre. La abrazó, suave. Nunca la había abrazado así. Su madre era tan grande y ella tan frágil que Martha siempre tuvo miedo de acercarse demasiado; por si la hacía pedazos. Porque Martha Brown —hija única— había vivido hasta entonces siempre con su madre: de poderosa estructura ósea, dedicada a sus labores, autoritaria. Mujer abandonada tiempo atrás por su marido, el padre de Martha, notorio diputado conservador al que su madre, todas las mañanas —cuando ambas tomaban el primer té del día, desde que Martha era muy niña— siempre describía como un príncipe maravilloso. Y durante ese cotidiano desayuno —único momento de la jornada verdaderamente compartido entre hija y madre—, la mujer siempre le contaba a Martha cómo salió su esposo una mañana de casa, cuando Martha apenas tenía tres años, «... guapísimo, vestido con el traje gris nuevo, impecable, la diestra ocupada en llevar el paraguas con las iniciales del abuelo grabadas en el mango de plata: "Querida, salgo a por tres lonchas de jamón de York"», decía siempre su madre que su padre dijo después de acariciar la rubia melena de su hijita Martha, antes de rozar con sus labios la frente de su mujer —siempre se estremecían al recordar ese beso suave—, y sentir ella, su madre, por primera vez desde hacía mucho tiempo, verdadero amor. Y el padre salió de la cocina, bajó al vestíbulo, abrió la puerta de la calle, y la cerró de golpe. La casa tembló. Fue un golpe seco. Un golpe quizá demasiado seco para alguien que sale en busca de tres lonchas de jamón en dulce. Y nunca más volvió ni mandó nada: «Hasta hoy, hija. A lo mejor, hoy...». Y Martha, al escuchar todas las mañanas aquellas últimas palabras, sentía un pellizco de esperanza en la nuca, le entraba un aire rosa por el cuerpo con el que salvaba el resto del día. Luego, vencida la jornada, la montadora jefe regresaba a casa apresurada, por si él había vuelto. Pero al ver desde la calle las espesas cortinas echadas, a Martha se le quitaba el pellizco, amortiguaba el paso, sacaba despacio las llaves del bolso, elegía la apropiada, y franqueaba la terrible puerta. Dentro, aguardaba una madre muy distinta a la de las mañanas: amarga, quieta, volcada hacia la ventana más grande que daba a la calle, abrazada a las cortinas y a una dorada botella de whisky escocés, cuenta que te cuenta barbaridades del príncipe de la mañana, del marido huido y siempre esperado. Y Martha, para salvarse, se abrazaba a su cerebro todavía inundado por las últimas imágenes de la jornada reflejadas en la moviola, en el *Lightworks,* en el *Avid:* en las pantallas. Se abrazaba a los últimos planos vistos que seguían vagando en su cerebro. Y cerraba los ojos, los oídos, intentaba encontrar soluciones para las secuencias a medio montar, soluciones que, al día siguiente, ofrecería discreta al director de turno. Su madre nunca hacía cena. Algunas noches, dejaba durante un rato de maldecir a su marido para jugar con el mando a distancia, cambiaba convulsivamente de canal televisivo, sin permitir que Ana pudiera ver durante más de tres segundos seguidos lo que fuera. Hasta entrar ambas en sus alcobas respectivas, en sus sueños. Y casi al alba, nuevas, aparentemente limpias del veneno que procura el abandono, se reencontraban en la cocina, ante el té primero, y Martha volvía a sentir el pellizco romántico que su madre le regalaba todas las mañanas al contar cómo fue la última vez que vio a su marido y, sentida su esperanza, salía con ella a la calle, invadida por un aire rosa que iluminaba sus interminables jornadas, para regresar, luego, a paso ligero, hasta contemplar desde la calle las cortinas echadas, entrar despacio en la casa, hacer ver que escuchaba a su madre y caer en la cama, fatigada por las muchas imágenes contempladas y enlazadas durante el día, extenuada por intentar conjugar las voluntades nacidas en los subterráneos creativos y financieros cinematográficos que suelen siempre pugnar por el resultado último de cualquier película. Así pasó Martha Brown un puñado de años. Hasta que una tarde de lluvia murió su madre. Porque la mujer, desde la ventana, confundió la figura borrosa del cartero que llevaba el guión de

Boca abajo a Martha con la silueta de su marido perdida treinta años antes. Y sufrió un ataque, se agarró a las cortinas, y rodó envuelta en ellas hasta topar con la chimenea, y allí quedó, muerta, sobre la alfombra persa.

Martha nunca conoció esos detalles: al llegar a casa encontró fuera el guión, y dentro a su madre muerta.

Después del entierro, cuando Martha quedó a solas frente a la primera taza de té del día y buscó desesperadamente aquel pellizco emocionante que antes salvaba sus jornadas, al no sentirlo, se dio por vencida. Por ver si se le cortaba el incontenible llanto que al fin la invadía, inició la lectura de *Boca abajo;* lo único de aquella vieja casa que Martha no relacionaba con su madre.

El guión español narraba las correrías de una chica gallega —Rosalía— después de quedar suspendida boca abajo durante unos cuarenta minutos en lo más alto de una noria que se averió durante las fiestas de la Virgen de su pueblo. La chica buscaba en el día a día de su hasta entonces aburrida vida, transcurrida en una aldea del interior de Galicia, la misma intensa emoción que sintió al quedar suspendida de la noria. Es decir, que de su monótono cotidiano, intentó arrancar emociones pavorosas. Por ejemplo, después del accidente disfrutado en la noria, lo primero que hizo Rosalía fue decirle a su madre que su esposo y padre se acostaba con ella, con Rosalía, y con las demás hijas —de continuo y desde que aprendieron a andar— cuando, al mediodía, la madre las mandaba, por riguroso turno, a llevar la comida a su padre que trabajaba las tierras. Y Rosalía, al no ser creída por su madre, ni por la Guardia Civil, ni por nadie del pueblo, huyó por los hermosos verdes de Galicia. Se juntó con un iluminado, con un loco —en Galicia los llaman orates— vagabundo, que hacía música frotando con destreza el palo de una escoba contra los quicios de todas las puertas de las ciudades y aldeas que encontraba a su paso. Tras múltiples aventuras fueron denunciados y, más tarde, recluidos en el psiquiátrico de Conxo. Allí moría el viejo. Entonces, Rosalía se lanzaba tras la ruta de los orates. Hasta reunir a muchos de ellos y ser proclamada su reina en el transcurso de una gran fiesta celebrada en un claro de bosque durante una primaveral noche de luna llena —las mesas en círculo—, mientras todos, borrachos de la alegría que sentían al verse vivos y juntos, bailaban sobre los manteles de hilo blanco preciosamente bordados a mano, sobre los platos de porcelana, entre los cubiertos de alpaca y los vasos de cristal de Praga, gira que te gira, hasta que Rosalía volvía a sentirse boca abajo, amante abierta a un cielo nocturno que llevaba en el centro de su techo de viento una planetaria lámpara prendida en toda su circunferencia. Gira que te gira Rosalía alrededor de la luna toda. Hasta volver a verse suspendida de lo más alto de aquella vieja noria rota de la que igual nunca nadie la había rescatado ni la iba a rescatar jamás.

Después de leer varias veces el guión ofertado por la productora con la que solía trabajar los últimos años, Martha deseó huir del dolor, de la casa hueca. Hizo unas llamadas y, poco después, las maletas.

A Martha Brown —recién contratada como montadora jefe para colaborar en una coproducción española-británica— le gustó Madrid desde la primera vez que lo cruzó. Amanecía; el asfalto recién llovido, las ventanas de las casas viejas, las fachadas de los edificios más altos y nuevos del Paseo de la Castellana, rebotaron el rosa del alba. A Martha —recién llegada de Londres y de Barajas— le pareció que aquel Madrid color rosa de té, con sabor a gelatina de fresa y peinado con nubes de nata, le ofrecía la mejor de sus bienvenidas.

Y cuando pocas horas después, todavía con la emoción de la amanecida madrileña, acudió a la rotonda del Palace y conoció a Max Castro, el director de *Boca abajo,* a Martha Brown le pareció que su vida crecía, se expandía hacia nuevas sendas amorosas y artísticas.

Max Castro acababa de separarse de su última mujer y andaba revuelto, entre otras cosas, porque cuando estuvo en Galicia, localizando, su señora, cansada de que Max no la llevara a ninguna parte, aprovechó su ausencia para contratar a una empresa internacional de mudanzas que cargó con todo lo que contenía la casa —menos dos perros y una inmensa lámpara—, y se fue. Quizá por eso, después de varias tardes disfrutadas en la rotonda del Palace, los grandes ojos azules de la montadora inglesa fijos en él, en Max, que pudo hablar sin ser interrumpido durante horas y horas de la película, del reciente abandono de su mujer, de los perros, de la inmensa lámpara sola; de lo que fuera, permitía aquella mujer que Max hablara sin apenas interrumpirle. Quizá por eso, después de cenar juntos varias veces, de subir a la habitación del hotel de Martha, en donde se amaban como posesos más allá del alba, y llamar una mañana alguien de la productora, disculpándose, a la habitación de Martha, y preguntar por el director, ya que éste no había acudido a la cita concertada con uno de los actores principales y no se le encontraba en ninguna parte, y Max, que estaba con Martha, le escuchó contestar:

—Lo siento. Se me olvidó. El señor Castro me encargó ayer que les llamara. Debía comunicarles que murió la abuela del señor director, y éste tuvo que abordar un avión para asistir al entierro. Lo siento, discúlpenme.

Quizás por eso, Max, en cuanto Martha colgó el teléfono, propuso a su montadora británica vivir en la casa vacía que sólo guardaba una lámpara cuajada de bombillas fundidas y dos perros tristes. Y Martha Brown se trasladó a vivir al chalet de Max Castro.

El tiempo que robó al trabajo, al abrazo, al sueño, lo destinó a arreglar poco a poco el interior de la casa. Los perros comieron, relució la lámpara. El idilio entre el director español y la montadora británica seguía a alto voltaje al comienzo del rodaje. Como la película, transcurría en Galicia y Galicia es muy difícil de simular, para Galicia fue todo el equipo, menos Martha: el ultimísimo *lightworks* con el que trabajaba era demasiado delicado, no podía soportar tanto viaje. Desde que se separaron, Martha llamaba a Max dos veces al día; poco después de las amanecidas —cuando el primer té—, y por las noches, antes de caer en la cama. Soltaba un dulce: —te quiero te quiero, hasta luego, mi amor—, y después de escuchar parecida respuesta de Max, volvía a arroparse, se perdía en la inmensa cama, entre las sábanas recién adquiridas por ella y apenas gastadas, el cuerpo incrustado en la almohada de Max Castor.

El material de la primera semana que le llegó a Martha estaba perfecto. La luz de Galicia es tan bella, retrata tan bien, que su magia acarició a la actriz Fiuma Partis —Rosalía en la película— detenida en lo alto de la noria, boca abajo, sus largas piernas, las mínimas bragas, la falda al viento, el rostro de la bella adolescente volcado hacia los prados, las piedras, el océano Atlántico. Partiendo de las mejores tomas, Martha empezó a enlazar los planos. Reunió las tomas conflictivas, una detrás de otra, para que Max eligiera luego. Guardó los descartes obvios —Fiuma Partis bizqueaba a menudo en los primeros planos—, por orden, con el mismo cuidado de siempre, para mostrárselo todo a Max durante el fin de semana. Pero Max llamó para decir que no podía acudir a Madrid ese fin de semana. Dijo que debía seguir localizando paisaje y orates a pesar del mucho tiempo anteriormente destinado a la preparación de la película. Martha siguió prendida del material. Hasta que el viernes de la tercera semana de rodaje, por la noche, Martha soñó con su madre quieta frente a la ventana grande que daba a la calle londinense. A la mañana siguiente, decidió acudir a Santiago de Compostela, mostrar a Max Castro los planos ya enhebrados de *Boca abajo.* Un coche de la productora la llevó a Santiago junto al material telecinado.

La ciudad de Santiago mostró iglesias, muros de piedra, soportales, conventos, palacios, casas señoriales, torres con campanas, más soportales, gente vestida de negro, estudiantes ebrios, la catedral, el pórtico de la Gloria y, a su lado, el parador en donde se alojaba buena parte del equipo. Los de la película andaban todavía fuera. Encontró prendas íntimas femeninas en la habitación de Max; no las hizo mucho caso. En unos exteriores, cualquiera puede dejar cualquier cosa en cualquier habitación, pensó Martha mientras recogía las mismas bragas que llevaba Fiuma Partis en la noria, varios sujetadores, y depositaba el conjunto en recepción. Después de preparar un cuarto para el montaje, Martha aguardó en el *hall,* junto a una taza de té, cerca de la chimenea prendida, frente a la puerta. Al poco, comenzó a llegar el equipo; exhaustos, disgustados, alborotados, felices. De todo había en aquel retorno. Menos Max Castro y Fiuma Partis. Martha saludó a Scott Perrin, cámara inglés y amigo suyo. Después de un whisky compartido, preguntó por el director.

Ya sabes, se habrán entretenido hablando de la interpretación y de esas cosas.

Se fue Scott Perrin. Llegaron al cabo de cuatro horas: parecían felices, y al ver en el *hall* a Martha Brown,

Fiuma Partis se recuperó casi en el acto, pegó dos sonoros besos a la montadora inglesa.

—Hola. Encantada. El director siempre me habla de usted.

—¿De veras? Está usted espléndida en la película.

—¿Sí? Gracias, buenas noches a los dos.

Y Fiuma Partis desapareció tras las puertas del ascensor. «No pasa nada», dijo Max. No pasa nada, quiso pensar Martha.

Durmieron sin abrazarse. A la mañana siguiente —inmersos en las imágenes escuchándose, rectificando— volvieron a quererse. Se les pasó el domingo frente a la pantalla; prendidos de Fiuma Partis, de los orates, de Galicia. Hicieron el amor en aquel cuarto. Max juró cortar con Fiuma Partis. Como debía volver con el coche de producción, Martha viajó hacia Madrid aquella misma noche. Al llegar, llamó a la habitación de Max: «¿Sí?, ¿dígame?», contestó la adormilada voz de Fiuma Partis. Decidió no acudir a Santiago hasta no ser requerida. A partir de entonces —le sobraba tiempo—, Martha se distrajo seleccionando y numerando los primeros planos en donde aparecía Fiuma Partis bizca total. *Fati Pasmis,* la llamaba cuando estaban a solas: Martha sentada y *La Pasmis* en la pantalla. Los días se iban. Siguió el silencio entre Martha y su director español. A la sexta semana, llegó una nota muy cariñosa de Max Castro, decía que de momento no valía la pena que acudiera al rodaje —llevaban retraso y trabajaban sábados y domingos—, pero que había acabado definitivamente su idilio con Fiuma y echaba de menos las llamadas de Martha, añoraba sus «te quiero te quiero, hasta luego, mi amor». Martha volvió al teléfono, se incrustó de nuevo en la almohada de Max Castor. Hasta que le resultó imprescindible, si quería mantener el ritmo acordado con producción, mostrar el material al director. Antes de partir, llamó al cámara Scott Perrin, preguntó por Max y Fiuma. Su amigo contestó que una imagen vale más que mil palabras, y colgó. Al llegar a Santiago supo en el hotel que el equipo andaba reunido, con los *rushes* de los últimos tres días. Entró en el cine, en la sala, donde ya estaban a oscuras. Por no molestar, Martha se quedó al final. Arrancó la primera toma. Antes de dar la claqueta y de fijar el encuadre, el cámara Scott Perrin había trazado por su cuenta una panorámica hasta descubrir a Fiuma Partis y a Max Castro tiernamente abrazados, tranquilos, relajados. Luego Perrin volvió al encuadre correcto: claqueta, acción, el plano despegó. Se acabó la toma y siguieron otras. Pero Martha no las veía: la imagen guardada en su cerebro de su madre quieta agarrada a las cortinas de la ventana grande que daba a la calle se sobrepuso a los *rushes,* ocupó la pantalla. Su madre se proyectó cada vez más nítida en un infinito plano fijo hasta que se iluminó la sala: saludos, risas, comentarios. Delante de todos, la montadora jefe no se dio por enterada, se acercó al director, lo besó como siempre hacía, dijo en voz muy alta que llegó tarde a la proyección, que no vio nada, una lástima. A los dos días, después de trabajar junto al director, de simular que hacían el amor, de volver Max a repetir que ya no tenía nada con Fiuma Partis, Martha regresó a Madrid, a la casa de la sola lámpara y de los perros tristes, a la pantalla del *lightworks.* Quien fuere cortó el inicio del plano delator: no estaba el abrazo de Max y Fiuma cuando a Martha le llegó el material. Y trabajó frente a *Fati Pasmis.* Aguantó, estoica, el término del rodaje. Siguió con Max. Soportó con una sonrisa estúpida todas sus mentiras, sus ausencias. Mandó positivar, junto al resto del montaje definitivo, las tomas en que Fiuma Partis aparecía bizca total. Alguien le preguntó sobre ellas, dijo que había sido un error, pero las guardó. Hasta dar por terminado su trabajo en *Boca abajo.* Y cuando todo estuvo en orden, antes del estreno, por si todavía algo era posible, invitó a Max unos días a su casa de Londres: muerta su madre, debía poner en orden algunos papeles.

—Imposible. Lo siento, cariño. Imposible. En estos momentos no puedo.

Al alba paseó a solas por su Madrid rosa. Luego, en Barajas, besó a Max como su padre besó a su madre la última vez. Embarcó con dos lágrimas en el rostro; nunca supo si suyas, de él, o compartidas. Por la noche, en la casa de su madre, al sentir que la soledad podía con ella marcó el número de Max: «¿Sí?, ¿dígame?», contestó la adormilada voz de Fiuma Partis. El pensar que Fiuma ya andaba entre sus sábanas la llenó de rabia. Gritó a Max Castro su dolor amordazado mientras recorría la casa como una peonza. Gritó durante horas. Hasta quedar muda, sin voz, exhausta, borracha, incrustada a su propia almohada. Siguió en Londres. Max no llamó. Martha tampoco. Mientras esperaba el estreno de *Boca abajo,* quitó todas las cortinas de la casa. La luz entró, descaró las paredes; estaban sucias. Pintó las paredes de blanco. Abrió los armarios. Regaló los trajes de su madre.

El día del estreno madrileño, Martha Brown llegó por la mañana a Barajas. En una mano llevaba un paquetito primorosamente envuelto.

Pasó por la casa de Max Castro. Por si todo se arreglaba, por si se había equivocado. Abrió con las llaves que todavía guardaba: saludó a los perros, la lámpara, algunos muebles nuevos, y a Max Castro con Fiuma Partis; encamados. La siguiente parada fue en el cine donde se estrenaba *Boca abajo.* El gran panel que ocupaba la inmensa fachada principal era espectacular. Martha, experta y reconocida montadora británica, saludó al personal de la sala, se dio a conocer. Ya habían supervisado la copia, pero Martha Brown explicó que debía cambiar unos pocos planos de aquella copia a causa de su mal etalonaje. Subió la cajita a la cabina de proyección, enumeró los rollos en donde se encontraban los fallos, y, con la ayuda del proyeccionista, efectuó los cambios pertinentes. Sustituyó los primeros planos en donde se veía a una Fiuma Partis adorable por los primeros planos por ella cosechados en los que comparecía una Fiuma Partis bizca total. Abandonó el cine, volvió a Barajas. Aguardó, hasta conseguir un vuelo. Volvió a Londres, a la casa. Anochecía. Al mirar desde la calle a la ventana más grande de la segunda planta, vio luz y una silueta extraña, quieta, volcada hacia la ventana, hacia la calle, hacia Martha. Sintió miedo pero entró en la casa. Arriba, había un señor viejo con un paquetito muy bien envuelto y un paraguas; las iniciales del abuelo grabadas en el mango de plata. No parecía un príncipe, ni llevaba el traje gris nuevo. Pero, al verle, Martha sintió un pellizco rosa en la nuca. Recogió el paraguas.

—Así no vale. Si no le importa, meta usted las lonchas de jamón en la nevera. Descanse, duerma. Y, mañana, muy por la mañana, después de tomar juntos el primer té del día, se lleva las lonchas de jamón en dulce. Y salimos los dos de la casa: usted, a por sus cosas, y yo, a dar unas imposibles explicaciones a mi actual productora. Y si no le importa vuelve usted por la tarde, cuando yo ya esté dentro de la casa, quieta, asomada a la ventana grande. Entonces, si quiere, me entrega las tres lonchas de jamón de York. Porque es que así no puedo, lo siento, no puedo, así no vale, ¿entiende?

Sonó el teléfono. Max Castro gritó: «¡Judas! ¡Has hundido el estreno! ¡Traición, traición!». Martha Brown gritó lo mismo y colgó. Preparó la cama del cuarto de los invitados; a la mañana siguiente su padre ya elegiría la que quisiera. Y mientras disfrutaban callados de un whisky largo el teléfono sonó a ratos. Su padre la miraba algo estupefacto. Antes de salir del salón, de desplomarse en su cama, Martha Brown cubrió las rodillas de su padre con una manta.

—Buenas noches, le preparé una cama. ¿Sabe?, a veces yo también hago tonterías espantosas. Y acabo de hacer una. Por eso hoy no me pongo más al teléfono. Cosas que pasan. No se preocupe, hasta mañana.

(Inédito)

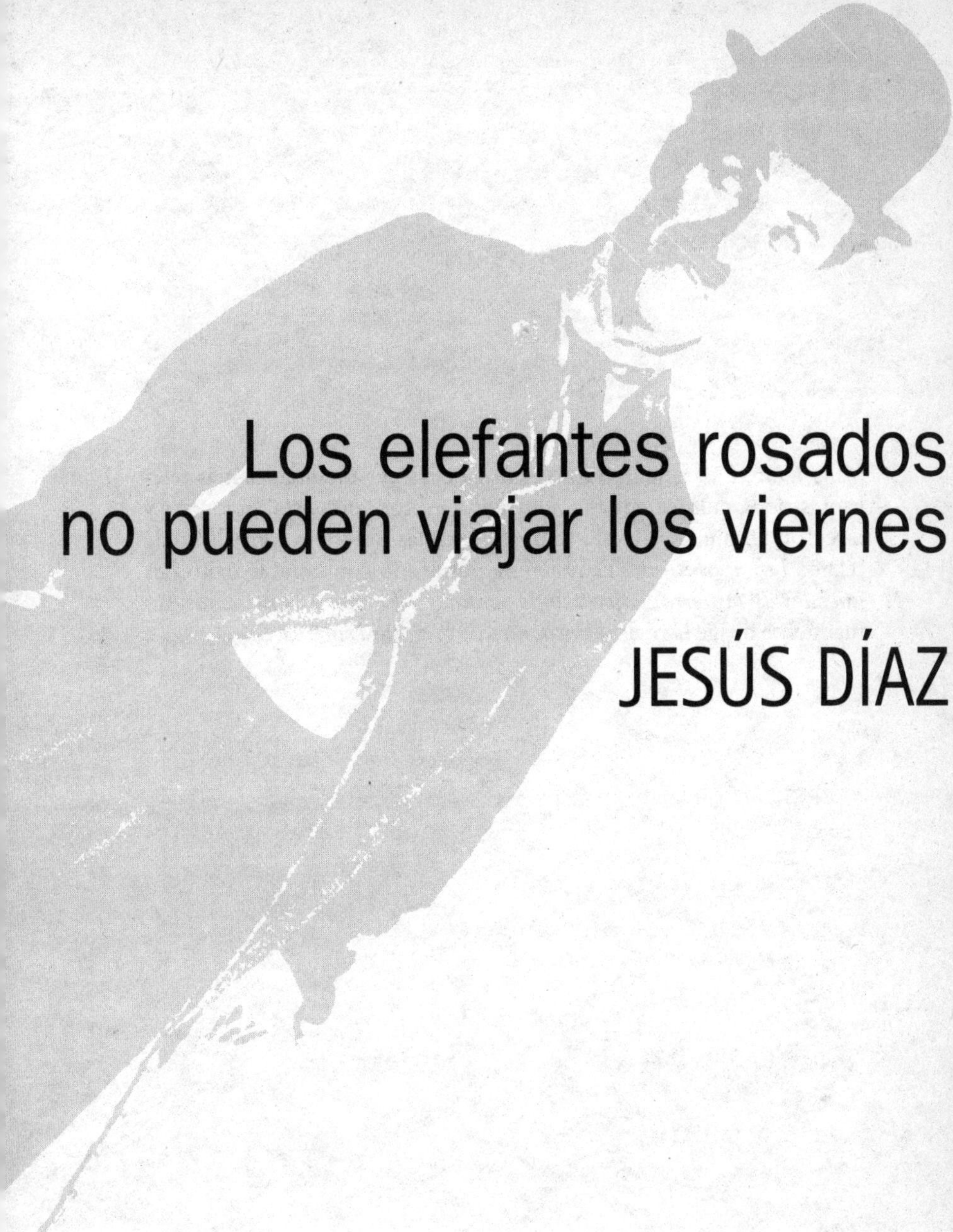

Los elefantes rosados no pueden viajar los viernes

JESÚS DÍAZ

Jesús Díaz (La Habana, 1941) es una de las personalidades más relevantes de la cultura cubana. Narrador, editor, ensayista, guionista y director de cine, obtuvo el Premio Casa de las Américas con el libro de relatos *Los años duros*. También ha publicado con notable éxito *Las iniciales de la tierra*, *Las palabras perdidas* y *La piel y la máscara*. Actualmente dirige la revista *Encuentro de la cultura cubana*.

Para Luis y Charo

Este manuscrito está en español, o sea, *in spanish language,* y suplico a quien lo encuentre que lo haga traducir, *to translate it.* No hablo alemán, muy poco francés, y el inglés que aprendí en la escuela sólo sirve para rogar que alguien me ayude, *to help me.* Llegué a Berlín hace poco más de un mes como invitado al festival de cine, procedente de mi país, Colombia, con la intención de quedarme acá porque allá la cosa está color de hormiga. Yo había dirigido un documental contra la violencia y como represalia mi nombre había aparecido en las listas de condenados a muerte que confeccionan los paramilitares. Cuando tomé la decisión de quedarme en Alemania ignoraba que los cineastas rusos, polacos, rumanos, búlgaros y albaneses, y aun los representantes de países tan recientes que no habían tenido tiempo siquiera de acuñar pasaportes, como los estonios y los latvios, albergaban las mismas intenciones. Demás está decir que la policía de inmigración no quería ni oír hablar de nosotros; de haber estado en sus manos hubiera reconstruido el muro de Berlín.

Tardé una preciosa semana en darme cuenta de que no tenía la menor posibilidad de obtener asilo, pues para mayor desgracia los colombianos tenemos mala fama. Estaba desesperado, cuando un amigo me susurró la solución al oído: «Cásate con una nativa». El consejo me pareció espléndido, especialmente porque quien me lo daba lo había aplicado con todo éxito, pero la Berlinale estaba a punto de terminar, yo no tenía novia, y la única chica que realmente me gustaba era brasileña; es decir, no servía a mis intereses. Perdí la penúltima noche enamorando en mi pésimo inglés a la única alemana libre que había en mi entorno, una mujer levemente horrorosa que me acompañó complacida a la cama y me abandonó aterrada en cuanto le propuse matrimonio.

Me quedaba una sola noche, lo que equivalía a tener una única bala en la pistola para un duelo a muerte. No podía errar el tiro y me concentré en Nicole, una judía francesa cuadrada como un escaparate y dulce como un caramelo que hablaba un español lánguido y que terminaría siendo la fuente de mi esperanza y de mi desgracia. ¿Me inhibió su ternura, su propensión al sufrimiento, o el fracaso que ya había cosechado la noche anterior con la alemana y que entonces achaqué a la prisa con que revelé mis intenciones? No podría decirlo, pero lo cierto es que no me atreví a proponerle matrimonio a Nicole y dejé que la noche se cerrara con el temible augurio que ella soltó justo en el momento cumbre del placer.

—Alguna vez tendremos que pagar por esto.

Me dejó helado. Pensé que estaba loca y que imaginaba a Dios como una especie de cajero omnipotente, dispuesto a cobrar en monedas de angustia los escasos momentos de felicidad que dispensaba. La perdoné porque a esas alturas ya sabía que su padre había muerto en Auschwitz, y que a ella le había tocado criarse en un hospital psiquiátrico de las afueras de París, donde su madre trabajaba como empleada de limpieza a cambio de unos francos, la comida y un cuartucho cercano al pabellón de los incurables.

Ahora, muerto de frío y de hambre y sin saber siquiera si podré salir de la tierra de nadie en que me encuentro, pienso que Nicole tenía razón, que estoy pagando una culpa inexplicable, consistente quizá en haber nacido. Pero entonces pasé por alto su carácter agónico, y a la mañana siguiente, cuando ya el festival de cine había terminado y se suponía que yo debía volver a mi país, me decidí a pedirle que se casara conmigo. Jugué limpio, eso sí, explicándole con una claridad meridiana, quizá incluso cruel, que no estaba enamorado de ella y que en realidad necesitaba permanecer en Europa para salvar el pellejo.

Reaccionó como quien está acostumbrada a sufrir y a ayudar a los que sufren. Me dijo que sí y se aplicó de inmediato a organizar lo que llamaba, yo no sabía bien por qué, mi fuga. Me dejó en el restorán del hotel junto a nuestras respectivas maletas y a una taza de café, y volvió dos horas más tarde con una amiga y un plan de salvación minuciosamente elaborado. Evocándolo, reconozco que era casi perfecto. Ni ella ni yo podíamos prever los simples detalles que fallaron y me trajeron aquí, a esta franja de terreno que no es alemán ni francés, de la que sólo podré salir si alguien encuentra este manuscrito, lo traduce, y tiene la misericordia de ayudarme.

El plan, ya lo dije, era virtualmente perfecto. Ella partiría para Francia esa misma mañana y se dedicaría a poner a punto ciertos papeles que preservarían los derechos de herencia de su hija. En un mes todo estaría listo y podría casarse conmigo. Desencantado, le expliqué que mi capital ascendía sólo a cinco marcos y que para mí un mes en Alemania equivalía a un siglo. Pero ya ella había pensado en eso. «Lo pasarás viajando», dijo, y me entregó un billete de tren de diseño tan inusual como simpático, con un elefante rosado pintado en la carátula. «No lo pierdas», advirtió, «con él puedes hacer todo el recorrido». Puso en mis manos un itinerario germánico, que incluía los nombres de veinte ciudades y las horas exactas de llegada y salida de los trenes que yo debía tomar. En cada estación estaría esperándome un amigo y en la última, fronteriza con Francia, ella, mi visa y nuestra boda.

La besé de puro agradecimiento. Me sorprendió tanto que se prendiera de mis labios como que se separara de pronto, rogándole a Dios que no me hiciera faltar a nuestra cita mientras me miraba con un anhelo cargado de angustia. Temí que se hubiese enamorado y afronté el riesgo de poner en claro por segunda vez que nuestro pacto no era más que una forma de ayudarme a esquivar a la muerte. «Lo sé», dijo mirándome con una convicción tristísima, «¿cómo ibas a querer a esta judía vieja?». No era exactamente una vieja. Tendría quizá cuarenta años y aunque yo sólo contaba veintiocho su dulzura era capaz de compensar con creces esa diferencia; después de todo lo habíamos pasado francamente bien en la cama hasta el momento en que ella habló sobre la futura, ineludible obligación de pagar que yo cumplía ahora.

Quise acompañarla al aeropuerto, pero me recordó que eso era imposible, pues nuestros destinos se separaban a la misma hora para volver a unirse un mes más tarde si la suerte no lo impedía. La despedí en la puerta del taxi y su partida me produjo tal desazón que me pregunté si no sería yo el enamorado. Quedé en manos de su amiga Hanna, que me acompañó por la Kantstrasse hasta la estación del Zoo, donde me compró un *kebap* y una cola para el viaje, me llevó hasta el andén como un lazarillo y no me abandonó hasta estar segura de que el Inter City había partido conmigo dentro. Le dije adiós desde la ventanilla del tren en marcha presintiendo que ella era apenas la primera de la vastísima red de amigos de Nicole que se encargarían de recibirme, hospedarme y guiarme en aquel viaje que yo suponía salvador.

No podía sospechar entonces que ni siquiera ellos serían capaces de vencer a la desgracia y me arrellané feliz en el asiento. Me gustan los trenes tanto como me aterran los aviones; prefiero viajar por tierra mirando gentes y pueblos como lo hice al despedirme de Berlín, ciudad verde, rodeada de lagos, partida en dos como si el muro aún existiera. A la altura del Wansee el inspector entró al compartimento donde yo era el único pasajero y me dirigió una frase cortés e incomprensible. Sentí cómo el pulso se me aceleraba al entregar el billete en cuya carátula sonreía el elefante rosado, y estuve tenso como un cuero de tambor hasta que el inspector sonrió también, devolviéndomelo, antes de retirarse con una venia.

Siento un miedo visceral siempre que debo presentar un documento; primero a haberlo perdido, y después a que falte un cuño, un sello, una firma. Por suerte todo estaba en regla y disfruté a conciencia parte de las tres horas de paz que tenía por delante, evocando a Nicole. Sus puntos fuertes eran el pelo largo, entrecano y sin embargo sedoso como el de una yegua, los ojos grandes, grises, tristes, y los pechos amplios, levemente caídos, de generosos pezones morados. No tenía buen cuerpo y eso la avergonzaba, por lo que me había rogado hacer el amor a oscuras. Yo luché un poco contra sus temores, pues me gusta la luz, y cedí al comprender que ella sólo podría relajarse en la sombra. ¡Y de qué manera, santo Dios! En la oscuridad Nicole fue capaz de todas las locuras, excesos, perversiones con tal de conseguir el orgasmo glorioso que, sin embargo, ella misma se había encargado de destruir recordándome en pleno clímax que estábamos condenados a pagar íntegramente aquel deleite.

Entonces yo no creía en la existencia de esa deuda metafísica, y ya en el tren, mientras miraba la retahíla de fábricas que parecen nacer de la tierra prusiana, como los árboles, empecé a acariciar la idea de que nuestra unión no tendría por qué limitarse a ser meramente formal. Nicole, dulce y mayor como una madre, podría llegar a ser también mi compañera; después de todo ambos éramos cineastas y siempre viste bien a un colombiano estar casado con francesa. Juntos, tal vez podríamos conseguir plata para llevar a la pantalla *Los parientes de Esther,* una novela bogotana que me gusta muchísimo. Para calmarme empecé a revisar el itinerario, imaginando cómo serían las ciudades cuyos nombres me excitaban tanto como los de ciertas mujeres o películas, y sólo dejé de soñarlas al preguntarme cómo me reconocería quien estuviera esperándome en Hannover.

La ansiedad me empujó hacia la puerta del vagón, salté al andén desesperado y enseguida me volvió el alma al cuerpo. Entre las gentes había una mujer agitando una banderita colombiana que me hizo sentir tan patriota como nunca en mi vida. Allí empezó un rito que habría de repetirse hasta el agotamiento, obstinándome, pero que en aquel momento percibí como algo no sólo natural sino también extraordinariamente agradable. En cada una de las veinte estaciones habría de encontrar a una amiga de Nicole, esperándome con la correspondiente banderita colombiana, para llevarme a la casa que compartía con otras cuatro o cinco mujeres y algún que otro hombre. Era gente simpática, progresista, cordial, generosa y desgraciadamente vegetariana, que resumía su credo en una palabra: alternativo.

En efecto, todo cuanto comían, bebían, fumaban, vestían o escuchaban era alternativo; de ahí su pasión por el español, la alternativa por antonomasia al inglés y al francés. Y yo, que había sido condenado a muerte por realizar un documental contra la violencia, era a sus ojos algo así como el alternativo perfecto. De modo que me aterrillaban a preguntas sobre el narcotráfico, la guerrilla y los paramilitares, y aun sobre el V Centenario y la destrucción de la Amazonia, extremo del que no sé absolutamente nada. Por si las moscas, quiero dejar bien claro que esta evocación no es una burla. Les estoy agradecidísimo a los alternativos y mi mayor deseo es que sea justamente uno de ellos quien encuentre este SOS.

Porque son tipos cojonudos, simplemente, y estoy convencido de que si alguien normal sería capaz de tirar los papeles que ahora escribo, confundiéndolos con un cuento de camino, el alternativo que los encontrase sabría que en la vida también hay gentes sin visa ni dinero ni pasaporte de la Comunidad Europea y se jugaría el pellejo por salvarme. El único defecto de estos amigos es que eran insaciables y se renovaban en cada ciudad y yo era siempre el mismo y me fui cansando del ciclo ritual. Del tren a la casa colectiva donde me cocinaban a preguntas, a otro tren que para mí era el mismo, a otra ciudad que también era la misma, ya que no alcancé a conocer ninguna, en cuya estación una mujer me esperaría haciendo flotar la pavorosa banderita colombiana, señal de que el interrogatorio se repetiría en cuanto llegáramos a la nueva casa colectiva.

No podría precisar exactamente dónde pedí clemencia, si en Bochum, Hagen, Dortmund u otra de las decenas de ciudades que pueblan la cuenca del Rühr y que para mí eran una y la misma. El hecho es que una noche les confesé a los alternativos locales que no podía más, que por favor suspendieran aquella gira insensata y me dejaran quedarme con ellos hasta el día de mi partida hacia la frontera francesa. No me entendieron, pese a que expliqué repetidas veces mis razones. Según ellos la gira había sido planeada y por tanto tenía que ocurrir. No se trataba de que allí faltara espacio, comida o cariño, como sospeché al principio, sino de que les resultaba inconcebible que un plan no se cumpliera. Eran alternativos, pero también alemanes, vivían convencidos de que absolutamente todo cuanto había sido planeado en su país se había cumplido siempre a pie juntillas, y que el romper esa tradición, aun tratándose de algo tan insignificante como mi gira, podía desencadenar una catástrofe imprevisible.

Me vi obligado a continuar la gira que entonces consideraba un castigo y que ahora, mientras me escondo del guarda francés que no cesa de vigilarme, recuerdo casi como unas vacaciones. Pero lo hice como un autómata, dando respuestas absolutamente mecánicas al diabólico cuestionario. No sabía de dónde venía ni hacia dónde iba ni cómo se llamaban mis anfitriones. Sólo una célula funcionaba en mi cerebro, con ella recordaba la hora en que debía abandonar el tren en cada jornada. Era más que suficiente porque los trenes alemanes son como cronómetros suizos y por si fuera poco me proporcionaban silencio y soledad; en ellos mi elefante rosado me hacía invulnerable.

Viajaba convencido de que aquel billete era una suerte de talismán que me protegería siempre, y cuando un inspector me lo devolvió con una parrafada incomprensible en el último día de mi martirio pensé que se estaría refiriendo a otra cosa. Le respondí en mi pobre inglés. No me entendió y empezamos a peregrinar por los compartimentos en busca de un intérprete. Vi los cielos abiertos al encontrar a una alternativa —las reconozco por sus ropas funcionales, por su actitud amistosa hacia los extranjeros, por su infatigable voluntad de ayudar—, que tal y como yo esperaba era hispanohablante. Escuchó muy seriamente al empleado, y tradujo:

—Dice el señor inspector que los elefantes rosados no pueden viajar los viernes.

Solté la carcajada y al tipo le cayó pésimo lo que sin duda interpretó como una desfachatez de mi parte.

—*Raus!* —exclamó, señalando hacia afuera.

—El señor lo invita a abandonar el convoy —tradujo ella piadosamente.

—¿Por qué? —dije con un hilo de voz, mostrando mi billete como se muestra la cruz ante el demonio.

—Tienen un precio especial, más económico —me explicó ella con dulzura—. No sirven los viernes porque ese día todo el mundo viaja —y al ver mi gesto de horror me propuso una solución—. Pero usted tiene derecho a comprar un boleto en ruta.

En eso el tren empezó a aminorar la marcha, yo a sudar frío, y por la angustia que vi en los ojos de mi protectora supe que me había puesto pálido como si estuviera al borde de un infarto.

—Perdóneme —murmuré aterrado—, pero sólo tengo cinco marcos.

—Entonces... —dijo ella, bajando la vista.

—*Raus!* —repitió el inspector.

La muchacha volvió a mirarme y yo me agarré la cabeza con las manos.

—Quizá pueda ayudarlo —dijo ella con cierta indecisión. Abrió el bolso y contó rápidamente su exiguo capital—. Depende de la ciudad a la que usted vaya.

Sentí un mareo y tuve que dejarme caer en el asiento, porque no recordaba adónde iba.

—No sé... —dije.

Ella cerró el bolso de golpe mirándome con una mezcla de compasión y miedo, exactamente como se mira a un loco. En eso el tren entró a una estación que resultó ser la de Frankfurt y el inspector me tomó por el brazo para conducirme a la puerta. De pronto, recordé la hora en que debía bajarme.

—¡Señorita! —exclamé ya desde el pasillo—. ¡Voy para las nueve de la noche!

Cerró los ojos, avergonzada, y desistí de gritarle que además estaba condenado a muerte, temeroso de que el inspector, no contento con echarme del tren, me pusiera en manos de la policía. Sentí un vacío insondable al no ver a nadie con la banderita colombiana en el andén de aquella estación enorme como una catedral, fría como un cementerio. Consciente de que la cadena que Nicole había tejido para mí estaba rota, me desplomé en un banco. «Alguna vez tendremos que pagar por esto», dije, sin saber que entonces sólo había empezado a hacerlo. Instintivamente, miré el reloj. Era mediodía, pero en la distancia se divisaba un cielo tan plomizo que parecía a punto de hacerse de noche. Estaba condenado, pues, a esperar doce insoportables horas antes de que llegara el sábado y los elefantes rosados pudieran volver a viajar.

Al hundir las manos en los bolsillos di con el papelito donde tenía el número de teléfono de Nicole en París y supuse que acababa de recibir un guiño de la suerte. Me dirigí a grandes trancos hacia la cabina más cercana, invertí los cinco marcos que constituían todo mi capital en llamarla y obtuve como única respuesta el inquietante timbrar de su aparato. De pronto, comprendí que ella no estaba porque ya había partido hacia la frontera y mi desesperación se trocó en lucidez. Corrí hacia el cartel donde se informaban las salidas de los trenes, empecé a hacer cálculos como un demente, y cuando concluí que si viajaba en el primer Inter City del sábado llegaría a nuestra cita con sólo seis horas de retraso me aferré a la idea de que Nicole estaría aún allí, esperándome. Esa ilusión me ayudó a soportar el frío, el hambre y la ansiedad, y me dio valor incluso para aventurarme a recorrer los alrededores de la estación, un universo formado por putas, mendigos y drogadictos de diversos continentes y colores, algo así como la alcantarilla adonde el mundo enviaba su mierda.

El horror de entrever que también yo podría terminar formando parte de ese estercolero me devolvió al banco del andén y a la esperanza de que Nicole estuviera esperándome. Caí en una duermevela fantástica, un estado donde puedo darle rienda suelta a la imaginación y lograr a voluntad imágenes tan vívidas como las de los mejores sueños. Es un poder que tengo desde niño y que terminó convirtiéndome en cineasta. Porque el cine, para mí, no es otra cosa que un sueño. En éste, Nicole y yo escribíamos un guión sobre nuestra tragedia. La idea era tan buena que estuve a punto de desperezarme y anotarla; desistí para no tener que enfrentarme a la soledad. Sin duda era mejor imaginar que soñaba mi agonía como un recurso artístico, de modo que me fue fácil no sólo escribir el guión sino también conseguir plata y hacer el filme, titulado *Nicole y el colombiano*. La *première* estaba teniendo lugar en el Festival de Cannes, con gran éxito de público. El protagonista tiritaba en un banco de la estación de Frankfurt cuando el tren que debía conducirlo al *happy end* aparecía resoplando en medio de la niebla.

La imagen era tan buena y verosímil que casi me enternezco en ella y pierdo el Inter City. Di un salto hacia la realidad, subí y me senté de inmediato, decidido a seguir viviendo mi tragedia como una película. No obstante, estuve en vilo hasta que el inspector se presentó ante el colombiano reclamándole el billete. A esas alturas ya el público sabía que los elefantes rosados no podían viajar los viernes y que el protagonista, como todos los nacidos en tierra de sol, albergaba dudas acerca de si el nuevo día comenzaba efectivamente a las doce y un minuto de la noche. De modo que los siete segundos que el inspector tardó en revisar el billete constituyeron un *suspense* absoluto, que se resolvió con una sonrisa de alivio. Quedaba el final clásico donde Nicole, mucho más bella en el filme que en la vida, se encontraba con el colombiano en la frontera.

Pero cuando llegué ella no estaba allí y ese vacío me impidió seguir soñando. La muy europea habría esperado una hora, quizá dos, tres a lo sumo, antes de marcharse convencida de que mi ausencia era parte de la culpa que debíamos pagar. Desesperado, me aferré a la idea de que el cansancio y el miedo me habían confundido, de que en realidad nuestra cita era en la frontera francesa. Sin pensarlo dos veces abandoné el territorio alemán internándome en tierra de nadie. Al divisar la garita eché a correr con la maleta golpeándome las piernas y la convicción de que Nicole saldría a mi encuentro. Quien salió fue el guarda, un hombre alto y narizón que recordaba vagamente a De Gaulle.

—*Please, sir...* —alcancé a decirle.

—*Parlez français!* —ordenó.

En mi francés de pacotilla le rogué que me permitiera telefonear; necesitaba absolutamente rogarle a Nicole que viniera a rescatarme. El muy hijodeputa pretendió no haberme entendido, me exigió el pasaporte y dijo algo a propósito de los colombianos y la droga en cuanto lo mostré.

—*Mais vous n'avez pas de visa!* —exclamó después de revisarlo, indicándome el camino de regreso—. *Retournez en Allemagne, vite!*

Lo que más me encabrona es que ni siquiera atiné a mentarle la madre. Ofuscado, crucé de nuevo la tierra de nadie, una franja de cincuenta metros llena de árboles cuyo nombre ignoro, atravesada por un arroyo, una autopista por la que flamantes automóviles pasaban de un país a otro sin que los guardias se molestaran siquiera en detenerlos, y una línea de tren ahora vacía. Sudoroso y jadeante, llegué a la garita alemana, más grande y cómoda que la francesa. El guardia, un joven robusto y ceremonioso, era además muy amable, tanto, que sonrió al volver a verme y consintió en hablar inglés. Pero cuando le expresé mi necesidad de telefonear me pidió el pasaporte y lo revisó página por página, con meticulosidad germana.

—*Sorry, but you have a one entry visa and it's over* —dijo, devolviéndomelo—. *You must return to France.*

Sólo al guardar aquel documento inservible en el bolsillo entendí la verdadera magnitud de mi tragedia. ¿Cómo iba a volver a Francia donde no me dejaban entrar? Luché por conservar la calma y le dije que únicamente necesitaba hacer uso del teléfono. Él me explicó con toda cortesía que desgraciadamente eso era imposible porque, como yo podía ver, el aparato estaba en territorio alemán. Insistí y él volvió a negarse. Desesperado, perdí el control y le grité que qué territorio alemán ni qué carajo, que el teléfono estaba a dos pasos. Avancé uno y él se llevó la mano a la pistola.

—*Raus!* —dijo.

Me fui, desde luego. Y aquí estoy, en tierra de nadie, terminando este mensaje para meterlo después en la botella de Fanta que encontré a la vera del camino y tirarlo al arroyo cercano a ver si alguien lo encuentra y se conmueve.

(Inédito)

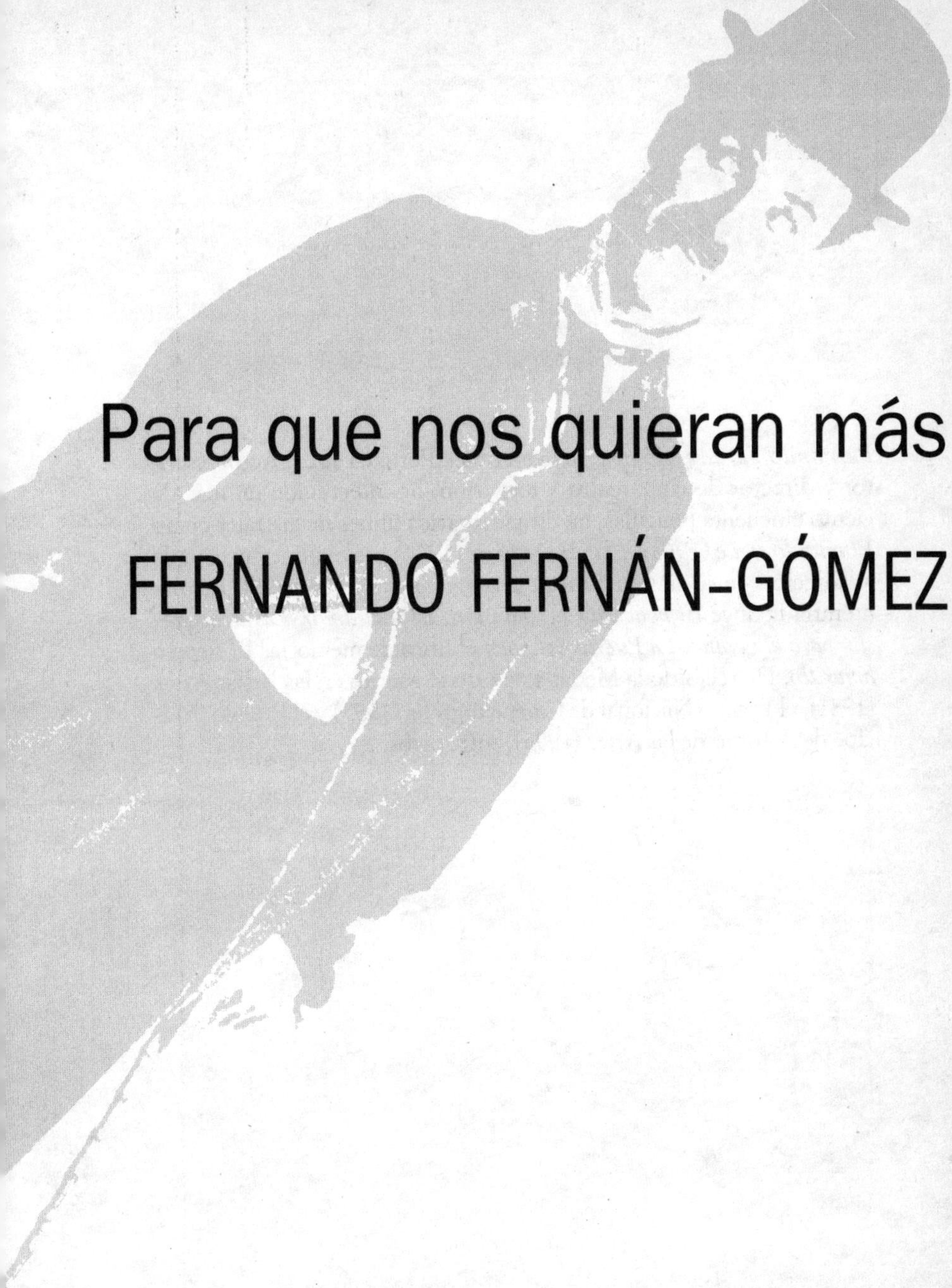

Para que nos quieran más

FERNANDO FERNÁN-GÓMEZ

Fernando Fernán-Gómez nació en Lima, Perú, en 1921. Actor, escritor y director de cine, teatro y televisión, ha intervenido en más de ciento cincuenta películas, ha dirigido varios filmes magistrales como *El mundo sigue* (1963), *El extraño viaje* (1964) y la exitosa y premiada adaptación de su novela *El viaje a ninguna parte* (1986). Su carrera literaria incluye *El vendedor de naranjas, El mal amor, Las bicicletas son para el verano, La Puerta del Sol* y el libro de memorias *El tiempo amarillo.* Ha recibido la Medalla de Oro al Mérito en las Bellas Artes (1981), el Premio Nacional de Cinematografía (1995) y el Premio Príncipe de Asturias de las Artes (1995), entre otros.

Lo dice el gran novelista Alfredo Bryce Echenique: «Escribimos para que nos quieran más». No recuerdo si en su novela *No me esperen en abril* o en *La exagerada vida de Martín Romaña.* Tampoco recuerdo si el pensamiento es original o si parafrasea a alguien, pero estoy casi seguro de lo primero: es un pensamiento original inserto en un diálogo. Supongo que un director de cine que no se limitase a dirigir las películas pensadas por otros —guionistas, productores, escritores de novelas o de obras teatrales— sino que «hiciera» sus películas, que fuera en cierta medida un «creador» de cine, también podría decir: «Hago películas para que me quieran más». Quizás, a pesar de lo difícil que es hacer películas o escribir novelas, cuentos, poemas, ensayos, sea aún más difícil, después de realizada la obra, alcanzar dicho propósito. Muchos escritores o directores de cine puede que hagan su trabajo por entretenimiento, por necesidad interior, por lucir en sociedad, por no saber hacer otra cosa, por ganar dinero, pero entre los otros, entre los que lo hacen «para que les quieran más» muchos habrá que logren hacer obras maestras sin por ello ser más queridos. Quizás sea más fácil realizar la obra que obtener luego la recompensa; pero se sabe al menos de un hombre que sí la obtuvo.

Este cuento empieza hace muchos años, antes de que en el otoño de 1939 estallase la Segunda Guerra Mundial. Uno de sus dos personajes principales es un joven, hijo de un escultor y arquitecto italiano de fama internacional; pero eran los tiempos oscuros de la contrarrevolución del disidente Mussolini y, por motivos políticos, la fortuna paterna fue confiscada por las autoridades fascistas, a causa de lo cual el joven rico empobrecido hubo de trabajar en diversos oficios, y al ver la película *Aleluya,* de King Vidor, tan distinta a las que habitualmente se ofrecían en las pantallas, sintió que aquella era su auténtica vocación, se esforzó por hallar un hueco en la industria cinematográfica y lo consiguió. Algún tiempo después, ya en pleno conflicto bélico, dirigía en colaboración con otro joven director *La nave bianca,* un documental de propaganda encargado por el Ministerio de Marina. Pero el ya no tan joven Roberto pertenecía al cinema *underground,* movimiento secreto relacionado con las actividades de la Resistencia, y no tan secreto como a sus componentes les habría convenido; los mandos de la Marina, puestos sobre aviso, advirtieron en el documental, entre cierta intención de búsqueda de la realidad, insólita en el cine italiano del momento, un tono antimilitarista y tomaron una curiosa decisión: permitir la proyección de la película pero prohibir el nombre de uno de sus dos directores, Roberto Rossellini, al que, no obstante, siguieron encargándole alguna que otra película corta. Y poco antes de que la guerra terminase, estando ya Italia casi fuera de ella, dirigió otras dos películas largas dentro de la línea autorizada y auspiciada por el régimen, comedias o melodramas sentimentaloides y patrioterismo más o menos belicista, que traicionaban sus ideas pero le permitían seguir trabajando en el cine, satisfacer en parte su vocación, y, aunque en pequeña medida, añadir al cine argumental unos atisbos de tendencia documentalista.

Hubo de aguardar al final definitivo de la conflagración, en 1945 —contaba entonces treinta y nueve años—, para, reinstaurada la democracia, suprimidas las trabas de la censura oficial, escuchar el relato fragmentario de uno de los jefes de la Resistencia —del grupo que había operado en Roma durante la ocupación alemana— sobre la lucha clandestina por la liberación de la ciudad, y concebir el descabellado intento de rodar una película en los mismos lugares de la acciones reales, con un guión sin rematar no en una segunda o tercera versión sino ni siquiera en la primera, con amplio margen para la improvisación de acciones y diálogos, y con un presupuesto económico raquítico, que contribuyó a proporcionar a la película un nuevo realismo más de página de sucesos que de novela histórica, desnudo de cualquier adorno y en el que, aparentemente, no había ninguna intención de estilo. Cuentan algunos comentaristas —quizás nos salgamos ya del cuento y entremos en la leyenda— que para cubrir el raquítico presupuesto vendió sus muebles.

Cuando *Roma, ciudad abierta* traspasó las fronteras de Italia, fueron los críticos franceses los primeros en proclamar la sensacional y sobrecogedora explosión de arte y de realidad y cómo aquella mísera película de miserables significaba la consagración de un genio.

La otra protagonista del cuento es una bellísima adolescente —pero según ella un tanto desgarbada—, huérfana de padre y madre desde muy niña, confiada a la tutela de su tío, que no supo —o no quiso— oponerse a la extraña pero firmísima vocación de actriz de la chica, sin ningún antecedente en la familia, y la permitió inscribirse en la Escuela de Arte Dramático, la misma en que había estudiado Greta Garbo, que, según el director, habría llegado a ser una buena actriz si no la hubiera abandonado tan pronto.

El clima de Estocolmo es moderadamente frío y ello permitía a la entusiasta adolescente recorrer a pie todos los días el camino de su casa hasta la escuela, instalada en el Gran Teatro Dramático, de moderna (entonces, me refiero a los años treinta) y sunstuosa construcción. Pasaba por tortuosas calles estrechas y también por calles anchas y modernas, que eran las más animadas. Estocolmo tenía en aquellos tiempos unos quinientos mil habitantes —los mismos que Madrid, para hacernos una idea—, y es de suponer que algunos de ellos no encontrarían a la estudiante tan desgarbada como ella se creía, a juzgar por el testimonio que el cine años después difundiría por el mundo entero.

Tampoco ella, como la antigua alumna Gustafson, concluyó los estudios. Pronto los directores de cine suecos le ofrecieron trabajo en sus películas. Pronto, también, se enamoró de un alto, apuesto y guapo dentista —algunas veces he oído decir que es ésta una profesión muy erótica, por su vertiente sádica— que se llamaba Petter y seguía estudiando medicina para dedicarse a la cirugía. Tenía pocos años más que ella, no se oponía a su trabajo de actriz —incluso la alentaba y la corregía con sus observaciones, que no perdiese su aire natural, pero que caminase erguida, que no se enfrentase a los directores o a los productores...— y, como estaban enamorados y nada se oponía a ello, se casaron.

Entre las varias películas que hizo en aquella época en Suecia y alguna en Alemania destacó *Intermezzo.* Destacó al punto de llamar la atención de los cazadores de talentos hollywoodenses y poco después Ingrid rodaba la versión americana de la película sueca junto al gran actor inglés Leslie Howard, el más respetado de la época.

Antes de comenzar el rodaje, Ingrid Bergman hubo de defenderse del productor, del maquillador, del director, del fotógrafo, de los publicitarios. Querían cambiarla, incluso el nombre, querían convertirla en una estrella de Hollywood como las otras que ya tenían allí. Maquillarla, cambiarle el corte de pelo, ponerle fundas en los dientes, depilarle las cejas. Ella porfió, enérgica, autoritaria, tozuda, quería trabajar en Hollywood, quería triunfar allí, pero sin dejar de ser ella, la muchacha que recorría las calles de Estocolmo para ir a la Escuela de Arte Dramático, la pianista que había seducido al violinista famoso por su aire sencillo, natural, real. Venció en el enconado combate. El productor David Selznick inclinó la batalla a su favor. Hollywood había contratado a una mujer distinta y debía seguir siendo distinta.

Selznick acertó. *Intermezzo* (la de Hollywood) no sólo fue un éxito mundial sino que consagró a Ingrid Bergman, la pianista sencilla, simple, verdadera, que enamoraba al gran violinista al tiempo que se enamoraba de él. Después ya pudieron llegar, aunque casi siempre con flecos de aquel primer enfrentamiento, *Los cuatro hijos de Adán, El doctor Jekyll y Mr. Hyde, Por quién doblan las campanas, Casablanca, Encadenados, Luz de gas...*, hasta la siempre añorada *Juana de Arco,* el ideal de Ingrid Bergman como actriz.

Mas, por aquel tiempo, una noche como cualquier otra de la primavera de 1948, Ingrid y Petter, su marido, entraron en un cine de Los Ángeles.

A Ingrid, que pretendía llevar una vida formal con el cirujano —aunque quizás por espíritu de libertad o de cansancio matrimonial, se había permitido una aventura indiscreta con el fotógrafo Capa, el de la foto del miliciano herido en la guerra de España— le preocupaba la realidad de su arte y le irritaba más cada vez la condición artificial de las películas hollywoodenses en las que la realidad, cuando aparecía, lo hacía edulcorada y envuelta en celofán. A la que era entonces la estrella cinematográfica más famosa, aquella noche, en el cine, le desconcertaron los primeros diez minutos de proyección. Al concluir ésta, sus sentimientos y su vida habían cambiado. Estaba profundamente enamorada del director de aquella insólita película extranjera, Enzo Rossellini... No, Enzo era el músico, que tenía el mismo apellido... Roberto, sí, Roberto... Quizás fueran hermanos. Roberto Rossellini se llamaba el director, el hombre que acababa de conseguir con *Roma, ciudad abierta* que le quisieran más.

Ingrid no podría olvidar nunca la muerte de Anna Magnani, ametrallada en plena calle, ni el fusilamiento del cura (Aldo Fabrizzi), en las afueras de Roma, presenciado por un grupo de niños que se aleja después hacia la gran ciudad. Ingrid quiso ver la otra película de Rossellini que se proyectaba en Los Ángeles, *Paisà,* y su sentimiento se acentuó. El director italiano avanzaba por la ruta descubierta en la anterior, prescindía de los estudios, de los actores profesionales, de la sastrería convencional, del maquillaje, incluso del guión; lo confiaba todo, sencillamente, a la verdad.

Mas para eso era necesario que aquel director fuera un hombre capaz de descubrir sus pensamientos y sentimientos más recónditos y exhibirlos ante el público con una enorme fuerza expresiva, para lo cual se precisaba la potencia de un hombre auténtico, de un creador.

En la butaca del cine, junto a Petter, su marido, mientras contemplaba las imágenes desgarradoras del elaborado documental, feroz diatriba contra la guerra, sentía que con su éxtasis, con su entusiasmo, estaba traicionando a Hollywood, a lo que había sido su carrera de actriz hasta el momento, a todo el cine que había visto y también a aquel alto, apuesto y guapo cirujano. Comprendía la estrella que la originalidad de Rossellini provenía no sólo de la penuria de medios sino de una violenta reacción contra la falsificación de la vida real que debía de prevalecer en el cine de su país, quizás por imitación del americano. Ansia de lo verdadero, la misma que Ingrid sentía en la celda de seda y oro de sus triunfantes películas, en las que asomarse a la realidad estaba rigurosamente prohibido, como en el fascismo de Mussolini, aunque ella ignorase que causas tan dispares habían conducido a dos seres distantes, como ella y Rossellini, a enamorarse apasionadamente de la realidad. Una realidad sin adornos ni disimulos, implacable y descarnada. Enamoramiento que a la vez sería el lazo de su propio amor.

La bellísima pero desgarbada adolescente sueca, convertida ya en ídolo mundial y en mujer casada, madre de una hija, con alguna aventura en su pasado, la que, con el correr del tiempo, osaría decir «mi vida es maravillosa porque siempre he hecho lo que pensaba que debía hacer», escribió a Roberto Rossellini una carta que era una declaración amorosa. En ella no sólo le manisfestaba una admiración desbordada por su obra sino que se ofrecía a trabajar con él, para él, a su lado, si él creía que podría serle útil la aportacion de una gran estrella de Hollywood.

Contestó el director italiano muy por extenso. Como era de prever, aceptaba el ofrecimiento con entusiasmo, exponía la idea, muy somera, de un guión en el que podría intervenir Ingrid, que a la sazón se hallaba en Londres con su marido. Partieron la distancia: el matrimonio feliz pero ya un tanto gastado y el director genial se citaron en el Hotel George V, de París, para entablar conocimiento.

Anna Magnani, la actriz italiana, gran musa del neorrealismo, con sus bellos y terribles ojos de pitonisa vio anticipadamente lo que había de suceder. Las malas lenguas dijeron que cuando Rossellini recibió uno de los telegramas de Londres que anunciaban la llegada del matrimonio, la Magnani, sin más preámbulos, le estampó al genial director italiano en la cabeza una fuente de espaguetis.

Hay amores que pueden ser encauzados, a otros se les pueden poner barreras que los hagan imposibles, dicen que hay otros que, imaginarios, mueren al primer contacto con la realidad. El amor de Ingrid y Roberto no era de ninguna de estas especies sino desbordante, irremediable, ingobernable, sembrado en ausencia imaginativa pero floreciente bajo la lluvia de la realidad. Y el rodaje de *Stromboli* quedó para siempre en la historia de los grandes amores.

Mas al llegar la noticia a la pacata sociedad estadounidense, el escándalo fue tan desbordante como ese amor.

Era un asunto entre extranjeros, Ingrid, Petter (que se divorciaron) y aquel cineasta latino, Roberto Rossellini, pero el pecado de escándalo (lo comete no sólo el que escandaliza sino el que se escandaliza, aunque esto no todos lo recuerden) lo había cometido aquella tierna muchacha, sencilla, natural, de encantadora sonrisa, a quien las esposas americanas y los esposos y los hijos habían elevado hasta el trono de una reina. Debieron pasar años antes de que aquella moralísima sociedad perdonase a la pecadora. Mientras tanto, Petter se dedicó a la cirugía, y la actriz y el director trabajaron juntos, ofrecieron a los italianos el espectáculo de su amor, tuvieron dos preciosas hijas y fueron felices durante unos cuantos años.

Me parece que lo que acabo de contar no es verdad. Casi me atrevo a afirmar que es mentira. La carta que le escribió la estrella sueca al director italiano tras el impacto de *Roma, ciudad abierta* y de *Paisà* dice así:

«Querido señor Rossellini:

He visto sus dos películas *Roma, ciudad abierta* y *Paisà,* que me han gustado mucho. Si necesita una actriz sueca, que habla el inglés perfectamente, que no ha olvidado el alemán, a quien apenas se entiende en francés y que del italiano sólo sabe decir "ti amo", estoy dispuesta a acudir para hacer una película con usted.

Ingrid Bergman.»

Lo de «ti amo» era cierto, no era una insinuación, era la única frase que había tenido que aprender para una película. Lo demás puede entenderse como una simple oferta laboral.

Pero Ingrid recordó siempre los negrísimos ojos de Roberto cuando se vieron en el Hotel George V. Allí nació su amor, que se desarrolló vigoroso durante el rodaje de *Stromboli.* El genial creador no había conseguido que por su obra le quisieran más. Le quisieron más cuando le vieron a él, cuando estuvieron con él, cuando vieron su ojos negrísimos, cuando sintieron su mirada inolvidable. Cuando Ingrid se encontró no frente a la obra sino frente al hombre.

Me reafirmo en mi idea de que lo que he contado antes no es verdad; por eso esto no es un reportaje: es un cuento.

(Inédito)

Ruta de los siete callejones

(Paisaje para una película)

ÁNGEL FERNÁNDEZ-SANTOS

Ángel Fernández-Santos nació en 1934 en Los Cerralbos (Toledo). Ejerció como periodista y comentarista de teatro y cine en las revistas *Índice, Ínsula, Pipirijaina, Primer Acto, Nuestro Cine* y *Cuadernos para el diálogo.* Trabajó en dramaturgia y puesta en escena en el periodo del teatro independiente de finales del franquismo. Estudió dirección en la Escuela Oficial de Cine. Escribió una decena de guiones de películas, tres libros de ensayos y numerosos relatos, publicados en revistas, periódicos y libros colectivos, en España y Latinoamérica. Fue crítico teatral de *Diario 16* y desde 1981 es redactor cultural y crítico de cine en *El País*.

I

El aire de Madrid, espeso por el vaho de las cicatrices todavía humeantes de la guerra, se hizo de pronto tan ligero que era otra vez posible volar sobre las colinas desparramadas, que ahora se agolparon alrededor del codo de la hondonada de la Castellana donde los últimos noctámbulos se refugiaban en la azotea Riscal y allí aguardaban a verla entrar y sentarse ante la gran barra donde apuraba, arropada por la penumbra que envolvía la esquina derecha de la herradura de cuero verde enguatado, los últimos tragos secos de la noche, mientras fuera de aquel alto bar inalcanzable para los bolsillos tapizados de pelusa de los muchachos, las putas envejecieron en un día un siglo, los apuntes de Lógica se borraron sin dejar rastro en los cuadernos, se sonrojó el horizonte malva de la Casa de Campo y las esquinas chamberileras se acercaron entre sí hasta rozarse unas con otras, cuando alguien dijo que alguien había dicho que Ava estaba en Madrid y no volvería a irse.

Comenzó otra vez el mismo invierno. El paso apesadumbrado de los días volvió a girar alrededor del eje inmóvil que despertaba a Madrid envuelto en noche y era tan tenue la luz de ocaso que iluminaba las mañanas que agrandaba los ojos de los muchachos cuando merodeaban en los alrededores callados de Riscal, en espera de que Ava apurase las últimas gotas de la erosión de la madrugada y bajase a ellos. Entre la bruma, vieron una vez su espalda engallada balancearse sobre el vaivén de sus caderas y alejarse hacia un automóvil aparcado al fondo de los disparos de sus tacones puntiagudos sobre las losetas de los bordes de la avenida. Siguieron sus pasos y llamaron en susurro:

—¡Ava! ¡Ava!

Pero la mujer no se detuvo, ni desvió la mirada hacia el reclamo. Se encerró casi a tientas en el automóvil, negro como su silueta, y las gotas de orvallo que flotaban dentro de la neblina absorbieron el chillido de la arrancada de las llantas sobre la lija de alquitrán y chinarros. Luego, en otro amanecer, los muchachos husmearon en el saledizo esquinado de la casona del Albroñigal donde ella vivía y en cuyo tejadito de lascas de pizarra había un alero con un hierro de forja clavado en medio, que sostenía una veleta con el perfil de una vieja desdentada que montaba a caballo una escoba. Bajo la sombra puntiaguda de la bruja veleta, detrás del ventanal que sólo un instante se iluminó por dentro, Ava intentaba romper los bordes del insomnio y los muchachos imaginaron su sombra adentrarse en pausados meandros, con una copa de miel de cebada encendida entre los dedos, en el pasillo de maderones rojizos que conducía a su alcoba. Los muchachos, desde abajo, volvieron a susurrar:

—¡Ava! ¡Ava!

Pero la balconada no se abrió, ni se dibujó en su hueco el óvalo de su rostro. Pero esto era después que contaran como si hubiese ocurrido que estuvieron dentro de la película donde Ava era Pandora, y en ella se disfrazaron de humo cuando abrió la caja de las ensoñaciones, atravesaron los pliegues de su túnica blanca y acariciaron su piel de nube, que se deshizo en llovizna entre las yemas de los dedos. Era esto también después de que se arriesgaran dos veces a caer atrapados en una redada de los grises adiestrados en la caza de randas de la reventa en el patio culero de Las Ventas, una porque toreaba Mario Cabré y otra porque era Luis Miguel Dominguín quien lo hacía, y las dos vieron atravesar las rendijas del portalón agrietado un destello de las gafas enlutadas, que escondían su mirada almendrada de color de bosque. Y ocurrió esto cuando, en la solana de Las Matas, Sam, un peliculero de Hollywood, construyó la muralla de Pekín para proteger a Ava de una desbandada de chinos en harapos y uno de los muchachos, el de pelo rubio que a los otros les parecía inglés, se enroló para hacer bulto entre los figurantes de la película. Una mañana, en un andamio de rodaje, sumergido hasta las rodillas en una maleza de cables negros enroscados, el muchacho vio encaramado en el sillín de una grúa de filmación a un hombre alto y extremadamente flaco, con rostro largo y huesudo sobre el que caían como hilachas de ceniza las ondulaciones de su melena gris, en la que se cruzaba la cinta de un parche negro de pirata tuerto que le tapaba el ojo izquierdo, bajo el que humeaba una toba amarilla mordida que chamuscaba la comisura de ese lado de la boca, combada por un gesto de asqueo. Atravesaba el rostro del hombre una mueca de abatimiento, a través de la que escupía ásperas órdenes pesimistas a alguien situado bajo él, al pie de la grúa.

—Es Nick.

—¿Qué Nick?

—Ray, el director de la película. Hoy está cabreado con Ava.

El muchacho no se volvió a mirar quién dijo aquello. Ava estaba dos pasos delante de él, bajo la grúa, sin ademán de protegerse del vómito de juramentos que el director de la película de los chinos arrojaba sobre su nuca inclinada hacia el vientre. Encogida sobre su estómago, alisaba sus caderas semioculta en un cuadrilátero de tules ocres tendidos que emborronaban su perfil etrusco y dejaban ver sólo las cañas de sus piernas desnudas, de blancura tan humana que luego los muchachos entendieron como una evidencia de que Ava no era parte de un sueño, sino tan real que les convocaba a seguir buscando en las sombras del Madrid que ella amaba un cruce con su mirada y raptase a uno, sólo a uno y una sola noche, para que el muchacho elegido, si sobrevivía, lo contase a los otros.

II

Los noctámbulos de Riscal contaban, y los tugurios multiplicaban el eco de la confidencia, que cada madrugada Ava secuestraba detrás del humo acristalado de su Cadillac a un niño desprevenido, de pelo negro y piel oscura, que se dejaba llevar dócilmente de la mano bajo la veleta bruja que vigilaba el tejado de su casona.

Por eso, cuando se abría paso entre la grisura un muñón de sol de invierno, los muchachos se tendían boca arriba en el viejo cementerio, ahora en abandono, de Vallehermoso, a que se les agitanase la palidez de la cara, blancura que se acentuaba bajo las caricias de los neones de los cines, por contraste con las ronchas de moretones que los braseros de picón de sus cuartos les pintaban en las mejillas y por los reflejos de la luz de candil que los flexos de los pupitres de las bibliotecas dejaban caer sobre las tapas de los cuadernos grises y en el sudario de sus libros, abiertos como ataúdes. Y también por eso, el muchacho rubio que parecía inglés y vio a Ava en la película de los chinos se tiznó el pelo con un corcho quemado y betún diluido en alcohol, para teñirse las greñas con el azabache de los niños desprevenidos que Ava cazaba en las aceras, en los bares y en los tesos de las capeas. Pero el muchacho rubio tuvo que humillar la cabeza, después de tiznarla, ante la severa advertencia de su madre, quien le gritó que aquélla era una casa decente, que no estaba dispuesta a dar más pesebre a nenas y que no creía que aquella mariconada fuera para una hombrada como la de ponerse a tiro de Ava y que ésta le condujese a la estancia oriental de la casa de la bruja, donde flotaban las sábanas negras de su cama, y allí, sobre la seda trenzada, ella le enseñase a volar a otra ciudad en la que los días se deslizaban entre las selvas libres de los ojos de aquella mujer infinitamente cercana, pero tan escurridiza que los muchachos nunca daban con el lugar donde cruzarla, ni siquiera en los alrededores de donde vivía, siempre ojeados por un viejo y malhumorado borracho vecino suyo, un general argentino exiliado de quien un pedigüeño, que de noche se cobijaba en el saledizo de la casa entibiado por el tubo de escape de la caldera de calefacción, contó que odiaba tanto a Ava que había jurado fusilarla en cuanto recuperara el mando de su país. Un día, el general se asomó a su balcón, separado del de Ava por una veintena de metros de erial, y comenzó a vociferar. Alegaba agolpados argumentos contra las escandaleras que arrastraba la maldita puta gringa, a quien Dios confunda, que no le dejaba pegar un ojo. La blasfemia le valió al general una pedrada un palmo por encima de la cabeza, a la que siguió su fuga entre tropezones al interior de la casa, de la que salió al cabo de un rato con la visera militar puesta torcida y una carabina de caza africana en las temblonas manos.

El espadón argentino disparó contra la bruja, pero no logró hacerla caer de la escoba. La figurilla, taladrada por la posta, comenzó a girar chirriando enloquecida. Clareaba en Barajas, detrás del perfil de los tejados piramidales de Ciudad Lineal. Más abajo, junto a la linde de famélicos juncos donde comenzaban los huertos de La Elipa, en la mole rectangular de la Cea, donde filmaban películas durante toda la noche, comenzaron a apagarse las últimas ventanas cuando la veleta se detuvo, el roce de su óxido dejó de hacer dentera y devolvió silencio al silencio. Pero el descampado estaba ahora otra vez desierto y Ava era la ausencia más intensa del vacío que llenaba aquel silencio.

III

Es ésta la historia de otras historias. Es también el balbuceo, el aprendizaje del amor por el muchacho que nunca lo había hecho con una mujer y siempre consigo mismo. Y es también el recuento de sombras de una edad inmóvil, que fingía buscar algo delante, pero sus pasos, amortiguados por cautelas sin origen, acariciaban aceras que se deslizaban hacia atrás y hacían que quienes caminaban en ellas estuvieran siempre varados en el mismo lugar donde comenzaban sus caminatas a ninguna parte.

El muchacho rubio pidió ayuda a sus amigos, para que le arreglaran el trámite de dejar de ser virgen y éstos acudieron a Méndez para que le iniciara en tretas, porque no daba la edad, para colarse en algún prostíbulo de Las Naciones. Méndez pensó un rato y dijo:

—Adora tiene un aire a Ava.

Encontraron a Adora en Pidús, arropada por el olor dulzón de los maderones humedecidos por el vaho del sudor y la evaporación de los perfumes de graneles de droguería. Estaba sentada ante un recio vaso de coñac ablandado con arrope y sifón, en una mesita arrinconada del antro. Era pequeña y huesuda, había cumplido hacía muchos los treinta años, tenía alrededor de los ojos abultados cercos violáceos y no escondía su áspero acento común con ceceos andaluces aprendidos en películas. La mujer amó, nada más verle, al muchacho virgen:

—Eres como sería mi hijo, si no hubiese nacido muerto —dijo en la penumbra despoblada de Pidús, que ennegrecía las moraduras de sus ojos. Pero al rato, sentado en el borde del camastro cubierto con una manta arriera de un sótano de la casa de citas de Santa Brígida, la sangre de las ingles del muchacho retrocedió al corazón y el honor de Adora se quejó, dañado—: ¿No te gusto, niño?

El muchacho rubio se escapó de la vergüenza de su gatillazo vistiéndose al mismo tiempo que sorteaba descalzo las humedades que encharcaban el suelo del sotanillo y, sólo cuando se vio amparado por la calle, se sintió otra vez libre y rompió a llorar. Luego pasó muy lento un mes antes de que el muchacho rubio que se tiznaba el pelo volviera a encontrar a la mujer sentimental que tenía un aire de Ava. Ocurrió un mediodía en el Cafetín de Míchigan, donde el muchacho, cuando notaba que le palpitaba demasiado dentro la púa cordial de la desolación, acudía a escribir versos tristes en servilletas de papel: «Aquí, en el cafetín de luz de acacias polvorientas, esperamos tu llamada la madre seca y yo, Señor, su huérfano», garabateó al verla sentada ante la barra de añil y estaño.

Fingieron no verse, pero a él se le aceleró el corazón en el desvío de su mirada de la mirada de ella. Una hora después, llovía sobre la acera agrietada del cafetín argüellero. El muchacho olvidó guardarse del goteo y no se dio cuenta de que la cabeza empapada escurría sienes abajo chorretones de tizne, que iban desvelando poco a poco el destello dorado de su pelo:

—¿Eres rubio, niño? —indagó la voz ronca de la mujer detrás de él. El muchacho nunca volvió a teñirse después del atardecer en que aquella encogida sombra de Ava le llevó a ser hombre por segunda vez y ahora le hizo serlo. Luego, cuando fuera del prostíbulo comenzó a respirar el humo del pringue de fritanga de la puestera de pestiños de Santa Brígida, se topó casi de bruces con Méndez:

—¿De dónde vienes, inglés?

—Del sotanillo.

—¿De con quién?

—De con Adora.

—¿Jodiste?

—Sí, creo que sí.

—¿Cómo que crees? A ver, ¿cuántos la echaste?

—Tres.

—¿En cuánto rato?

—Mucho rato, pero no fueron tres. Fue uno y la mojé tres veces.

—Fardas, inglés. Un polvo al rato de otro y sacándola en cada arrugue, es cosa de macho; pero tres lapos sin sacarla es cosa de semental. ¿La derrengaste?

—Se quedó dormida.

—Adora llevaba años sin pegar un ojo. La derrengaste, inglés.

El muchacho rubio saltó, empujado por los resortes del orgullo, Santa Brígida arriba. Le brincaba bajo la nuez el corazón cuando dobló a Fuencarral por la izquierda sin dar tiempo a que Méndez se quitase su vieja visera de ferroviario en ademán de respeto.

IV

Y es ésta también la historia del último aliento de Méndez, el muchacho que conocía los remotos tugurios sin nombre del Madrid de Ava y que nació sin la suerte de su lado. La muerte buscaba un muchacho y encontró al hijo del coronel chusquero que desayunaba una vez al año con Franco en El Pardo, para celebrar juntos la Cruz que compartían por una matanza que hicieron en una de sus batallas africanas contra los moros.

Un día el coronel dijo a Méndez:

—Le he dicho al Caudillo que terminarás comunista, como la puta de tu madre.

Y Méndez («¡No me mientes la madre, cabronazo, que te mato!», gritó) saltó con uñas de gato a su gaznate y le dio una paliza casi de muerte a su padre. El coronel era viudo y había sido cabrón antes de enviudar. Algo corroedor e impreciso se rumoreaba acerca de cómo, días antes de que estallase la guerra civil, este antiguo ordenanza del general Franco echó tierra y olvido sobre el cadáver de su mujer, después de destriparla de un navajazo barbero, cuando supo que el niño que comenzaba a parir no era hijo suyo, sino de un recluta asturiano asistente suyo, que al día siguiente apareció desnucado en el fondo de una barranca cortada en Cuelgamuros. El coronel vio asomar, entre los borbotones de sangre que manaban del tajo que hizo en la bóveda del vientre de su mujer, la cabeza enfurruñada de Méndez y se lo quedó para criarlo y tener siempre a mano una estera con la que aplacar sus furiosas resacas, antes de que el muchacho creciera lo bastante para responder con dentelladas a sus vergajos y le encerrase en un colegio militar correccional, del que Méndez se escapó seis veces hasta que, sentenciado incorregible, se hizo expulsar y, exiliado a las calles, reanudó su cantilena:

—Nací malnacido. Si lo de Ava no sale es culpa mía, así que traficarla sin que yo meta la pata en ello, no sea que os lo tuerza.

Y volvió a la vigilancia de putas gastadas por la edad que trabajaban en la parte, fétida como la embocadura de uralita que desaguaba orines en las Cuarenta Fanegas, de la hondonada de Las Injurias que orillaba con el Manzanares. Méndez bloqueaba el único acceso al enorme lindón casi vertical de donde arrancaba el muro trasero de la Sacramental de San Justo, mientras sus vigiladas se despatarraban, ocultas por los contrafuertes del paredón, boca arriba sobre el mantel de hule blanco que Méndez se llevaba luego enrollado bajo el sobaco. Las mujeres le pagaban con todo tipo de especies, pero cuando, por faltarle una que le diera techo, no tenía cama abierta en alguna chabola, los muchachos lo colaban en sus casas y pensiones, a que durmiese debajo de las camas, y era un quebranto diario darle comida caliente además de cobijo. Pero esto fue así hasta que Méndez se hizo rico, cuando descubrió una mina intacta de esqueletos y comenzó a traficar con huesos en la facultad de Medicina. El azar ocurrió mientras suavizaba el filo de su navaja en la áspera verdolaga que crecía a la sombra de la chimenea abombada del horno de una vieja fábrica abandonada de cerámica, en un repecho de la cuesta donde Goya vio una noche fusilar gente en la parte de arriba de La Florida y luego lo pintó a escondidas. Eran esqueletos carcomidos, pero que los bedeles de la facultad de Medicina le pagaban a buen precio en el despachillo de huesos que había en la salida trasera del depósito de cadáveres de Anatomía. Un día, cuando ya comenzaban a agotarse las fosas, Méndez exploró los escombros del hospital Clínico, no lejos de allí. El enorme edificio de ladrillo rojizo seguía derruido por las rociadas de obuses que recibió durante la batalla de Madrid; y en sus intrincadas ruinas, junto a la flecha roja que señalaba el lugar donde una bala perdida mató al jefe anarquista Buenaventura Durruti, Mendez pensó y dedujo:

—Esqueletos de rojos, más recientes que los de Napoleón.

Y, cuando caía la tarde, volvió a la escombrera con una azada bajo la zamarra, cavó con tiento y en media hora levantó un miliciano republicano más que muerto. Los huesillos de la mano derecha del esqueleto atenazaban un cilindro rojizo de hierro oxidado. Méndez sonrió al limpio esqueleto. Calculó a ojo que podía sacar por él entre diez y quince pesetas y éste fue su último negocio. Tendió su mano a la del muerto, las falanges del cadáver se despegaron al rozarlas Méndez con los nudillos y sólo tuvo un instante para percibir un soplo de luz cegadora frente a los ojos, que no le dejó darse cuenta de que la oxidada bomba de mano acababa de convertirle en el último muerto de la guerra de donde su corta vida procedía. Los muchachos, que le guardaban la espalda, rescataron su cuerpo inerte con la ropa chamuscada. No había sangre en él. La granada tenía su metralla pulverizada y la explosión le acarició la piel, pero le rompió por dentro. Cruzaba después su rostro una serenidad lela de borracho apaciguado. Los muchachos le registraron los bolsillos y quemaron lo que contenían, para indocumentarle. Cerca del solar de la Cárcel Modelo lo sentaron sobre la bancada que rodea el parterre de Bolívar y allí lo dejaron, bajo las patas delanteras del caballo libertador. Antes de doblar el bosquecillo de álamos que ensombrecía la vereda de Franceses, volvieron hacia él los ojos y les pareció que Méndez devolvía la mirada y decía que había calma en su quebranto y que cruzaba la frontera de una ciudad en la que no existía el abandono. Lo encontró un sereno al amanecer, pero nada dijeron de él los periódicos. El coronel chusquero renegó y sin verle donó su cuerpo a Medicina. Los dos meses que siguieron, la mirada, inclinada como la de un cristo, de Méndez observaba a los muchachos estudiantes que le descuartizaban y les oyó admirarse del enorme tamaño de su corazón, ahora abierto como un libro a medio leer sobre la artesa de hojalata del depósito, alicatado con baldosas amarillas, donde dormían los cadáveres sin nombre.

Todavía, por detrás de los ojos, Méndez seguía interrogando al mundo, como los perros sin linaje, agradecido.

V

Para quemar su pena, todos los muchachos, salvo el rubio cobijado por la sombra de la puta triste que tenía un aire de Ava, abrieron una tarde, para borrar el recuerdo del amigo muerto, la ruta de los siete callejones, que Méndez les había enseñado a recorrer hasta el fondo.

Desde el callejón del Gato, en la plaza de Santa Ana, hasta el de la Sal, en la plaza Mayor, hay un quebrado de siete pasajes peatonales llenos de tabernas, salvo uno que siempre está desierto, el que linda con el muro trasero del edificio de la policía política de Franco, donde están los ventanucos cuadrangulares de las salas de interrogatorio, por el tercero de los cuales, si comienzan a contarse desde Carretas, los torturadores arrojaban sobre el cemento del callejón a los presos que se les morían en las manos o que cazaban y no lograban hacer delatar. Creyeron ver, en la pared de enfrente de los tragaluces, colgajos secos de sangre de un defenestrado y pasaron por esa mancha sombría como gatos precavidos, con la mirada pegada a la punta de los pies y el oído abierto al eco de algún grito de algún preso torturado. Nada oyeron. Pero antes y después del vacío callejón, había otros seis atestados de tascas con bulla dentro. La ruta era beber una copa de aguardiente chinchonero en todas las tascas, a ver quién aguantaba hasta la última, para desde ella ir a vomitar la hazaña en la embocadura de arena encharcada de Postas, bajo el reloj desde hacía un siglo parado de la posada del Peine. Pero esta vez, en la taberna del Anciano Rey de los Vinos, uno de los muchachos se detuvo ante la persiana rota y señaló a un hombre que había dentro:

—Eh, muchachos, ese de ahí es Nick, el peliculero tuerto que dirige la película de Ava y los chinos.

Sentado en un rincón, frente a una frasca de orujo verde a medio vaciar, con los codos en las rodillas y los puños en las sienes, arrugado sobre su estómago, con los rizos plateados en alboroto, la mirada de su ojo no tapado derrumbada sobre el suelo y su parche pirata ahora equivocado en el lado derecho, lo que indicaba que sobrevivía a incontables descargas de ollejo destilado, estaba Nicholas Ray. Pero esto ocurría mientras en el otro lado de la ciudad, entre otras tabernas, la puta con un aire de Ava dijo al muchacho rubio:

—¿No es esa Ava que andáis buscando la americana morena que dicen que viene a Madrid a joder con toreros?

—Sí, ésa es.

—Pues ésa joderá en América, pero en Madrid no jode. Yo la conozco.

—¿De qué?

—De Riscal —dijo Adora; y añadió—: Cuando acude allí, es porque le escuece un mal día; y por las veces que va es que le escuecen todos. A Ava le gustamos las putas, pero ella no es puta. Está amargada, pero ríe como una criatura. A mí, una noche, me hizo beber la mitad de cada brebaje que se preparó. Nos emborrachamos y no paró de hablar entre trago y trago. Me dijo que no quiere estar tan jodida como está. Entiendo de jodienda y os han engañado de mujer, niño. Esa Ava no es de las que van por ahí abriendo braguetas. Tiene la cara más guapa que he visto, pero es todavía más decente que guapa.

La enamoradiza y el muchacho eran dos gotas perdidas en la lluvia. Bebieron anís ennochecido con coñac, se calentaron las manos hurgándose las entrepiernas y estaban caminando sobre los bordes de las copas que habían vaciado, para desde ellos saltar a rincones cálidos escondidos bajo sus ropas empapadas, cuando vieron a través de una persiana rota a los muchachos agrupados alrededor de Nick, el peliculero, empandillado y en tregua con su orgullo de artista ofendido.

VI

Comenzó el último escalón de la última noche madrileña de Nicholas Ray, que terminó bajo la veleta bruja de Ava. El peliculero americano, más joven de lo que dejaba parecer su quebranto, dejó un billete azul sobre la mesa y atravesó la taberna con rectitud no aprendida.

—Don Nicolás, se deja otra vez la vuelta —dijo el tabernero.

Nicholas Ray se apoyó en el hombro de los muchachos, junto a la barra de estaño:

—Devuélvemela mañana en mercancía, Anciano Rey.

—Le debo media taberna en vueltas, don Nicolás.

—Anciano Rey, mañana llega a Madrid un socio que se beberá la media taberna que me debes y la otra media que todavía es tuya, pero por poco tiempo. Es un gordo hijo de puta, pero bebe boca abajo, como los caballos, por lo que te puedes fiar de él. Yo no abrevaré nunca más, me han cerrado el grifo.

Como los reyes destronados, Ray caminaba con las espaldas escoltadas por dos pajes, que le esperaban en la puerta de las tabernas donde entraba a repostar un sorbo de muerte. Uno era un esquelético rockero siempre indignado, que repetía como un perico malhumorado, en madrileño achulado, lo que decía en inglés su jefe, incluidos recitativos del ocaso de otro, como él, viejo rey al que echaron a patadas de su reino, un tal Lear. El otro paje era una muchacha, casi una niña, embutida en un estrecho tubo de tela negra que le llegaba por debajo de los pies y que, con voz aguardentada y no más estatura que la guitarra que colgaba a su espalda, cantaba a Ray, a quien escasamente llegaba a la altura de su cinto de correa, baladas consoladoras mientras él se abría paso, a mandobles sin espada contra el vacío, en una avalancha de chinos amurallados y armados hasta los dientes. Ray llamó a los muchachos, que se abrieron paso en la estela de sus largas zancadas. Y siguió una peregrinación, detrás de la sombra de Ray, alargada bajo las llamitas del gas de las farolas que caían sobre el húmedo asfalto, en busca de un desquite contra alguien que no tenía nombre. Le habían despedido de la película de Ava y los chinos con una treta: sobornaron a un médico para que diagnosticara a Ray que se estaba muriendo y huyera del rodaje. Aquella mañana salió de un hospital enterado de la patraña y ahora, con aspavientos que teatralizaban sus roncos juramentos, conducía a los muchachos, cuando Madrid se apagaba y ya no quedaban tabernas abiertas, al escondite donde dormitaba el último alcohol del último alambique, la casona de Ava, cuyas puertas blancas se abrieron detrás del llavín de Ray, mientras éste gritaba:

—¡Sal de donde te escondes, zorra! ¡Sé que estás ahí dentro! ¡Sabías la trampa que me tendieron esos hijos de puta y me dejaste caer en ella! ¿Quién es esa Ava que buscáis, muchachos? ¡Había una que se llamaba así, pero se murió! —y su vozarrón resonaba en las oquedades de la casa, pero Ava no estaba allí. Había dejado una nota escrita. Decía que se iba quién sabe dónde y que volvería quién sabe cuándo.

Los muchachos se dispersaron en las estancias de la destartalada casona, abarrotada de desórdenes. Hurgaron en sus rincones y olieron con cautela ávida cuando descubrieron un cuévano de mimbre lleno de ropa interior sudada de Ava. El muchacho rubio sacó del cesto una braga de seda blanca con manchas de sangre menstrual de la diosa y la guardó hasta su muerte bajo un faldón de la camisa, mientras Ray, otra vez en la calle, les aguardaba en un anuncio de desastre dirigido contra el balcón del insomne general argentino exiliado y eternamente cabreado contra la bulla de la casa de la puta americana de al lado. Amanecía. Comenzaban a estirarse sobre las arrugas del descampado las sombras de las casas desperdigadas alrededor del cauce seco del Albroñigal.

—Este lugar es un desierto y este país está acabado. Me vuelvo a América, muchachos. Allí por lo menos te matan de verdad.

Se adentró, engallado y tieso como una estatua, en el arroyo seco, hacia Barajas, y era nada más que un punto cuando los muchachos se dispersaron en el vacío donde quedaron flotando después de su marcha. Todos, salvo uno. Dentro de la casa, el amanecer se abría paso a través de las cristaleras y lamía la cera de los pasillos y la pelusa de las moquetas, mientras en el lecho de sábanas negras de la estancia oriental el muchacho rubio que parecía inglés y la puta con un aire de Ava, echados de costado, se miraban callados.

Y si, después de aquella noche, en alguna pesadilla sin norte, mientras el aire de Madrid volvía a espesarse con el vaho de las cicatrices calientes de la guerra, palidecían de nuevo los atardeceres del Parque del Oeste, rejuvenecían las putas de Pidús, la Lógica volvía a emborronar los cuadernos de apuntes, las colinas se desparramaban otra vez y las esquinas de Chamberí retrocedían hacia sus antiguos lugares, hubo un muchacho que logró ser espejo del perfil de Ava y ella le adentró en su gruta, ese muchacho, si es que existió, no sobrevivió para contarlo.

(Inédito)

Cartas bajo la manga

JUAN MADRID

Juan Madrid (Málaga, 1947) es licenciado en Historia Contemporánea por la Universidad de Salamanca. Tiene un sólido prestigio como reportero de investigación y articulista. Ha escrito una saga policiaca de cinco obras con un protagonista común, el ex policía Antonio Carpintero, alias Toni Romano (la última de ellas, *Cuentas pendientes,* en 1995), las novelas *Nada que hacer*, *Viejos amores* y *Días contados,* la novela juvenil *Los cañones de Durango* (1996) y tres colecciones de cuentos, *Un trabajo fácil*, *Jungla* y *Crónicas del Madrid oscuro*.

Leo tenía cincuenta y cinco años y era camarero en el restaurante Belljour del Hotel Sur desde hacía quince años. Todos los lunes, su día libre, solía ir al cine de su barrio.

Además de los lunes, Leo tenía derecho a otro día libre a la semana, pero el administrador del hotel, el señor Dueñas, le había pedido que acudiese a trabajar. Se lo pagaba aparte, como horas extras, y aquello representaba un ingreso suplementario que le venía muy bien.

Los lunes se levantaba tarde, vestía un pantalón deshilachado y una camisa vieja y con sus herramientas arreglaba los pequeños desperfectos de la casa: sillas que se movían, grifos que goteaban, los enchufes de la luz o la cisterna del retrete. Mientras, le gustaba pensar en la película que iría a ver.

Leo estaba convencido de que ser camarero no era fácil. Y se refería a ser un auténtico camarero. No como esos chicos jóvenes de las hamburgueserías ni de los bares de copas, ni siquiera como su hijo Javier, que acababa de ser ascendido a jefe de sección en la cafetería del Vips de la calle Fuencarral.

Eso era lo que pensaba Leo sobre su profesión y se lo decía a su hijo y a su mujer aquel lunes, a la hora de la cena en su casa. Él quería lo mejor para su hijo. Quería que fuese un buen profesional.

—Cualquiera no sirve para esto, Javier. Un camarero se hace con el tiempo, con el trabajo. Yo me formé en el Savoy, cuando era *maître* Monsieur Gastón, que me decía: «Leo, para camarero no vale cualquiera». Y no es sólo la prestancia, el saber estar, ir limpio, aseado. Es otra cosa.

Leo quería a su hijo de verdad y estaba orgulloso de él. Cuando era niño lo sacaba a pasear, le contaba cuentos, lo miraba en la cunita dormir y se emocionaba. Siempre quiso lo mejor para él. Por eso, cuando lo ascendieron en el trabajo se llenó de sincera y legítima alegría.

—Mira, Javier —seguía diciéndole a su hijo—, así no se coge el tenedor, se pincha el trozo de carne y se corta alrededor, el cuerpo recto, los codos pegados. Y no se agacha uno hacia la comida, sino al revés, se lleva la comida a la boca.

Le dio la impresión de que Javier no le escuchaba. Miraba la televisión y continuaba llenándose la boca de carne.

—Un día te voy a llevar al Savoy, creo que todavía se acuerdan de mí. Aunque ha pasado mucho tiempo. De mi época deben seguir Atarés y, quizás, Venancio. ¿Te acuerdas de Venancio, María? —le preguntó a su mujer.

—¿Quién? —le contestó ella—. ¿Venancio? ¿Qué Venancio?

—Digo que en el Savoy deben quedar de mi tiempo Venancio y, quizás, Atarés, me parece. Venancio era de Jaén, buen chaval él. Vino a nuestra boda. Te tienes que acordar. Era muy moreno, con la nariz un poco aguileña, muy gracioso él. ¿Te acuerdas?

María no se acordaba del compañero de su marido que acudió a su boda, veinticuatro años atrás. Y añadió:

—Se te va a enfriar el filete. Y frío no hay quien se lo coma. Después hay manzanas.

—Entonces yo debía de tener tu edad, Javier, poco más o menos, y me acuerdo de que Monsieur Gastón me mandó llamar y me nombró segundo *maître*. Yo no me lo creía, porque todo el mundo pensaba que el puesto se lo daría a Venancio. Aún me acuerdo.

Estaban dando las noticias en la televisión y Leo se calló y continuó comiendo. Esperó a que comenzaran los anuncios. Entonces dijo:

—Ya está, podemos ir todos al Savoy para celebrarlo —dejó el cuchillo y el tenedor apoyados ligeramente sobre el borde del plato—. ¿Qué os parece? Seguro que nos invitarán a tomar algo. No nos costará nada.

—¿Y qué vamos a hacer en el Savoy? —contestó su hijo.

—El Savoy era el mejor sitio de Madrid en mis tiempos, además del Riscal, el Club 31, el Palace y el Ritz. Cuando yo tenía tu edad, Javier, cualquier camarero era capaz de dar su brazo por trabajar con Monsieur Gastón. ¿Sabes lo que nos decía? Pues nos decía que se puede y se debe hablar mientras se come. No es falta de educación. Lo que no hay que hacer es hablar con la boca llena. Y menos enseñar la comida que se está masticando. Eso nos decía. Porque yo he visto mucho. Ser camarero de un restaurante de lujo es mejor que ir a la universidad, se aprende más sobre la gente viéndola comer que estudiando un montón de libros o acudiendo a esos cursillos de formación que os dan en los Vips.

—Los traen de Estados Unidos, en inglés y los traducen aquí —contestó Javier, sin dejar de ver la tele.

—Pues a mí me gustan los Vips —añadió su mujer—. Hay de todo, aunque muy caro.

Él se alegraba sinceramente de que su hijo Javier, a los veintitrés años, hubiese ascendido de dependiente a encargado en la cafetería. Le esperaba un buen futuro.

Pero si él pudiera, crearía unos cuantos restaurantes especiales, donde sólo fuera gente que supiera distinguir a los buenos camareros, sin que importase lo ricos que fueran.

Esos restaurantes estarían atendidos sólo por la flor y nata de los camareros. Eso sería un mundo perfecto y ordenado.

En su época del Savoy había visto a gente rica, pero sin clase. Gente elegante con mujeres hermosas, bien vestidos, gente que siseaba, que chascaba los dedos para llamar al camarero, para llamarlo a él, a Leo.

Pero era suficiente una mirada. Monsieur Gastón opinaba que para un buen camarero, un camarero como él, como Leo, formado en el Savoy, en una época en la que ser camarero no era ninguna tontería, era suficiente que el cliente te mirara. Entonces se acudía a la mesa. Había que estar atento a las miradas del cliente, decía Monsieur Gastón.

Basta con una mirada, pensaba él.

—Los lunes son el día del espectador, hacen rebaja. Podemos ir al cine y después... Bueno, después podríamos... Bueno, podríamos ir a cualquier parte, si no queréis ir al Savoy.

Leo continuó comiendo. Aguardó a que volvieran los anuncios.

—¿Quieres venir con nosotros, Javier? Conocerías a Atarés y a Venancio. Creo que está todo igual. Fui segundo *maître* con veintiocho años, Javier.

María, su mujer, le contestó:

—Tenemos televisión. ¿Para qué ir al cine? Además, en el cine me duermo.

—No digas eso, mujer. Te dormiste una vez nada más.

—No, me duermo siempre en el cine. Me gusta más la tele. ¿Y para qué tenemos televisión? Para verla, ¿no? No hace falta salir a ninguna parte.

—¿Y tú, Javier? Si quieres, puedes venirte conmigo al cine, ponen esa que anuncian en televisión, *Sola en la oscuridad.* ¿Te apetece? Yo invito.

Javier se encogió de hombros.

—Me parece que no voy a ir.

—¿Por qué siempre quieres ir al cine los lunes? —se quejó su mujer—. Qué pesadez. Dentro de poco esa película que vas a ver la pondrán en la tele. Son ganas de tirar el dinero.

Leo se acomodó en la butaca en la oscuridad y se sintió muy bien, muy feliz. Le embargó una sensación de paz y tranquilidad. Había muy poca gente en el cine. Eso era lo que más le gustaba. En el cine podía pensar y sentirse extrañamente pleno. Era una sensación que no podía definir.

Se recostó en la butaca. No tenía nadie delante, nadie al lado que le rozara ni que invadiera su lugar con el codo.

La sala estaba medio vacía. Distinguió apenas seis o siete cabezas diseminadas en las butacas de atrás. Él prefería sentarse delante, en las primeras filas, porque así estaba seguro de qué nadie se sentaría a su lado. Eso era lo que más le molestaba.

Empezó la película y cuando vio a la protagonista que caminaba por la calle rodeada de gente anónima, algo le vino a la cabeza.

Tiempo atrás, otro lunes, descubrió que la mujer que se sentaba al lado lloraba en silencio y estuvo tentado de hablarle. Recuerda que le sugestionó la idea de consolarla, decirle: señorita, se lo ruego, no llore, se lo suplico, no merece la pena, la vida es bella. Y no crea que me molesta que llore, a mí no me molesta, no es ninguna falta llorar, pero no llore. Todo tiene solución.

Estuvo tentado de decirle a aquella mujer que lloraba en silencio lo que le dijo una vez Monsieur Gastón, cuando él era joven, en el Savoy: «Mira, Leo, cuando las cosas vayan mal, cuando no haya salida, remángate el brazo derecho y saca de la manga la carta que tenemos escondida, porque todos tenemos una carta escondida cuando viene la mala».

Aquél había sido uno de los mejores consejos que había recibido en su vida. Afortunamente, él nunca tuvo necesidad de aplicar el consejo que le dio Monsieur Gastón. Tenía trabajo, salud, todavía era joven, su hijo comenzaba una prometedora carrera profesional y él y su mujer aún se querían.

Pero el mundo estaba lleno de gente desgraciada, gente sola. Como aquella mujer joven que vio aquel lunes en el cine a su lado.

Se acuerda de que era un lloro profundo, un llorar que le venía de la parte más insondable del alma. Enseguida se dio cuenta de que aquella chica estaba sola, muy sola, y que lloraba por eso, por simple soledad.

¿Pero cómo decírselo? ¿Cómo hablar con una chica que llora a tu lado en el cine? Se acuerda él de que entonces no lo hizo, porque creyó que la chica lo tomaría por lo que no era, un ligón de esos que van al cine a buscar mujeres solitarias.

No podría explicarle que él no era un ligón. Era sólo una persona que se sentía feliz, tranquilo y dispuesto a dar un consejo a un semejante.

Quizás la chica no lo comprendiese. Y por eso no le dijo nada. Cuando salieron del cine ella se perdió en la calle y él no se atrevió a abordarla.

Viendo la película, le embargó una extraña congoja. Tuvo unos deseos enormes de volver a ver a aquella chica que había llorado a su lado. Ahora sentía que podía hablarle, dirigirse a ella con naturalidad y preguntarle cómo se encontraba. Le confesaría que la había escuchado llorar tiempo atrás y que lo único que deseaba saber era si ahora se sentía bien. Estaba convencido de que la chica no se molestaría por eso.

¿Pero la reconocería si la viera otra vez? La sala estaba oscura y tuvo que admitir que apenas si la miró, temiendo que se molestara, aunque estaba dispuesto a afirmar que era bonita, muy bonita, de esa forma dulce y sin estridencia que tienen algunas mujeres que no saben que son bonitas y que actúan como si no lo fueran.

Llevaba una rebeca azul, una falda clara más abajo de las rodillas y se retorcía las manos en el regazo. Había inclinado la cabeza sobre el pecho y la sacudía imperceptiblemente por los ahogados sollozos. Su cabello era castaño claro, casi rubio. De niña debía de haber sido rubia.

Volvió la cara e intentó escudriñar por encima de su hombro las siluetas negras, sentadas detrás. Ninguna parecía ser la de una mujer joven, pero no podía estar seguro. Estaba muy oscuro.

Además, las mujeres suelen cambiarse muy a menudo el peinado, el color del pelo o la forma de vestir. Sin embargo, estaba seguro de reconocerla si volviese a verla.

Debía de vivir por el barrio para meterse sola en el cine, en la sesión de noche. Quizás tuviese la misma costumbre que él, aunque estaba seguro de que antes de aquella vez nunca la había visto.

Sin ningún motivo deseó con todas sus fuerzas volver a verla. Comenzó a invadirle una inmensa tristeza, como si intuyera la pérdida inevitable de un ser querido.

Volvió el rostro de nuevo hacia las figuras de detrás, escudriñando, inútilmente, la oscuridad de la sala. Decidió que para estar seguro tenían que encenderse las luces.

Sin motivo, tuvo la seguridad de que ella estaba en la sala, sentada en cualquier parte. Supo, sin lugar a dudas, que podía ser cualquiera de esas figuras recortadas en la penumbra, diseminadas en la sala.

No sabía de dónde le había surgido esa seguridad. A lo mejor era intuición, pero era como si la hubiese presentido. Nunca había estado tan seguro de algo. Ella estaba allí.

La película iba a terminar, de modo que se levantó y salió del cine con el corazón latiéndole muy fuerte en el pecho.

Se apostó fuera, en el lugar donde estaban los carteles de las películas y aguardó a que ella saliese. El corazón no dejaba de golpearle el pecho. Ahora estaba seguro de que le hablaría.

No tuvo que esperar mucho. Las luces del vestíbulo se encendieron y el portero abrió las puertas de la calle de par en par. Tuvo que morderse los labios para que no le traicionase la emoción.

Primero salió un muchacho que parpadeó, bostezó y se marchó acera adelante con las manos metidas en los bolsillos. Después lo hizo una pareja madura de más o menos su edad. La mujer era gorda y vestía un abrigo morado de entretiempo, fuera de moda. El resto de los espectadores salió enseguida. Contó dos hombres en la treintena, dos chicas muy jóvenes que se reían cogidas del brazo y un viejo que tosió dos veces antes de perderse calle abajo.

El portero iba a cerrar. Se acercó a él.

—Perdone —le dijo—. ¿No ha quedado nadie en el cine?

—Pues no, han salido todos —se le quedó mirando—. A veces se queda alguien dormido, pero hoy no. ¿Busca a alguien?

—Bueno —dudó unos instantes—. Se trata de mi sobrina, me dijo que iba a venir este lunes. Suele venir todos los lunes o casi todos. Tiene el pelo castaño, casi rubio y debe de tener alrededor de treinta años.

El portero volvió a observarlo con atención.

—Lo siento, pero yo no me fijo en la gente.

—Claro, perdone y muchas gracias.

—De nada.

Se retiró unos pasos y cruzó la acera. No se decidió a marcharse, como si esperase que ella, súbitamente, se diera cuenta de que él la estaba buscando y tomara la decisión de volver al cine.

Distinguió al portero y a la taquillera bromear mientras echaban el cierre al cine y ponían los candados. Cuando los vio alejarse por la calle, comprendió que no volvería a ver más a aquella chica.

Miró el reloj y decidió que podía ir al Savoy, todavía estaría abierto. Era muy posible que los últimos clientes aún no hubiesen terminado los cafés, ni apurado sus últimas copas. De todas maneras, aunque ya no hubiese clientes, él sabía que los camareros permanecían siempre en el local un poco más de tiempo, antes de cerrar. Era costumbre charlar entre ellos, fumar un cigarrillo y comentar lo sucedido durante la jornada.

Apretó el paso hacia la parada de taxis. Estaría en el Savoy en diez minutos. Se alegró al pensar en la sorpresa que le daría a sus viejos compañeros, tantos años sin verlos. Seguro que se alegrarían. En aquellos tiempos en los que él era segundo *maître,* se llevaban muy bien y bromeaban y se contaban cosas al terminar la jornada.

Al llegar a la parada de taxis se detuvo, indeciso. Los tiempos habían cambiado mucho y, quizás, se encontrase el Savoy cerrado. Incluso podía suceder que Venancio y Atarés, los únicos que quedaban de aquellos tiempos, ya no trabajasen allí. Lo mejor sería llamar por teléfono, cerciorarse y organizar una cita de viejos amigos. Sí, eso sería lo mejor.

Dio media vuelta y rehízo el camino a su casa, contento por la decisión que había tomado. Llamaría a Venancio y a Atarés. No pasaría del próximo lunes.

(Inédito)

Mala índole

JAVIER MARÍAS

Javier Marías es uno de los autores más relevantes del panorama literario español. Sus obras han sido publicadas con gran acogida en dieciocho países, y entre ellas destacan *El hombre sentimental* (Premio Herralde de Novela, 1986), *Todas las almas* (Premio Ciudad de Barcelona, 1989), *Corazón tan blanco* (Premio de la Crítica, 1993) y *Mañana en la batalla piensa en mí* (Premio Fastenrath, 1995, y Premio Internacional de Novela Rómulo Gallegos, 1995). Su última publicación, *Cuando fui mortal*, recoge sus mejores relatos.

Nadie sabe lo que es ser perseguido si no ha pasado por ello y la persecución no ha sido constante y activa, llevada a cabo con deliberación y determinación y ahínco y sin pausa, con perseverancia o con fanatismo, como si los perseguidores no tuvieran otra cosa que hacer en la vida que darle a uno alcance y antes buscarlo, acosarlo, seguirle la pista, localizarlo y a lo sumo aguardar la ocasión mejor para ajustarle las cuentas. No se trata de que alguien nos ponga la proa y esté dispuesto a arruinarnos si nos cruzamos en su camino o le damos oportunidad para ello, no de alguien que nos la tiene jurada y espera, espera, se limita a esperar y por lo tanto es todavía pasivo o rumia la preparación de sus golpes, que mientras son sólo maquinaciones no pueden ser golpes, pensamos que llegarán pero tal vez no lleguen, acaso le dé un infarto a nuestro enemigo antes de ponerse a la obra efectivamente, antes de aplicarse de veras a hacernos daño, o a destruirnos. O quizá se olvide, se calme o se distraiga y se olvide, y si no reaparecemos en su trayecto es posible que nos libremos, la venganza cansa mucho y el odio tiende a desvanecerse, es un sentimiento frágil y efímero, tan poco perdurable y difícil de mantener que en seguida deja su puesto al rencor o al resentimiento, cosas más llevaderas y más fácilmente recuperables, mucho menos virulentas y en modo alguno apremiantes, mientras que el odio siempre tiene prisa y apremia, lo quiero ya, lo quiero ya muerto, traedme la cabeza de ese hijoputa, lo quiero ver desollado y con brea y plumas por todo el cuerpo, degollado y desollado, un despojo, para que ya no sea nadie y así se pare mi odio que me fatiga tanto.

No, no se trata de que alguien nos perjudique si hacerlo se le pone a tiro, no son esas enemistades civilizadas en las que alguien tacha un nombre de la lista de convidados al baile de la embajada y se ve resarcido, o silencia en su sección de un periódico los logros del adversario, o deja de invitar a un congreso a quien un día le arrebató una plaza. No es tampoco el cornudo que se afana por devolver los cuernos, o lo que cree que es devolverlos, ni siquiera el hombre que te confió sus ahorros y fue estafado, compró por adelantado una casa que nunca fue construida o se empeñó hasta las cejas para financiar una película de la que jamás hubo intención de rodar un solo metro, es increíble cómo el cine engatusa y engaña a tantos. Tampoco es el escritor o el pintor que no ganó el premio que te fue concedido y cree que otra habría sido su vida si se hubiera hecho su justicia entonces, hace ya veinte años; ni siquiera es el peón apaleado mil veces por el capataz abusivo y sañudo que se arrimó al propietario, y que ansía la llegada de un nuevo Zapata a cuya sombra deslizará una navaja hasta el vientre de su verdugo y hasta la yugular del terrateniente de paso, porque ese peón está también instalado en la espera, por no decir en la ensoñación pueril en que incurrimos todos de vez en cuando para hacernos recordar nuestros deseos, esto es, para no olvidarnos de ellos, la reiteración parece estar al servicio de la memoria pero en realidad la difumina y la burla, y también la aplaca, relega las necesidades a la esfera del advenimiento y así nada parece depender ya de nosotros, nada depende de los peones y el capataz sabe que hay una amenaza vaga o quimérica, también él padece su ensoñación, la del miedo, que lo conduce tan sólo a extremar su brutalidad y su saña, para cobrarse por adelantado el navajazo en el vientre que sólo recibe en sueños, los suyos y los ajenos.

No, ser perseguido no es nada de eso, no es saber que podría uno serlo, no es saber quién vendría a matarlo si estallara de nuevo una guerra civil en estos países nuestros susceptibles y encolerizados, no es tener la certeza de que alguien nos pisaría la mano si con ella nos agarráramos al borde de un acantilado (no solemos arriesgarnos a eso, no en presencia de los despiadados), no es temer un mal encuentro que podría evitarse yendo por otras calles, o a otros bares, o a otras casas, no es temer el azar que nos escarnece o las tornas vueltas en nuestra contra un día, no es crearse enemigos posibles o probables o incluso ciertos pero futuros siempre, cometer agravios cuyo desagravio está emplazado en el tiempo no llegado, hay una dilación para casi todo, casi nada es inmediato ni existe y vivimos en la demora, en la vida suele haber sólo demora y anuncio y planes, proyectos y maquinaciones, confiamos en la pereza y el letargo infinitos de todo el mundo, en la pereza de que las cosas se cumplan y lleguen, y en la de hacerlas.

Pero a veces no hay pereza ni letargo ni ensoñaciones pueriles, a veces —aunque es lo raro— hay la urgencia del odio, la negación de la tregua y la astucia y la estratagema, o si las hay son tan sólo improvisadas por la resistencia intolerable del perseguido, las hay sólo como contratiempo, sin más valor que la rectificación de la trayectoria prevista para una bala porque el blanco se ha movido y la ha esquivado. Esta vez. Nada más, o así se espera, y si el tiro se erró no cabe sino disparar de nuevo, y seguir y seguir hasta que caiga la pieza y se la remate. Cuando uno es así perseguido tiene la sensación de que sus cazadores no hacen más que perseguirlo y buscarlo las veinticuatro horas del día: uno está convencido de que no duermen ni comen, no beben ni tan siquiera se paran, sus pasos envenenados son incesantes e infatigables y no hay ningún alto; no tienen mujer ni hijos ni necesidades, no van al cuarto de baño ni charlan, no follan ni van al fútbol, carecen de televisión y de casa, a lo sumo tienen coches para perseguirlo a uno. No es que uno sepa que algo malo podría pasarle un día o si se adentra por donde no debe, es que ve y sabe que ya le está pasando lo peor, lo más temible, y entonces el perseguido tampoco bebe ni come ni para; o a veces sí, se queda quieto más por el pánico que por tener la seguridad de estar guarecido y a salvo, y más que quietud es parálisis, como la de un insecto que no vuela o la de un soldado en su trinchera. Pero aun así no duerme más que cuando el cansancio priva de realidad y amenaza a lo que ya está ocurriendo, cuando la existencia pasada de tantos años se impone —tanto tardan en marcharse las costumbres, la existencia sin plazos— y decide por un instante que el presente es lo falso, la ensoñación o una pesadilla, y lo rechaza porque es anómalo. Duerme entonces y come y bebe, y folla si tiene suerte o si paga, charla un rato olvidado de que los pasos envenenados nunca se paran y siempre avanzan mientras los propios siempre inocentes están detenidos o no obedecen, o hasta están descalzos. Y eso es lo peor y el mayor peligro, porque uno no debe olvidar que si huye no puede descalzarse nunca, ni mirar la televisión, ni a los ojos de quien se le aparece de frente y podría retenerlo acaso, mis ojos sólo miran hacia atrás y los de mis perseguidores hacia delante, hacia mi negra espalda, y por eso llevan las de alcanzarme siempre.

Todo vino por el señor Presley, y esta no es una de esas frases idiotas que hacen referencia al disco que estaba sonando cuando nos entretuvimos o nos descuidamos o se nos fue la mano, ni a que fuera el ídolo de la persona que nos trajo el problema al obligarnos a asistir a un concierto para seducirla, o para contentarla al menos. Todo vino por Elvis Presley en persona o, como yo solía llamarlo hasta que me dijo que ese tratamiento lo hacía sentirse como su padre, por el señor Presley. Todo el mundo lo llamaba Elvis a secas con gran confianza y así lo siguen llamando sus adoradores y sus detractores aun después de muerto, quienes nunca lo vieron en carne y hueso ni cruzaron con él una palabra, o quienes entonces lo veían por vez primera, como si su fama lo convirtiera en amigo involuntario o servidor inconsciente de todos, y quizá eso fuera normal y hasta justificable aunque a mí me desagradara: ¿acaso no lo conocía el mundo entero, entonces? Todavía hoy lo conoce. Yo prefería sin embargo llamarlo señor Presley y luego Presley sin más, por el apellido, cuando me ordenó prescindir del elemento para él tan venerable, si bien no estoy seguro de que no lamentara un poco su orden, tengo para mí que le gustaba oírse llamar así alguna vez en la vida, Mr Presley o señor Presley según la lengua, a sus veintisiete o veintiocho años. Y fue eso, la lengua o sus aledaños, el aspecto más ornamental, lo que me llevó hasta él, a ser contratado e incorporado a su regimiento de colaboradores, ayudantes y consejeros durante seis semanas en principio, las que debía durar la realización de su película *Fun in Acapulco,* creo que se estrenó en España con el título cambiado como de costumbre, no *Diversión en Acapulco* ni *Marcha en Acapulco* sino *El ídolo de Acapulco,* nunca la vi en España.

Pero sí compré aquí hace poco el disco correspondiente, la banda sonora original que me saltó a la vista en la tienda cuando buscaba algo de Previn. Me hizo gracia y me la llevé, me trajo recuerdos que durante mucho tiempo había preferido que fueran olvidos, como sin duda lo prefirieron todos los demás del equipo, y lo procuraron, y lo consiguieron: pues en el folleto explicativo del disco se sigue contando un viejo embuste ya consagrado, una historia falsa. En él se dice que Presley no pisó Acapulco durante el rodaje y que todas sus escenas se filmaron en Los Ángeles, en los estudios de la Paramount, para evitarle desplazamientos y molestias, mientras un equipo de segunda unidad viajaba hasta México para hacer tomas de paisajes inertes o de lugareños en movimiento que luego serían utilizadas para transparencias, Presley recortado contra el mar y la playa, contra las calles en bicicleta y con niño a cuestas, contra los acantilados de La Perla, contra el hotel en que trabajaba o aspiraba a trabajar su personaje, un antiguo trapecista traumatizado llamado Mike Windgren, siempre recuerdo los nombres, más que las caras. La versión oficial ha prevalecido, como ocurre con casi todo, pero es una versión amañada, como suelen serlo las oficiales sin que importe quién las divulgue, un particular o un gobierno, la policía o una compañía cinematográfica. Es cierto que todo el material que aparece efectivamente en la película —tal como se estrenó y tal como existirá ahora en vídeo— está rodado en Hollywood siempre que Presley se encuentra en escena, y la verdad es que apenas se lo perdía de vista en todo el metraje. Tuvieron buen cuidado de no emplear ni montar un solo plano con su presencia que no hubiera salido de los estudios, ni uno solo que pudiera contradecir esa versión de la productora y del entorno del señor Presley. Pero eso no significa que no hubiera otro material que fue descartado, escrupulosa y deliberadamente descartado en este caso, posiblemente arrojado a las llamas o guillotinado, convertido en pulpa de celuloide, no quedará ni rastro, ni un milímetro, ni un fotograma, o eso supongo. Porque la verdad es que Presley sí rodó en México, no tres semanas pero sí diez días, al cabo de los cuales no sólo abandonó el país sin despedirse de nadie, sino que se decidió que jamás lo hubiera pisado ni hubiera estado allí, ni diez días ni cinco ni uno, el señor Presley no se había movido de California o de Tennessee o de Missouri, lo mismo daba, no había puesto el pie en México ni por tanto en Acapulco, y quien habían entrevisto o visto los turistas y los acapulqueños —o como se llamen— durante aquellos días de febrero era sólo uno de sus numerosos dobles, tanto o más necesarios que nunca en esta producción dado que el personaje que interpretaba el cantante, a fin de superar el mal trago de haber dejado caer desde el trapecio a su hermano con el consiguiente descalabro moral para él y físico para el hermano volante —totalmente siniestrado—, debía arrojarse al Pacífico desde lo alto de los brutales acantilados de La Perla en la escena final o más bien prefinal de *Diversión en Acapulco,* un título, desde luego, para conseguir el cual nadie se devastó el cerebro. Esa fue la versión oficial del paso de Presley por México o más bien de su falta de paso; aún perdura, por lo que veo, y hasta cierto punto es comprensible. O quizá es más simple, quizá es que nunca hay manera de borrar lo dicho, sea verdadero o falso, una vez que se ha dicho: las acusaciones y las invenciones, las calumnias y los cuentos y las fabulaciones, desmentir no es bastante, no borra sino que se añade, antes habrá mil versiones contradictorias e imposibles de un hecho que la anulación de ese hecho una vez relatado; los mentís y las discrepancias conviven con lo que refutan o niegan, se acumulan, se agregan y jamás lo cancelan, en el fondo lo sancionan mientras se siga hablando, lo único que borra es callar, y callar prolongadamente.

Han transcurrido treinta y tres años de aquello y hace ya dieciocho que murió el señor Presley, está bien muerto aunque lo conozca aún todo el mundo, y se lo escuche y se lo eche en falta. Y lo cierto es que yo lo conocí en carne y hueso y estuvimos en Acapulco, ya lo creo que estuvimos y estuvo y estuve, y también en Ciudad de México, adonde volamos más de la cuenta en su avión privado, viajes de horas, intempestivos, estuvo él y estuve yo, yo durante más tiempo, demasiado tiempo o se me hizo tan largo, el tiempo de las persecuciones dura como ningún otro porque cada segundo es contado, uno, dos y tres y cuatro, aún no me han alcanzado, aún no me han degollado, aquí sigo y respiro, uno, dos y tres y cuatro.

Claro que estuvimos allí, estuvimos todos, el equipo entero de la película y el equipo del señor Presley al completo, que era mucho más amplio, él viajaba —o no era necesario tanto: se movía— con una legión siempre a su espalda, un batallón de parásitos más o menos imprescindibles, cada uno con su función o sin funciones demasiado precisas, abogados, gerentes, maquilladores, músicos, peluqueros, acompañantes vocales —The Jordanaires invariables—, secretarias, entrenadores, *sparrings* —su nostalgia del boxeo—, apoderados, asesores de imagen, modistos y una costurera, técnicos de sonido, conductores, electricistas, pilotos, gestores fiscales, publicitarios, encargados de promoción, de prensa, portavoces oficiales y oficiosos, la presidenta de su club nacional de fans en inspección autorizada o en visita informativa, y por supuesto guardaespaldas, coreógrafos, profesora de dicción, ingenieros de mezclas, un maestro de interpretación facial y también gestual (lograba poco), ocasionales médicos y enfermeras y un farmacéutico fijo con su cargamento inverosímil, jamás se vio botiquín parecido. Unos dependían de otros en organizada jerarquía según contaban, pero no era nada fácil saber quién de quién ni cuántas eran las divisiones y subdivisiones, los departamentos y cuadros, habría hecho falta un árbol genealógico pintado o lo otro, quiero decir un organigrama. Y así había individuos a los que nadie controlaba seguramente y a los que cada uno suponía a las órdenes de algún otro, gente que entraba y salía y merodeaba y pululaba sin que nunca se supiera cuál era su misión exacta, aunque se daba por descontado que alguna sería, nadie desconfiaba aún mucho en aquellos tiempos, aún no se había asesinado a Kennedy. En sus chaquetas o camisas o camisetas o monos o blusas llevaban todos bordadas las iniciales 'EP' en azul, rojo o blanco según el color de la prenda, de manera que habría bastado con que cualquier espontáneo le hubiera pedido el favor a su madre para haberse hecho pasar por miembro del equipo sin grandes complicaciones. Allí no preguntaba nadie, éramos demasiados para conocernos todos, y creo yo que el único que discernía un poco y supervisaba el conjunto era el Coronel Tom Parker, una especie de descubridor de Presley, o tutor o padrino o algo según me contaron (nadie estaba muy al tanto de nada), cuyo nombre aparecía en todas las películas del cantante como 'Asesor técnico', cargo vago donde los haya. Tenía un aspecto bastante distinguido y severo y hasta algo misterioso en aquel entorno abigarrado, siempre con corbata y bien vestido, las mandíbulas tensas como si no descansara, apretados los dientes como si le rechinaran en sueños, hablaba en voz muy baja pero muy firme y acercándose mucho al rostro del interlocutor, lograba que fuera éste el único que lo oyera aunque se dirigiera a él en una habitación llena de gente, a menudo ociosa y gratuitamente cotilla. Lo de Coronel no sé de dónde salía, si era cierto que pertenecía al ejército o era sólo fantasía y se hacía llamar de ese modo para dar nominal cumplimiento a alguna aspiración truncada. Pero entonces por qué no General, nada se lo impedía. Su figura seca y su pelo ordenado y canoso imponían respeto y hasta aprensión en la mayoría, tanto que cuando hacía acto de presencia en el plató o en una oficina o en una sala, el lugar se iba vaciando insensible pero rápidamente como si fuera hombre de mal agüero, o nadie quería permanecer mucho rato expuesto a su ojo nórdico, un ojo translúcido y difícil de mirar de frente. Aunque iba de civil y su aire era más senatorial que militar, todos lo llamaban Coronel en todo caso, incluido el señor Presley.

A buen seguro mi función no era imprescindible sino producto de un capricho de Presley, y fui contratado para la ocasión, sólo aquélla. Así que allí estuvimos todos, los habituales de sus formularias películas copiadas unas de otras —*Fun* era la decimotercera— y también los nuevos, en el desganado rodaje de una cinta absurda y sin pies ni cabeza según mi criterio, aún me admira que cobrara el autor del guión, un tal Weiss incapaz del más mínimo esfuerzo, andaba por allí interesado en la música solamente, quiero decir la que cantaba Presley por doquier y a todas horas con sus inseparables Jordanaires o con otros acompañantes vocales de ultrajante nombre, The Four Amigos. Yo no sé demasiado bien de qué trataba aquella historia, no por su complicación sino por lo contrario, resulta arduo seguir una trama cuando no hay tal trama ni estilo que la sustituya o distraiga; ni siquiera habiéndola visto proyectada luego —poco antes de su estreno, hubo una deferencia— puedo contar esa supuesta historia. Sólo sé que Elvis Presley, ex trapecista torturado como ya he dicho —pero sólo a ratos, también se baña a menudo con desenvoltura y corteja desinhibido—, vaga por Acapulco no recuerdo si por algún motivo, es de suponer que ahuyentando su pasado negro o huyendo del FBI si éste lo creyó fratricida voluntario (no me consta, quizá estoy mezclando películas, de ésta hace treinta y tres años). Como es lógico y necesario, canta y baila, así que actúa en locales diversos, en una cantina, en un hotel, en una terraza sobre el acantilado soberbio. De vez en cuando mira con complejo y envidia a los nadadores —o son palanquistas— que se lanzan de cabeza a la piscina desde un trampolín normalísimo y con gran ufanía. Hay una mujer torera e indígena que lo pretende, y otra, la relaciones públicas del hotel o algo así, que se lo disputa a la matadora, el señor Presley siempre tenía éxito con las mujeres, en la ficción como en la vida. Hay también un rival mexicano llamado Moreno que salta desde el trampolín más de la cuenta, frenéticamente y sin pausa, sólo para fastidiar a Windgren y tildarlo luego de cobarde. Con él se disputa Presley a la relaciones públicas, que no era otra que la actriz suiza Ursula Andress en bikini o con camisas anudadas caprichosamente al ombligo y cintas a juego en el pelo mojado, acababa de hacerse universalmente deseable y célebre —sobre todo entre los adolescentes— tras emerger en bikini blanco en la primera aventura de James Bond, *Agente 007 contra el doctor No* o como quiera que se titulase en España; sus bikinis acapulqueños quedaron sin embargo desaprovechados y a poca altura, eran mucho más castos que aquel otro jamaicano, quizá una imposición del Coronel Tom Parker, parecía un señor decoroso, o acaso no toleraba competencias desleales para con su pupilo. Correteaba también por allí un niño pseudomexicano con exceso de labia del que Windgren se hacía amigo —the two amigos—, sin saberse la razón ni los fines: aquel niño era una peste parlante y merecía ser sorteado hasta en los ascensores, de hecho eso hacíamos todos cada vez que se nos acercaba verboso creyendo que la ficción proseguía, pues en ella era íntimo del ex trapecista amargado por la fatalidad fraterna y por el vicioso trampolinista Moreno. Esa era toda la historia, si es que eso es una historia.

Y por allí andaban también, deprimidos, dos veteranos cuya actitud entre humillada y escéptica contrastaba con el ambiente festivo de aquella producción decimotercera. (Debimos pensar en el número.) Uno era el director Richard Thorpe y el otro el actor Paul Lukas, de origen húngaro y de verdadero apellido Lukács. El primero tenía cerca de setenta años y el segundo cerca de ochenta, y ambos se veían al término de sus carreras haciendo el indio en Acapulco. Thorpe era un hombre bondadoso y paciente o más bien hastiado y vencido, y dirigía con desgana, como si sólo una pistola en la nuca empuñada por Parker lo convenciera de gritar 'Acción' antes de cada toma. 'Corten', en cambio, lo decía con más energía y alivio. Había realizado estupendas o muy dignas películas como *Ivanhoe* y *Los caballeros de la Tabla Redonda, Todos los hermanos eran valientes* y *La casa de los siete halcones* y *Quentin Durward,* incluso había trabajado con Presley en su interpretación tercera y en tiempos no tan rutinarios, dirigiendo *Jailhouse rock* o *El rock de la cárcel* 'aquello era todavía otra cosa, en blanco y negro', se disculpaba con Lukas en alguna pausa; pero disimuladamente, no era hombre para ofender a nadie, ni siquiera al provinciano magnate McGraw ni al también venerable productor Hal Wallis. En cuanto a Lukas o Lukács mismo, había sido casi siempre un secundario, pero tenía un Óscar y había obedecido a Cukor y a Hitchcock, a Minnelli y a Huston, a Tourneur y a Walsh, a Whale y a Mamoulian y a Wyler, y esos nombres estaban permanentemente en sus labios como si quisiera conjurar con ellos y su noble recuerdo la ignominia del que se temía su papelón postrero: en *Diversión en Acapulco* hacía de padre vagamente europeo de Ursula Andress, un diplomático o ministro o quizá aristócrata tan venido a menos que en el hotel ocupaba el puesto de cocinero. Durante todo el rodaje no pudo quitarse el altísimo gorro blanco —se pasaron de altura, había que almidonarlo— que es el cliché de los de ese oficio, quiero decir mientras estaba en escena soltando tópicos que lo avergonzaban, porque en cuanto Thorpe musitaba 'Corten' con un bostezo, y aunque fuera sólo para repetir la toma de inmediato, Paul Lukas se arrancaba de la cabeza con furia el sombrero infame, lo miraba con desprecio húngaro posiblemente —en todo caso nunca visto en América— y murmuraba de forma audible: 'Ni un solo plano, cielo santo, a mi edad ni un solo plano con mi limpia calva'. Me alegré cuando supe dos años más tarde que no fue esta su última película sino la penúltima, y que pudo despedirse de su profesión con un gran papel y una interpretación excelente, la del buen señor Stein en *Lord Jim,* junto a verdaderos pares suyos como Eli Wallach y James Mason. Fue atento conmigo, y le habría dolido decir su adiós al lado del señor Presley.

No debe inferirse de este último comentario que yo despreciara ni desprecie al señor Presley. Todo lo contrario. Poca gente habrá habido que lo admirara y lo admire más que yo (sin fanatismos), y sé que en eso tengo enorme competencia. No ha existido una voz como la suya, ningún vocalista de tanto talento ni tan variados registros, y además era un hombre agradable y bastante afable, mucho menos engreído de lo que estaba en disposición de ser con justicia. Pero el cine no. Se lo había empezado tomando en serio, y sus primeras películas no estaban mal, *King Creole* por ejemplo (admiraba tanto a James Dean que se sabía todos sus diálogos). Pero el problema del señor Presley, como el de tantos otros individuos de descomunal éxito, fue la prodigalidad excesiva a que se lo obligaba: cuanto más éxito tiene alguien y más dinero ingresa, más trabajo y menos libertades tiene. Quizá es que hay también otras gentes que ingresan dinero gracias a él, y entonces lo explotan, lo fuerzan a producir, componer, escribir, pintar o cantar, lo exprimen y lo chantajean, sentimentalmente, con su amistad, con su influjo, con ruegos, ya que las amenazas de poco sirven contra quien está en la cumbre. Bueno, amenazas puede haber siempre, por descontado. Así que Elvis Presley había rodado doce películas en seis años, además de multiplicarse en otras mil actividades diversas, al fin y al cabo el cine era en su tinglado una industria secundaria. Detrás de estos individuos siempre hay hombres de negocios y empresarios, a los que cuesta aceptar que de vez en cuando se pare la fábrica de lo que venden. En realidad yo no he visto a nadie tan explotado y que se esforzara tanto como el señor Presley, y a evitarlo no lo ayudaba el carácter, que no era malo ni arisco ni tan siquiera arrogante —en ocasiones sí pendenciero— sino más bien complaciente, le costaba decir que no, le costaba oponerse. Y así sus películas fueron cada vez peores y en ellas tuvo Presley que hacer cada vez más el ridículo, lo cual no era grato de ver para quien como yo lo admirase.

Él no se daba cuenta, o así parecía; o si se la daba aceptaba ese ridículo sin mala cara y hasta con un punto de orgullo, como parte de la tarea. Y como en el trabajo era esforzado y serio y además un entusiasta, no podía situarse por encima o burlarse de ninguna de sus partes. Supongo que con el mismo espíritu disciplinado y conforme se dejó crecer perdularias patillas en los años setenta y consintió en salir a los escenarios ataviado de mamarracho circense, con trajes de lentejuelas o flecos de fantasía y pantalones acampanados con raja, anchos cinturones de puta bisoña y taconadas botitas de duende, y una capa corta —una capa— que lo asemejaba más a Superratón que al probable modelo imitado, Supermán, imagino. Por suerte no lo traté en esa época, ni siquiera diez días, y en los años sesenta en que lo conocí no tuvo que rebajarse tanto, pero tampoco se vio libre de las extravagancias que se les ocurrían a otros, y me temo que fue en *Fun in Acapulco* donde le tocaron más fantochadas.

Cada vez que presenciaba el rodaje de una nueva escena yo pensaba: 'Oh no, Dios mío, eso no, señor Presley', y lo asombroso era que el señor Presley parecía no dar importancia a nada e incluso disfrutar del horror con su indudable capacidad de zumba. Yo no creo que estuviera satisfecho ni ufano, sino que no se atrevía a defraudar con reparos o con negativas a alguien cercano que hubiera tenido la delirante idea de turno, fuese el Coronel Tom Parker o el coreógrafo O'Curran o el propio productor Hal Wallis o incluso aquel cuarteto del nombre ofensivo, The Four Amigos, que tenían ocurrencias a pares. O quizá estaba tan confiado en sus dotes que pensaba que saldría airoso de cualquier barrabasada, lo cierto es que a lo largo de su carrera cantó de todo y en todas las lenguas —y para éstas no estaba desde luego dotado— sin que su prestigio se desplomara. Pero eso aún no lo sabíamos. 'Oh no, santo cielo, ahórrenle algo', pensaba yo cuando descubría que Presley iba a tocar la pandereta y a jugar con un sombrero mexicano rodeado de mariachis de feria —el Mariachi Águila y el Mariachi Los Vaqueros, para mí indistinguibles— mientras cantaban *Vino, dinero y amor* todos a coro en una cantina. 'Oh Señor, no lo permitas', pensaba cuando me anunciaban que el señor Presley había de vestirse de corto con chorreras en la camisa y faja escarlata para interpretar la solemne canción *El Toro* al tiempo que zapateaba. 'Oh no, por favor, qué opinará su padre cuando vea esto', pensaba mientras él acometía *Y el torero era una dama* con traje aproximadamente ranchero y haciendo ondear un capote taurino por encima de su repeinada cabeza o posándoselo sobre los hombros por el lado amarillo como si fuera un manto. 'Oh no, esto ya es ir demasiado lejos, esto es un regicidio', pensé cuando leí en el guión que en la última escena Presley debía cantar *Guadalajara* en español y al borde del precipicio, jaleado hipócritamente por todos los mariachis juntos. Pero esto es capítulo aparte, y no fue culpa mía el desastre idiomático.

Para eso me habían contratado. No ya para evitarlos, sino más aún, para que todo fuera pedantemente perfecto. Yo llevaba un par de meses en Hollywood haciendo lo que cayese, me había presentado allí con unas cartas de recomendación de Edgar Neville, a quien había tratado en Madrid un poco. No me sirvieron de mucho —casi todos sus amigos muertos o jubilados—, pero sí al menos para hacer algunos contactos y no morirme de hambre desde el principio. Me ofrecían trabajillos de una semana o dos, en un rodaje o en los estudios, como figurante o como chico de los recados, tanto daba, tenía veintidós años. Así que no di crédito cuando me llamó a su oficina Hal Pereira y me dijo:

—Oye, Roy, tú eres español de España, ¿verdad?

Mi apellido, Ruibérriz, no es fácil para los de habla inglesa, de manera que en seguida pasé a ser Roy Berry, la gente me llamaba Roy, allí fue mi nombre de pila o primer nombre como dicen ellos, y como Roy Berry aparezco en letra minúscula en los títulos de crédito de algunas películas del 62 y el 63, mejor no confesar en cuáles.

—Sí, señor Pereira, soy de Madrid, España —contesté.

—Estupendo. Escucha. Tengo una cosa fantástica para ti y además nos quitamos de encima un problema de última hora. Seis semanas en Acapulco, bueno, tres allí y tres aquí. Película con Elvis Presley. *Holiday in Acapulco* —así se llamó inicialmente, nunca estuvieron dispuestos a romperse el cráneo—. Él es un bañero trapecista, no sé, me incorporo mañana. Elvis tiene que hablar y cantar un poco en español, bien. Ahora se nos descuelga diciendo que no quiere tener acento mexicano sino español muy puro, como si lo hubiera aprendido en Sevilla, dice que se ha enterado de que la *c* se pronuncia distinto en España y así quiere pronunciarla, bueno, tú sabrás. Así que no nos sirven de nada los cien mil mexicanos que tenemos por aquí, quiere un español de España para que esté con él durante el rodaje y controle su distinguido acento. No tenemos muchos por aquí, españoles de España, para qué los queremos, es absurdo. Pero Elvis es Elvis. No aceptamos una negativa. Te contratará su equipo, estarás a sus órdenes y no a las nuestras. Pero en cambio te pagará la Paramount, Elvis es Elvis. Así que no esperes mejor salario que el que estás ganando esta semana. Qué dices. Salimos mañana.

No tenía nada que decir, o más bien me quedé sin habla. Seis semanas de trabajo seguro y fácil y junto a un ídolo, y además en Acapulco. Creo que por primera y última vez bendije el lugar de mi nacimiento, que no suele traer ventajas, y allá me fui para México a no hacer apenas nada, ya que eran bien pocas las frases en español que debía soltar el señor Presley a lo largo de la película, cosas como 'muchas muchachas bonitas', 'amigo' y 'gracias'. Lo más difícil era la canción *Guadalajara,* tenía que cantarla con su letra original entera, pero estaba programada para la tercera semana de rodaje y habría tiempo de ensayarla.

El señor Presley me tomó simpatía en seguida, era un hombre divertido y amigable y al fin y al cabo me llevaba sólo cinco o seis años, aunque a esas edades bastan para que el más joven reverencie al más experto, y más aún si éste es ya legendario. Lo del acento era en verdad un capricho, y además estaba incapacitado para pronunciar la *c* de Madrid, así que nos quedamos con la de Sevilla, yo le aseguré que aquélla era la famosa *c* de España, aunque a él le resultó sospechoso que fuera tan parecida a la mexicana que quería evitar en principio. De manera que me empleó más como intérprete que como profesor de dicción castellana.

Era inquieto y necesitaba estar siempre activo, moverse de Acapulco en cuanto acababa la jornada, cogíamos el avión privado y nos íbamos unos cuantos a Ciudad de México —cabíamos cinco contando al piloto, era una miniatura, the five amigos—, o en varios coches hasta Petatlán o Copala, Presley no aguantaba pasar el día y la noche en el mismo sitio, aunque también se cansaba del nuevo lugar en seguida y volvíamos siempre a las pocas horas, a veces al cabo de unos minutos si lo que veía le desagradaba, quizá lo que lo atraía era sólo el trayecto. Pero también había trabajo a la mañana siguiente, con tanto desplazamiento dormíamos de dos o tres a siete, y a los tres o cuatro días los más excursionistas estábamos destrozados excepto Presley, su resistencia era incomparable, alguien en perpetua explosión, y acostumbrado a dar conciertos. El día se lo pasaba cantando o canturreando aunque no le tocara hacerlo, se notaba que le entusiasmaba, como una máquina cantora, ensayaba sin cesar con The Jordanaires o con los mariachis o hasta con The Four Amigos, y en el avión o en el coche, si la conversación no cuajaba, empezaba a tararear al poco trecho y los demás acabábamos acompañándolo, un honor canturrear con Presley, aunque yo desafinara mucho y él se riera y me insistiera con burla: 'Sigue, Roy, sigue tú solo, puedes hacer gran carrera'. (Alternábamos lentas y rápidas, y así yo le he hecho voces sobre las nubes de México en una de mis favoritas, *Don't,* o en *Teddy Bear*—páparabba, páparabba—. Esas cosas no se olvidan.) Su manía cantora hacía que todo el mundo anduviera un poco frenético en el rodaje o por lo menos excitado, el equipo de Wallis y el equipo de Presley, una vida musical continua no hay quien la aguante con equilibrio, quiero decir si no se es músico. Hasta el digno Paul Lukas, con sus ochenta años y su enorme fastidio, tarareaba a ratos sin darse cuenta, yo le oí entre dientes *Bossa Nova*

Baby, vaya en su descargo que era muy pegadiza, seguro que él no tuvo conciencia. Presley la cantó junto a unos tipos con levitas verdes y panderetas.

Pero los más insoportables eran los que no sólo se dejaban envolver por la marea del canto y el tarareo incesantes, sino que lo procuraban, y azuzaban al señor Presley para sentirse a su altura o caerle en gracia, más elvíticos que Elvis. De estos había unos cuantos entre tripulación tan extensa, pero el más grotesco era McGraw, el magnate pueblerino, un hombre de unos cincuenta y cinco años —mi edad de ahora, qué espanto— que durante los dos días que visitó el rodaje se comportó no ya como si tuviera los veintisiete de Presley o los veintidós míos, sino catorce en pleno frenesí de púber nuevo. George McGraw era uno de tantos individuos impropios que Presley arrastraba por no se sabía bien qué razones, tal vez inversores fuertes de su tinglado, o gente de su zona natal a la que toleraba por eso o debía viejos favores, como el Coronel Tom Parker posiblemente. Entendí que George McGraw tenía empresas variadas en Mississippi y quizá en Alabama y Tennessee, en todo caso en Tupelo, donde había nacido Presley. Era uno de esos sujetos soberbios que no son capaces de corregir sus maneras despóticas aunque hayan dejado muy lejos las quinientas millas a la redonda en que tienen influjo sus negocios remotos y seguramente fraudulentos. Era dueño de un periódico en Tuscaloosa o Chattanooga o en la propia Tupelo, no recuerdo, todos esos lugares estaban a menudo en su boca. Al parecer había intentado que a la población en cuestión se le cambiara el nombre y se la conociera por Georgeville, y como había fracasado en sus pretensiones había rehusado ponerle el de la ciudad a su diario y lo había bautizado con el suyo primero: *The George Herald* nada menos, una represalia cotidiana y tipográfica. Así lo llamaban algunos a él con chanza, George

Herald, reduciéndolo a un heraldo (he conocido luego a otros como él: editores, productores, empresarios culturales que se quedan en seguida con el sustantivo sólo). Recuerdo haberle hecho bromas al señor Presley con aquellos sitios de su zona originaria, le hacía mucha gracia que Tupelo pudiera significar en español lo que significa si se lo separa ('Your Hair', repetía reventado de risa), y también que nuestra palabra 'tupé' se le aproximara tanto. 'Parecen de mentira esos nombres', le decía yo, 'Tuscaloosa suena como una bebida alcohólica y Chattanooga como un baile, vamos a tomarnos unos tuscaloosas y a bailar el chattanooga', con el señor Presley todo marchaba bien si uno le gastaba bromas, era un hombre risueño, de risa fácil y pronta, quizá demasiado, una de esas personas tan poco exigentes que acaba por caerles bien todo el mundo, hasta los pelotas y los imbéciles. Esto resulta algo irritante, pero uno no puede enfadarse con esa clase de benditos. Además yo era un asalariado.

George Herald, quiero decir McGraw, presumía sin duda de su amistad con Presley y llegaba a imitarlo patéticamente: su pelo con tupé era un remedo lamentable, una masa en exceso compacta que de frente parecía un gorro de trampero como el de Davy Crockett y de perfil —puesto que cola de castor no lucía— uno de botones de hotel, aunque aquí le faltaba el barboquejo. Admiraba o envidiaba tanto a Presley que quería a la postre ser más que Presley, no irle a la zaga en nada, ser una especie de socio paternalista, como si los dos fueran cantantes de equiparable éxito y él el más veterano y dominante. Sólo que McGraw ni siquiera cantaba (salvo en los coros de avión en aquel desdichado viaje que para mí fue el último) y su enfermiza rivalidad era nada más imaginaria. Se apropiaba con descaro de las frases del cantante, y si éste nos decía a mí y al piloto una tarde: 'Venga, Roy, Hank, vámonos a FD', refiriéndose a Mexico City, Federal District en su lengua, y añadía: 'FD suena como un homenaje a Fats Domino, vámonos a Fats Domino' (admiraba mucho a ese músico), McGraw repetía la ocurrencia cien veces hasta privarla enteramente de su posible gracia, 'Camino vamos de Fats Domino, a Fats Domino nos vamos'. Acaba uno odiando el hallazgo. En su afán entre adulador y competitivo se pasó los dos días de su visita bailoteando exageradamente, estuviera donde estuviese (en la playa, en el hotel, en el restaurante, en el ascensor, en una aparente reunión de negocios), en cuanto oía unos acordes cerca o incluso a lo lejos, y algunos sonaban siempre en alguna parte. Bailaba con impudor como un loco falso, ayudándose de una toalla que se frotaba a gran velocidad por la espalda o por la zona posterior de los muslos como si fuera una mujerzuela, una visión denigrante, ya que era grandón tirando a grueso pero se movía como una adolescente histérica, sacudiendo la cabeza ancha de la que no se despegaba un cabello Crockett y haciendo girar sus pies muy pequeños como si fueran tornados. Y no paraba. En el avión, en el viaje de ida (bueno, para mí no hubo de vuelta), tuvimos que recomendarle a Presley que no canturreara cosas muy rápidas porque el dueño del *George Herald* se enfebrecía en seguida —los ojillos viciosos— y ponía en precario nuestro equilibrio aéreo. A McGraw no le gustaban las lentas, sólo *Hound Dog, All Shook Up, Blue Suede Shoes* y así, que le permitían enloquecerse y jugar con la toalla o con alguna estola o pañuelo que encontrara a mano, eran indecentes sus gestos. Puede que fuera lo que hoy llamarían algunos un criptogay u homosexual que disimula hasta consigo mismo, pero de hecho se jactaba de no dejar pasar a su lado a una tía comestible —su expresión— sin echarle mano o soltarle un requiebro zafio.

Aquella noche tenía la mira puesta —además de en Presley, a quien vigilaba patológicamente— en una actriz episódica de la película, una jovencita rubia que formó parte de nuestra expedición a DF, yo era fijo en todas para hacer de intérprete, Hank se escabullía cuando cogíamos los automóviles. Pero aquella noche volamos. La chica se llamaba Terry, o Sherry, se me ha escapado ese nombre, es raro o no tanto, y McGraw pretendía competir también en ese terreno con Presley, quiero decir que atacaba sin esperar a ver si el Rey tenía sus propios planes y eso era una falta de tacto además de iluso, sobre todo porque saltaba a la vista que la joven sí los tenía y que en modo alguno incluían a aquel magnate mastuerzo.

La culpa no fue de Presley ni mía o sólo en segunda instancia, sino de McGraw en primerísima, y no por otro motivo he hablado, muy a mi pesar, de aquel cabeza de trampero. Cuando entrábamos los cinco en una sala de fiestas o discoteca o taberna —cinco si habíamos volado a México; diez o quince si era en Acapulco, Petatlán o Copala—, lo normal era que en cuanto los parroquianos descubrían a Presley se armara un motín y abundaran los desmayos. En cuanto lo descubrían los dueños o encargados de los locales, ponían fin a ese revuelo por las bravas y expulsaban a las desmayadas para no molestarlo y que no se marchara al instante —yo he visto a matones de bar espantando muchachitas inofensivas a puñetazos, no nos gustaba eso pero no quedaba más remedio si queríamos tomar un tuscaloosa tranquilos o asistir a un chattanooga—. Y una vez restablecido el orden lo más frecuente era que atrajéramos sin excepción las miradas arruinando el espectáculo de los artistas de turno y todo se limitara a eso y a algún autógrafo furtivo. En una ocasión tuvimos un aviso de lo que ocurrió aquella noche, a unos jóvenes se les subieron los celos, se pusieron provocadores y dijeron inconveniencias graves. Preferí no traducírselas al señor Presley y convencerlo de que nos largáramos, y no hubo nada. Aquellos tipos llevaban navajas, y a veces se ve al capataz encarnado en cualquiera con la cartera abultada.

Fuimos a caer a un tugurio antipático y con mala vigilancia, o era que los matones estaban para proteger a los dueños antes que a ningún cliente, aunque fuera un famoso gringo. Nos metíamos donde se nos antojaba, según la pinta externa del antro y lo anunciado en sus carteles, fotos de cantantes o bailarinas mexicanas casi siempre, unas pocas brasileñas con el aire apócrifo. Había bastante gente en una atmósfera que se masticaba holgazana y bronca, pero era el tercer alto de nuestra velada y no andábamos exiguos de tequila, así que nos fuimos a una barra y nos pusimos en fila haciéndonos hueco con modales no del todo exquisitos, en el lugar no habrían pegado.

Al otro lado de la pista de baile había una mesa llamativa, eran siete u ocho con aspecto rico y a la vez poco educado, cinco hombres y unas tres mujeres, éstas tal vez alquiladas por noche o contratadas a diario, nos miraron insistentemente ellas y ellos pese a que dábamos la espalda a la pista y por lo tanto a su mesa contigua. Quizá eran tipos a los que gustaba ver bailar a los otros de cerca, las mujeres sí lo hacían pero de ellos sólo uno, el más joven, un individuo flexible con altos pómulos y facha de guardaespaldas, y esa facha la compartía con dos más que se estaban quietos, no dejaban solos a sus patrones ni un minuto. No parecían del local, resultaron serlo, uno de los patrones lo era también del sitio, un sujeto anodino en México, de unos treinta y cinco años con bigote y pelo rizado, pero en Hollywood lo habrían contratado como a un nuevo Ricardo Montalbán o Gilbert Roland o César Romero, era alto y apuesto y llevaba las mangas de la camisa muy subidas, enrolladas cuidadosamente y haciendo asomar unos bíceps que ponía a prueba a cada instante. Su socio o lo que fuese era un gordo de tez muy blanca, de extracción más europea, con el pelo planchado hacia atrás como si fuera un gomoso y en la nuca demasiado largo, las canas no se las teñía empero. En nuestro tiempo habría dicho que eran mafiosos lavados, pero esa expresión no se empleaba entonces: individuos fulminantes pero en principio intachables, propietarios de restaurantes o tiendas o bares y hasta de ranchos, empresarios con asalariados que los acompañan a donde vayan, y si hace falta los protegen de los peones y aun de algún capataz equivocado. El gordo sostenía en la mano un inmenso pañuelo verde con el que alternativamente se secaba la frente y aireaba la atmósfera como si espantara moscas o propiciara magias, invadiendo con él la pista un segundo.

No se armó mucho revuelo a nuestra llegada porque nos acodamos de espaldas y porque Hank, que era enorme, se interpuso entre el señor Presley y las tres o cuatro mujeres que al principio se nos acercaron, se interpuso muy disuasorio. Al cabo de unos minutos Presley giró en su taburete y miró hacia la pista, hubo un murmullo, él bebió como si no hubiera nadie y las voces se amortiguaron. Con su mirada a veces vidriosa tenía capacidad para aplacar a las muchedumbres, era como si no las viera y las anulara, o hacía leves gestos faciales que parecían prometer algo bueno para más tarde. Él mismo estaba pacífico entonces, bebiendo de su copa y mirando bailar a los hermanos mexicanos, era como si a ratos le entrara melancolía. No le duraba nada.

Pero George McGraw no tenía freno, un individuo exasperante y desde luego infatigable a la hora de realizar proezas, y si veía a Presley tranquilo, lejos de adecuarse e imitarlo en eso, aprovechaba para intentar brillar más y eclipsarlo, tarea vana. Quiso sacar a bailar a Sherry conminándola casi, pero ella no lo acompañó a la pista e hizo un mal ademán, se tapó la nariz como indicando que allí olía a tigre, y vi que eso no pasó inadvertido al gordo de la melenita aceitosa, que arrugó las cejas, ni tampoco al nuevo César Montalbán o Ricardo Roland, que tensó el bíceps derecho más de la cuenta.

Así que McGraw salió contoneándose solo con pasitos muy cortos, los ojos como botones encendidos por la rumba trompetera que estaban tocando, y no se abstuvo de desplegar su repertorio de movimientos pavorosos ni de lanzar aullidos inoportunos y agudos, parecían una burla de los gritos mexicanos de jaleo. Hank y Presley lo observaron divertidos, estallaron en carcajadas y la joven Sherry los siguió por contagio y cortejo. Aquel dueño del *George Herald* era tan obsceno bailando que sus golpes de cadera furibunda importunaron a alguna mujer de la pista, y el guardaespaldas de los pómulos subidos, que se movía como una goma, lo mató en un parpadeo de sus ojos de indio, pero no se detuvo. Otros bailarines sí se pararon y se hicieron a un lado, no sé si por repugnancia o para contemplar a McGraw a sus anchas: éste daba tales sacudidas a su gorro de trampero o botones que uno temía que pudiera salir despedido y malbaratarse, olvidando que lo llevaba pegado al cuero cabelludo y que lo tenía a salvo. El problema fue que no viajaba con su toalla y debía de juzgarla elemento indispensable del baile, así que en un momento de descuido en que el gordo de la tez blanca lanzó su pañuelo al aire para ventilar el ambiente, McGraw se lo birló sin miramiento y se lo colocó de inmediato a la espalda sujetándolo por dos puntas y empezó a restregárselo hacia arriba y luego hacia abajo con la celeridad acostumbrada que le conocíamos ya de sobra. El gordo dejó la mano inerte extendida, no la retiró en seguida, como si no renunciara a recobrar su querido pañuelo verde —un fetiche acaso— en el instante siguiente al de su pérdida. De hecho intentaba alcanzarlo desde su asiento cuando McGraw se le arrimaba en su danza, cada vez más indecoroso. Fue un momento de sus recorridos en que retuvo demasiado la prenda o se complació con ella en las nalgas lo que hizo perder la paciencia al gordo. Se alzó un segundo —vi que era un gordo muy alto— y arrebató el pañuelo al bailón irredento con fastidio. Pero éste se dio la vuelta ágilmente y, antes de que el gordo se sentara de nuevo, se lo quitó otra vez con un gesto imperativo, estaba acostumbrado a imponer su voluntad y sus órdenes, allí en Tupelo o en Tuscaloosa. El instante fue cómico, y no me gustó ver que a Gilbert Romero y a los suyos no les hacía ninguna gracia, porque gracia tenía, con el gordo y el semigordo disputándose la seda verde junto a la pista de baile. Y aún me gustó menos lo que vino a continuación: el gordo del pelo tieso trocó su expresión de impaciencia en una de cólera fría y de saña, y volvió a arrebatarle el pañuelo a McGraw de un manotazo a la vez que el guardaespaldas elástico le propinó un rodillazo en el riñón al magnate que lo hizo caer de hinojos, su baile parado en seco. Como si estuviera ensayado —pero no podía estarlo—, el siguiente movimiento raudo del gordo fue ceñirle el pañuelo al cuello a McGraw de rodillas y empezar a tirar de las puntas para estrangularlo allí mismo. La tela se adelgazó y tensó inverosímilmente y perdió todo vuelo en un segundo, quedó como una cuerda fina y desapareció su verde, una cuerda que apretaba. El gordo tiraba de las dos puntas con fuerza, la tez roja como un filete y la expresión despiadada, como quien anuda un paquete engorroso maquinalmente y con prisas. Creí que lo mataba en el sitio, como un relámpago y sin decir palabra, delante de cien testigos sobre la pista de baile, que en un instante se vació del todo. Confieso que no supe reaccionar, o quizá sentí que nos veríamos libres del magnate de pueblo, me limité a pensar (o lo pensé más tarde pero lo atribuyo a entonces): 'Lo mata, lo mata, lo está matando, nadie podía preverlo, la muerte puede ser tan idiota e inesperada como se cuenta, uno entra en un garito y no imagina que allí acaba todo de forma ridícula y en un segundo, uno, dos y tres y cuatro, y cada segundo que pasa sin que intervenga nadie hace más segura esta muerte irreversible, la muerte que está sucediendo, la estamos viendo, a un rico de Chattanooga lo mata un gordo con mal carácter en Ciudad de México ante nuestros ojos'.

Luego me vi gritando cosas en español en la pista, todos en ella, Presley agarrando de las solapas al hombre de goma que se zafó de una palmada seca, Hank con el pañuelo en la mano, le había dado un empellón al gordo que lo había devuelto a su asiento haciendo que se vertieran las copas de la mesa de Roland. Aquellos tipos no llevaban navajas o no solamente, eran bien adultos y no eran peones sino capataces y propietarios y llevaban pistolas, lo vi claro en los gestos de los otros dos matones, uno al pecho y el otro a un costado, aunque los frenó Montalbán abriendo una mano horizontal como si dijera: 'Cinco'. Hank era el más excitado, también él llevaba pistola siempre, no le había echado mano por suerte, se excita más quien tiene un arma cuando prevé que podría usarla. Hizo un ovillo con el pañuelo y se lo tiró al gordo de las malas pulgas diciéndole en inglés: '¿Está loco o qué? Ha podido matarlo'. Flotó la seda en su viaje.

—¿Qué ha dicho ese? —me preguntó Romero en seguida, ya se había dado cuenta de que yo era el único de la partida que hablaba la lengua.

—Que si está loco, ha podido matarlo —contesté automáticamente—. No es para tanto —añadí de mi cosecha.

La cosa no iba a mayores, ahora cada segundo que transcurría o jadeo haría disminuir la tensión, un altercado sin importancia, la música, el calor, el tequila, un extranjero comportándose como un crío mimado, se iba incorporando ayudado por Sherry, tosía violentamente, se lo veía asustado y sin comprender que a él pudiera habérsele hecho daño. Estaba bien, en realidad no había dado tiempo a gran cosa o el gordo era menos fuerte de lo que parecía.

—La nena vieja se puso pesada con el amigo Julio y Julio se cansa pronto —dijo Romero Ricardo—. Será mejor que se la lleven rápido. Váyanse todos, las copas están pagadas.

—¿Qué ha dicho? —me preguntó Presley en seguida. También tenía urgencia por entender, saber qué ocurría y qué se decía, lo vi deslizarse hacia la pendencia, el espectro de James Dean lo visitaba y me dio mala espina. Sus propias películas eran demasiado blandas para contentar a aquel espectro con ellas. Hank le hizo un gesto con la cabeza de que nos fuéramos, hacia la puerta.

—Que nos vayamos rápido. Nos invita a las copas.

—¿Y qué más? Ha dicho más.

—Ha insultado al señor McGraw, eso es todo.

Elvis Presley era amigo de sus amigos, al menos de los antiguos, tenía sentido de la lealtad y mucho orgullo y nadie le daba órdenes desde hacía muchos años. De la melancolía a la pendencia sólo hay un paso. Y su nostalgia del boxeo.

—Lo ha insultado. Ese tipo lo ha insultado. Primero intentan matarlo y después lo insultan. ¿Qué ha dicho? ¿Qué ha dicho, vamos? ¿Y quién es él para decir que nos vayamos?

—¿Qué ha dicho? —le tocó ahora preguntarme a Roland César. Se ponían furiosos de no entenderse, eso altera los nervios cuando se discute.

—Que quién es usted para decir que nos vayamos.

—Han oído, Julio, muchachos, me pregunta el gachupín que quién soy yo para ponerlos en la calle —contestó Montalbán sin mirarme. Me extrañó (si es que dio tiempo a tanto) que dijera que yo preguntaba: preguntaba el señor Presley y yo sólo traducía, fue un aviso del que no hice caso, o el aviso lo recuperé tarde, cuando uno revive lo sucedido, o lo reconstruye—. Soy aquí el propietario. Aquí soy el dueño, por muy famoso que sea su patrón —repitió con un ligero trémolo de uno de sus bíceps móviles. Eran antipáticos, mi patrón no les impresionaba, no habían ido a saludarlo a nuestra llegada y ahora nos echaban—. Y les digo que se larguen y se lleven a la bailona. La quiero ya fuera de mi vista, no espero.

—¿Qué ha dicho? —era el turno de Presley.

Me estaba cansando de aquel doble asedio cruzado. Miré a la bailona, como lo había llamado Romero, ya respiraba sin dificultades pero seguía atemorizado —brumosos los ojos chicos y psicopáticos—, tiraba de la cazadora de Hank para que nos fuéramos, Hank seguía haciéndole gestos con la cabeza ladeada a Presley, Sherry se encaminaba ya hacia la puerta, McGraw se apoyaba en ella, quizá abusaba, era de los que nunca escarmientan. El gordo Julio se había recompuesto en su asiento, tras el esfuerzo la blancura le había vuelto como una máscara, atendía a la conversación partida con las manos cruzadas (lucía anillos), como quien no ha descartado entrar en acción de nuevo.

Antes de responder a Presley me pareció oportuno decirle yo algo a aquel Ricardo:

—Él no es quien usted cree. Es su doble, sabe, su sosias, para hacer las escenas de peligro en el cine, estamos rodando una película allí en Acapulco. Se llama Mike.

—El parecido es tan logrado —intervino Julio con sarcasmo— que le habrán hecho la cirugía estética a Mike, como a las presumidas. —Se pasó el pañuelo por la frente, a aquellas alturas un asco.

—¿Qué han dicho? —insistía Presley— ¿Qué han dicho?

Me volví hacia él.

—Son los dueños. Es mejor que nos marchemos.

—¿Y qué más? ¿Qué habláis de Mike? ¿Quién es Mike?

—Mike es usted, les he dicho que se llama así, que usted es el doble de usted y no usted, pero creo que no se lo creen.

—¿Y qué han dicho de George? Has dicho que lo han insultado. Dime qué han dicho esos tipos de George, no pueden decir lo que quieran.

El último comentario fue una ingenuidad norteamericana. Y aquí vino mi parte de culpa, Presley y yo la tuvimos sólo en segunda instancia, McGraw sin duda en primera, puede que yo sólo en tercera. Cómo podía explicarle en aquel momento al señor Presley que aquellos tipos estaban empleando el femenino para referirse a McGraw, la nena vieja, pesada, bailona, en inglés no existen géneros y no iba a dar una lección en aquella pista. Miré otra vez a la nena vieja y bailona —tengo su edad de entonces—, sonreía débilmente, se iba alejando cobarde, empezaba a sentirse fuera de riesgo, tiraba de Hank, Hank tiraba un poco de Presley ('Vámonos, Elvis, déjalo'), de mí no tiraba nadie. Señalé con la cabeza a César Gilbert.

—Bueno, él ha dicho que el señor McGraw es una maricona gorda —dije. Claro está que no dije eso, sino en inglés su equivalente, en la medida de lo posible. No pude evitar resumir así y no pude evitarlo, deseaba que el dueño del *Herald* lo escuchara y no pudiera mostrarse despótico pese a ello ni castigar a nadie ni hacer nada sino tragarse el insulto. Y quería que los demás lo oyeran, una niñería.

No conté con la puntillosidad de Presley y por un instante olvidé al espectro. Habíamos bebido tequila todos. El señor Presley levantó un dedo, me apuntó con él teatralmente y me dijo:

—Le vas a decir esto palabra por palabra al bigotes, Roy, no te dejes ni una sílaba. Dile esto: Usted es un matón y un cerdo, y la única maricona gorda es su amiguita del pañuelo. —Así dijo en inglés, con la boca torcida que se le ponía a menudo y que hacía desconfiar de él a las madres de sus fans más jóvenes. Eran unos insultos un tanto escolares, nada de cabrón o hijo de puta, esas palabras tenían más peso en los años sesenta. Para 'maricona gorda' empleó el equivalente aproximado que yo había sugerido, el femenino último fue literal, porque dijo 'girl-friend', que también puede ser 'novia', y no 'friend' a secas. Hizo una pausa mínima y con el dedo siempre en alto añadió—: Díselo.

Y yo se lo dije a Ricardo César, le dije en español (pero con titubeos):

—Usted es un matón y un cerdo, y la única maricona gorda es su amiguita del pañuelo. —En español sí dije 'maricona gorda' tal cual, y nada más soltarlas me di cuenta de que era la primera vez que esas palabras concretas se pronunciaban allí realmente, aunque no eran mucho más ofensivas que 'bailona' o 'nena vieja'.

Presley continuó:

—Dile esto también: Ahora nos vamos porque queremos y porque este lugar apesta, y espero que se lo quemen pronto con todos ustedes dentro. Díselo, Roy.

Y yo repetí en español (pero en tono menos hiriente que el suyo y en voz más baja):

—Ahora nos vamos porque queremos y porque este lugar apesta, y espero que se lo quemen pronto con todos ustedes dentro.

Vi cómo a Gilbert Ricardo le temblaron los bíceps como gelatina y se le retrajo una esquina del bigote, vi que el gordo Julio abría con aspaviento fingido una boca de pez y se acariciaba los anillos como si fueran un arma, vi que uno de los dos matones de la mesa se apartaba sin recato el faldón de la chaqueta y exhibía una culata en su funda como un villista de estampa. Pero Ricardo Romero volvió a extender la mano horizontal, otra vez como si indicara: 'Cinco', y eso no era tranquilizador del todo porque nosotros éramos cinco. Luego, con la misma mano, hizo una leve señal hacia mí con el índice hacia arriba, como si sostuviera una pistola y el pulgar fuera el seguro levantado. Sherry ya estaba en la puerta, también McGraw apretándose el riñón dañado, Hank tiraba de Presley con una mano y la otra se la metió en el bolsillo y la mantuvo allí como si agarrara algo, de mí ya he dicho que nadie tiraba.

Presley se dio media vuelta en cuanto vio que yo lo había traducido todo y en dos zancadas estuvo con los demás en la puerta, la mano en la cazadora de Hank tenía un sentido inequívoco, también para los mexicanos, seguro. Yo los seguí, la puerta ya abierta, iba rezagado, todos iban hacia el exterior avivando el paso, ya estaban fuera, yo iba a salir tras ellos pero entonces el hombre de goma se entremetió entre el señor Presley y yo, me puso la espalda delante, era más alto y eso me hizo perder de vista a los demás un segundo, el hombre de goma salió también y en cambio entró el portero que vigilaba la calle y cerró la puerta antes de que yo pudiera atravesarla. Se colocó delante y me impedía el paso.

—Tú, gachupín, te quedas.

Nunca creí que fuera cierto que a los españoles nos llamasen de este modo en México, como tampoco aquello otro que nos contaban de niños, que si en México pedíamos 'Una copita de ojén' al ritmo de siete golpes en el mostrador de una cantina —o incluso si dábamos los siete golpes rítmicos sin decir nada—, nos dispararían sin mediar más palabra porque aquello era un agravio. En aquel momento no se me ocurrió averiguarlo, tampoco tenía ganas ni de ojén ni nada.

Esta vez no me lo llamó Gilbert Montalbán sino Julio, y el gordo me parecía más iracundo y descontrolado, lo había visto anudando.

—Pero mis amigos ya se marchan —dije volviéndome—, tengo que irme con ellos. No hablan español, ya han visto.

—No te preocupes por eso. Pacheco los acompañará hasta el hotel, llegarán sanos y salvos. Por aquí no volverán, eso es seguro.

—Volverán por mí si no me dejan salir —respondí a la vez que miraba de reojo hacia atrás, la puerta no se abría.

—No, no van a volver, no sabrían —dijo ahora César Roland—. Ni siquiera tú sabrías volver acá si salieras. Seguro que ni te fijaste la calle que estamos, se alejaron ustedes un poquito del centro sin darse cuenta, les pasa a muchos. Pero no vas a salir, nos tienes que acompañar más esta noche, es temprano, contarnos cosas de la Madre Patria y a lo mejor volver a insultarnos, para que te oigamos más el acento.

Esto ya no me gustó nada.

—Mire —dije—, yo no los he insultado. Fue Mike, me dijo que les dijera y yo sólo traduje.

—Ah, no más tradujiste —intervino el gordo—. Lástima que nosotros no sepamos si fue así, el inglés no lo entendemos. Lo que ha dicho ese Elvis no lo hemos entendido nosotros, pero a ti sí, hablas muy claro, un poco golpeadito como todos allá en España, pero te oímos muy bien, vaya si te escuchamos. A él en cambio no, a tu patrón no pudimos, él hablaba en inglés, verdad, nosotros no lo hemos aprendido, tenemos pocos estudios. ¿Tú lo entendiste lo que dijo el gringo, Ricardo? —le preguntó a Gilbert o César, que en efecto se llamaba Ricardo.

—No, yo no lo entendí tampoco, Julito. Pero al gachupín sí, lo entendimos muy bien todos, ¿verdad muchachos?

Los muchachos y las muchachas no respondían nunca, parecían saber que su concurso en estas ocasiones era meramente retórico.

Volví la cabeza otra vez hacia la puerta, allí seguía el portero grande, casi tanto como Hank de grande, me indicó con la barbilla que me fuera hacia el interior del antro, 'Oh Elvis, ahora sí me has robado mi juventud', pensé. Habrían intentado volver a entrar al ver que yo no salía, Pacheco no los dejaría, los habría encañonado acaso. Pero Hank llevaba pistola y en la calle eran tres contra uno sin contar a Sherry, por qué no regresaban por mí, no perdía aún la esperanza, la perdí un instante después, cuando vi que el villista de la culata visible abandonaba la mesa y venía hacia mí, pero sólo para pasar de largo y seguir hasta la calle, el portero le franqueó el paso y cerró de nuevo en seguida, me plantó una mano en el hombro mientras abría, una mano pesada como un filete que me inmovilizaba. Tal vez el matón iba a ayudar a Pacheco el de goma, tal vez no iban a acompañar a los míos a ningún hotel —no había hotel, sólo avión— sino a ajustarles las cuentas como a mí los otros, sólo que fuera del local a ellos, dar el paseo se llama.

No sabía qué preferir, si que estuvieran impidiéndoles rescatarme o que me hubieran dejado en la estacada. Rescatarme. El único que podía sentirse obligado era el señor Presley, y aún: habíamos coincidido unos días, yo como asalariado o peón, eso era todo, y al fin y al cabo yo hablaba la lengua de allí y sabría manejarme; Hank no parecía mal tipo para abandonar a nadie, pero era capataz y su principal deber era velar por el señor Presley y hacerlo regresar ileso tras aquel mal encuentro, lo demás era secundario, ya me buscarían más tarde, cuando el Rey estuviera lejos y libre de todo riesgo, qué ruina si le sucedía algo, para tantos. Yo en cambio no arruinaba a nadie. En cuanto a McGraw y la chica, McGraw me habría dejado allí hasta el fin del infierno y no sería para reprochárselo, yo no había movido un dedo mientras lo estrangulaban en una pista a los sones de una rumba. La música empezó a sonar de nuevo, se había interrumpido con el altercado de grupo, no con la muerte que pareció llegada. Recibí un empujón en la espalda —aquel filete tan crudo— y caminé hasta la mesa de Ricardo, me había instado a sentarme señalando con la mano el asiento vacío desocupado por el matón villista. Lo hizo con ademán amigable, llevaba al cuello un pañuelo granate muy pulcro y bien colocado, sólo me quedaba tratar de hacerme perdonar las palabras que no eran mías pero habían estado en mis labios o sólo a través de ellos se habían hecho reales, era yo quien las había revelado o descifrado, era increíble aquello, cómo se me podía culpar de lo que no procedía de mi cabeza ni de mi voluntad ni mi ánimo. Pero había salido de mi lengua, lo había posibilitado mi lengua, desde ella lo habían captado y de no haberlo traducido aquellos hombres se habrían quedado sólo con el tono de Presley, y los tonos carecen de significado, aunque los representen o imiten, o los insinúen. No se mata por los tonos. Yo había sido el mensajero, el intermediario, el verdadero emisor, el intérprete, a mí me habían entendido y quizá no querían problemas graves con alguien tan importante y famoso como el señor Presley, hasta el FBI habría cruzado la frontera para cazarlos si le hubieran hecho un rasguño, los mafiosos pequeños saben antes que nada con quién pueden meterse y con quién no pueden, a quién pueden escarmentar y a quién hacer sangre, como lo saben los capataces y los empresarios, no así los peones.

Los acompañé aquella noche eterna, a todo el grupo, las mujeres y los hombres, fuimos a un montón de locales, nos sentábamos en torno a una mesa y veíamos unos bailes o una canción o un strip-tease, nos íbamos luego a otro. No sé dónde estuve, cada desplazamiento lo hacíamos en varios coches, yo no conocía la ciudad apenas, miraba los rótulos de algunas calles o plazas, se me quedaron algunos nombres y no he vuelto a Ciudad de México, sé que no regresaré a ese sitio pese a que Ricardo rondará ahora los setenta años y el gordo Julio está muerto desde hace siglos. (Los matones no habrán durado, es gente de vida desperdigada y breve.) Doctor Lucio, Plaza Morelia, Doctor Lavista, se me grabaron esos pocos nombres. Me asignaron —o fue elección suya— la compañía del gordo durante la velada, era él quien me daba más charla a ratos y me preguntaba de dónde era y por Madrid al decírselo, cómo me llamaba y qué hacía en América, por mi vida y mi corta historia que quizá empezó entonces, tal vez necesitaba él saber a quién iba a matar aquella noche más tarde.

Recuerdo que me preguntó:

—¿Qué es eso de Roy? Te llamó así tu patrón, ¿verdad? Ese no es un nombre nuestro.

—Me llaman así para abreviar, me llamo Rogelio —mentí. No iba a darle el verdadero.

—Rogelio qué más.

—Rogelio Torres. —Pero casi nunca miente uno del todo, mi apellido completo es Ruibérriz de Torres.

—Yo he estado en Madrid una vez, hace años, me alojé en el Hotel Castellana Hilton, lindo. Se pasa bien por la noche, mucha gente, muchos toreros. De día no me gustó, un lugar sucio y con demasiados policías por las calles, parece que teman a los ciudadanos.

—Más bien los ciudadanos los temen a ellos —contesté—. Por eso me he marchado.

—Ah muchachos, es un rebelde.

Intentaba ser parco en mi información y a la vez cortés en el trato, no me daban mucha ocasión de mostrarme simpático. Conté alguna anécdota a ver si les resultaba ameno o chistoso, pero no estaban dispuestos a verme la gracia. Cuando alguien nos pone la proa no hay nada que hacer, nunca nos reconocerá ningún mérito y antes se morderá carrillos y labios hasta hacerse sangre que reír con lo que uno dice (a menos que sea mujer, ellas sí ríen en todo caso). Y de vez en cuando uno u otro recordaban el motivo de mi presencia allí, lo recordaban en voz alta para que nadie se enfriase:

—Ay, por qué nos querrá tan mal el muchacho —decía de pronto Ricardo tras fijar en mí la vista—. Esperemos que no se hayan cumplido sus deseos durante nuestra ausencia y nos encontremos El Tato reducido a cenizas a nuestra vuelta. Sería muy penoso.

O bien me decía Julio:

—Pues que fuiste a escoger una palabrita bien fea, Rogelito revoltoso, por qué tuviste que decirme maricona, podías haberme dicho sarasa. Esa me habría dolido menos, ya lo ves cómo son las cosas. Las sensibilidades son un gran misterio.

Yo intentaba argumentar cada vez que me venían con esto: no había sido yo, sólo había transmitido; y ellos tenían razón, McGraw se lo había buscado y Mike no había sido nada justo. Pero era inútil, se acogían siempre a la idea extravagante de que era a mí solo a quien habían oído y comprendido, qué sabían ellos de lo que decía en inglés el cantante.

Las mujeres también me dirigían la palabra en algún momento, pero ellas sólo tenían curiosidad por Elvis. Yo me mantuve firme y no me desdije, aquel era su doble y al verdadero Elvis apenas lo había visto por el rodaje, era muy inaccesible. En el tercer local apareció Pacheco y me sobresalté mucho al verlo. Se acercó hasta Ricardo y le contó al oído con sus ojos de indio mirándome, el gordo Julio arrimó la silla y se llevó mano a la oreja para escuchar el informe. Luego Pacheco salió a bailar, le gustaban las pistas. Ricardo y Julio no dijeron nada, pese a que yo los miraba con expresión interrogativa y seguramente aprensiva, o quizá por eso callaron, para inquietarme. Por fin me atreví a preguntar:

—Perdone, señor, ¿sabe si llegaron sanos y salvos mis amigos? El otro señor los acompañaba, ¿no?

Ricardo me echó el humo de su cigarrillo a la frente y se sacó una brizna de tabaco de la lengua. Aprovechó para palparse el bigote y contestó tensando su bíceps (era casi un tic aquello):

—Eso no lo podemos saber nosotros. Parece que va a haber tormenta esta noche, así que ojalá y se estrellen.

Miró hacia otro lado deliberadamente y no me pareció aconsejable insistir, y además entendí lo bastante. La frase no tenía sentido si no se refería al vuelo, así que Pacheco debía de haberlos conducido hasta el aeródromo de las afueras en que habíamos aterrizado y ahora se lo habría contado a Ricardo: nada de hotel, un avioncito, de otro modo Ricardo no podía estar enterado, nadie mencionó el aeroplano en El Tato ni tampoco yo luego. Ahora sí me sentí perdido, si Presley y los otros habían despegado rumbo a Acapulco me tocaba despedirme. Tuve una sensación de tajo y abismo, de abandono y lejanía enorme o telón echado, mis amigos ya no estaban en mi mismo territorio. Y lo que nunca se me ocurrió pensar, ni entonces ni a lo largo de los cinco días siguientes, fue que el abismo se haría o se había hecho mucho mayor en seguida y su territorio más remoto, que levantarían el campo inmediatamente en vista de lo sucedido, alarmados por McGraw y Sherry y Hank, convencidos de la inseguridad manifiesta de aquel país para Presley; ni que en Acapulco quedaría sólo, cuando yo llegara maltrecho al cabo de esos cinco días —cinco—, el equipo de segunda unidad del que aún hoy hablan los folletos, en parte para rodar material inerte y en parte como destacamento por si yo aparecía; ni que a partir de aquella noche el señor Presley jamás habría pisado México sino que habría interpretado su papel entero del trapecista Mike Windgren en un estudio, mi idea del doble fue aprovechada; ni que yo no lograría estar presente para la escena cumbre de *Guadalajara* cantada, que habría de convertirse por ello en la más disparatada demostración de español jamás oída en disco o vista en pantalla, Presley la canta entera con toda la letra y no se le entiende nada, un lenguaje inarticulado: cuando se acabó de rodar la escena todos le daban palmadas y lo felicitaban hipócritamente según me contaron ('Mucho, Elvis'), él creyó que su ininteligible pronunciación era perfecta y nadie lo sacó del error, quién se atrevía. Elvis era Elvis. Nunca hice muchas averiguaciones, pero parece que fue así, que obligaron al señor Presley a dejarme colgado, primero Pacheco con sus amenazas o su pistola, luego McGraw y el Coronel Tom Parker y Wallis con sus grandes pánicos. A uno no le gusta pensar que lo ha defraudado un ídolo.

Me sentí perdido y tenía que largarme, escapar de allí, pedí permiso para ir al lavabo, me lo dieron pero vino conmigo el otro guardaespaldas, el de pistola en la axila, un tipo perezoso y rechoncho que se mantenía a mi lado siempre, en los locales y también en los automóviles durante los trayectos entre uno y otro. En realidad me habían arrastrado toda la noche como a un paquete vigilado, sin hacerme mucho caso y como parte de un séquito, asustándome para divertirse un rato de vez en cuando, ni siquiera me había constituido en su principal entretenimiento, era un grupo algo cansino y poco imaginativo, debían de reunirse casi todas las noches los mismos y estarían hartos. Yo era una novedad, pero seguramente me engulló la rutina, debía de poder con todo.

Y fue en el cuarto local, o era el quinto (se me hizo difícil llevar la cuenta), donde se cansaron del todo y dieron por concluida la velada.

Habíamos salido de la ciudad unos kilómetros, no supe si por sur o norte, este u oeste. Era un sitio de carretera y de última hora, rodeado ya de campo, se reconoce esos sitios en cualquier parte del mundo, se va sólo por alargar, con desgana y de retirada. Había muy poca gente y al cabo de unos minutos hubo aún menos, de hecho nos quedamos nosotros solos, dos chicas muy fatigadas, Pacheco, el rechoncho, Ricardo y Julio, el encargado y un camarero sirviéndonos, parecían todos amigos o incluso subalternos los últimos, tal vez Ricardo era también propietario de aquello, o quizá lo era su socio el gordo. Ricardo había bebido mucho —quién no— y sesteaba un poco, caído sobre el escote de una de las mujeres. Eran hampones de poca monta, lavados, sus crímenes no organizados.

—¿Por qué no acabas ya y nos vamos a dormir, ¿eh Julito? —le dijo con un bostezo.

Acabar qué, pensé entonces, no habían iniciado nada. Acaso iba a aplicarme un castigo el gordo, o quizá me dejarían. Pero no habían cargado conmigo la noche entera para luego nada. O quizá me ejecutara el gordo, el pensamiento pesimista convive siempre con el optimista, el osado con el temeroso, y viceversa, nada va solo y sin mezcla.

El gordo Julio tenía manchas de sudor en la chaqueta clara, tanto sudor tenía que calaba la camisa y alcanzaba la chaqueta, el pelo planchado lucía más gris y se le había rebelado durante la noche eterna, la melenita en la nuca se le había rizado, casi caracolillos le hacía. La tez blanca era ahora pálida, había hastío en sus ojos, había también mala índole. De pronto se levantó con su gran altura y dijo:

—Está bien, como quieras. —Me puso una mano en el hombro (la suya era más como un pescado, húmeda y con olor y como con chapoteo al hacer contacto) y añadió dirigiéndose a mí—: Anda muchacho, vente conmigo un rato. —Y señaló hacia una puerta trasera con ventanuco, a través de él se adivinaba vegetación o follaje de árboles, parecía dar a un jardincillo o huerto.

—¿Dónde? ¿Dónde quiere que vayamos? —exclamé alarmado, y se me notó el miedo. No pude evitarlo, tenía un agotamiento nervioso, así se llamaba entonces a aquel estado.

El gordo me agarró del brazo y me levantó de un tirón violento. Me lo dobló y me lo inmovilizó a la espalda. Tenía fuerza, pero había hecho esfuerzo para ejercerla, eso se percibe siempre.

—Ahí atrás, a charlar tú y yo un ratito más sobre mariconadas antes de irnos todos a la cama. También tú has de dormir, que el día habrá sido muy largo y la vida en cambio es corta.

El arranque de aquel día se perdía en un tiempo remoto. Habíamos rodado escenas en Acapulco por la mañana, con Paul Lukas y Ursula Andress, parecía imposible. Él no sabía cuán lejos quedaba eso.

Los otros no se movieron, ni siquiera para mirar, era cosa personal del gordo y en esas cosas no hay testigos. Con la mano izquierda me empujó hasta la puerta trasera, con la otra me retorcía el brazo, una puerta de vaivén que se quedó oscilando, salimos al aire libre, sí se anunciaba tormenta para aquella noche, corría ya un viento cálido y se agitaban los arbustos, más allá la arboleda de un soto, eso me pareció al pisar hierba y al sentirla contra la cara al instante, hierba seca, el gordo me derribó de un puñetazo en un costado sin más espera, ya no iba a andarse con dilaciones. Sentí en seguida su peso enorme sentado sobre mi espalda a horcajadas y a continuación algo en el cuello, el cinturón o el pañuelo, tenía que ser el pañuelo verde que hubo de interrumpir su tarea unas horas antes y ahora la reanudaba sobre mi garganta, el paquete por fin anudado. No era sólo su mano, todo el gordo olía a pescado y su sudor destilaba, y ahora no había música ni rumba ni trompetas ni nada, sólo el ruido del viento sublevándose o acaso huyendo de la tormenta, y el chirrido del vaivén de la puerta por la que habíamos salido al escenario de mi muerte imprevista, un jardín trasero en las afueras de Ciudad de México, cómo podía ser cierto, uno entra en un garito y no imagina que ahí empieza el fin y que todo acaba de forma oculta y ridícula bajo la presión de un pañuelo arrugado y grasiento y sucio y pasado mil veces antes por la frente y el cogote y las sienes de quien nos mata, me mata, me mata, me está matando, nadie podía preverlo esta mañana y todo acaba en un segundo, uno, dos y tres y cuatro, nadie interviene y ni siquiera me mira nadie cómo muero de esta muerte segura que está sucediendo, me mata un gordo que no sé quién es, sólo que se llama Julio y es mexicano y lleva esperándome sin saberlo veintidós años, mi vida es corta y se acaba contra la hierba seca de un jardín trasero en las afueras de Ciudad de México, cómo puede ser cierto, no puede serlo y no es porque de pronto me vi con el pañuelo en la mano —flotó la seda— y lo rasgué con rabia y había descabalgado al gordo con el esfuerzo de mi negra espalda y de mis desesperados codos que se clavaron como pudieron contra sus muslos, quizá tardó demasiado el gordo en anudar mi garganta y se le fue la fuerza como tardó demasiado en atar la de McGraw para llevarlo al infierno, no basta el primer impulso para estrangular a alguien, ha de ser sostenido durante más segundos, cinco y seis y siete y ocho y aún más, más todavía porque cada segundo de esos es contado y cuenta y aquí sigo y respiro, uno, dos y tres y cuatro y soy yo ahora quien agarra un pico y corro con él alzado para clavárselo en el pecho al gordo que está caído y no puede levantarse rápido, como si fuera un escarabajo, las manchas de sudor me indican dónde debo golpear con el pico, allí hay carne y allí hay vida y tengo que acabar con ellas. Y clavo el pico una y dos y tres veces con un ruido como de chapoteo, lo mato, lo mato, lo estoy matando, cómo puede ser cierto, está sucediendo y es irreversible y lo veo, ese gordo se levantó esta mañana y no me conocía siquiera, se levantó esta mañana y no imaginó que no volvería ya a hacerlo porque lo mata un pico que aguardaba tirado en un jardín trasero desde hacía mil años, un pico para hendir la hierba y también para cavar una tumba imprevista, un pico que quizá no conocía antes la sangre, esa sangre que aún huele más a pescado y es siempre húmeda y brota, y mancha al viento que huye de la tormenta.

Se acaba entonces también el agotamiento, ya no hay cansancio ni turbiedad pero acaso tampoco conciencia, o sí la hay pero no se domina ni se controla ni ordena, y mientras uno emprende la huida y empieza a contar y a mirar atrás va pensando: 'He matado a un hombre, he matado a un hombre y es irreversible y no sé quién era'. Y el tiempo verbal con que piensa es sin duda ese, uno no se dice 'quién es' sino inexplicablemente ya 'quién era', y no piensa si está bien ni mal ni justificado ni si hubo otro remedio, sólo piensa en el hecho: he matado a un hombre y no sé quién era, sólo que se llamaba Julio y le decían Julito y era mexicano, había estado una vez en mi ciudad natal alojado en el Castellana Hilton y tenía un pañuelo verde, eso es todo. Y él no sabía nada de mí esta mañana ni tampoco ha conocido mi verdadero nombre ni yo sabré más de él nunca. No sabré de su infancia ni de cómo era entonces, ni de si fue a un colegio para sus pocos estudios entre los que el inglés no estuvo, no sabré quién es su madre o si vive y le darán la noticia de la imprevista muerte de su gordo Julio. Y uno piensa en eso aunque no quiere pensarlo porque ha de escapar y correr ahora, nadie sabe lo que es ser perseguido si no ha pasado por ello y la persecución no ha sido constante y activa, llevada a cabo con deliberación y determinación y ahínco y sin pausa, con perseverancia o con fanatismo, como si los perseguidores no tuvieran otra cosa que hacer en la vida que darle a uno alcance para ajustarle las cuentas. Nadie sabe lo que es ser perseguido así durante cinco noches y cinco días si no ha pasado por ello. Tenía veintidós años y no volveré nunca a México aunque Ricardo ronde los setenta ahora y el gordo esté muerto desde hace siglos, yo lo he visto. Aún hoy extiendo mi mano horizontal y la miro y con ella me digo: 'Cinco'.

Sí, era mejor que no pensara y corriera, que corriera sin parar hasta donde me aguantara el alma que ya no tenía turbiedad ni cansancio, todos mis sentidos despiertos como si acabara de levantarme tras el largo sueño, y mientras me adentraba y me perdía en el soto y sonaban los primeros truenos oí con claridad a través del viento los pasos envenenados que se ponían en marcha con la urgencia del odio para destruirme, y la voz de Ricardo que gritaba a través de ese viento:

—Lo quiero ya, lo quiero ya muerto y no espero, traedme la cabeza de ese hijoputa, lo quiero ver desollado y con brea y plumas por todo el cuerpo, degollado y desollado, un despojo lo quiero, para que ya no sea nadie y así se pare mi odio que me fatiga tanto.

(Publicado en El País, *agosto de 1996)*

El fantasma del cine Roxy

JUAN MARSÉ

Juan Marsé nació en Barcelona en 1933. A los trece años comenzó a trabajar como operario de un taller de joyería, oficio que ejerció hasta 1959. Después de varios años en París inicia su fuerte producción literaria, con obras de enorme éxito: *Últimas tardes con Teresa* (Premio Biblioteca Breve en 1965), *Si te dicen que caí* (Premio Internacional de México, 1973), *La muchacha de las bragas de oro* (Premio Planeta, 1978) y *El embrujo de Shanghai* (Premio de la Crítica y Premio Europeo de Literatura, 1994).

... mis sueños son muy razonables. En uno de ellos me encontraba en Sunset Boulevard, a la sombra de unos árboles, esperando un taxi amarillo para ir a almorzar. No aparecía ningún taxi amarillo, todos los coches que pasaban por allí eran de 1916. Y entonces me dije: «Es inútil que esté aquí de plantón esperando un taxi amarillo, puesto que estoy teniendo un sueño de 1916». Después de esta reflexión, me fui andando hasta el restaurante.

ALFRED HITCHCOCK, *El cine según Hitchcock*,
por François Truffaut

És quan dormo que hi veig clar.
J. V. FOIX

—Y a partir de esta escena —dijo el escritor—, en el preciso instante en que el enano cabezudo vestido de boy-scout parpadea nervioso e inicia su escalada político-montserratina hacia las cumbres de la patria con la mochila a la espalda, aclamado por el gentío que le arroja flores y calderilla, entonces es cuando aparece la pierna desnuda y luminosa de Ivy/Miriam Hopkins balanceándose al borde del lecho en sostenida sobreimpresión, a lo largo y ancho de toda la secuencia y en todos los planos siguientes, el muslo inmortal de la puta Ivy pendulando en la pantalla y en el subconsciente reprimido del pobre doctor Jekyll como una dulce amenaza venérea o como una romántica pesadilla de felicidad con su liga negra y sus chancros purulentos, perturbando así la clamorosa ascensión patriotera y floral del enano parpadeante, hasta que aparece la palabra FIN.

—Estás loco —dijo el director—. Olvídalo, no pienso rodar ninguna de tus calenturas infantiles.

—¿Calenturas? Te estoy hablando de la historia contemporánea de este país.

—¿Con el doctor Jekyll y el muslo de una puta? ¡No me hagas reír!

—Tranquilo. Nunca haré nada que pueda darte el menor gusto.

—Háblame del vagabundo bajo la lluvia, en la posguerra.

—Entonces concédeme un respiro y bebamos algo.

Empuñando sendos bolígrafos de punta fina, las caras tapadas con pañuelos negros como si fueran a atracar un banco o asaltar un tren (en realidad no pueden verse el uno al otro) colaboran por última vez el escritor y el director de cine en el guión original de una película que no debería rodarse jamás, cuando, en una pausa moderadamente alcohólica, solicitada por el novelista, éste evoca la época feliz de sus aventuras infantiles con la pandilla en los espesos y ardientes cines de barrio. Programa doble, No-Do y paja, recuerda:

Aquel tronante gallinero con bancos de madera y el palco lateral izquierdo cuya pringosa barandilla yo cabalgaba y espoleaba en la penumbra plateada, galopando disparando dentro fuera de la pantalla al mismo tiempo estoy en Arizona con Destry/James Stewart y la guapa Frenchie/Marlene Dietrich con su peca junto a la boca y suntuosos párpados de seda advierte el peligro en el Saloon y le salva la vida a *Destry rides again* interponiéndose entre él y la bala, muriendo en sus brazos vestida de puta del Oeste.

—Maldito literato —gruñó el director—. Maldito mirón de cine malo.

—En ese palco fantástico que olía a meados y a serrín —prosiguió el literato sin inmutarse— he visto yo el mejor cine malo del mundo y además nos hacíamos pajas durante la proyección. Una tarde, Juanito Marés, que siempre veía la película enfundado en su viejo chubasquero con capucha, se la estuvo meneando cada vez que en la pantalla aparecía Ella Raines, una artista de ojos verdes venéreos que hacía películas malas de esas que a ti no te gustan y a mí sí.

El director asintió, impaciente.

—Bueno, vamos a seguir trabajando.

—La Dama Desconocida. Cuando la preciosa Ella cruzaba las rodillas enfundadas en medias color de humo, veíamos la mano verdinegra de Juanito deslizarse por debajo del chubasquero como una serpiente.

—¿No me has oído? Por favor.

—Como quieras.

—Así no acabaremos nunca.

—Me proponía simplemente estimular tu escasa imaginación visual, *regista*.

—Bien. ¿Dónde estábamos? Ah, sí...

—Por ejemplo, había pensado la emocionante escena del tórrido casibeso entre Susana y el vagabundo en el cine, justo en el momento en que empieza a nevar silenciosamente sobre la platea.

—¿Casibeso? ¿Empieza a nevar dónde...?

—En la platea del Roxy y en la sesión de tarde, hace muchos años. O mejor, no empieza: ellos en la butaca se casibesan, plano picado y entonces desde arriba, entre remolinos de copos blancos, vemos en torno a ellos toda la platea ya nevada, silenciosa y fantasmal, bellísima.

El director dio un puñetazo sobre la mesa.

—El inconveniente, mi querido y reputado narrador —dijo irritado y confuso—, es que el Roxy ya no existe. Lo derribaron.

Se desploma en la plaza Lesseps la fachada del cine en medio de una roja polvareda, el techo se abate sobre el patio de butacas, el escenario permanece erguido un instante, se rasgan y desprenden y caen las viejas cortinas azules, los apliques de metal y de yeso, y la pantalla se agita y se repliega cayendo sobre sí misma como una vela desinflada todavía con la piel estremecida por otras imágenes de otro desastre, otras voces, otra memoria: sobre las calles de *San Francisco* se desploman las casas entre nubes de polvo la gente huye despavorida muriendo aplastada o cayendo en las profundas grietas que se abren en el asfalto. Entre las ruinas de la cabina de proyección asoman trozos de película como rizos decapitados, la mano yerta de Jack Holt aplastado bajo los escombros, en la calle Blackie deambula con la cara ensangrentada buscando a Mary. Una hora antes, en su poco recomendable Salón de variedades El Paraíso, Blackie Norton/Gable esboza su cínica sonrisa ladeada frente a Mary/Jeanette MacDonald cursi remilgada que le pide trabajo: «Soy cantante». Blackie el simpático rufián: «A ver las piernas».

—Pero no fue un terremoto lo que acabó con el Roxy —argumentó el director.

—Lo sé —dijo el escritor—. Fueron tus aburridas películas.

SECUENCIA 37. CINE.
Interior/Exterior Noche Blanco y Negro.

Cine Selecto en la barriada de Gracia, verano de 1941, público dicharachero picantón en la platea un rancio olor a jabón barato de fabricación casera y a tortilla de cebolla y en el foso de los músicos una catipén a sobaco estofado.

En el escenario selectas variedades: conjunto de señoritas vicetiples de caderas como armarios y musculosas pantorrillas vistiendo el uniforme azul de la Sección Femenina de Falange y brincando cogidas de las manos al son de una dulce sardana frente a la montaña de Montserrat pintada de purpurina plateada en el bamboleante telón de fondo. La orquestina del foso se esmera en la interpretación de la sardana autorizada, y las maduras y poco entusiastas vicetiples brincan con sus falditas negras plisadas y sus camisitas azules y sus boinas rojas, y ahora el público tocado en su fibra más íntima y vernácula por los méritos artístico-patrióticos del cuadro enmudece respetuoso y lírico con los ojos empañados por un sentimiento de nostalgia, lo que de todos modos no le impide escudriñar el robusto muslamen y las saltarinas pechugas de las artistas. En medio de un gran estrépito sobre las tablas polvorientas, la Montaña purpurada se tambalea peligrosamente desprendiendo una brillante constelación de luceros de plata, y resbala sobre las rollizas sardanistas la nerviosa luz de las diablas, azul y rojo y amarillo y verde y otra vez azul. En el apoteosis final aparecen en escena monaguillos montserratinos saltimbanquis, coro de graves payeses cantores entonando el Virolai vestidos de falangistas y cabezudos bailando vestidos de boy-scouts. Y mediante un golpe teatral sorprendente, un revolcón futurista diabólicamente concebido por el anónimo director escénico, uno de los traviesos enanos cabezudos que pasea su ancha faz de cartón con la mochila a la espalda y atuendo excursionista, y que simula escalar la Montaña Santa entre el clamor popular, se parece asombrosamente a Jordi Pujol, futuro president de la Generalitat.

El público simple y vulgar de barriada trabajadora silba y se emociona y aplaude el bonito pastel patriòtic-sardanístic-joseantoniano sin sospechar, por supuesto, el devenir siniestro de la Historia.

—De la coreografía no opino —dijo el director—. Pero ni el cine Rovira ni el cine Selecto me sirven. Escogeré el local en su momento.

—No los has conocido, eres demasiado joven.

—Ni ganas. Yo veo vídeo.

Dijo esto último sin inmutarse y sin que se le trabara la lengua. Se hizo el longuis, sonriendo al vacío. Su sonrisa era la de Margaret Drumont simulando no ver la pierna de Groucho Marx en su regazo.

—Que alguien haya puesto en tus manos ochenta millones de pesetas para que hagas una película —dijo lentamente el escritor— constituye para mí un enigma indescifrable. Viendo vídeo, según tu deplorable expresión, has aprendido el oficio, sin necesidad de sumergirte en aquellos cines de barriada de programa doble. Te felicito. Eres un señorito de celuloide, un degustador de zooms y travellings enlatados. ¡Pero si supieras lo que te has perdido en los gallineros!

El espacio mágico del Roxy lo ocupan hoy las glaciales dependencias de un banco. Desde la calle, al anochecer, cuando el reflejo neurótico de los faros de los automóviles se desliza a lo largo de la fachada de cristal, en su amplio vestíbulo cifrado en mármol y felpudo se ha visto en ocasiones navegar silencioso y esbelto entre la niebla a un transatlántico en ruta hacia Nueva York con Charles Boyer acodado a la borda con abrigo negro y *foulard,* elegante pasajero transcontinental de achampañada sonrisa parisina contemplando, más allá del mar apacible y plateado y del punzante recuerdo de un amor contrariado, el tráfico ruidoso y enloquecido de la plaza Lesseps.

Hacia el mediodía de una pesada jornada laboral, desde su pequeña mesa escritorio, cautivada y mecida por el hilo musical y por el parloteo pajaril del dinero entre los dedos, la solterona y romántica señorita Carmela, empleada en la sección de Créditos, ve a Clark Gable apoyado en un extremo del mostrador. A la señorita Carmela le tiemblan las rodillas. Con la americana desabrochada, Gable luce un chaleco de fantasía y la famosa sonrisa ladeada y socarrona. No parece un cliente del banco, sino Rhett Butler en persona disponiéndose a entrar en un salón lleno de hermosas damas y petulantes caballeros del Sur. Gable, mientras se ajusta los guantes, obsequia a su fiel admiradora con un seductor y taimado fruncido de la frente y luego le guiña el ojo.

—El único fantasma que hay en ese banco —repuso el director muy serio— es el de un crédito que me negaron...

—Habla con la señorita Carmela y te convencerás. Hace un par de meses vio a James Cagney abofeteando frenéticamente a una rubia platino en el despacho del director, y la semana pasada pilló a Tyrone Power y a Gene Tierney besándose apasionadamente en los lavabos...

—Vale, tú ganas —masculló el realizador—. Será el Roxy.

SECUENCIA 37. CINE ROXY.
Interior/Exterior Noche.

La luz plateada del proyector como un blanco parpadeo de alas de mariposa atravesando las tinieblas del local entre suaves copos de nieve que flotan sobre la gran platea blanca, inmaculada y fantasmal.

Y casi desierta. Cinco espectadores distantes solitarios con guantes y bufandas de lana y embutidos en gruesos ceñidos abrigos años cuarenta, dos con sombrero tres con boina hasta las cejas y todos con nieve hasta las rodillas y en los hombros. No se mueven, encogidos y ateridos de frío, sus ojos tristes muy abiertos absorben espectros y quimeras, luces y sombras de otra vida más intensa, más hermosa. A su alrededor se perfilan bajo la nieve las filas de butacas —aunque ya sólo se ven los respaldos—, el pasillo central y los laterales con las herrumbrosas estufas de leña apagadas y frías, y enfrente el escenario donde cuelga la frágil pantalla a cuyos pies la nieve se arremolina ovillándose sucia como un perro callejero que se echa a dormir, creciendo rápidamente su espesor ya cubre las botas destrozadas del joven vagabundo despeinado macilento de pie inmóvil macuto a la espalda, mirando extenderse ante él un mar de fango negro y nieve pura.

Encadena a Simone Simon carita de gata enfurruñada juntando las manos ante la boca como si rezara con los ojos al techo diciendo: «Chico, Diana, cielo».

Estallan los obuses en las enfangadas trincheras de la Primera Guerra Mundial y el gas de la muerte se expande silenciosamente por la platea del Roxy desde finales de enero de 1939.

Encadena a escalinata parque Güell con su Dragón de cerámica brillante batido por una lluvia encendida, un chaparrón abrileño traspasado de sol. Recibiendo esta lluvia florecida, tres niños harapientos descalzos cabalgan el Dragón espoleándose empapados y blandiendo espadas de madera.

Encadena a papelería-librería Estevet y tres caras sucias de niños aplastadas contra el cristal del escaparate (mirando desde dentro afuera) en medio de carpetas y libros y lápices de colores y el vagabundo que avanza, lejos todavía, sin rostro (un reflejo borroso en el cristal) al otro lado de la explanada interminable como un mar de fango.

Los niños que aplastan los morros contra el cristal son los mismos que hemos visto cabalgar el Dragón bajo la lluvia dorada.

NIÑO 1.º: «Ya viene».

NIÑO 2.º: «Este vagabundo no es como los otros».

NIÑO 3.º: «¿Avisamos a Susana? Parece peligroso».

En primavera, al azar de nuestras correrías por el barrio, aguaceros sorpresivos y luminosos nos retenían ocasionalmente en las miserables encrucijadas del hambre y la indigencia, portales oscuros y solares ruinosos, nidos de pedigüeños. Un día nos refugiamos en el Salón de las Cien Columnas del parque Güell, donde se hallaban acampados aquellos férreos vagabundos de la posguerra. Y allí, sentados en corro igual que ellos alrededor de un cacharro con brasas, bajo la gran plaza sostenida por las altas columnas, muy cerca del Dragón, mientras veíamos caer la lluvia soleada nos contábamos aventis furiosas.

Hoy he olvidado el furor de las aventis, pero sigo viendo caer esa lluvia clara erizada de luz y oigo todavía sobre la ciudad su convencional rumor de lejanías, que hace soñar a niños y a vagabundos: una sosegada respiración de la tierra, el majestuoso pulso de la libertad.

Invierno 1941. Rambla de Cataluña en panorámica tarjeta-postal, el paseo poco transitado y la doble hilera de tilos deshojados, oscuros, raquíticas ramas arañando un cielo gris de plomo. Frente al cine Kursaal serpentea de frío una cola de cien personas, se oyen gritos, la compulsiva cola se rompe, la gente huye despavorida.

Aguerridos falangistas intelectuales peinados con fijapelo y envarados de furor estético asaltan el cine Kursaal, invaden la platea nevada y silenciosa y avanzan por el pasillo central alborotando los copos de nieve que la luz del proyector rescata de las tinieblas. Se paran los escuadristas ante la pantalla y arrojan huevos y pintura negra contra Noel Coward y sus patriotas amigos náufragos en el océano en torno a un bote salvavidas después de ser torpedeados por un submarino alemán en la película inglesa *Sangre, sudor y lágrimas*.

—Un momento —rugió el director—. Que ya no sé dónde estoy. ¿En qué historia me has metido?

—Estás en casa, muchacho —dijo el escritor—. En la triste historia de siempre, en la idea y en la rabia de siempre.

—Puede ser. Pero recapitulemos.

—Muy bien.

—¿Qué estamos contando, pluma ilustre?

—Una historia de amor... si te atreves.

—Bien. ¿Y qué tenemos por ahora, además de mucha nieve?

Pulcro, tieso y elegante con su camisa de cuello de cartón a rayas y sus sólidas gafas de ejecutivo adicto a la hamburguesa y al agua tónica, el director de cine esperaba de su guionista una respuesta hollywoodense y brillante, pero no obtuvo más que esto:

—Tenemos a un joven charnego paria-desertor-quincallero o como quieras que en 1941 llega medio muerto a un barrio alto de Barcelona y el destino le convierte en defensor de una joven viuda catalana y de su hija pequeña, enfrentándose a unos Flechas chulitos y matones de la vecindad y trabajando para ellas, la madre y la hija, el resto de su vida.

—¿Andaluz?

—Por su acento, dirías que sí. Y analfabeto.

—¿Y por qué hace eso, literato?

—Digamos que necesita calor de hogar.

—¡Por el amor de Dios! ¡Estas cosas ya no se dicen!

SECUENCIA 1. ESCALINATA PARQUE GÜELL.
Exterior Atardecer.

En la primera escena aparece el vagabundo cabalgando el Dragón de cerámica en medio de la escalinata, al caer la noche, bajo una fuerte ventisca de aguanieve. Nimbado por la neblina, le vemos rendir la cabeza sobre el pecho y llevar lentamente su mano derecha a la cadera.

—¿Como si fuera a disparar?

—Tal vez. Dejémoslo en tal vez.

Sucio, sin afeitar, el ala del viejo sombrero ocultando sus ojos, parece dormido borracho desesperado a ratos muerto. Travelling lento y envolvente, aproximándose. Tonos grises y negros desleídos por el torbellino helado, como en sueños.

Inicia música cuando ya la cámara, por su proximidad al personaje, revela algunos detalles: bajo la mugrienta americana gris de solapas alzadas, no lleva camisa, sino hojas de periódico con fotos (el Führer y el Caudillo gordito-feminoide-sonrisa-ratonil de pleitesía y vergonzante vasallaje al teutón en la estación ferroviaria de Hendaya). El ancho cinturón, las botas destrozadas y el macuto a la espalda son de soldado.

Con su cabeza rapada y sus pómulos furiosos, dejándose llevar a lomos del Dragón, yendo/viniendo de quién sabe dónde, oscuro, solitario y terrible, el vagabundo cruza inanimado y espectral un espacio mítico fundido en una sobreimpresión o una doble transparencia de la niñez: crepúsculo en la pradera/jinete solitario.

El aguanieve funde el papel de periódico en el pecho del jinete, destiñe los ojos y la sonrisa rastrera del Caudillo, deshace la trama del horror, emborrona la primera plana de la Historia.

—¿Y por qué aguanieve? —receloso el director.

—No lo sé. Me gusta.

—Palabras, palabras, palabras.

—Es una imagen.

—Las imágenes deben tener un sentido, hombre de letras.

—Estamos en la posguerra, no lo olvides.

—Y qué. Qué tiene que ver la nieve.

—Yo de aquellos años recuerdo sobre todo el frío y el hambre. La nieve y el hambre. El viento y el hambre.

El director de películas lo miraba de reojo.

—Esta nieve es falsa —insistió, realista y miope—. Esta nieve se ha deslizado en tu vida desde alguna película.

Estaban en la terraza del escritor sentados bajo el toldo naranja, una tarde gris y bochornosa de octubre, respirando mierda a través de los pañuelos atados a la nuca como bandoleros: el día más contaminado del año, según la radio.

Con dos dedos alzó el escritor el borde del pañuelo y bebió un sorbo de whisky muy aguado. Por la mañana temprano había llovido auténtico barro y sobre la mesa de mármol la botella y los vasos chapoteaban en una charca rojiza. El director cinematográfico se levantó y fue a sentarse en la baranda, de espaldas al vacío y a unos setenta metros sobre la calle. Al acomodarse, se agarró al esquelético laurel plantado en la tinaja, roído de polución y parásitos. En los tiestos sobre la baranda agonizaban claveles y geranios purulentos.

—No te sujetes a las hojas muertas del geranio —lo previno el escritor—. Te necesito aquí arriba.

—¿Cómo se llama el pistolero?

—No he dicho que sea un pistolero.

—Bueno, tu charnego, ¿cómo se llama?

—Vargas.

—¿Qué más?

—Nada más. Y repito: no te agarres a las flores, que te irás al infierno con ellas.

SECUENCIA 7. PAPELERÍA-LIBRERÍA ESTEVET.
Exterior Día.

El pequeño y fascinante escaparate de la papelería de Susana cuando por la mañana le da el sol, caras sucias de niños aplastadas contra el cristal, ojos con orzuelos mirando hipnotizados: mágicas cajitas de lápices de colores, acuarelas, calcomanías, estilográficas que parecen de verdad, plumiers, compases, la bola del mundo, láminas recortables de soldados, de aviones Spitfire y Messerschmitt, de barcos, de la jungla misteriosa, cuadernos de espiral, papel de seda, bolitas de vidrio. Y dos libros en catalán, uno de ellos sobre flores y pájaros.

Una voz de mando sobresalta a los chicos, que se apartan del escaparate:

VOZ OFF: «¡Quitaos de en medio, trinchas!».

Cuatro jóvenes falangistas frente al escaparate retroceden de espaldas, remolones y fardones con sus negros machetes al cinto y sus boinas rojas plegadas y sujetas al hombro, uno de ellos se agacha, coge puñados de fango y los arroja contra el cristal, otro lanza una piedra.

Salta el cristal del escaparate con afilado estrépito como una risa.

Fragmento curvo puntiagudo del cristal, como una daga, sobre la cubierta del libro catalán ilustrada con flores y pájaros ahora salpicados de fango.

Corte al chasis oxidado de un automóvil sin ruedas ni motor ni cristales varado entre la alta hierba, en un descampado. Dentro del auto duerme el vagabundo con los pies sobre el volante y el sombrero sobre la cara. Tras él, al fondo del plano, a unos trescientos metros, un decorado artificioso: la suave colina salpicada de amarilla ginesta y el final de la calle Verdi con las últimas casas despintadas y bajas, entre ellas la papelería.

Cuando se oculta el sol, el vagabundo se despierta.

Por aquellos años, las calles del barrio no estaban asfaltadas y se podía escribir en la tierra con una navaja.

Vargas llegó un atardecer de invierno. Cruzó el descampado y al final de la calle se paró, pisando con sus botas enfangadas y rotas la tierra acuchillada, las cicatrices de nuestros juegos. Hoy se le recuerda alto, no sé por qué, pero no lo era. Enjuto y envarado, eso sí, con un aura felina en hombros y nuca y esa parsimonia en las manos y en la mirada que un niño que ha crecido en el Roxy relaciona oscuramente con puntería infalible y sangre fría pasmosa.

Traía Vargas el pelo negro revuelto, la boca dura y enferma y una pelambre joven en las mejillas. Sus ojos fríos y grises miraban a través de una escarcha, una vidriosa ausencia. Tras él, la tarde moría con fulgores de vinagre y oro.

—Los chavales le ven venir desde la puerta de la papelería. Ya saben que se ha pasado el día durmiendo en el auto varado en medio del fango...

—Fango y nieve —gruñó el director—. Vamos a hacer una película de fango y nieve, ¡mira por dónde!

—Se trata de un Lincoln Continental, un cascarón herrumbroso y calcinado —prosiguió inmutable el escritor— que los chavales utilizan para jugar y los vagabundos para dormir. En la película, ese Lincoln Continental es emblemático: el fantasma de la aventura, si quieres.

—¡Una especie de *western* de barrio con mucho fango y mucha nieve rodado en el parque Güell con ese Dragón de cerámica como protagonista ¡¿es eso lo que quieres?!

Los aburridos domingos nos pateábamos calles y descampados con las manos hundidas en los bolsillos y los ojos en el suelo. A veces, entre los hierbajos y el polvo, encontrábamos formas deshechas de felicidad: un paquete chafado de cigarrillos Lucky con uno dentro, un condón usado, varillas de paraguas para hacer flechas, una vaina de bala con el fulminante intacto.

En febrero de 1941, una mañana fría y luminosa, encontramos a un joven perdulario durmiendo dentro de nuestro Lincoln Continental. Tenía pupas en los labios y la cabeza rapada. Calzaba botas militares, pero no calcetines, y debajo de la americana harapienta no llevaba camisa, sino hojas de periódico amarillentas de sol y con las fotos podridas por la lluvia.

SECUENCIA 2. CALLE/FACHADA PAPELERÍA-LIBRERÍA. Exterior Anochecer

Frente a la papelería-librería Estevet, tres niños de pie inmóviles miran sin un parpadeo al desconocido que se acerca caminando despacio.

Chaval rubio cabezón con flequillo y dulce mirada bizca coloca ante su ojo derecho un cuaderno escolar enrollado a modo de catalejo.

Corte a Vargas que avanza todavía lejos visto en teleobjetivo-catalejo (con mucho cielo azul sobre su cabeza) el ala del sombrero sobre los ojos y los pulgares engarfiados en la hebilla plateada del cinturón, aunque sus manos no se ven porque estamos en plano medio, por lo que parece un jinete insomne y fatigado viniendo al trote.

(El plano-catalejo es más que convencional, es pura mentira, artificioso y falaz, pero honesto en un detalle: la falsa impresión que produce Vargas de llegar desde muy lejos montado a caballo se debe a una leve cojera del propio Vargas, según veremos en seguida.)

El director sonrió burlón bajo el pañuelo de bandolero que le tapaba la cara.

—No hace falta que planifiques, riguroso prosista, no se te paga por eso —dijo—. Plano medio o primer plano, es asunto mío.

El novelista puso cara de nazi canallesco pero refinado y gentil con la policía y con las mujeres, tipo Alex Sebastian en *Notorius*.

—Termina de leer la secuencia y luego lo discutimos, peliculero.

Encadena con el vagabundo parado entre los niños, que ahora pueden verle de cerca. El chaval de la libreta-catalejo sentado a la puerta de la papelería (caras sucias de tres niños pegadas al cristal) esconde su artilugio a la espalda y rinde la cabeza, avergonzado, cuando la mano grande y oscura de Vargas revuelve sus cabellos rubios a modo de saludo y caricia.

SHANE: *«Hola, muchacho. Me vigilabas mientras venía por el camino, ¿verdad?».*

JOEY: *«Sí, señor».*

SHANE: *«Así me gusta. El hombre que se acostumbra a ser buen observador llegará siempre a donde se proponga».*

El director gruñó:

—Este diálogo me suena.

—Está hecho para que suene.

—Y de la planificación, vuelvo a repetírtelo, me ocupo yo. Y todos esos niños viéndole llegar, fuera.

—Entonces ya puedes tirar toda la secuencia a la papelera —dijo el escritor indignado—. ¿No te das cuenta de que estas imágenes y su ritmo nacen de la mirada de un niño, y que sin ese niño no expresan nada?

El director se desplazó arrastrando el trasero sobre la baranda y se agarró al laurel alegremente, una vez más. Dijo:

—Déjame a mí el sentido de las imágenes, literato. Sigamos.

Mirándose en los espejos del suntuoso y confortable lavabo del Banco Central, la señorita Carmela se pinta los labios con la barra de carmín rojo frambuesa dejándose mecer por el hilo musical (una selección de viejos éxitos de la Columbia Pictures con muchos, muchos violines) cuando, repentinamente, un cruce de cables en su ensueño la sintoniza con la melodía de fondo de *Un lugar en el sol* y en un ángulo del espejo se refleja la trémula imagen de George Eastman/Montgomery Clift con su vulgar y raído traje gris abriendo tímidamente la puerta y entrando pasmado en el lavabo como si entrara en un rutilante baile de sociedad, en la gran fiesta que los Vickers dan en honor a su hija Angela/Liz Taylor hermosa y malcriada muchacha de ojos verdes y hombros desnudos con su precioso vestido blanco tobillero rodeada de jóvenes admiradores. Pasa, muchacho solitario y soñador, ¡oh, sí, pasa y diviértete, Monty, saca las manos de los bolsillos del pantalón, sacúdete ese aire de timidez y desvalimiento y pasa, Monty!

Retrato de familia en blanco y negro: Susana, su marido Jan Estevet y su hijita Neus de pocos meses (en brazos de su padre) quietos sonrientes en una luminosa fotografía junto al Dragón de cerámica del parque Güell.

El marido serio pulcro dominguero, ella muy joven y rubia ojos claros golosos de luz y boca dorada como la de

Madeleine Carroll, una actriz tan guapa que, aunque la filmaran en blanco y negro, daba siempre technicolor.

—Maldito Dragón —dijo el director—. No entiendo qué puñeta pretendes con ese Dragón.

—Se trata del mundialmente famoso Dragón de Gaudí —dijo el escritor deseando impresionarle con la escenografía—. De cerámica troceada, ya sabes...

—Ya sé, hombre, ya sé.

SECUENCIA 22. PAPELERÍA-LIBRERÍA.
Interior/Exterior Día.

La foto del matrimonio y la niña en un portarretratos de cuero marrón y cantos dorados sobre el pequeño escritorio en un ángulo de la papelería-librería Estevet, un local estrecho y largo, un poco oscuro, polvoriento.

Susana con grueso jersey negro y bufanda roja está subida a un taburete ordenando los estantes. En el suelo junto a la estufa la niña de cuatro años está jugando con una muñeca de trapo y un tranvía de hojalata.

A través del cristal roto del escaparate, parcialmente sujeto con anchas tiras de esparadrapo o de papel engomado, panorámica del barrio alto y a lo lejos la ciudad gris y aplastada y al fondo el puerto, entre la neblina.

En primer término, el vagabundo se yergue como surgido de la tierra y avanza por la calle enfangada cojeando levemente, rodeado de un enjambre de niños, empuja la puerta de la papelería y entra.

—Ya está. El retorno de un pandillero a su antiguo barrio —dijo el director desalentado—. ¿No es ése el tema?

—No.

—Pero ese tipo viene huyendo de algo. ¿De qué?

El escritor se encogió de hombros.

—Del hambre, de la guerra, de la Ley, de su propio infortunio, de sí mismo.

—Entonces es un paria y nada más.

—Cálmate, cineasta.

Furioso, el realizador se arrancó el pañuelo de la cara. Rodeado ahora de laurel y jazmín sin aroma, se cogió la rodilla derecha con ambas manos y se balanceaba temerariamente de espaldas al vacío.

—Explícate, maldito *writer*.

—Sencillamente, es un charnego procedente del Sur que recala en Barcelona —dijo el escritor—. Uno de tantos. La resaca de la guerra. O de la cárcel.

—Pero es un delincuente. Un tipo duro, peligroso.

—Eso lo decidirá el espectador, ¿no crees?

Ofreció al quisquilloso cineasta una tónica bien fría y vio aterrado, por encima del borde del pañuelo, que su mano derecha soltaba la rodilla y se agarraba, inclinándose hacia atrás, al tallo esmirriado del reseco laurel. Anadió:

—Y si quieres vivir para contarlo, te aconsejo que sueltes el laurel y vengas a sentarte aquí a mi lado.

Vació el botellín de agua tónica en su vaso, encendió un cigarrillo rubio con grave riesgo para su salud (no hacía ni dos meses que había dejado de fumar) y se lo ofreció, pero el director seguía aferrado a su laurel. Su horrible fin espanzurrado en la calle era inminente.

—Anda, ven —dijo el escritor angustiado. Mira, tengo una idea genial para la secuencia diecisiete que te va a enfurecer.

SECUENCIA 17. TÚNEL SUBTERRÁNEO.
Interior/Exterior Noche.

En la profunda y húmeda tiniebla del túnel crece el silencio y un sostenido rumor de brisa en el bosque. Los muros tiznados dejan oír filtraciones de agua ensimismada, espectrales goteras, estertores metálicos. Un doble destello alejándose paralelo y simétrico sobre los raíles, igual que dos alacranes de plata, se distingue al fondo del túnel cuando, inesperadamente, en medio del silencio, empieza a nevar.

Muy lentamente al principio, espaciados y leves copos blancos flotando en medio de la tiniebla subterránea, luego con más intensidad e imponiendo paradójicamente un silencio más hondo en el túnel, cayendo la nieve grávida y esponjosa, abundante y pertinaz.

Está nevando copiosamente dentro del túnel (en blanco y negro, a ser posible).

—¡¿Qué diablos te propones con tanta nieve?!

—Debe de ser —dijo el falaz escritor, tragando la basura atmosférica a través del pañuelo— que añoro la naturaleza, el aire puro de la ficción.

—A ver si te aclaras.

—Comprendo que pedirte que hagas verosímil al espectador una copiosa nevada dentro de un túnel, cuando habitualmente en tus películas ni siquiera has sido capaz de hacerme creer en personajes corrientes haciendo cosas tan simples y cotidianas como conducir un coche o encender un pitillo o abrir una puerta, comprendo que pedirte esa nieve, repito, son ganas de perder el tiempo. El don de crear vida se tiene o no se tiene. Los simples fotógrafos como tú deberíais empezar por el principio, por las «vistas animadas»: salida de los obreros de la fábrica de papá. Y ante todo, deberíais devolver a Hollywood vuestro risible Oscar, los inmerecidos aplausos y el smoking prestado.

—Pues anda que tú. En el fondo, no eres más que un redactor.

—No lo considero un insulto. Recuerdo que de niño, en la escuela del pueblo, un día el maestro me mandó hacer una redacción sobre el almendro en flor. No podía haberme pedido nada que me resultara más grato y más fácil: ese árbol nevado alumbraba mi infancia como una antorcha mágica. Lo que me salió en la redacción, sin embargo, fue una especie de cuento sobre las nieves perennes en la cumbre de no sé qué montaña azul... Nada que ver, aparentemente —reflexionó unos segundos y concluyó, bajando el tono—: Pero en el fondo yo estaba hablando del almendro.

—Naturalmente, el maestro te puso un cero.

El llamado redactor se encogió de hombros:

—Tú no lo entenderías. No eres más que un fotógrafo.

—Y a mucha honra. Me revienta el cine de ideas.

—Eso está bien. Sin embargo, no deberías rodar un solo plano que no contenga una idea.

El director sonrió burlón.

—¿En qué quedamos, celebrado prosista?

—Una idea que haga avanzar la acción, quiero decir —aclaró con la voz meliflua el escritor.

—Pero ¿qué historia es la que debe avanzar? ¿Qué película queremos hacer? Porque tú no te aclaras.

De nuevo el moderno realizador, que no creía en la necesidad de hacer avanzar la historia —modernamente hablando, importa poco que la historia se mueva, y menos aún que vaya a ningún lado, solía decir en las entrevistas: «En mis películas, es el espectador el que debe moverse» (y en efecto, éste se movía, generalmente en dirección a la salida y antes de concluir el film)—, se balanceaba entre las flores muertas colgado sobre el abismo.

El fatuo escritor en mala hora contratado como guionista cerró los ojos y dijo:

—Antes de esparcir tu masa encefálica sobre la acera y poner perdido mi viejo Lincoln Continental 1941, termina de leer la secuencia y luego discutimos los diálogos.

—Te he hecho una pregunta.

—Está bien —suspiró el escritor—. Veamos, ¿qué tenemos por ahora? Tenemos a un fugitivo de su propio destino que la marea migratoria de la posguerra arroja a Barcelona, y del que sólo sabemos que se hace llamar Vargas; que no entiende una palabra de catalán, lengua abolida por el Imperio; que se acoge a la hospitalidad de una joven viuda con una hija y que él las protege del miedo y la soledad y los turbios manejos de un vecino, un jefecillo de Falange que gallea en el barrio. Ésa es, digamos, la armazón argumental, pero...

—No me gusta, no me gusta.

—... pero lo que vamos a contar no es eso, no es eso, don Pepote.

—Llámame Josef von Sternberg y olvídame.

—Nunca olvido una cara, y menos si me he sentado en ella. Decía que lo que vamos a contar en realidad es una historia de amor-no-correspondido, muy frecuente en Cataluña: el amor callado del charnego desarraigado y analfabeto hacia una tierra-mujer-cultura oprimida, simbolizada en Susana y en su humilde librería-papelería, un reducto de libros prohibidos.

—De ningún modo pienso contar una estúpida historia de contrariados amores transidos de sociología política... y de mitología del Oeste camuflada.

—Te hablo de un sueño —susurró el introvertido escritor—. En fin, termina de leer la escena y luego ya puedes desparramar tus aburridos sesos por la calle, pero sin salpicar mi coche, por favor.

Sentada en el otro extremo de la baranda, alzando la rodilla con las manos entrelazadas y mostrando el rotundo muslo inmarcesible, Marlene los mira cantando *Falling in Love Again*.

Banda sonora con imagen de Marlene Dietrich en cartón recortable tamaño natural su sombrero de copa ladeado y ella sentada, no sobre el famoso barril, sino al borde del escenario del Roxy y de cara a la platea. Travelling lento hacia Marlene-cartón mientras oímos un alegre tintineo de bisutería barata, in crescendo: brazaletes de vidrio y de latón, pulseritas de hueso y de carey y nomeolvides y cadenitas de baratija entrechocando musicalmente en las compulsivas muñecas de las pajilleras del cine en plena labor, sus manos calientes y suaves como la seda trabajando en la sombra bajo el abrigo o la gabardina púdicamente doblada sobre el regazo.

—¿Sabes cuál es tu mayor defecto, literato consagrado? —dijo el director manoteando el aire, agarrándose in extremis al clavel—. Que no sabes resistirte a la tentación decimonónica de crear personajes inolvidables.

Corte a escenas retrospectivas (días antes de la llegada de Vargas al barrio) de Susana en su modesta vivienda-altillo de madera, al fondo de la papelería. Susana en camisón cabellera suelta gato negro lustroso restregándose contra sus tobillos. Susana sentada a la mesa del pequeño comedor bajo la turbia luz del Petromax enseña a su hija Neus, acurrucada en su regazo, a leer en catalán un cuento infantil.

Susana (el dedo en el libro abierto): «La llu-na la pru-na ves-ti-da de dol».

Corte al día siguiente en la papelería los niños pandilleros ayudan a Susana despachando lápices tinteros gomas de borrar mientras ella en el altillo prepara la comida o hace la limpieza o acuesta a la niña. Pelo recogido, falda negra y jersey negro.

Corte a Susana con gabardina clara ceñido cinturón y boina gris saliendo de la papelería con un capacho de palma va a la compra dejando el negocio y la niña al cuidado de los chicos. En el centro de la papelería hay una mesa abarrotada de sobadas novelas baratas y maltrechos tebeos y encima un letrero escrito a mano que ofrece ocho novelas por cinco céntimos.

Los niños-guardianes se pasan el día leyendo sentados en el suelo y vigilando a la pequeña Neus, o en la escalera del altillo, o en el portal de la calle si hace sol.

Tres de estos chavales, ahora sentados en el portal, son los que ven venir al vagabundo cojeando levemente.

—Oye, ¿Neus no es Nieves en catalán?

—Sí.

—Me lo temía.

El director alzó los ojos del papel que estaba leyendo y añadió con ensalivada parsimonia:

—Bien. Antes de que él entre en esa papelería, y si no hay inconveniente, los sufridos espectadores de la película y un servidor quisiéramos saber algo más sobre el difunto marido de Susana. Si no hay inconveniente.

El guionista le contó lo que sabía: Jan Estevet había sido un hombre justo, amante de la libertad, luchador catalán cabal y formal, bastante mayor que Susana y muy atractivo, como hemos tenido ocasión de ver en la foto del matrimonio con la niña. A mediados de 1939, hace dos años, una noche lluviosa la policía lo fue a buscar a la papelería-librería y se lo llevó en un coche. Lo acusaron de falsificar salvoconductos y pasaportes y de imprimir octavillas clandestinas en catalán. Pasó un año en la Modelo, después fue trasladado al penal de Burgos y Susana no volvió a saber de él hasta que alguien que lo trató durante su cautiverio, y por mediación de un compañero de lucha clandestina que volvía de Francia —una historia confusa— le hizo saber que Jan había muerto en Toulouse a finales de 1940 a causa de una pulmonía.

—La noche que van a buscarle a su casa, llueve —insiste el escritor—. Se lo llevan preso en un Balilla marrón con cortinitas negras en las ventanillas. El coche se lanza cuesta abajo desde lo alto de la calle Verdi, estrecha y vertiginosa en su parte alta, como un tobogán colgado sobre la ciudad...

—Para, para. ¿Es que vamos a rodar eso? ¿La escena está en el guión?

—No.

—Entonces, ¿para qué quieres cortinitas en el coche? ¿Por qué pierdes el tiempo describiendo lo que no veremos?

—Bueno, tú querías saber qué le pasaba a este hombre. Y te conviene saberlo, aunque no lo ruedes.

—Si no ha de verse, no existe —gruñó el realizador—. En cine, yo sólo creo en lo que veo, como santo Tomás.

—Y así te luce el pelo, *directed by.*

—Pásame la secuencia 17, esa diarrea felliniana.

SECUENCIA 17-B. TÚNEL NEGRO.
Interior/Exterior Noche.

Sigue nevando en las entrañas subterráneas de la ciudad (en blanco y negro otra vez, si no le molesta, *signore regista*) cuando, apoyado por la música, inicia un lento travelling en retroceso desde la boca del túnel hasta descubrir que estamos en:

Un apeadero del metro de Barcelona. Estación Fontana. Noche de bombardeos, febrero de 1938. En el muro de losetas blancas, a lo largo del andén, el rótulo-rombo repetido de la estación Fontana y en el suelo la gente, familias enteras que han huido de sus casas y duermen envueltas en frazadas y abrigos.

Los ojos dorados asustados de Susana se asoman al borde de la frazada, su corta melena rizada y rubia, su niña muy pequeña dormida en brazos, en su hombro una mano masculina robusta manchada de tinta de impresor, la sombra protectora de su marido. Susana durmiéndose mira caer la nieve silenciosa en la boca del túnel. Rumor lejano del bombardeo, un eco siniestro que regurgita la boca del subterráneo, un eructo interminable repetido en las profundas encrucijadas de túneles, muy en lo hondo, donde misteriosamente sigue nevando —aunque nadie pueda verlo, señor director, aunque su cámara no la filme, debajo de la ciudad bombardeada sigue nevando en toda la red de túneles del metro. Que sí.

Encadena nieve del túnel con platea nevada del Roxy en las últimas filas jadeantes pajilleras con las faldas arremangadas y ligas calientes pringadas de regaliz y caramelo por ansiosos dedos infantiles en medio de un tufo a coliflor y a miseria de ropas agrias y siempre el alegre tintineo de pulseritas baratas y los copos blancos de otra vida otro país otros amores y aventuras arremolinándose al pie de la pantalla donde Charles Boyer elegante gabán solapas de terciopelo se quita el sombrero Stetson en la esquina nevada de la Quinta Avenida neoyorquina y se inclina besando gentil mundano seductor de ojos negros y pestañas apasionadas la mano de ¿Irene Dunne? ¿Margaret Sullivan? ¿Olivia de Havilland? ¿Bette Davis?

—Y bien, intertextual guionista —dijo el director—. Eso del túnel nevado no se lo va a creer nadie.

—¿Por qué no, Cecil B. De Cent?

—¡Porque en febrero del treinta y ocho en Barcelona no nevó! ¡Todo el mundo lo sabe!

La acción del film transcurre en aquella época en que hacía mucho viento o la gente caminaba como si hiciera mucho viento y a veces se caía por las calles. Las trenzas de las niñas olían a castañas asadas, las manos de la taquillera del cine tenían rojos sabañones, a Toni/Annabella se la lleva un huracán de arena en el desierto de *Suez* después de salvar a Ty Power/Fernando de Lesseps (¡el tipo cuyo nombre lleva la plaza donde precisamente estaba el Roxy!) atándolo a un poste. En las aceras, en las escaleras del metro, en las puertas de los cafés y de las iglesias, la gente se desplomaba de debilidad, de miedo, de tristeza. Al caído lo rodeaba en seguida un corro de mirones ociosos que indagaban indiferentes, con las manos en los bolsillos, la palidez de su rostro, la espuma verde que florecía en sus labios, las gastadas suelas de sus zapatos y el estado de su ropa interior.

—¿Te refieres a si llevaba la camiseta limpia o sucia?
—Exactamente, director.
—¿Y por qué tenía la gente esa curiosidad?
—Lo ignoro.
—¿Y qué piensas hacer con semejante y portentosa imagen cinematográfica, literato?
—No lo sé. Todavía no lo sé.
—Vaya, vaya.

El realizador sonrió con expresión de perdonavidas. En torno a su cabeza enhiesta y sensible como un cactus, en los desérticos alrededores de su persona, la chispa del ingenio podía producir catástrofes. El escritor intuyó esa atroz posibilidad al verle raspar una cerilla para encender el cigarrillo: algo se inflamó fugazmente en la terraza, con una crepitación siniestra, como si el aire de la tarde fuese de celuloide y hubiese empezado a arder.

SECUENCIA 23. PAPELERÍA-LIBRERÍA.
Interior Día.

Vargas empuja la puerta y entra, se quita el sombrero y cojeando levemente se dirige hacia la mesa del centro llena de libros de saldo. Sin mirar a nadie, coge un libro y empieza a hojearlo con aire distraído.

Susana subida al taburete, ordenando carpetas en el estante, se vuelve y lo mira con recelo.

SUSANA: «Ya iba a cerrar, es muy tarde...».

En el suelo, su hija Neus juega con una muñeca y un tranvía amarillo de hojalata.

Los chavales, que han entrado detrás del vagabundo, permanecen junto a la puerta y no le quitan ojo. ¿Qué va a hacer?, se preguntan. ¿Sacará la navaja y le quitará a Susana el poco dinero que tiene? ¿Robará comida, ropa de abrigo, los trajes del difunto señor Estevet...?

Vargas se tambalea imperceptiblemente, la novela resbala de sus manos, sus párpados parecen de plomo, se agacha para frotarse la rodilla dolorida, recoge la novela del suelo y la devuelve a la mesa. Entonces mira a Susana, duda, parpadea y le pregunta si tiene lápices de colores.

Anticipándose a Susana, los niños responden que sí y se apresuran a mostrarle al vagabundo algunas cajas de lápices. Vargas las examina como dormido y pregunta si tienen plumillas, y uno de los chicos dice de qué clase: ¿para letra normal o para redondilla?, añadiendo, como si quisiera aclararle las dudas al cliente: es más bonita la redondilla, señor, sobre todo para escribir artísticas Felicitaciones de Navidad y Año Nuevo.

Vargas no contesta, su mano tantea la mesa buscando apoyo. Susana ha bajado del taburete y se acuclilla junto a su hija, como si quisiera jugar con ella o protegerla.

Pero el vagabundo no hace nada. Parece no saber muy bien lo que quiere.

Ahora examina una regla negra lacada, se golpea con ella la palma de la mano, fuerte, hasta hacerse daño.

Jugando, la niña empuja el tranvía que rueda hasta chocar contra el tobillo de Vargas, el cual da un respingo y se revuelve como un felino, la mano en la cadera.

Al encaminarse hacia el despacho del jefe de negociado, la señorita Carmela es consciente del vuelo airoso de su falda acampanada. Recorre animosa y diligente un pasillo interior del banco, una franja de penumbra azul por donde hace muchos años corría precisamente la fila tercera de butacas, cuando, de pronto, su sensible naricilla percibe un hedor corrupto, una insoportable vaharada de huevos podridos.

Se para y oye risas de niños.

Aquí, en este punto del pasillo, donde ella se ha parado tapándose la nariz, Juanito Marés arrojó hace cuarenta años una bomba fétida en protesta porque, debido a un fallo en la cabina de proyección, la película se había parado congelando a Ginger Rogers y a Fred Astaire en elegantes estatuas: él con las negras alas del frac volando abiertas y un pie adelantado como si pisara una moneda para ocultársela a Ginger; ella con el vuelo de su falda y el de su corta melena rubia detenidos en el aire, los desnudos hombros encogidos, la cadera un poco arqueada. La imagen parpadeó un instante y se apagó.

La señorita Carmela huye del mal olor y en el pasillo quedan vibrando algunas notas del Continental y la luz de la linterna del furioso acomodador persiguiendo todavía por entre las butacas al malvado niño-fétido.

Corte a taberna del barrio atmósfera espesa olor a azufre y a vinazo sobre el manchado mostrador de zinc abollado parpadea el reflejo de turbios neones del otro lado de la calle encharcada mientras la radio emite un bolero pastoso entrechocar de bolas de billar y palabras herrumbrosas de borracho al fondo del local.

(La escena merece una iluminación brillante, de convencional sordidez y al mismo tiempo vivificante resplandor, con balanceos sensuales de la cámara y una ternura artificiosa y felina y descaradamente vulgar de barrio canalla apoyada en diálogos enfáticos y coloristas. Que sí, peliculero insulso. Hazme caso siquiera una vez.)

Junto al mostrador, un perro viejo perdiguero y tres muchachos de unos dieciocho-veinte años con camisa azul-falangista escuchan atentamente a un hombre grueso canoso pelo de cepillo, luego salen los tres Flechas a la calle (sin el perro) alzando las barbillas belicosas y el perfil altanero, una jeta dura y unos andares suaves, algo entre matones de barrio y atildados petimetres del Liceo Francés.

La intrépida y madura puta Purita (que no trabaja aquí en el barrio, por supuesto) está sentada recostada contra la pared leprosa de la taberna comiendo pan negro que moja en una lata de sardinas, y llama cariñosamente al perro, y le tira un trozo de pan y lo acaricia, y luego mira con desprecio retorcido en su boca aceitosa y brillante de carmín corrido al tabernero de pelo de cepillo y mandil azul.

PURITA: «Eres un miserable, Fermín. ¿Qué te ha hecho esa pobre chica? ¿Por qué la has tomado con ella?».

FERMÍN: «Come y calla, furcia».

PURITA: «Flecha cabrón. ¿Qué es lo que te hizo su marido, para que lo denunciaras?».

FERMÍN: «Yo no denuncié a nadie. Pero esta papelería era un nido de rojos separatistas, y lo sigue siendo».

PURITA: «Sé lo que estás tramando, maricón de los Luceros, facha».

FERMÍN: «Esta papelería debe ser cerrada y precintada, la viuda vende libros catalanes».

PURITA: «¡Tú andas tras ese local hace tiempo! ¡Quieres reventarle el negocio a Susanita, asustarla con tus niñatos escuadristas para que se vaya de aquí! Eres una mala persona, Fermín. Cruzado de mierda, chorizo del Imperio, mamón de la Vieja Guardia».

FERMÍN: «Cállate, meuca, más te vale. Sabemos lo que eres».

Y diciendo esto el tabernero suelta una patada al perro metido entre sus piernas, y el animal escapa aullando y se esconde debajo de una mesa.

—Es dudoso que el hombre sea el mejor amigo del perro —dijo el guionista con aire pensativo.

—¿Quién habla así? —inquirió incrédulo el director—. ¿Purita?

—No, pobre chica.

—La frasecita se las trae. Scott Fitzgerald fue desterrado de Hollywood por mucho menos que eso.

—Debería decirla el propio perro, claro está, pero tú no te atreverías a hacer hablar a un perro. Además, no sabes dirigir a los perros.

—Tú nunca has creído en mi trabajo, ¿verdad que no?

—No se me paga para eso.

—Si no crees en mi trabajo, ¿por qué has aceptado escribir esta película?

—Lo hago por estar cerca de las *estrellas.*

El director lo miró severamente y dijo:

—Entonces no hables de mí a la ligera. He leído tus declaraciones a la prensa y me han molestado bastante.

—¿Hablar yo de ti a la ligera? ¿A qué te refieres?

—Me ha parecido que ponías en duda mi competencia como director de cine.

El escritor a sueldo sonrió ampliamente, saboreando por anticipado la respuesta que iba a dar. En este momento le habría gustado tener dientes como fichas de dominó/Fernandel.

—Te equivocas —dijo—. Jamás he tenido la menor duda sobre eso: tú eres el más incompetente de cuantos he conocido.

Corte a los tres jóvenes Flechas avanzando en línea por la calle oscura inflamados de espíritu nacionalsindicalista y con expresión de soplagaitas abanderados, uno de ellos recitando en alta voz engolada:

FLECHA 1.º: «¿Dónde estará aquella novia que en los senos ocultaba mi pistola de escuadrista...?».

Corte a papelería-librería donde Vargas, rodeado de chavales que le miran fascinados sin pestañear, empuja suavemente y ya relajado el tranvía de hojalata con el pie, devolviéndolo a la pequeña Neus.

La niña sonríe confiada al desconocido y después a su madre.

Vargas de pronto muy cansado busca con los ojos dónde sentarse y lo hace en la escalera de madera del altillo al fondo del local, en los primeros peldaños. ¿Permite que descanse aquí cinco minutos, señora?, pregunta con los ojos y sonríe: En realidad no puedo comprarle nada, señora, no tengo ni un céntimo.

SUSANA: «¿Se encuentra mal?».

VARGAS: «No, no. ¿Podría darme un vaso de agua...?».

SUSANA: «¿Quiere un vaso de leche?».

Vargas sonríe agradecido, mientras hace esfuerzos por quitarse las botas destrozadas y enfangadas. El enjambre de niños pandilleros se precipita para ayudarle, inútilmente: el cuero de las botas parece estar pegado a la piel. Susana se dispone a subir al altillo cuando suena violentamente la campanilla de la puerta.

Los tres falangistas irrumpen en la papelería.

—Y bien, pluma consagrada —gruñó el director balanceándose sobre el abismo urbano con los dedos entrelazados sujetando su rodilla—. Me temo que no llegaremos a ninguna parte con todo eso.

—Como quieras.

—Una vulgar historia de perdedores en un arrabal enfangado —en su balanceo insensato se fue hacia atrás un poco más de la cuenta, y su mano, como una centella, agarró el tallo del clavel—. La película parece un homenaje a los charnegos que aterrizan en Barcelona buscándose la vida... Estos claveles no huelen a nada.

—Te aconsejo que los sueltes.

—Son artificiales, de plástico, como el clima austero y estático, de *western* enfangado, de tu historia. Por cierto, todo lo que escribes para el cine es artificioso y convencional.

—Hubo hace mucho tiempo un tipo de cine artificioso con grandes estrellas convencionales, que me gustó con locura. Pero esos claveles a los que ahora tú te agarras para no precipitarte al abismo no son artificiales, no son de brillante plástico con duros alambres por dentro. Son de verdad, maestro, es decir: frágiles e indefensos, y se partirán en tus manos porque la atmósfera de la ciudad los ha podrido.

—Sigamos con la secuencia 23.

—Pero no te agarres al clavel español.

RAYKER: *«¿Quién eres, forastero?».*
SHANE: *«Un amigo de los Starret».*

Corte a la papelería-librería de Susana cuando se abre la puerta y entran los tres Flechas de la Centuria de Fermín Palacios. Las mismas camisas azules, los mismos correajes negros, los mismos cabellos planchados y los mismos himnos idiotas y canciones ratoneras que se traen habitualmente de sus mítines y asambleas —pero sonando sólo en sus propios oídos sordos, en sus huecas cabezas-sonajero y en sus mentes taradas, es decir: banda sonora subjetiva españoleando castiza y cutre, estúpidamente patriotera, autojaleándose.

Cierran la puerta tras ellos y, sin mediar palabra, empiezan a revolver los libros de saldo de la mesa, a manosearlos, a hojearlos desdeñosamente y a tirarlos al suelo.

Susana con su hija en brazos retrocede unos pasos. La pandilla de chavales se apiña en un rincón.

FLECHA 1.º *(A Susana):* «¿Cuándo te vas a enterar, bruja? Los libros en lengua vernácula están prohibidos en todo el Imperio».

FLECHA 2.º: «Si no te denunciamos es porque a mi tío Fermín le das lástima, que conste. Roja. Masona. ¿Quieres ir a la cárcel?».

FLECHA 3.º: «¡Fuera toda esa mierda intelectual!».

Su mano enguantada y torva, como una negra manopla, barre el contenido de un estante, la mesa del centro y el pequeño mostrador. Un lápiz rueda hasta los pies de Vargas sentado en la sombra, y al que los escuadristas azules no han prestado atención o todavía no han visto. Es un grueso lápiz que escribe por ambos extremos, las puntas muy afiladas, la una roja y la otra azul.

Vargas, con extraña parsimonia, se inclina a recoger el lápiz y lo cuelga en su oreja. Se queda mirando al Flecha 1.º entornando los ojos.

La pequeña Neus asustada se agarra al cuello de su madre mientras los libros rebotan malamente en el suelo, descosidos, inermes.

SUSANA: «¡Basta! No tenéis derecho a hacer eso. Los compro a peso, no me fijo en el título ni en el autor...».

FLECHA 3.º: «¿Ah no? ¿De veras? Pues entérate de la basura que tienes escondida aquí, escucha *(Leyendo la cubierta de los libros que va tirando):* Carner, Sagarra, Riba, Salvat-Papasseit, Foix, Maragall, López-Picó...».

FLECHA 2.º: «Bueno, éste por lo menos es mitad español: López».

FLECHA 3.º: «Tienes razón, camarada».

Y devuelve el libro al estante.

FLECHA 1.º: «¡Vamos a hacer un buen fuego con todos estos bolcheviques del Ampurdán!».

Patea los libros tirados al suelo y uno de ellos rueda desencuadernándose como un pájaro herido y llega a los pies del vagabundo.

Vargas mira el libro sin tocarlo y habla en tono seco:

VARGAS: «Este libro es mío. Acabo de comprarlo».

Permanece sentado en la escalera del altillo, en penumbra, y los escuadristas lo miran como si acabaran de advertir su presencia.

FLECHA 1.º: «¿Y tú quién eres, perdulario?».

VARGAS: «Un amigo de los Estévet».

(Nota importante: el charnego Vargas pronuncia mal el apellido —que conoce por haberlo leído en el rótulo sobre la puerta de la calle— cargando el acento en la penúltima sílaba en vez de hacerlo en la última. Así, al decir

Estévet, casi le oímos decir Starret. Se trata de un homenaje personal a Alan Ladd.)

Vargas se incorpora despacio.

FLECHA 2.º: «No te metas en eso y sigue tu camino».

FLECHA 3.º: «Sí, será mejor que te largues, vagabundo. No te busques líos».

No le prestan más atención, pero Vargas sigue mirando fijamente al falangista 1.º y sus ojos brillan en la sombra delgados y fríos como el filo de la navaja. Y cuando vuelve a hablar, en su voz calmosa anida una ronquera abyecta, súbitamente despiadada:

VARGAS: «Tú, muchacho. Recoge mi libro y ponlo sobre la mesa».

El aludido lo mira con asombro, sonriendo por un lado de la boca:

FLECHA 1.º: «¿Habéis oído?».

FLECHA 2.º: «¿Qué ha dicho este piojoso? Pídele la documentación, Gonzalo».

FLECHA 1.º *(Burlón, a Vargas):* «¿Y para qué quieres tú un libro, charnego asqueroso? ¿Acaso sabes leer?».

VARGAS *(Avanzando dos pasos):* «Cógelo, mamón. Que eres un mamón y un hijo de perra».

Con ademanes fulgurantes y a la vez suaves, apenas entrevistos por los niños, Vargas se ha quitado el lápiz rojo/azul de la oreja al tiempo que en su otra mano aparece súbitamente una navaja de tamaño regular, más bien pequeña. Sacándole punta al lápiz, se acerca cabizbajo y pensativo al Flecha primero, se para a un palmo de su cara y lo mira a los ojos.

Susana y la pandilla contemplan la escena expectantes y asustados. Todo ocurre muy rápido.

Las volutas del lápiz que hace saltar el filo de la navaja salpican una tras otra el pálido y crispado rostro del escuadrista azul, que al fin ha comprendido. Todavía intenta una salida airosa, irguiéndose, cuando ya sus camaradas retroceden hacia la puerta.

FLECHA 1.º: «Está bien, luego veremos su documentación...».

VARGAS *(Tirándole volutas a la cara):* «Luego no verás nada, capullo. Tú no eres quién para pedirme la documentación. Recoge el libro».

Finalmente el joven Flecha obedece, se agacha, coge el libro y lo pone sobre la mesa. Da media vuelta, el rostro encendido y el gallardo pecho sembrado de volutas rojas y azules, se junta con sus camaradas y los tres salen de la papelería cerrando la puerta violentamente.

Fundido y encadenado.

Y esa misma noche, después de cerrar la tienda, explicó el guionista, mientras los chavales recogen los libros del suelo y ordenan los estantes y el escaparate ayudados por Vargas, Susana en camisón, el pelo suelto y un largo abrigo de su marido echado sobre los hombros, desciende la escalera del altillo —acaba de acostar a la niña— con un vaso de leche que ofrece sonriente al vagabundo.

Calló el escritor a sueldo, y el realizador parpadeó confuso:

—Y qué más.

—Nada más. Te basta con esa imagen. No se puede expresar más con menos elementos. La Susana hogareña, nocturna y cálida, sonriendo al forastero y con un vaso de leche en las manos —sonrió irónico, añadiendo—: Podrías tal vez iluminar la leche por dentro, a la manera de Hitchcock. El forastero debe percibir esa luz en sus manos y el espectador también.

—Tal vez. Pero no veo la necesidad de expresar ningún calor de hogar en la escena, con esa nocturnidad que dices, ese camisón y esa leche.

—Cuando yo propongo una imagen —dijo el fatuo guionista, en tono algo despectivo—, esa imagen, si la ruedas, debe expresar exactamente lo que yo he decidido que exprese. Ni más ni menos.

—El asunto es —dijo el director incompetente y zafio— si a mí me interesa que esa imagen exprese esto o aquello o lo de más allá.

—El asunto es —replicó el escritor con la voz impertinente y meliflua de Humpty Dumpty— quién es el maestro aquí. Eso es todo.

SECUENCIA 24. LIBRERÍA-PAPELERÍA.
Interior Noche.

Arriba en un rincón del altillo mal iluminado Susana y Vargas de pie, a su lado se amontonan algunos muebles viejos, papel de embalaje y una colchoneta enrollada. Vargas con el rostro en la sombra, el macuto a la espalda y el sombrero en la mano. Susana con el abrigo negro de su marido echado sobre los hombros, las mejillas sonrosadas y el vaso de leche (vacío) en las manos.

SUSANA *(Indica la colchoneta):* «Puede dormir aquí, por una noche... Desde esa ventanita se ve el parque Güell *(Sonríe tímida).* Bueno, hasta mañana, que descanse».

VARGAS: «Buenas noches, señora. Y gracias».

Corte a Susana de pie en el altillo alumbrado por relámpagos con su hija llorando en brazos, en camisón y con el largo y pesado abrigo de hombre echado sobre los hombros desnudos. Paso del tiempo: noche de tormenta, Vargas tumbado en su colchoneta, fulgores amarillos y el eco del trueno retumbando ampliando a lo lejos ámbitos de soledad y desventura y terror que hacen llorar sin saber por qué a la pequeña Neus en brazos de su madre.

Vargas se incorpora y mira a Susana. (Inicia música entre el lejano retumbar de los truenos.)

SUSANA: «Los truenos le dan miedo».

VARGAS: «Encenderé una vela».

Encadena a sucursal bancaria ex cine Roxy bajo una gran tormenta la animosa y eficiente señorita Carmela se afana en los inhóspitos y solitarios archivos del sótano buscando unos documentos cuando, súbitamente, se va la luz dejándola completamente a oscuras. Asustada enciende su linterna de pilas y nota en las medias una carrera subiéndole por el muslo como una maligna y diminuta araña de hielo. Todo su cuerpo se estremece. Oye el suave aleteo alrededor de su cabeza y percibe en la frente el roce frío y viscoso de una telaraña o unas alas que no son para volar en este mundo.

Retrocediendo aterrada la señorita Carmela deja caer la linterna y la carpeta con los papeles y se dispone a gritar. A su lado el fru-fru de la seda agitándose anuncia la inminente transmutación del murciélago en Drácula/ Bela Lugosi ya su capa negra y su negro pelo engomado transpira el perfume del musgo y de la neblinosa noche Universal Pictures cuando, ceremonioso y cortés, el pálido conde se inclina, recoge del suelo la linterna y los documentos y los entrega a la señorita Carmela.

DRÁCULA: «Le ruego disculpe este recibimiento. Mi criado tiene la noche libre».

Advierte el conde los ardientes deseos de la empleada bancaria por regresar a su oficina y le indica una salida de emergencia al párking. Ameno conversador, mientras la acompaña guiándola a través de la oscuridad comenta en tono desenfadado algunos pormenores de su famoso y tórrido romance con la pizpireta Clara Bow, pero la señorita Carmela cree percibir en su voz un deje de melancolía y una vibración maníaco-depresiva.

Corte a Vargas en su rincón-dormitorio la espalda recostada contra la almohada y un libro abierto en las manos, el pitillo humeante en sus labios resecos cuarteados a la luz de la vela que arde sobre un taburete a su lado.

Mira directamente a la cámara y sonríe con timidez.

VARGAS *(Por el libro):* «A ver si aprendo...».

Susana descalza en camisón y con el abrigo echado sobre los hombros pasea de un lado a otro del altillo para tranquilizar a Neus y que se duerma. La manita de la niña, moviéndose entre el sueño y el sobresalto, hurga en el cálido escote de su madre. Una pátina de sudor una púrpura plateada cabrillea entre los pechos de Susana como una brillante cola de pez. Ella mira la boca dura del vagabundo y luego aparta los ojos.

Vargas deja también de mirarla, se inclina a un lado de la colchoneta para apagar el cigarrillo en una lata y ve en el suelo, entre los trastos, un rótulo de madera despintado escrito en catalán:

PAPERERIA I LLIBRERIA ROSA D'ABRIL

SUSANA: «Me obligaron a quitarlo».

VARGAS: «¿Y eso por qué? *(Intenta leer el rótulo, se esfuerza por deletrearlo)* ¿Qué dice? No sé leer, señora. Abro este libro todas las noches y miro y remiro las letras, a ver si aprendo, pero...».

Susana sonríe y señala el rótulo:

SUSANA: «Está en catalán».

VARGAS: «Algún día lo aprenderé».

Un relámpago y el trueno inmediato sobresaltan a la niña. Susana la mece, pensativa, mirando el rótulo en el suelo. Sonríe al ver a Vargas coger el rótulo y ponerlo detrás de su espalda a modo de cabezal.

SUSANA: «Algún día volveremos a colgarlo en la calle, encima de la puerta, y todo será otra vez como antes. ¿Me ayudará a ponerlo?».

VARGAS: «Sí, la ayudaré».

Encadena paso de tiempo explosión de luz primaveral en la papelería-librería Vargas el pelo limpio negro bien peinado hacia atrás camisa blanca jersey amarillo despachando detrás del mostrador papel rosa de cartas y sobres rosas a dos muchachas que se ríen sonrojadas, y papel carbón para copias a un señor serio larguirucho con perfil de pájaro.

SEÑOR *(Carraspeando, tímido):* «Y también quería una lámina recortable con aviones Spitfire y otra con submarinos...».

Hacia el mediodía acude la pandilla y lo ayudan a despachar y sobre todo a sumar.

Susana prepara la comida arriba en el altillo y se oye una canción en la radio y luego noticias del descalabro alemán en el norte de África. Al atardecer, la pandilla prefiere charlar con Vargas sentados en el portal antes que leer tebeos o contar aventis de la guerra de Birmania.

Siempre que se le pregunta por la guerra, Vargas habla de la lluvia.

Vargas (Primer Plano) con los tensos labios marcados de cicatrices imita el ruido del viento en el bosque y el de la lluvia sobre los tejados y los campos y el desierto y también la furia de los ríos cuando se desbordan e inundan los valles y los pueblos ahogando a personas y animales. Vargas habla siempre de la guerra nuestra como de una terrible inundación y con el dedo se señala la frente:

VARGAS: «Hasta aquí llegó el agua *(Agachándose en medio de los chicos cierra los ojos y hace):* Glu-glu-glu».

Susana y la pequeña Neus se ríen.

Dentro de su desgracia, este charnego analfabeto deja entrever formas seductoras.

Encadena a mesa camilla en el comedor con Susana de noche enseñando a leer y a escribir a Vargas a la luz del petromax. La mano de Susana guía la mano del alumno torpe y sonámbula agarrotada con el lápiz traza en un cuaderno de hojas pautadas letras-palabras-oraciones en progresión caligráfica: primero garabatos y luego la caligrafía se estiliza, la pluma sustituye al lápiz.

Paso de tiempo: en sobreimpresión páginas y páginas del cuaderno escolar escritas por la mano de Vargas. Cerca, la mano de Susana, quieta, expectante. Vargas se traba en una palabra con la pluma hace un borrón. La mano de Susana se posa en la suya y la guía de nuevo trazando la oración: *Señora maestra, soy un comediante.*

Encadena a ropa mojada tendida en alambres en azotea gris barrida por el viento que hace restallar la colada como un látigo en la cara de Vargas, de pie al borde del terrado y contemplando lejos la ciudad crepuscular con las manos en los bolsillos del pantalón y el viento en los cabellos.

Atardecer de verano, el barrio bullicioso a los pies de Vargas, un resplandor de oro y grana sobre su cabeza y un intenso olor a jazmín en el aire traspasado por alegres chillidos de voces infantiles y pájaros como flechas, en el cielo un cohete de verbena como una palmera de luz cobija a una pobre pesada cometa hecha con papel de periódico y cola de trapos.

Corte al Roxy sesión de tarde y chavales que fuman furtivamente un cigarrillo compartido agachándose entre las butacas, lanzando al aire rosquillas de humo que flotan en el haz luminoso plateado del proyector y que se reflejan en la pantalla —sombras deshilachadas de un sueño mezclándose con las sombras de otro sueño, con el otro humo del cigarrillo que fuma el sonriente villano Rupert de Hentzau/Fairbanks Jr. Sombras siniestras que se deslizan en la poderosa frente arrebatada de pasión de Heathcliff/Olivier, en sus ojos arrasados por el amor y la locura y la venganza, Heathcliff el huérfano de pie en un gótico tenebroso ventanal de su mansión habitada por la soledad y el infortunio, las manos en los bolsillos, los cabellos al viento.

HEATHCLIFF *(Desesperado):* «Cathy. Cathy».

—Maldito novelista —gruñó el director inventando quizá sin saberlo un insulto de doble filo: contra el novelista y contra el cineasta—. Maldito seas, tú y tus pajilleras sesiones de tarde de sábado.

—Sugiero que en esta escena emblemática del terrado con viento romántico en los cabellos y mirada soñadora y desafiante —dijo el escritor—, a Vargas lo filmes con una camisa negra, amplia de mangas y abierta en el cuello, donde debe llevar atado un pañuelo verde con un arpa dorada.

—Vete al cuerno.

Bastantes años después de la guerra, cuando fueron autorizadas por el Gobierno Civil las primeras audiciones de sardanas los domingos por la mañana en el parque Güell y acudían jóvenes falangistas provocadores a burlarse y armar follón y reventar la fiesta, Vargas acompañaba a Susana y a su hija al *aplec* y se esforzaba cómicamente en aprender a bailar (nunca lo conseguiría) aunque, al cabo de un rato, después de matar de risa a Neus y a Susana y a la pandilla, se retiraba del corro.

Sentado en el banco ondulante de la plaza, los codos en las rodillas y entretenido en cortar una ramita de abeto con la navaja, Vargas permanece cerca de Susana y Neus y al mismo tiempo observa las evoluciones de los Flechas alrededor de los sardanistas. Tres de ellos llevan un bote de pintura negra y una brocha y repintan el borroso emblema, la araña negra, en las esferas de piedra del paseo con palmeras, sobre la plaza, y luego en el mismo banco ondulante de cerámica troceada, acercándose al sitio donde se sienta Vargas.

Vargas simplemente se incorpora, y los Flechas tal vez no se han fijado en él. Pero pasan de largo.

De vuelta a casa, en la colina cenicienta al final de la calle Verdi, la pequeña Neus corre alegremente hacia su madre con una brazada de ginesta que le tapa la cara. Susana y Vargas la esperan un poco más arriba. Cuando la niña está a punto de llegar a ellos —Susana rodilla en tierra abriendo los brazos— un golpe de viento le arrebata algunas flores arrojándolas al aire: tallos de ginesta cuelgan de los cables del tendido eléctrico como notas amarillas en un pentagrama.

El viento silbando allá arriba en los cables y una mota de polvo en el ojo de Susana, Vargas intenta quitársela soplando suavemente, los dos arrodillados frente a frente en la colina. Corriendo y palmeando alrededor la pandilla canta:

PANDILLA: «Tiene Susana / la cara / de manzana...».

Corte a Gary Cooper y George Raft camisas blancas y gorras de marino mercante fin de siglo cantando «tiene Susana cara de manzana» borrachos de ron y moviendo como marionetas sus dedos pulgares vendados. Raft lleva un aro de plata en la oreja, según observa la pequeña Neus sentada muy tiesa y maravillada entre su madre y Vargas en la séptima fila, los tres comiendo cacahuetes. La niña sostiene el cucurucho y de vez en cuando las manos sonámbulas ardorosas de Vargas y Susana —aparentemente absortos en la película— coinciden en el cucurucho y se rozan al coger cacahuetes.

Ya hemos hablado del peculiar encanto de Raft con su aro en la oreja, pero ¿cuál era el de Cooper en este film? Probablemente su alegría de trabajar con Frances Dee, la hermosa mujer de su amigo Joel McCrea, y el estar por vez primera a las órdenes de Henry Hathaway, un director que sería muy importante en su carrera. Cooper se salva en el único bote y el barco naufraga y Susana tantea en la sombra del cine la manita de su hija y piensa, no sabe por qué, de pronto, en su marido que tal vez se podía haber salvado.

George Raft yace para siempre junto a su amada francesita en el camarote sumergido bajo el océano en medio de algas cimbreantes y un banco de pececillos acerados que da bandazos compulsivos recorriendo las entrañas espectrales del barco de vela hundido en el fondo del mar, sobre una roca y ligeramente escorado a estribor. (Plano desechado del guión y al parecer no rodado por Hathaway ni por nadie, pero que un servidor, por si te interesa, *regista* de secano, guarda en su anegada filmoteca mental.)

El 8 de enero de 1950 Jan Estevet Mas sale de la cárcel en libertad vigilada y escapa al sur de Francia acompañado por dos camaradas. El activista volverá a Barcelona en diversas ocasiones, pero siempre clandestinamente y sin avisar a Susana.

Dos años después, Susana recibe una carta de una amiga exiliada en Toulouse, en la que le dice que su marido vive con otra mujer.

SECUENCIA 57. ALTILLO/PAPELERÍA.
Interior Noche.

Después de cerrar la tienda y apagar las luces, Susana sube fatigada la maltrecha escalera del altillo y Vargas sube tras ella, al llegar arriba sus hombros se rozan en la penumbra, ella viste un pijama de hombre y ha llorado, tropieza y se tuerce el tobillo. Se dobla hacia un lado cayendo y Vargas la sujeta por la cintura, Susana rinde la cabeza, los rubios cabellos se derraman sobre su cara y la carta de Toulouse resbala de su mano y

Corte a labios de Susana entreabiertos húmedos sin color la cabeza recostada en el brazo de Vargas, el brazo de Vargas en el respaldo de la butaca del cine, sábado sesión de noche invierno del 52: Susana dormida en la butaca entre su hija y Vargas, muy abrigados los tres y cerca de la estufa lateral. Neus (catorce años, espigada, rubia como su madre) fascinada con la película *Cumbres borrascosas* y Vargas inclinándose hacia Susana como si fuera a oler sus cabellos o a besarla. Suavemente con la mano aparta un mechón sobre sus ojos y

Corte a Vargas subiendo por la escalera del altillo llevando en brazos a Susana con su pijama de hombre y la carta en la mano y el tobillo dolorido. Él la deposita en la cama, le quita la zapatilla del pie, masajea con suavidad su tobillo y hasta lo sopla. Ella tiene cosquillas y se ríe entre las lágrimas.

Vargas se incorpora y busca los ojos dorados en la penumbra. Espera, de pie, inmóvil, respetuoso, fiel, encendido. Su magro rostro cubierto de cicatrices retrocede un poco más en la penumbra, y el telón de sombras cae sobre él.

Susana desde el lecho lo mira con tristeza y temor, esboza una débil sonrisa y bruscamente vuelve la cara sobre la almohada. Con su voz sin inflexiones Vargas le da las buenas noches, da media vuelta y sale del cuarto.

—Para una sola secuencia, dos escenarios —gruñó el director olisqueando su vaso de agua tónica, que se estaba volviendo misteriosamente de un color verdoso negruzco—. Caprichos de guionista derrochador y romántico. ¿Tú crees que nos concederán los millones suficientes para rodar tus depravadas virguerías escenográficas, literato, y no hablo de las submarinas...?

—Respecto a esta escena —prosiguió el eventual guionista sin hacerle caso—, me preocupa tu famosa incompetencia para iluminar los rostros y los cuerpos que se desean y tu notoria incapacidad para representar el amor auténtico y profundo, el amor más allá de los tópicos visuales de la pornografía blanda. Tiemblo al pensar la cantidad de posibilidades calenturientas que habrás visto en Susanita metida en ese holgado pijama de hombre, tal vez sin botones...

—Intelectual depravado —cortó el director—. Eso es lo que eres.

—Depravado, quizá. Lo de intelectual lo considero un insulto.

SECUENCIA 58. FACHADA PAPELERÍA-LIBRERÍA.
Exterior Día.

El escaparate luce un cristal nuevo que al atardecer refleja el paso ensimismado y perezoso de nubes blancas gordas algodonosas teñidas de rosa, pacíficas nubes viajando hacia el Sur.

Súbitamente la imagen se hace literalmente añicos: una pedrada rompe de nuevo el cristal.

Encadena a Vargas en la calle barriendo con una escoba los diminutos cristales astillados en medio de una gran polvareda obliga a apartarse a dos chiquillos descalzos. Es verano, los fangos del descampado se han convertido en polvo rojo y la misma calle parece un incendio. Uno de la pandilla ayuda a Vargas con una pala y una caja de cartón. En seguida ven acercarse a Fermín Palacios flanqueado por dos fieles escuadristas con cara de tango y ojeras.

FERMÍN *(A Vargas):* «Quiero hablar con la viuda Estevet».

VARGAS: «Ella no quiere hablar con usted».

FERMÍN: «Tú, chaval *(Al de la pandilla),* entra y dile que estoy aquí. Rápido, tengo que ir al banco» *(Con la mano tantea el billetero sobre el corazón).*

Vargas retiene al niño con la mirada. Deja de barrer, apoya indolentemente las manos y la barbilla en el palo de la escoba y, mientras a su alrededor se aquieta el polvo rojo, entorna los ojos escrutando al tabernero y a su escolta azul.

VARGAS: «No está, camarada imperial. ¿Quiere saber adónde ha ido?».

FERMÍN: «No tengo nada contra ti, muchacho. No te hagas mala sangre».

VARGAS: «Pues ha ido a encargar otro cristal para el escaparate. Doscientas pelas del ala, una auténtica fortuna en estos tiempos, ¿no cree?».

Fermín Palacios lo mira en silencio. Uno de sus jóvenes centuriones da un paso al frente y su jefe lo contiene con un gesto. Luego sonríe vagamente al charniego:

FERMÍN: «Me caes bien, Vargas, así que voy a explicarte algo».

El tabernero ha venido a parlamentar acicalado y endomingado (americana gris a rayas y cruzada, pantalón crema, zapatos de dos colores y muchos emblemas en las solapas) seguramente para impresionar a Susana. Amigablemente ahora le explica a Vargas que él nunca ha querido perjudicar la la viuda Estevet y que es mentira lo que dicen de él en el barrio, aunque, en efecto, le gustaría alquilar este local para instalar un Salón de juegos para la juventud, futbolines y billares y demás, nuestra juventud merece un esfuerzo. Está dispuesto a ofrecerle a la viuda una cantidad razonable por el traspaso, y a él, a Vargas, un buen empleo en el nuevo negocio. Y concluye con la voz ensalivada:

FERMÍN: «Me gustan tus maneras, muchacho. Piénsalo, y mira de convencer a tu ama. Vendiendo libros nunca te harás rico, tanto si los libros son en catalán como si son en castellano. ¡Para morirse de hambre!».

VARGAS: «Estoy acostumbrado a morirme de hambre. ¿Ve esa ventana? Ahí, mire».

Ahora la pandilla, expectante desde el inicio de la escena, va a ser testigo de algo asombroso. Cuando Fermín Palacios empezó a exponer sus planes acerca del Salón de juegos, ellos habían visto que Vargas, aparentemente interesado en la propuesta, había soltado la escoba acercándose al tabernero con toda confianza, mirándole como hipnotizado con la cara casi pegada a la suya.

Y ahora, al indicarle la ventana ciega sobre la puerta de la papelería, y hacia la cual ya levantan los ojos Fermín y los dos Flechas, ven, o mejor sólo llegan a entrever el movimiento fulgurante de sus dedos al deslizarse entre las solapas de la americana del tabernero y extraer limpiamente, visto y no visto, un billetero plano de piel color salmón que oculta rápidamente a la espalda.

VARGAS: «Pues en una ventana igual que ésta pero no tapiada, una que está detrás del altillo, este muerto de hambre, un servidor, se pasa las horas leyendo libros...».

Vargas retiene la atención de los tres falangios el tiempo justo para que sus veloces manos hagan un trabajito en la espalda: articulándose con endiablada precisión y rapidez, los dedos abren el billetero y extraen doscientas pesetas —que adivinan por tamaño y textura—, el precio exacto del cristal nuevo. Y con la misma maravillosa limpieza y habilidad, visto y no visto, las manos de Vargas deslizan otra vez el billetero entre la americana y el arrogante pecho de Fermín Palacios, y luego, engatillando el índice, sacude unas motas de polvo en su solapa y añade:

VARGAS: «Así que no perdamos el tiempo. Tengo trabajo».

Vargas le vuelve la espalda.

FERMÍN: «Eres un chulo y acabarás mal, muchacho. Te conviene pensar en mi propuesta...».

VARGAS: «Lárguese. Y si el mamón de su sobrino o alguno de sus valientes señoritos azules vuelve por aquí a romper el cristal... *(Sonríe)* usted volverá a pagarlo, jefe».

Los niños pandilleros se sonríen por debajo de las narices mocosas.

SHANE: *«He de marcharme».*

JOEY: *«¿Por qué, Shane?».*

SHANE: *«No puede uno dejar de ser lo que es. Yo lo he intentado inútilmente».*

—Pero no se irá.

—No.

Así pues, añadió el escritor, la línea argumental se tensa como un arco ensartando cinco fechas clave en la historia: 1941, la llegada al barrio del joven delincuente, su protección a la viuda (supuesta) y a su hija, su trabajo en la papelería, su alfabetización, su veneración por Susana. 1950-52, Vargas arraigado en Cataluña, fiel servidor y guardaespaldas de Susana, enamorado de ella y viviendo en secreto su mal de amores. El punto de flexión más tenso del arco está ahí: los planos del charnego aplicándose en la lectura de libros catalanes echado en su colchoneta y a la luz de una vela, la llegada de la carta de Toulouse que hace llorar a Susana, el cine de barrio en invierno, la noche de la torcedura del tobillo, etcétera, 1960, el inesperado regreso al hogar de Jan Estevet con su prestigio de héroe, aclarando malentendidos y suscitando el perdón, la alegría de Susana, la soledad de Vargas. Y la curva ya en descenso: 1975, Vargas es un viejo *murciano* afable y pintoresco, cojo y servicial, algo borrachín y pendenciero, del que hacen mofa los chiquillos y que aún trabaja en la *Papereria i Llibreria Rosa d'Abril,* ampliada y con nueva fachada. Un buen hombre al que el barrio aprecia, pero que ha empezado a olvidar. Y fin.

SECUENCIA 80. FACHADA (remozada)
PAPELERÍA-LIBRERÍA.
Exterior Día.

Vargas embutido en un mono azul está terminando de pintar la puerta de la papelería cuya fachada luce ahora un flamante color marfil.

La joven Neus (veintidós años) hermosa y rubia como su madre (la misma actriz interpreta los dos papeles) avanza desde la puerta hacia nosotros sonriendo con las manos a la espalda y una rebeca naranja echada sobre los hombros, hasta ocupar totalmente con su cara la pantalla en primer plano.

NEUS: *(A la cámara):* «Nunca se fue del barrio, nunca se casó, nunca aprendió *(Sonríe como avergonzada)* a hablar correctamente el catalán, aunque tal vez la culpa fue mía y de mi madre, que no supimos enseñarle... Nunca dejó de trabajar en la papelería ni de ayudarnos en la casa, y siguió haciéndolo cuando papá volvió de Francia. Durante años ha sido el criado de mamá y mío, nuestro amigo más fiel, nuestro ángel custodio. Nunca he conocido a un hombre como Vargas».

Encadena mismo escenario quince años después, en 1975. Vemos a Vargas (sesenta años subido a lo alto de una escalera de mano apoyada contra la fachada de la papelería) terminando de colgar sobre la puerta el viejo rótulo que, en su rincón-dormitorio del altillo, le sirvió de cabezal durante más de treinta y cinco años.

Luego baja de la escalera, retrocede de espaldas y observa el rótulo a distancia. De la tienda salen corriendo tres niños, golpean la escalera y casi la tiran. Restregando las encallecidas manos en los pantalones, refunfuñando, el martillo y los alicates colgando del cinto como revólveres, cansado, achacoso, hablando solo, el viejo Vargas carga la escalera en su hombro y se retira de escena.

—En este largo plano crepuscular —se le ocurrió al escritor— podríamos volver a escuchar parte de aquel diálogo entre la hermosa viuda y el charnego la primera noche que él durmió en el altillo, cuando descubre apoyado en la pared el rótulo represaliado porque está escrito en catalán y ella dice:

SUSANA: «Algún día, volveremos a colgarlo sobre la puerta de la calle».

VARGAS: «Algún día, sí».

SUSANA: «¿Me ayudará usted cuando llegue ese día?».

VARGAS *(Sonriendo animoso):* «La ayudaré, sí, señora. Cuente conmigo».

—No decían exactamente eso —masculló el director.

—Bueno, ¿pero te vale o no?

El escritor obtuvo una mueca desdeñosa por respuesta. Observó el confiado balanceo del cineasta sobre el abismo y súbitamente recordó una película mala de Joan Fontaine haciendo de mujer mala llamada Ivy *(Abismos)* en la que se mataba malamente cayendo por el hueco del ascensor.

Y entonces vio al director de cine caer hacia atrás muy despacio, su mano crispada aferrándose inútilmente al tallo del putrefacto y rojo clavel español; vio las suelas cremosas de sus flamantes puntiagudos zapatos italianos en el instante de voltearse y los ojos desorbitados de terror en su entrepierna, girando todo él en el vacío como quien improvisa una voltereta hacia atrás en el césped del jardín para hacer reír a su hijo pequeño... Finalmente vio los titulares de los periódicos del día siguiente:

HORRIBLE MUERTE
DE UN DIRECTOR DE CINE

Y en caracteres más pequeños: «En el momento de la tragedia estaba escribiendo una película en colaboración con un novelista que en diversas ocasiones, siempre que la prensa le pidió su opinión —y cuando no se la pidió, también—, declaró que el ahora difunto cineasta era tonto de solemnidad».

—Ya veremos —contestó por fin el director—. Las mejores ideas se me ocurren durante el rodaje.

—Ya.

—De veras. Me gusta arriesgar, con los personajes sobre todo. Yo soy partidario de lo que Truffaut llamaba una situación caliente con personajes congelados.

—¿Seguro que decía eso? —el escritor sonrió—: Me recuerda a la pobre señorita Carmela.

—¡Maldición! ¿Qué hacemos con ella?

Hitchcock con su barriga de violonchelo sube al tren en Metcalft portando un violonchelo. Poco después, casi a la hora de cerrar el banco, la señorita Carmela lo ve cruzar impertérrito el vestíbulo, siempre acarreando el voluminoso chelo, y pararse a hablar con el vigilante armado de la entrada. Entonces, mientras ella recoge sus objetos personales y los mete en el bolso, ya para irse, Hitchcock y el guardia vuelven la cara al mismo tiempo y miran a la señorita Carmela de soslayo, como si sospecharan de ella.

El simpático asesino psicópata Bruno/Robert Walker con los hombros delicados encogidos como si tuviera escalofríos se dirige a la estación Pensilvania a coger un tren que le llevará a Metcalft en cuyo parque de Atracciones, junto al lago y sobre la hierba de Isla Mágica, debe dejar un encendedor que lleva las iniciales G. H. grabadas y un pequeño relieve como adorno representando dos raquetas de tenis con los mangos cruzados.

El reloj del Banco Central señala la 1.30 horas y la señorita Carmela recoge su bolso y sale a la plaza Lesseps. Aunque tal vez demasiado tarde, ha comprendido al fin: dos violonchelos, dos pies que se topan, dos raíles de tren, dos raquetas cruzadas, dos chicas que se parecen y las dos con idénticas gafas de miope (¡tres, contándose ella también!) y dos elegantes y guapos asesinos, aunque sólo uno de ellos cometa asesinato. Vuelve la cabeza atrás y comprueba que no la sigue nadie. Conforme se aleja de ese banco que fue cine populoso, de esos ámbitos embrujados llenos de sombras y de voces muertas, la señorita Carmela se tranquiliza.

Bajo el alegre sol de mayo, esperando frente a un paso de peatones con el semáforo en rojo, saca un cigarrillo del bolso y entonces a su lado un hombre con sombrero, atento y elegante y de hombros como frioleros, le ofrece lumbre de su mechero.

—¿Me permite? —sonríe el desconocido.

Buena suerte, señorita Carmela.

Encadena imagen última de Vargas: un anciano cojo y abstraído que está limpiando con un paño el cristal del escaparate de la PAPERERIA I LLIBRERIA ROSA D'ABRIL, y que tiene un sobresalto cuando unos chicos pasan alborotando con cohetes y petardos y arrojan un *trueno* entre sus pies.

Sobre la cabeza encanecida del viejo charnego, en el cielo rojo del atardecer, estallan cohetes de fiesta y una música vulgar y chillona se derrama por la colina. Verbena de San Juan, verano de 1985.

—Bueno, ¿y qué diablos hacemos con esta cursi que ve visiones? —insistió el director.

—En mi opinión, la pobre señorita Carmela merece una oportunidad —el escritor reflexionó—. Bastaría un ligero retoque en la secuencia 82. El encendedor en la mano del hombre (no vemos su rostro) que le ofrece lumbre lleva grabada la letra V. Es Vargas, ya en sus años de madurez.

El cineasta bramó:

—¡¿Estás sugiriendo que Vargas tiene una aventura con esa loca solterona?!

—Querido *directed by,* deberías mostrarte más respetuoso y más comprensivo con tus personajes, sobre todo si son perdedores. La señorita Carmela es una mujer solitaria, sensible y cultivada. No ha tenido mucha suerte en la vida, pero ella suple esa carencia con imaginación y ternura. Y tiene una bonita figura.

El director asintió, resignado:

—Ciertamente, Vargas es un perdedor.

JOEY: *«Shane, sabía que ganarías. Estaba completamente seguro. ¿Ése era él? ¿Era Wilson el pistolero?».*

SHANE: *«En efecto, era Wilson. Rápido, muy rápido en disparar...* (Sin poder contenerse) *¡Pero yo soy aún más rápido!».*

—¡Corten! —ordena George Stevens saltando de su silla de director y encaminándose hacia Alan Ladd, que interpreta la escena final montado a caballo—. Alan, creo que esta última frase no está en el guión.

—Pues debería estar, George.

—No es necesaria, y por eso no está.

—Cosecha propia —dice Ladd con su encantadora sonrisa rubia—. ¿No te gusta? Se me acaba de ocurrir.

—Pero ¿por qué, Alan?

—Porque es verdad, George. ¡Yo soy el más rápido de la película!

—Cierto, muchacho, lo acabamos de ver. Has liquidado a los hermanos Rayker y a Wilson. Precisamente por eso no es necesaria la frase.

Alan Ladd tenía una gran disciplina profesional, además de una puntería infalible. Con su mano enguantada aparta un rubio mechón caído sobre su frente y reflexiona unos segundos. Las muchachas del plató admiran su sonrisa triste de pistolero solitario, su espalda recta y desdeñosa de la muerte y los flecos de su elegante cazadora de gamuza blanca bien ceñida por el ancho cinturón.

—De acuerdo, George. No diré la frase.

—Bien, Alan, así me gusta.

—Era muy pretenciosa. Estoy listo para rodar. Cuando quieras.

Stevens mira a su actor con afecto y le guiña el ojo:

—Vamos allá. La humildad es importante en este oficio, hijo.

Vuelve el director a su silla de lona al tiempo que la potente voz de su ayudante ordena:

—¡Silencio! ¡Rodamos!

Y con voz todavía más autoritaria y poderosa resonando en el silencioso plató, Stevens dice:

—¡Motor! ¡Acción!

Plano general de Barcelona y en sobreimpresión los protagonistas Susana, Vargas, Neus y los niños pandilleros todos en línea cogidos del brazo y sonrientes caminan hacia nosotros surgiendo de las ruinas del cine Roxy cubiertos de polvo y con las ropas desgarradas mientras sobre sus cabezas nimbadas de luz y desde el fondo de la pantalla se acerca agrandándose la palabra

(Del libro Teniente Bravo, *de Plaza & Janés, 1987)*

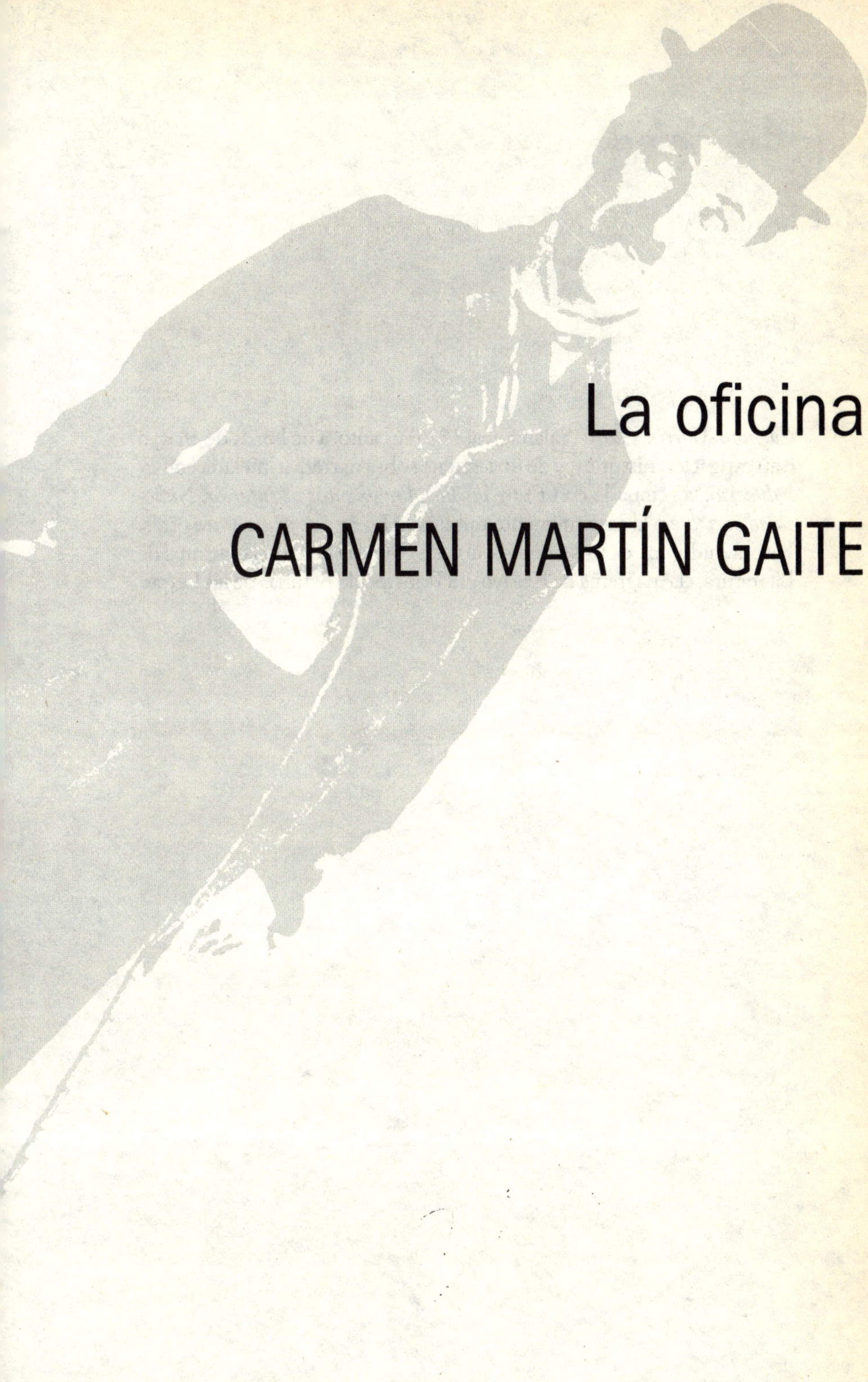

La oficina

CARMEN MARTÍN GAITE

Carmen Martín Gaite (Salamanca, 1925) es autora de libros de ensayo e investigación histórica, y de una extensa obra narrativa iniciada con *El balneario*, continuada con *Entre visillos, Fragmentos de interior, Nubosidad variable* o la recientemente publicada *Lo raro es vivir*, entre otras. Ha obtenido, entre otros premios, el Café Gijón, el Nadal, el Nacional de Literatura, el Anagrama de Ensayo y el Príncipe de Asturias de las Letras.

Era Matías Manzano un hombre adormecido, maquinal. Se había acostumbrado a quitar las hojas del calendario, a bostezar, a ponerse bufanda, a oír cómo le daban los buenos días sus compañeros de la oficina y cómo contestaba él; a verse siempre delante, encima de los papeles de la mesa, como reflejadas, unas manos postizas, rutinarias, enjauladas, unas manos que le venían grandes. Se había acostumbrado, sobre todo, a sentir que a su nombre se le iban desgastando las esquinas como a un viejo canto rodado.

—Manzano, páseme esos expedientes.

—Manzano, llame al Banco Central.

Manzano, Manzano, Manzano... Eran como de fantasmas aquellas voces que le perseguían y danzaban siempre alrededor de él. Y detrás de las voces se enganchaba el ruido de los pasos, el tecleteo de las máquinas, el timbre del teléfono, que no paraba nunca de sonar. Algún día, de pronto, él sentía deseos de escaparse. Imaginaba el silencio de alguna calle lateral, muy solitaria, por donde había pasado un domingo por la tarde, y sólo con acordarse creía descansar. Sin embargo, esta calle podía ser muy vulgar, no significar nada, pero así recordada, desde la oficina, parecía tener en alguna parte una ranura por donde mirar más lejos, afuera. Después de estos paréntesis fugaces y espaciados, el trabajo seguía más deprisa. Le amurallaban cientos de papeles añadidos de un día para otro, enhebrados, que nunca tenían fin. Sólo aquellos papeles existían: él era responsable de tan graves asuntos, de tan fenomenales cifras de dinero. Manejaba todo aquello sin saber por qué, como si estuviera pintado dentro de un cuadro y no pudiera salirse. Día tras día, año tras año, llegaba el primero a la oficina, con su traje marrón y su corbata de lazo, como haciendo las veces de otro.

«¡Qué bien cumple este Manzano!», se decía complacido el señor Tortosa, de la Inmobiliaria Tortosa, S. L. Y hasta había decidido subirle el sueldo, a pesar de que él nunca lo pidió. Pero precisamente porque él nunca lo pedía, fue una de estas decisiones que siempre se tienen en la mente sin llevarlas a cabo y que se van dejando de un mes para otro. Y así, cada una de las veces que el señor Tortosa se decía «Este chico merece que yo le suba el sueldo», su conciencia se quedaba tranquila para una temporada, como si ya se lo hubiese subido.

El rostro del señor Tortosa carecía de expresión habitualmente, pero podía adaptarse con extraordinaria rapidez a un molde cualquiera. Así podía aparecer sucesivamente afable y cordial, grave, resuelto, irritado, según el asunto de que se tratase, siempre dentro de los límites de la mayor mesura. El señor Tortosa hablaba en letras mayúsculas, las mismas para cada vez, pero barajadas de distinta manera, como en los titulares de los periódicos: «... Dignidad profesional», «bien entendido», «opinión que respeto». Cuando se quedaba solo, el señor Tortosa inflaba, encorsetaba, adiestraba su ejército de letras mayúsculas, se organizaba con ellas, ensayaba ataques y contraataques. Mientras fingía escuchar a otro que le estaba hablando, perfeccionaba los palotes de sus letras mayúsculas, pendiente de que al soltarlas no se le fueran a salir de la fila. Y nunca se le salían ni temblaban. Cosa de la imprenta. Los demás se estrellaban contra aquella procesión terca, perfecta de las letras mayúsculas; y hasta les gustaba —a los más— verlas salir así, tan tiesecitas y modosas, tan bien imitadas, como si respondieran a algo vivo, y se embobaban con la amabilidad de aquel señor.

Matías, después de bastante pensar, había decidido que el color que le correspondía a su jefe era un azul cobalto. Se distraía poniéndole colores a la gente. Así, por ejemplo, la señorita Mercedes, la mecanógrafa, era entre gris y pardo, de color pluma de perdiz. La señorita Mercedes se sentaba a trabajar en la mesa de enfrente a la de Matías y llevaba los labios pintados por fuera de su sitio. Matías miraba estos falsos labios rojísimos de la señorita Mercedes, y a veces seguía la raya donde parecían terminar los de verdad, imaginando la expresión diferente que darían al rostro. Siempre estaba acariciando la tentación de quitarle la pintura sobrante con un trapito mojado en aguarrás. Si ella se dejara, daría tanto gusto hacerlo. Y se lo quitaría despacio, sin daño ninguno.

La señorita Mercedes, Mercedes García, tan formalita y tan mona, medio empotrada siempre entre un clasificador de tapa ondulada que se bajaba haciendo mucho ruido, y el gran fichero verde, a nadie daba pie para confianzas.

—Vaya, es usted tocaya de la máquina —le decían algunos, cuando sabían su nombre.

—Sí, señor; ya ve usted —contestaba ella sin entusiasmo ninguno ni levantar la cabeza del trabajo más que lo poquito que requería la buena educación.

—Hija, qué parada eres. Tú me parece que te vas a quedar para vestir santos —le repetía muchas veces su amiga.

Mercedes, como todas las mecanógrafas, cuando no les ha salido novio todavía, tenía su amiga íntima que solía llamar por teléfono a eso de las seis.

—¿Está Mercedes?

—Sí, un momento. ¡Señorita Mercedes!

El teléfono estaba sobre la mesa de Matías, y era él quien lo cogía y la avisaba. Mercedes se levantaba casi aún antes de sentirse llamar, como para ser menos vista y cruzaba la habitación con las manos colgando. Le parecía que hablaba demasiado alto y que todos se callaban para mirarla a ella. La conversación con su amiga era muy breve y se componía en gran parte de monosílabos, que variaban poco de unos días a otros. Se ponían de acuerdo sobre la hora en que iban a salir de sus respectivos trabajos, sobre si podían verse o no aquel día y dónde era mejor. Cuando una de ellas se salía de este tema y quería contar algo más largo, le cortaba la otra en seguida:

—Sí, bueno. Hasta luego. Tengo mucho que hacer.

Mercedes colgaba el teléfono y le decía a Matías:

—Muchas gracias, Manzano.

Y él respondía:

—Nada...

Así todos los días. Quizá la primera vez que Mercedes le dijo esto, lo hizo espontáneamente; tal vez agradeció que no hubiese posado el auricular en la mesa y se lo alargara con su propia mano, como si fuese una carta; seguramente entonces acompañó con un gesto afectuoso aquellas tres palabras llenándolas del significado que tenían. Pero ahora ya no podía escoger entre decirlas y dejarlas de decir. Ese primer día quién sabe dónde estaba. Dar las gracias a Matías Manzano al acabar de hablar por teléfono se había convertido para ella en una pieza inevitable, ni más ni menos importante que cualquier otra de las que integraban el engranaje de aquella oficina y mantenían su buen funcionamiento.

Al anochecer, antes de volverse a casa, Mercedes y su amiga se juntaban para dar una vuelta. Desembocaban en las calles del centro, se alistaban a su complicado abejeo, sorteando motocicletas, camiones, cieguecitos; se entretejían en el incierto fluir de la gente, como si se echaran en una crepitante hoguera a formar parte de su resplandor. Eran calles de altivos edificios iluminados con luz fluorescente, edificios sin risas ni descarnaduras, sin muchachas asomadas, sin persianas verdes ni jaulas de canarios. Edificios valorados en millones de pesetas, gravados con hipotecas, descritos en expedientes y legajos, acechados con codicia por importantísimas firmas sociales que después los poseían ávidamente, como a mujeres en venta. La gente se echaba a estas calles con los ojos expectantes, abiertos como puertas por ver si les entraba alguna imagen nueva con que amasar su sueño de aquel día. En los miles de pares de ojos se detenía el reflejo chillón, insistente, de los letreros luminosos, y parecían lágrimas verdes, rojas, azules, a punto de resbalar. Zumbaban las ruedas, los motores, los voceadores de periódicos, los silbatos, las cafeterías; y los rostros atónitos se agolpaban como racimos dentro de los espejos, en las reverberantes lunas de los escaparates de lujo, donde abubillas y garzas disecadas traían en el pico un largo guante malva, una sandalia dorada o un encendedor de zafiros. El cielo se replegaba perseguido por luces, bocinas y antenas, herido contra el filo de altísimos aleros, tupido, estrangulado por el vaho rojizo de los anuncios, y corría en zigzag hacia las afueras.

Mercedes se cansaba:

—¿Nos vamos para casa?

—¿Tan pronto?

—Mujer... para lo que estamos haciendo. Yo tengo sueño.

Los domingos por la mañana, cuando hacía bueno, iban de paseo al parque. Caminaban perezosamente, del brazo, mirándose los pies, las ramas de los árboles, el iris de la manga riega. El parque era como una gran isla de sol y de silencio cercada de cables, de casas, de tranvías. Un día se encontraron a Matías allí. Estaba sentado en el banco de una alameda lateral, un poco oculta, y tenía en la mano unos trozos de miga de pan. Los deshacía despacio entre los dedos, y tímidamente acudían los pájaros, a brinquitos. Había hasta una docena de pájaros alrededor de sus pies, y uno más atrevido había volado al banco de madera y estaba allí encaramado encima de un libro y unos periódicos, mirando con susto a Matías, que extendía hacia él la palma de su mano izquierda llena de miguitas. Una raya de sol, filtrada al menearse los árboles del paseo, se balanceaba sobre su cabeza inclinada, sobre su pelo despeinado y oscuro. Mercedes le iba a haber dicho a su amiga: «Mira, ése es Manzano; uno de mi oficina», pero luego le pareció tan poco importante que no dijo nada. Pasaron de largo y él no las vio.

Lo mejor era los sábados por la tarde, y algún día entre semana, cuando iban al cine. Allí mismo, atravesando la calle había un cine; y otro pegando con la oficina, pared por medio. Parecía mentira lo cerca que estaba, lo fácil que era ir. A Mercedes le hubiera gustado tener que preparar un largo viaje y ponerse un vestido completamente distinto, despedirse de todos como si nunca fuera a volver. Se extasiaba con las películas en tecnicolor, de caballos rojizos vadeando ríos, de persecuciones y galopadas, de lejanas montañas tan verdaderas, de carros trashumantes avanzando torpemente a la luz de la luna. Historias de tiros, de indígenas, de cabarets, de naufragios, de mujeres fascinantes que cantan con collares de flores, de hombres duros y arrojados, de muerte y contrabando, de barcos piratas, de amores inconmensurables. Cuando el más alto escapaba de todos los peligros y llegaba, por fin, a besar a la muchacha, se encendían las luces bruscamente, empezaba a chillar una gramola, y era que las echaban. Estaban en un local mal iluminado, que olía a ozonopino, donde se paseaban como fantasmas dos o tres niños arrendados que pregonaban chicle y patatas fritas.

—¿Vamos? —le decía su amiga, levantándose.

Mercedes sentía una sorda irritación que se le enconaba al no saber contra quién dirigirla. Miraba con ojos rencorosos la pantalla, que era sólo una sábana estirada, y se revolvía contra aquella estampada y fría blancura igual que un toro engañado al embestir, ávido de sangre.

—¡El viejo, qué bien trabaja! Es el que hacía de comisario de policía en *La noche de asfalto.* ¿Te acuerdas?

—Sí, ya me acuerdo.

Salían poniéndose los abrigos al frío, a la calle, a la luz, a la rueda de siempre.

Todas las noches, antes de acostarse, Mercedes se ponía los bigudís delante del espejo del lavabo. Aunque estuviera muy cansada, nunca se acostaba sin ponerse los bigudís. Lo hacía casi sin mirar, partiendo el pelo en zonas que envolvía muy deprisa en cada hierrito, como si estuviera liando pitillos. Sobre el espejo estaba la bombilla encendida. Muchas noches, al terminar su tarea, Mercedes se encerraba con pestillo en aquel cuarto y se contemplaba el rostro atentamente, con los codos apoyados en el lavabo. Un rostro ancho, pasmado, de ojos enrojecidos que no expresaban ninguna cosa, un rostro que parecía recortado en cartón. Lo miraba como si lo viese cada noche por vez primera, y necesitaba concentrarse trabajosamente para sentir de verdad que le pertenecía. Durante mucho rato se miraban los ojos de fuera y los del espejo se buscaban hasta acercarse y fundirse. Y los de dentro, pronto tenían a flor el hilo del llanto. Al menor temblor de pestañas, la primera lágrima caía, dejando una huella seca y ardiente en la piel de la mejilla, un cauce tirante de sed que pedía más lágrimas. Era algo necesario y natural, como la lluvia. Lloraban largamente los ojos de Mercedes, sintiendo la compañía de aquellos otros del espejo, que por fin la habían reconocido.

Los clientes que venían a la oficina se clasificaban en dos categorías muy bien definidas: los que pasaban al despacho del jefe y los que no llegaban a verle jamás. Se los distinguía sólo con verlos. Entraban los del primer tipo con el paso seguro, la mirada resuelta y arrogante. Se sentaban sin que nadie les invitase a hacerlo, abrían con parsimonia una pequeña cartera que traían en el bolsillo, y buscaban allí su tarjeta de visita. La sacaban, la tendían con indolencia. Eran tarjetas blancas y primorosas, impresas algunas en letras de relieve que se notaban al tacto, y podían llegar a tener hasta tres direcciones distintas con sus tres teléfonos para cada solo nombre. Mientras un empleado pasaba estas tarjetas al despacho del señor Tortosa, ellos se distraían hojeando un pequeño bloc y tachando las cosas importantes que llevaban hechas aquella mañana.

Cuantos más apellidos y direcciones tenía la tarjeta, más pronto volvía el empleado:

—Que tenga usted la bondad de pasar.

Al salir saludaban con una alta sonrisa. Eran personas correctas e insolentes, exhibidas detrás de sus apellidos que los protegían de cualquier contacto, como fanales de cristal.

Los clientes del segundo grupo se quedaban en la puerta antes de entrar, mirando con temor y desconcierto las ocho mesas que había en la habitación, como echando a suertes mentalmente para saber a cuál se dirigirían, o tal vez esperando a que de alguna de ellas se alzaran unos ojos, invitándolos a pasar. Siempre venían a preguntar alguna cosa que no sabían explicar bien y se enredaban en largas y confusas historias. Se atropellaban fatigosamente, deseando acabar, y parecían seguros de estar equivocados; hablaban mirando a las carpetas y los teléfonos y lo que iban diciendo se les enfriaba. Los rostros de estos clientes se repetían con frecuencia. Muchos volvían dos o tres veces para cada cosa, porque no se enteraban bien a la primera y les daba vergüenza pedir que se lo explicaran nuevamente. Además, como no tenían tarjeta, les exigían instancias y certificados de otras oficinas para acreditar su personalidad. Se les gastaba todo el día rodando de ventanilla en ventanilla, de mesa en mesa, pidiendo firmas y avales, rellenando impresos, pegando sellos móviles, escribiendo que su padre se llamaba Manuel y su madre Josefa, dando las gracias.

Estos clientes del segundo grupo nunca dejaban propina. Las propinas de los clientes buenos se recogían y repartían con arreglo a los sueldos; es decir, que al que tenía mayor sueldo le tocaba mayor parte de propina, no al contrario.

Estar en la oficina era para Matías Manzano como viajar en un trolebús al lado de personas de las que nada se sabe sino que van por azar a la misma parada. Siempre andaban de broma los compañeros, poniéndose motes unos a otros, riñendo al chico de los recados, comiendo bocadillos de chorizo. Y, sobre todo, la conversación. En cuanto uno levantaba la cabeza de los papeles, ya estaban los demás en guardia, dispuestos a tenderle apresuradamente sus palabras, como a un náufrago. Se quedaban en mangas de camisa para darse mayor confianza, hablaban de sus comidas, de sus aficiones, de sus novias, como por obligación. Los lunes se discutía de fútbol con todo el que entrara por la puerta, que quisiera que no. Daban diversas versiones del partido del domingo, pero hablando cada uno por su cuenta, sin que nadie escuchara a nadie, porque así tiene que ser. Hacían dibujos con tinta en el cristal de las mesas, se tiraban de la manga unos a otros exigiéndose mutua atención, ardían al tiempo todos los explicoteos. A Matías, en los casos extremos, le ponían de árbitro en las discusiones.

—Pero juzgue usted, Manzano. A ver lo que dice Manzano.

Y él, como todos le miraban, decía que sí, que puede ser, que seguramente... Le miraban con pena y extrañeza, igual que a un niño terco que no quiere jugar con los demás.

Al salir del trabajo, Matías cogía el metro y se iba a casa. Era la misma línea que solía tomar la señorita Mercedes, y se bajaba en una estación anterior a la suya, porque vivían bastante cerca, aunque nunca lo supieron. Alguna vez hasta viajaron en el mismo vagón y entraron por la misma puerta, pero sin llegar a verse de tan apretados como iban, separados por filas y filas de rostros sufridos e impenetrables que apenas parpadeaban, de manos que agarraban cantarillas, niños pequeños, paquetes de libros, maletas, ramos de flores y fuentes de pasteles con su carta para otra persona. Todos se concentraban en los objetos que llevaban en la mano, los empuñaban con fuerza como símbolos o estandartes. Atento cada uno a no perder su objeto, a no olvidar su recado, a no pasarse de su estación.

Matías vivía solo con su madre.

—¿Qué tal por la oficina? —le preguntaba todos los días su madre con idéntico interés.

—Bien, madre. Allí... —contestaba Matías vagamente.

—No sé qué tienes, hijo. Tú estás malo. Levanta la cabeza. Mírame.

—Que no. No tengo nada. De verdad.

—No sé, mi hijo es tan raro —les contaba la madre de Matías a las vecinas—. Siempre me parece que anda malo o que está triste.

La casa de Matías era de renta antigua y tenía cuatro habitaciones. La madre de Matías recorría las cuatro habitaciones de la casa igual que cuando andaba de compras por la calle. Siempre estaba peroleando en la cocina, limpiando los dorados, fregando las baldosas, cambiando de sitio los cromos de las paredes y los tiestos del balcón, esperando la vuelta de su hijo. Cuando venía él, suspiraba, pero le gustaba más reírse. Le gustaba mucho reírse y meterle un codazo a los demás para que se rieran con ella. Le gustaba pegar la hebra y dar a cada momento el parte de lo que estaba haciendo o de lo que iba a hacer: «He abierto la ventana para que se vaya el olor de pescado frito...». «Voy a fregar el retrete...» «Me bajo a por vinagre.» A la madre de Matías le hubiera gustado tener una nuera. La madre de Matías tenía su capacho de hule y todas las mujeres del barrio tenían uno. Lo sacaba colgado del brazo y se saludaban con la mano libre de acera a acera, o en la cola de la carne.

Era aquél un barrio destartalado, incorrecto y alegre. Un barrio de tabernas y solares, de taxis en descanso, de tiovivos. Las casas se levantaban a empujones y hacían montar a las calles unas sobre otras de cualquier manera.

Siempre las andaban empedrando las calles de aquel barrio. Montones de adoquines levantados, de trabajo estacionado y perezoso. Parecía que era siempre el mismo grupo de adoquines que pasaba de calle a calle, que los que quitaban de un sitio servían para remediar otro y siempre tenía que quedar algo destapado. Todas las calles salían a una plaza desnuda, redonda y tirante como un tambor. En la plaza estaba la boca del metro, y junto a ella muchos tenderetes de avellanas, higos pasos y peladillas con los precios pinchados en un palito. Además de estos frutos secos se vendían zambombas y molinos, caretas, serpentinas, carracas, aleluyas de la Pasión del Señor, pelotitas atadas a una goma y botijos, según la época del año. En torno a estos tenderetes había mucho ruido y alegría, como si todo el barrio anduviese de fiesta.

Matías se paseaba por entre las gentes de su barrio, que algunas veces le decían adiós, miraba las hogueras que hacían los chiquillos en los desmontes, cuando llegaba el frío, andaba con las manos metidas en los bolsillos, por los barrios que recordaba de siempre, a la luz de los faroles, al socaire de aquellos muros que todavía estaban en pie, que todavía le albergaban. Él sabía que su barrio era viejo. Algunas noches de agosto lo había mirado desde su balcón, bajo la luna turbia, y le había parecido que se tambaleaba; había sentido en sí las grietas de aquellas casas que resoplaban trabajosamente, que buscaban el aire, la vida, que alzaban la cabeza a lo alto y se apoyaban unas en otras para no caer. Muchas noches, cuando se habían apagado los ruidos y las risas, Matías se asomaba para espiar la respiración de su barrio, como si se acercara de puntillas al cuarto de un enfermo para mirarlo dormir.

A la amiga de Mercedes le salió un novio linotipista y se casaron a finales de verano. Los invitados fueron a celebrar la boda a un merendero que había junto al Manzanares, con sus sillas y mesas de madera debajo de un emparrado medio seco, y organizaron un poco de baile. Era una tarde bochornosa de gordas nubes que se tropezaban vacilando, como si se quisieran caer a la tierra. Mercedes pidió un helado de limón, pero luego le sirvieron *cup,* porque habían hecho mucho y todos lo tomaban. Sabía a sidra y tenía trozos de plátano flotando. Cada vez venía más gente y, como aquello era pequeño, no se cabía para bailar. La música de la orquesta se confundía con otras músicas de altavoces que venían de las casetas de tiro al blanco que había al otro lado del río. También se oían rachas de risas y el chocar de los cochecitos eléctricos. Mercedes bailó mucho aquella tarde. Casi todos le hablaban del calor. Unos brazos la soltaban, la agarraban otros, y ella sentía en su espalda el sudor de aquellas manos sucesivas, a través de la blusa de organdí. «Cómo me la deben de estar arrugando —pensaba—. Y también la voy a tener que lavar. Es una pena. El vestido azul me encogió». Su pareja decía:

—¿Cómo te llamas tú?

—Yo, Mercedes.

—Qué calor hace, ¿verdad, Mercedes? Debíamos ir a beber algo.

Tenía como un humo delante de los ojos. Le mareaba el olor a churros fritos de la verbena. Algunas conocidas la saludaban desde otras mesas:

—¿Qué tal lo pasas?

—Estupendo; muy bien.

A lo último se dio cuenta de que llevaba tres o cuatro veces seguidas bailando con el mismo. Era un muchacho moreno, silencioso, de ojos pegajosos y tenaces como dos tábanos. La miraba fijamente, con una mirada acre que arañaba. No hablaba una palabra. A Mercedes no le gustaba bailar con aquel chico, pero no encontraba la forma de decírselo.

Le pesaba la lengua, como de suela. Una vez fueron a apoyarse en la barandilla del merendero que daba encima del río. Ya habían encendido las luces y acudían las mariposas de noche a pegarse golpes contra las bombillas. Dentro de su cajón de cemento, el río era un reguero mezquino, avanzando apenas entre costras de eczema y porquería. Hacía un calor insoportable. De pronto el muchacho cogió a Mercedes por la cintura y la atrajo fuertemente hacia sí. Sólo fue un instante, pero ella sintió muy cerca de sus labios la respiración densa y entrecortada de aquel hombre y le subió una violenta náusea. Se desprendió bruscamente, y, metiéndose a codazos por entre los grupos espesos de parejas que bailaban, corrió a encerrarse en el lavabo. Oía los pitidos de la orquesta a través de la puerta cerrada. Por el ventanillo abierto se veía un manojo de estrellas recientes y agudas como puntas de alfiler. Mercedes apoyó la frente en el cristal del espejo y estuvo así mucho rato, sin acordarse de nada. Luego sintió los golpes que daba alguien que quería entrar. Se lavó la cara con agua fría y se marchó a casa sin despedirse de nadie.

El otoño le pilló a Matías angustiado, febril, sin apetito. Le dolía la espalda y a veces, cuando estaba trabajando, se le nublaban las imágenes de repente. Tenía que cerrar los ojos. Esto le aterraba, le daba una enorme sensación de inseguridad. ¡Qué cristal tan tenue y maravilloso el de los ojos! Sentir herido, amenazado, el cristal de sus ojos era como sentir el aviso de que algo fallaba, de que se podía derrumbar. Solamente por los ojos había salido y se había alzado alguna vez. Eran las ventanas y se habían posado allí todas las nubes y los viajes, todas las luces que iluminaban su casa de tierra. «Y cuando se cieguen —pensaba Matías—, cuando lleguen a ser de tierra ellos también, uno se habrá muerto sin remedio».

El trabajo de la oficina se empezó a volver para él agotador, como tirar de un carro. Necesitaba apartar de sí los confusos pensamientos que le asaltaban mientras hacía balances y sumas, pero también fijarlos en alguna parte, dejarlos a buen recaudo para reemprender el hilo después, cuando hubiera una tregua. Y así, a lo mejor se quedaba un rato mirando al vacío, repitiendo en su mente una palabra que le acosaba, como buscando sitio donde ponerla, y hasta que no la escribía ni se libraba de ella, no podía seguir trabajando. Se le llegó a hacer indispensable echarle un lazo a las ideas, no dejarse ir ninguna. Andaba desasosegado, apuntando palabras a escondidas en puntas de papeles, en trocitos de sobres, guardándose aquellos pedazos en el bolsillo, sobándolos, arrugándolos con los dedos mientras sonaban las llamadas del jefe, y las del timbre de la puerta, y sobre todo las del teléfono allí mismo, encima de su mesa, urgente, alevoso, sobrecogedor. Lo cogía Matías medio asustado, como si le hubieran sorprendido durmiendo y bajara vistiéndose a toda prisa.

—¿Inmobiliaria Tortosa?

—Sí, señor; sí...

—Verá usted, Manzano: yo soy el señor Puig.

—Ah, ya... ¿Cómo está usted?

Y los papelitos del bolsillo se iban rompiendo, y las palabras escritas se borraban.

Casi todas las tardes, medio disimulando, tenía ocasión Matías de acercarse a la ventana, levantar un visillo y quedarse con la frente en los cristales, mirando un rato las chimeneas. La oficina estaba en un sexto piso y aquella ventana daba a un patio con sus ropas colgadas a secar, con sus desconchados, sus grietas y sus canalones. La pared de enfrente a la ventana quedaba más baja y descubría algunas azoteas y tejados de otras casas. Cada azotea con su fila de tiestos, cada tejado con su fila de chimeneas. Dos, tres, cuatro chimeneas en cada tejado. Nacían así, formando grupos, en tiestos de cemento, los tubos negros con su sombrerito encima; nacían juntos de dos en dos, de tres en tres, como plantas raquíticas. Matías se asomaba cuando estaba atardeciendo, y allí estaba siempre el triste, desparramado ejército de las chimeneas que parecían esqueletos negros contra el cielo, indeciso, lechoso, vulgar de la ciudad. Era la hora del parpadeo de las ventanas. Unas encendían la luz, otras cerraban las maderas, otras se abrían. Se veían a través de los visillos imágenes confusas de dentro de las habitaciones, y se movían en el marco de la ventana como en un ojo débil, lagrimante. Algunas mujeres arremangadas se asomaban a recoger la ropa tendida y subían por el patio voces de niños mezcladas con el ruido de motores eléctricos, de máquinas de escribir. Matías miraba las chimeneas tan quietas contra el cielo. De algunas salía un humo recto y leve, pero casi todas estaban como muertas. Él amaba aquella paz, aquella muerte de las viejas chimeneas. Miraba todo aquello como si lo quisiera penetrar. Se sentaba nuevamente a la mesa. Escribía: «Chimenea».

Un día tuvo tanta fiebre que no pudo venir a trabajar. Su madre bajó temprano a la lechería y desde allí llamó por teléfono. No hacía más que decirle al que se puso:

—Si hace falta, puedo hablar con el jefe. Porque usted no será el jefe, ¿verdad?

—No, señora. Todavía no ha venido.

—Él no puede moverse en unos días, ya digo. Toda la noche con cuarenta de fiebre y delirando. No le dejo ir yo, aunque quiera. Ustedes ya lo conocen, ya saben lo cumplidor que es. Porque usted será compañero suyo, ¿verdad?

—Sí, señora.

—Pues me gustaría decírselo también al jefe... Ya ve usted, toda la noche delirando. Hasta que yo le oí y me levanté. Porque él ya venía malo de largo; lo que pasa es que es sufrido y nunca se queja... Y el jefe, ¿a qué hora llega, me hace el favor?

—Depende. Pero usted no se apure, porque yo se lo diré en cuanto llegue.

—Muchas gracias. Él está tan preocupado por la oficina... Ya le he dicho yo: «No te apures, hombre; tú qué le vas a hacer. No es culpa tuya...». ¿No le parece a usted?

—Claro, claro, señora...

—Conque ya no tengo que volver a llamar. Usted se lo dice al jefe...

—Sí, señora. Descuide.

—Bueno, pues no le molesto más, que tendrá que hacer. Adiós y muchas gracias.

—Adiós, que se mejore.

Se pasaron ocho días. Claro, sí, fueron ocho. En la oficina el tiempo pasa rápido, lento, no se sabe. A los ocho días de esta conversación se recibió un sobre que traía dentro varias estampitas dobles, rodeadas de cerco negro. Tantas como empleados eran. En sus últimos delirios, Matías había contado varias veces los empleados de la oficina, y su madre le oyó y supo los que había. Tardaron bastante rato en abrir aquel sobre, porque era un día de mucho quehacer y había que terminar urgentemente varias cosas. El propio jefe había salido de su despacho para pedirles a todos que intensificaran el trabajo, que hicieran un esfuerzo, por favor. Pero, por fin, al cabo de algún tiempo, el empleado encargado de repartir las propinas y las gomas de borrar fue dejando en cada mesa uno de aquellos recordatorios.

La señorita Mercedes, que torcía un poquito la cabeza a la izquierda, vio casualmente el suyo. Iba a seguir escribiendo; le pareció un anuncio, cualquier cosa, pero se fijó bien. Representaba la Virgen Dolorosa, llorando al pie de la Cruz. Dejó de escribir, lo cogió y leyó dentro:

«Rogad a Dios en caridad por el alma de Matías Manzano Fernández, que falleció en Madrid, a los treinta y tres años de edad, habiendo recibido los Santos Sacramentos. Su desconsolada madre, Juliana Fernández, ruega una oración por su alma.»

Y debajo, en letra más pequeña:

«Una lágrima por el muerto se evapora, una flor sobre su tumba se marchita. Una oración por su alma siempre la recoge Dios.»

Mercedes cruzó los ojos enfrente, a la mesa vacía de Matías Manzano, debajo de una gotera que había en la pared.

—Sí, hombre; era uno pálido, de gafas, muy sosito, que se sentaba ahí... —le estaban diciendo los compañeros a uno que venía a cobrar la contribución.

—Eso, sí: el del traje marrón. Ya estaba algo enfermo; éste habló con su madre. Ha sido cosa de ocho días.

La señorita Mercedes no podía escribir. A la señorita Mercedes le pasaba algo extraño. Conque Matías Manzano, el muerto, tenía una madre —su desconsolada madre, Juliana Fernández...—. Treinta y tres años. Y también una edad. Era mucho más sorprendente enterarse de estas cosas que de su muerte misma. Solamente ahora, de un golpe brusco, al calor de estos datos, venía a apercibirse Mercedes de que realmente Matías había estado vivo, tal vez durante años, con su rostro allí enfrente.

«El del traje marrón, sí. Y también llevaba bufanda. La llevaba casi todo el año, hasta que entraban los calores. De cuadros. Y un día le vi en el parque, yendo con Rosaura, él solo, echándoles miguitas a los pájaros. ¿Qué pensaría allí? Pude haberme acercado. Su madre, pobrecilla, sola, sin otros hijos... Y ¿por qué miraría tantas veces mis labios?, tantas veces, es cierto.»

Se le representaba aquella mirada cobarde, de animal acorralado, que se clavaba en ella, a lo mejor, a través de la tarde, de los amortiguados ruidos cotidianos. Tal vez años. Allí enfrente. Buceando como ella en la mañana gris y soñolienta de los días, en aquella niebla que iba sumiéndolos. Sí, años. Seguramente muchos. Aunque era tan difícil acordarse.

Mercedes no volvía. «Hoy hay prisa. El jefe nos ha metido prisa.» Pero Mercedes quería acordarse de los ojos de Matías, de la primera vez que los había visto. Las máquinas ya reanudaban su ruido, lentamente al principio, como cascos de caballo al paso. Prisa, prisa. Pero ¿no puede haber un día distinto? «Una lágrima por el muerto se evapora. Por Matías Manzano se evapora.» Mercedes no volvía. Trataba de rezar. El timbre de la puerta, el timbre del teléfono. Para rezar tenía que acordarse de cuando era niña, aguijonear aquella piedad olvidada. También sería bueno localizar los ojos de Matías, acordarse por lo menos de su color. O mejor de la voz. Por ejemplo, cuando decía: «De nada...». Pero era muy difícil acordarse de algo, muy difícil rezar. Los remolinos de imágenes de todos los tiempos, que giraban, como larvas, buscando la salida, se aplastaban sin aliento contra una sucesión de frases opacas, insistentes y vacías, entreveradas como placas de acero. «Condición suspensiva...», «persona de solvencia...», «plazo de un mes...», «con el visto bueno del presidente de la expresada sociedad, don Evaristo Tortosa...» Todas las máquinas funcionaban otra vez. «Padre nuestro que estás en los cielos..., que estás en los cielos..., en los cielos...»

Aquella noche, al mirarse en el espejo, después de ponerse los bigudís, se fijó Mercedes en unas arruguitas que se le señalaban en las comisuras de la boca y de los ojos.

«Treinta y un años cumplo en diciembre —se dijo—. Ya no me casaré». Lo decidió de pronto, firmemente. Se le impuso esta certidumbre con enorme simpleza, con una clara y terrible seguridad. Lo pensó sin amargura, y ni siquiera sintió extrañeza de no haberlo pensado hasta entonces, como si sólo aquél fuera el momento de caer en la cuenta.

La señorita Mercedes, efectivamente, no se casó. Ya lo decía su amiga. Se le pasó el momento de casarse. Podría haberse casado con Matías Manzano, años atrás, y tal vez hubieran sido bastante felices. Y también Matías Manzano podría no haberse muerto. Pero la señorita Mercedes no se casó. Y la madre de Matías, que nunca tuvo una nuera, seguía bajando a la compra, vestida de negro, con su capacho.

En la mesa de Matías Manzano pusieron a otro empleado de los antiguos. Al principio, alguna vez que lo veía levantarse, pensaba Mercedes: «Ya va a mirar un ratito el patio por los cristales...». Pero luego, al acordarse de que no era Matías, le daba un pequeño vuelco el corazón. Eso era todo. Un vuelco de un instante, que se apagaba. Esto ni siquiera era echarlo de menos. Así que, realmente, no se notaba nada, y todo siguió igual.

También ella, la señorita Mercedes García, un día se morirá sin avisar a nadie —de gripe y soledad, de cualquier cosa—, y para llenar el hueco que deje entre el fichero verde y el clasificador, pondrán un anuncio en el periódico y vendrá otra muchacha cualquiera.

(Del libro Cuentos completos y un monólogo,
Anagrama/Destino, 1994)

Fuera de campo

JOSÉ RAMÓN MARTÍN LARGO

José Ramón Martín Largo nació en Toledo en 1960. Polifacético, aspira sobre todo a escribir poesía. De entre sus intereses actuales, destaca el cine; imparte clases de guión cinematográfico en cursos del Inem y en institutos. Lleva años documentándose para escribir un guión sobre Buenaventura Durruti. Su primera novela, *El momento de la luna*, fue publicada en 1995.

Debo confesar que, si bien es cierto que en mi juventud viajé con frecuencia y trabé amistad con no pocos tipos raros y pintorescos, nunca, hasta hace ahora tres años, me había llegado a suceder nada que pudiera calificar yo de chocante, de asombroso ni, mucho menos, de extraordinario. Es mi oficio el de amanuense, y no estaría de más hacer constar que el ser amanuense no ha dejado de reportarme en el curso de los años gran cantidad de satisfacciones e incluso, si se me permite decirlo, de alegrías. No en balde fue precisamente en una reunión profesional con otros colegas de la ciudad vecina donde tuve la inmensa suerte de conocer a la que, andando el tiempo, habría de ser (y aún sigue siendo) mi bienamada esposa. Naturalmente, el hecho de que sea ella, mi esposa, el motivo de mis actuales desdichas no es imputable a nuestro oficio de amanuenses (como tampoco, en modo alguno, a ella misma), y más bien me siento inclinado a atribuir la responsabilidad del actual estado de cosas a cierta debilidad congénita que mi padre tuvo la desgracia de heredar del suyo y que yo, también desgraciadamente, heredé de él. Sea como fuere, el caso es que aquella tarde, con la ingenuidad del que ignora lo que el destino le tiene preparado, salí de la oficina más pronto que de costumbre. En otras circunstancias, ya esa misma eventualidad habría podido antojárseme extraordinaria, y si entonces no me lo pareció fue porque el director de la oficina, hombre paternal y dotado de grandes virtudes, así me lo ordenó. «Salga un poco y distráigase, no tiene usted muy buen aspecto», me dijo. Lo insólito de aquella recomendación me desconcertó un momento. Luego, sin embargo, pensé que no habría encontrado él mejor ocasión para hacerla, pues ese día era el del cumpleaños de mi esposa, y, como era costumbre, sus padres, que residían (y residen todavía) en la lejanísima región de montaña de la que es natural mi esposa, se habían desplazado hasta nuestra ciudad expresamente para disfrutar de una sencilla y hogareña velada en nuestra compañía. Cuando salí de la oficina aún no había nadie en la calle. El cielo estaba azul, y la luz, a causa de la falta de hábito, me hizo cerrar los ojos. En la joyería a la que iba siempre para comprar un regalo a mi esposa ya me tenían preparado un anillo idéntico al de cada año (el dependiente se sorprendió mucho al verme aparecer tan pronto), y luego, cargado con mi anillo, fui a la parada del tranvía y esperé. Ya llevaba un buen rato esperando cuando comprendí que el tranvía no paraba allí sino mucho más tarde. Me retiré de la parada y, al principio un poco confuso, tal vez porque nada le desconcierta a uno tanto como el transgredir una rutina de muchos años y el ver los rieles del tranvía sabiendo que uno debería estar allí y sin ser capaz de estar y aun alejándose a buen paso sin saber a ciencia cierta adónde va uno, me dirigí, con los ojos entornados para protegerlos del sol, hasta la primera bocacalle. Precisamente esa calle, a pesar de encontrarse sólo a dos manzanas de la oficina, me era totalmente desconocida, lo que no impidió que me internara en ella. Por un instante había olvidado el motivo de tal alteración de mis costumbres, y más tarde, cuando por fin me detuve delante de un escaparate, conseguí ver unas fotografías ordenadas en columnas de arriba abajo en las que aparecían varias personas, casi siempre las mismas, en extrañas actitudes. Comprendí que aquello era la sala del cinematógrafo, y, sin pensar muy bien lo que hacía, me dirigí hacia la puerta y la empujé suavemente. Era una puerta de vidrio. Al otro lado había un mostrador con una minúscula ventanilla. Una señorita, de la que sólo eran visibles las manos, atendía a un cliente. Éste se encontraba de espaldas, y la señorita, que, según me pareció, estaba un poco agitada, empezó a golpear el mostrador con los dedos rítmicamente, como si quisiera dar a entender que el otro cliente era para ella un fastidio o como si esperase de mí una especie de complicidad. Luego, cuando el otro cliente entró en la sala, me acerqué a la ventanilla. «¿Butaca o entresuelo?», dijo una voz. «Entresuelo», murmuré sin saber muy bien por qué, y enseguida una de las manos de la señorita me entregó un billete. Entré en la sala justo cuando empezaba la proyección, y observé que en ella estábamos solos el otro hombre y yo. Él también había escogido entresuelo, pero se había sentado en una de las primeras filas. Aquella oscuridad, a pesar de los relampagueantes movimientos de la pantalla, benefició a mis ojos, y durante toda la proyección pude observar la espalda del otro hombre. Era una espalda robusta, como trazada en líneas rectas, angulosas, que se recortaban sobre las imágenes en movimiento. Debo confesar que no presté mucha atención a la película, de la que sólo vi de manera continuada algunas escenas, pero me pareció que era un poco triste. Recuerdo haber pensado sólo en lo que quedaba fuera del campo de la cámara: los electricistas, los operadores, los sastres, las maquilladoras; ese mundo verdadero al que la ficción, impunemente, había condenado a la inexistencia. Al terminar la proyección, el otro hombre y yo permanecimos un momento en nuestras butacas, mirando la pantalla en blanco. Luego, él se levantó y caminó hacia la salida. Cuando calculé que el otro ya estaría muy lejos de la sala del cinematógrafo, me incorporé y bajé las escaleras. Entonces, al sonar el timbre que anunciaba la siguiente sesión, volví a encontrarme junto a la ventanilla, tras la que seguían las manos de la señorita, las cuales tamborileaban de nuevo. El hombre estaba allí, de espaldas. Se volvió hacia mí. Después de dirigirme una mirada hostil, casi reprobadora, me miró con más atención. De pronto se abrazó a mí y, agarrándome por los hombros, me sacó a la calle. Yo, por supuesto, lamentaba mucho no haber podido trabar la menor relación con la señorita (en especial me entristecía sobremanera el no haber vuelto a escuchar su voz), pero sobre todo lamentaba que mi amigo no dejara de darme palmadas en la espalda ni de felicitarse a grandes voces por nuestro fortuito reencuentro después de tantos años. Así, casi sin que pudiera percatarme de los preliminares que me abocaron a esta nueva transgresión de mis costumbres, me vi sentado a la mesa de un café charlando con mi viejo amigo y evocando del modo más agradable toda clase de recuerdos de juventud (mi amigo fue precisamente uno de los que me acompañó en algunos de mis primeros viajes), los cuales, como suele suceder con estos recuerdos, tuvieron la propiedad de hacerme olvidar que mi esposa y sus padres me aguardaban en casa. No sabemos por qué cuando nos salimos del camino fijado, siquiera sea un poco, nos asalta enseguida la impresión de que rodamos por una pronunciada pendiente. Cuando esto ocurre (y lo digo por propia experiencia) cada acto nuestro es aún más caprichoso que el anterior, y no podemos hacer nada para reintegrarnos a nuestro carácter habitual. Unas horas después, cuando me despedí de mi amigo, ya era de noche. Las aceras volvían a estar vacías. Los comercios y los lugares de esparcimiento estaban cerrados, pero de todos modos, y a pesar de que esto me obligó a dar un rodeo que yo no había previsto, regresé a la sala del cinematógrafo. El escaparate estaba iluminado, y volví a ver las fotografías expuestas al otro lado, que entonces me resultaron muy familiares. La puerta de vidrio, sin embargo, estaba cubierta por una persiana metálica, y en vano empujé la persiana una y otra vez tratando de forzarla. Todo lo que conseguí fue despertar a alguien que encendió la luz de su dormitorio y se asomó a la ventana. Entonces quedé inmóvil, extenuado por el esfuerzo que había hecho tratando de forzar la persiana. Un momento después, la figura asomada a la ventana desapareció y se apagó la luz. A medida que me alejaba del cinematógrafo, involuntariamente, el ritmo de mis pasos se iba retardando, y luego, al cruzar al otro lado de la calle, y también involuntariamente, mi corazón, que hasta entonces había latido con inusitada fuerza, pareció detenerse de golpe. Como si hubiera alguna extraña relación entre ese fenómeno y el movimiento de mis pies y, en general, con mi movimiento en el espacio, el ritmo de mis pasos se aceleró bruscamente, dejé a mi espalda la calle del cinematógrafo y repentinamente me hallé en el portal de mi casa. Me sorprendió, como es natural, esa rapidez con que salvé la distancia entre el cinematógrafo y mi casa, máxime porque, como muy bien sabía yo, a esa hora no había tranvías, pero lo que más me sorprendió fue que esa sensación de velocidad, como si ambos momentos se hubieran encadenado por medio de una elipsis, no se presentase acompañada del menor signo de fatiga. Me encontraba, por el contrario, lleno de vigor, ligero, totalmente lúcido y en disposición de medir las distancias de tiempo y de espacio con la mayor exactitud. La otras veces engorrosa escalera quedó atrás rápidamente y sin que eso representara para mí esfuerzo alguno. Parecía que esa juventud de la que tanto había hablado unos minutos antes con mi amigo había vuelto a mis miembros, y no sería exagerado afirmar que me sentía capaz de realizar cualquier ejercicio físico, por duro y difícil que fuese. Entonces, justo cuando iba a abrir la puerta, me vino a la cabeza un pensamiento que me dejó petrificado y que acabó en un instante con toda mi recién recobrada energía juvenil: había olvidado por completo el cumpleaños de mi esposa. Lo grave, desde luego, no era que no le hubiese dado el anillo, sino que hubiera hecho a sus padres el desaire de no presentarme, lo que era tanto más irremediable cuanto que ellos, cansados de esperar, ya se habrían ido. Sentí que las fuerzas me abandonaban y hasta creí que sería incapaz de abrir la puerta, pero entonces recordé a mi amigo y pensé que nuestro encuentro bastaría para justificar la tardanza. Con esta idea mis miembros recobraron una parte de su anterior ligereza, y abrí la puerta resueltamente y entré en mi casa. La luz del *hall,* como era de esperar, estaba apagada, y recuerdo que por un instante ese hecho sin duda intrascendente en cierto modo me alegró. Inconscientemente me había preocupado la idea de que hubiera ocurrido algo espantoso durante mi ausencia, pero al entrar en la casa y comprobar que la luz del *hall* estaba apagada comprendí que todo se hallaba en perfecto orden y que había en las cosas, a pesar de las anomalías de mi conducta, una normalidad superior a la que incluso mis excentricidades tendrían que sujetarse inevitablemente. Era consolador saber que mi casa seguía siendo un reducto de normalidad, y estos pensamientos me devolvieron el sosiego y aun me obligaron a contemplar mis aprensiones con simpatía, casi con ternura. Nada deseaba más que ver a mi querida mujercita y darle el anillo, y, olvidándome de colgar el sombrero en la percha, atravesé el pasillo. Me agradó ver luz en el dormitorio porque eso significaba que mi mujercita estaba despierta y porque de ese modo no tendría que esperar hasta mañana para darle el anillo, pero también, mientras caminaba hacia el dormitorio, pensé que ella estaba despierta porque se preocupaba por mí y que tal vez hasta estaría disgustada, y otra vez me sentí muy pesado, incapaz de dar un solo paso. A fin de reunir nuevas energías, pensé otra vez en el anillo y en la sorpresa que le daría a mi esposa, y, aunque esta vez me costó más trabajo que antes, volví a ponerme en marcha y, acto seguido, entré en el dormitorio. Mi esposa estaba sentada en el borde de la cama, vestida con su camisón y con la cabeza entre las manos. Sobre la mesita de noche, según pude apreciar en un primer vistazo, se hallaba el listín telefónico. Esta visión, por algún motivo, se me antojó sobrecogedora, y me prometí a mí mismo que no mentiría a mi preocupada mujercita y que le describiría hasta el último detalle de la película y del encuentro con mi amigo. Esta promesa hecha a mí mismo, que de algún modo, y por extraño que pueda parecer, yo había creído que tendría alguna repercusión en aquel panorama, no tuvo, sin embargo, efecto alguno. A decir verdad, no me sorprendió que mis palabras, que en aquel dormitorio sobrecogedor dominado por la presencia del listín telefónico sonaban lejanas y huecas, casi como si fueran de la misma naturaleza que la promesa que poco antes me había hecho a mí mismo, tampoco obraran transformación alguna. Mi esposa seguía con la cabeza entre las manos, y había en ella una inmovilidad que muy pronto me resultó tan sobrecogedora como la del listín telefónico. Me pareció que era imprescindible romper esa inmovilidad, y me puse frente a mi esposa y, después de aclararme la voz, continué refiriéndole todos los detalles de la película y del encuentro con mi amigo, sin omitir tampoco las manos de la señorita al otro lado de la ventanilla. Pero era inútil, mi esposa no me escuchaba. Ya entonces debí hacerme cargo de la gravedad de la situación, pero, en cambio, tal vez porque en general mostramos una comprensible inclinación a restar importancia a los sucesos que nos afectan y que sin embargo no somos capaces de entender, continué dando explicaciones y pidiendo excusas y sintiéndome, cada vez, más herido por aquella indiferencia con que mi esposa me castigaba y que era, según pensé yo entonces, totalmente desproporcionada a mi falta. De ese modo seguía pensando yo, menospreciando la importancia de todo aquello y haciéndome la víctima, cuando sonó el teléfono y mi esposa, con una precipitación impropia de ella, descolgó el auricular y contestó a la llamada. Entonces mi esposa hizo un gesto de contrariedad, como si la voz que oía no fuese la que esperaba oír, y durante un instante guardó silencio. Luego, cuando volvió a hablar, dijo algo que a mí me llamó poderosamente la atención, aunque, a decir verdad, no estaba en absoluto seguro de que mi esposa hubiera dicho precisamente lo que yo había creído oír, pero ella, como para confirmar mi primera impresión, y esta vez de un modo que no dejaba lugar a dudas, repititó: «No, mamá, él no ha vuelto». Luego, mi esposa colgó el auricular; abrió el listín telefónico y lo volvió a cerrar; más tarde se puso en pie y empezó a caminar por la habitación (varias veces estuvo a punto de tropezar conmigo); y, por último, apagó la luz de la mesita de noche y se acostó. No recuerdo qué hice esa primera noche, aunque me parece que estuve allí, inmóvil y escuchando los sollozos de mi esposa hasta que amaneció, y entonces, como si el curso ordinario de nuestras rutinas fuese algo que yo hubiera dejado olvidado junto a la puerta, salí del dormitorio, recorrí el pasillo, colgué el sombrero en la percha y miré la lámpara del *hall* con rencor, como si ella fuera la culpable de todo. Vagamente, aunque habría sido incapaz de explicar por qué, confiaba en que el acto de colgar el sombrero de la percha fuera la señal que la realidad aguardaba para volver a su cauce, y con esa idea, casi convencido de que el sombrero en la percha sería la clave de un mecanismo secreto que sólo necesitaba eso para ponerse en funcionamiento, volví al dormitorio. Ella seguía sollozando, y tal vez fue entonces, cuando vi la almohada humedecida por las lágrimas de mi esposa, cuando empecé a calibrar las dimensiones de lo sucedido. Sin embargo, por mucho que yo hubiera podido imaginar entonces, de ningún modo habría sido capaz de concebir esto, lo que verdaderamente ha ocurrido en estos tres años desde aquel cumpleaños de mi esposa, y, menos aún, que las cosas pudieran llegar al punto al que hoy han llegado. En efecto, hoy mi esposa se ha casado con mi mejor amigo, y desde esta noche tendré que dormir en la habitación de los huéspedes. Nunca he sido muy rápido para comprender las cosas que me interesan, pero ahora sé que mi tragedia es estar fuera de campo, anulado, desconocido, solo. No niego que el presente estado de cosas tiene para mí algunas ventajas, pero de todas formas, sobre todo cuando froto en el bolsillo de mi pantalón el anillo y el billete de aquella sesión del cinematógrafo, me invade una profunda nostalgia. Sigo dispuesto a hacer acopio de energías a fin de que todo vuelva a la normalidad. Naturalmente, es humano el pensar que esto ya parece tarea imposible, pero también lo es el no dejar de aferrarse a una última esperanza.

(Inédito)

El niño lobo del cine Mari

JOSÉ MARÍA MERINO

José María Merino (La Coruña, 1941) ha publicado libros de poesía, cuentos y novelas. Ha recibido el Premio Novelas y Cuentos por *Novela de Andrés Choz* (1976), el de la Crítica por *La orilla oscura* (1985), el Nacional de Literatura Juvenil por *Los trenes del verano/No soy un libro* (1993) y el Miguel Delibes de Narrativa por *Las visiones de Lucrecia* (1996). Sus obras se han traducido a diversos idiomas.

La doctora estaba en lo cierto: ningún proceso anormal se desarrollaba dentro del pequeño cerebro, ninguna perturbación patológica. Sin embargo, si hubiese podido leer el mensaje contenido en los impulsos que habían determinado aquellas líneas sinuosas, se hubiera sorprendido al encontrar un universo tan exuberante: el niño era un pequeño corneta que tocaba a la carga en el desierto, mientras ondeaba el estandarte del regimiento y los jinetes de Toro Sentado preparaban también sus corceles y sus armas, hasta que el páramo polvoriento se convertía en una selva de nutrida vegetación alrededor de una laguna de aguas oscuras, en la que el niño estaba a punto de ser atacado por un cocodrilo, y en ese momento resonaba entre el follaje la larga escala de la voz de Tarzán, que acudía para salvarle saltando de liana en liana, seguido de la fiel *Chita.* O la selva se transmutaba sin transición en una playa extensa; entre la arena de la orilla reposaba una botella de largo cuello que había sido arrojada por las olas; el niño encontraba la botella, la destapaba, y de su interior salía una pequeña columnilla de humo que al punto iba creciendo y creciendo hasta llegar a los cielos y convertirse en un terrible gigante verdoso, de larga coleta en su cabeza afeitada y uñas en las manos y en los pies, curvas como zarpas. Pero antes de que la amenaza del gigante se concretase de un modo claro, la playa era un navío, un buque sobre las olas del Pacífico, y el niño acompañaba a aquel otro muchacho, hijo del posadero, en la singladura que les llevaba hasta la isla donde se oculta el tesoro del viejo y feroz pirata.

Una vez más, la doctora observó perpleja las formas de aquellas ondas. Como de costumbre, no presentaban variaciones especiales. Las frecuencias seguían sin proclamar algún cuadro particularmente extraño.

Las ondas no ofrecían ninguna alteración insólita, pero el niño permanecía insensible al mundo que le rodeaba, como una estatua viva y embobada.

El niño apareció cuando derribaron el cine Mari. Tendría unos nueve años, e iba vestido con un traje marrón sin solapas, de pantalón corto, y una camisa de piqué. Calzaba zapatos marrones y calcetines blancos.

La máquina echó abajo la última pared del sótano (en la que se marcaban las huellas grotescas que habían dejado los urinarios, los lavabos y los espejos, y por donde asomaban, como extraños hocicos o bocas, los bordes seccionados de las tuberías) y, tras la polvareda, apareció el niño, de pie en medio de aquel montón de cascotes y escombros, mirando fijamente a la máquina, que el conductor detuvo bruscamente, mientras le increpaba, gritando:

—Pero qué haces ahí, chaval. Quítate ahora mismo.

El niño no respondía. Estaba pasmado, ausente. Hubo que apartarlo. Mientras las máquinas proseguían su tarea destructora, le sacaron al callejón, frente a las carteleras ya vacías, cuyos cristales sucios proclamaban una larga clausura, y le preguntaban.

Pero el niño no contestó: no les dijo cómo se llamaba, ni dónde vivía. No les dio atisbo alguno de su identidad. Al cabo, se lo llevaron a la comisaría. Aquel raro atildamiento de maniquí antiguo, y el perenne mutismo, desconcertaban a los guardias. Al día siguiente, las dos emisoras daban la curiosa noticia, y en el periódico, por la mañana, salió una fotografía del niño, con su rictus serio y aquellos ojos fijos y ausentes.

La doctora puso en marcha el aparato y comenzó a oírse otra vez el cuento. En el niño hubo un breve respingo, y sus ojos bizquearon levemente, como agudizando una supuesta atención cuyo origen tampoco podía ser comprobado. Tanto los sonidos reproducidos a través de algún instrumento como las imágenes proyectadas de modo artificial, le hacían reaccionar del mismo modo, y producían unas ondas como de emoción o súbito interés. La doctora suspiró y le palmeó las pequeñas manos, dobladas sobre el regazo.

—Pero di algo.

El niño, una vez más, permanecía silencioso y absorto.

Al parecer, su nombre era Pedro. Al poco tiempo de haberse publicado la foto en el periódico, una señora llorosa se presentaba en la redacción con la increíble nueva de que el niño era hijo suyo, un hijo desaparecido hacía treinta años. La señora era viuda de un fiscal notorio por su dureza. Le acompañaba una hija cuarentona. Extendió sobre la mesa del director una serie de fotos de primera comunión en que era evidente el parecido. Acabaron por entregarle el niño a la señora, al menos mientras el caso se aclaraba definitivamente.

El hecho de que un niño desaparecido treinta años antes (en un suceso misterioso que había conmovido a la ciudad y en el que se había aludido a causas de venganzas oscuras) apareciese de aquel modo, como si sólo hubiesen transcurrido unas horas, era tan extraño, tan fuera del normal acontecer, que a partir del momento en que se le atribuyó aquella identidad, ni la prensa ni la radio volvieron a hacerse eco de la noticia, como si el voluntario silencio pudiese limitar de algún modo lo monstruoso del caso.

Sin embargo, el asunto era objeto de toda clase de hipótesis, comentarios y conclusiones en mercados y peluquerías, oficinas y tertulias y, por supuesto, en cada uno de los hogares. Hasta tal punto el tema parecía extraño que los amigos de la familia dudaban si lo más adecuado sería darle a la madre la enhorabuena o el pésame.

Al aparecido le llamaron «el niño lobo» desde que ingresó en la Residencia, aunque la doctora señalaba lo impropio de la denominación, ya que el niño no manifestaba ningún comportamiento por el que pudiese ser asimilado a aquel tipo de fenómenos, sino sólo una especie de catatonía, de rara estupefacción. Sin embargo, las extrañas circunstancias de su aparición, aquella presencia alucinada, sugerían realmente que el niño hubiese sido recuperado fortuitamente de algún remoto entorno, virgen de presencia humana.

Puso música y el niño tuvo otro pequeño sobresalto. Era un niño muy guapo. Ahora la miraba como si quisiera decirle algo, pero ella sabía que era inútil animarle. Aquella supuesta intención era sólo una figuración suya. El desconocido pensamiento del niño estaba muy lejos. Era una verdadera pena.

—Hoy te voy a llevar al cine —dijo la doctora.

Primero, le reconocieron en la Residencia. Luego, la familia le había trasladado a Madrid, buscando esa mayor ciencia que siempre en provincias se atribuye a la capital. Pero no hubo mejores resultados. Cuando volvió, el niño mantenía la misma presencia atónita y, aunque las hermanas hablaban de llevarle a California (donde al parecer las cosas del cerebro estaban muy estudiadas), la madre se había acostumbrado ya a la presencia inerte de aquel gran muñeco de carne y hueso, y posponía la decisión de separarse de él.

De vuelta a la ciudad, el niño seguía subiendo a la Residencia, donde la doctora le miraba todas las semanas. La doctora era bastante joven, y se estaba tomando el caso con mucho interés. Además de las connotaciones médicas y científicas del asunto, le fascinaba la impasibilidad de aquel pequeño ser mudo, cuyos ojos parecían mostrar, junto a un gran olvido, un desolado desconcierto.

La evidente influencia que producía en el cerebro del niño cualquier imagen o sonido proyectado a través de medios artificiales, le había sugerido la idea de llevarle al cine. La doctora era poco aficionada al cine, sobre todo por una falta de costumbre que provenía de su origen rural, de un internado severo de monjas y de una carrera realizada con bastantes esfuerzos y poco tiempo de ocio. Sus descansos vespertinos solía emplearlos en la lectura de temas vinculados a su profesión, y sólo de modo ocasional (y más como ejercitando un obligado rito colectivo, donde lo menos significativo era el espectáculo en sí) asistía a la proyección de alguna película que la publicidad o los compañeros proclamaban como verdaderamente importante.

La idea le surgió al ver las largas colas llenas de niños que rodeaban al Emperador. Al parecer, se trataba de una de esas películas de enorme éxito en todas partes, que se pregonan como muy apropiadas al público infantil, con batallas espaciales, y mundos imaginarios.

La doctora se proponía observar cuidadosamente al niño a lo largo de toda la sesión, escrutando el pulso, la respiración y otras manifestaciones físicas del posible impacto que la visión de la película pudiese tener en aquel ánimo misteriosamente ajeno.

Le observó durante los primeros minutos de proyección. El niño se había acurrucado en la butaca y observaba la pantalla con una avidez de apariencia inteligente.

Mientras tanto, la historia comenzaba a desarrollarse. Una espectacular nave aérea perseguía a otra navecilla por un espacio infinito, fulgurante de estrellas, muy bien simulado. La nave perseguidora hace funcionar su artillería. La pequeña nave es alcanzada por los disparos de raro zumbido, y atrapada al fin por medio de poderosos mecanismos. El vencedor llega para conocer su presa. Es una estampa atroz: una figura alta, oscura, con un gran casco negro parecido al del ejército, cuyo rostro está cubierto por una máscara metálica, también negra, que recuerda en sus rasgos una mezcla imprecisa de animales y objetos: ratas, mandriles, cerdos, caretas antigás.

Entonces, el niño extendió su mano y sujetó con fuerza la de la doctora. Ella sintió la sorpresa de aquel gesto con un impacto más que físico. Exclamó el nombre del niño. Le observó de cerca, al reflejo de las grandes imágenes multicolores. En los ojos infantiles persistía aquella mirada inteligente, absorta en la peripecia óptica, y la doctora sintió una alegría esperanzada.

La princesa ha sido capturada, aunque ha conseguido lanzar un mensaje que sus perseguidores no advirtieron. Mientras tanto, sus robots llegan a un desierto reverberante, cuya larga soledad sólo presiden los restos de gigantescos esqueletos. El cielo está inundado de un extraño color, en un crepúsculo de varios soles simultáneos.

Sin darse cuenta, la atención de la doctora se distrajo en aquella insólita aventura y no percibió que el niño había soltado su mano. El niño había soltado su mano, y atravesaba la oscuridad multicolor, ascendía por la rampa de la nave, conseguía introducirse en ella como disimulado polizón.

La nave recorría rápidamente el espacio oscuro, lleno de estrellas, que la rodeaba como un cobijo. Los héroes vigilaban el fondo del cielo para prevenir la aparición del enemigo.

Al fin la doctora se dio cuenta de que el niño había soltado su mano y volvió la cabeza a la butaca inmediata. Pero el niño ya no estaba y, del mismo modo que había sucedido en aquella lejana desaparición primera, la búsqueda fue completamente infructuosa.

(Del libro Cuentos del reino secreto, *Alfaguara, 1982)*

Simetría

JUAN JOSÉ MILLÁS

Juan José Millás alterna su trabajo literario con la colaboración en prensa y la docencia en la Escuela de Letras de Madrid. En 1974 obtuvo el Premio Sésamo por *Cerbero son las sombras* y en 1990 el Nadal por *La soledad era esto.* Su obra *El desorden de tu nombre* lleva más de veinte ediciones vendidas. En su última novela *Tonto, muerto, bastardo e invisible* hace gala de un talento narrativo poco habitual. Acaba de publicar en Alfaguara *Trilogía de la soledad.*

A mí siempre me ha gustado disfrutar del cine a las cuatro de la tarde, que es la hora a la que solía ir cuando era pequeño, no hay aglomeraciones y con un poco de suerte estás solo en el patio de butacas. Con un poco más de suerte todavía, a lo mejor se te sienta a la derecha una niña pequeña, a la que puedes rozar con el codo o acariciar ligeramente la rodilla sin que se ofenda por estos tocamientos ingenuos, carentes de maldad.

El caso es que el domingo este que digo había decidido prescindir del cine por ver si era capaz de pasar la tarde en casa, solo, viendo la televisión o leyendo una novela de anticipación científica, el único género digno de toda la basura que se escribe en esta sucia época que nos ha tocado vivir. Pero a eso de las seis comenzaron a retransmitir un partido de fútbol en la primera cadena y a dar consejos para evitar el cáncer de pulmón en la segunda. De repente, se notó muchísimo que era domingo por la tarde y a mí se me puso algo así como un clavo grande de madera a la altura del paquete intestinal, y entonces me tomé un tranquilizante, que a la media hora no me había hecho ningún efecto, y la angustia comenzó a subirme por todo el tracto respiratorio y ni podía concentrarme en la lectura ni estar sin hacer nada... En fin, muy mal.

Entonces pensé en prepararme el baño y tomar una lección de hidroterapia, pero los niños del piso de arriba comenzaron a hacer rodar por el pasillo algún objeto pesado y calvo (la cabeza de su padre, tal vez), y así llegó un momento en el que habría sido preciso ser muy insensible para ignorar que estábamos en la víspera del lunes. Paseé inútilmente por el salón para aliviar la presión del bajo vientre, cada vez más oprimido por el miedo. Pero la angustia —desde donde quiera que se produjera— ascendía a velocidad suicida por la tráquea hasta alcanzar la zona de distribución de la faringe, donde se detenía unos instantes para repartirse de forma equitativa entre la nariz, la boca, el cerebro, etcétera.

Y en esto ya no puedo más y me voy a ver a mi vecino, que también vive solo en el apartamento contiguo al mío. Sé que estaba en su agujero porque había oído ruidos y porque, además, es un pobre infeliz que jamás sale de su casa. Pues bien, llamé a su puerta varias veces y, en lugar de abrirme, comenzó a murmurar y a gemir como si estuviera con una mujer. Me dio tanta rabia que decidí irme al cine, aunque fuera a la segunda sesión, completamente decepcionado ya de las relaciones de vecindad, que son las únicas posibles una vez que uno ha cumplido los cuarenta y se ha desengañado de las amistades de toda la vida.

Y en este punto comenzó mi ruina por lo que a continuación detallaré: resultó que en la cola del cine —tres o cuatro metros delante de mí— había un señor que se parecía mucho a mi vecino y que no hacía más que volverse y mirarme como si me conociera de algo, y de algo malo a juzgar por la expresión de su rostro. Tuve la mala suerte de entrar cuando ya había comenzado la película y de que el acomodador, por casualidad, me colocara junto a él. Este sujeto estuvo removiéndose en el asiento, dándome codazos y lanzando suspiros durante toda la película. Daba la impresión de que yo le estuviera molestando de algún modo, cosa improbable, si consideramos que no suelo masticar chicle, ni comer palomitas, ni desenvolver caramelos en la sala. El filme, por otra parte, era novedoso y profundo, pues se trataba de una delegación de aves, que se presentaba ante Dios con el objeto de protestar por la falta de simetría detectable en algunos aspectos de la naturaleza. Así, esta delegación —compuesta por pájaros grandes en general— se quejaba de que tanto los animales terrestres como los aéreos tuvieran que encontrarse tras la muerte en la misma fosa, cuando una disposición más armónica y equilibrada habría exigido que quienes pasaran su existencia en el aire reposaran en la tierra al fallecer, mientras que quienes habían vivido en la tierra encontraran descanso eterno en el aire. El Supremo Hacedor, que todo lo sabe, no ignoraba que ésta era una vieja aspiración de los buitres y demás pájaros carroñeros, que soñaban con una atmósfera llena de cadáveres. Pero ocupado como estaba en otros asuntos de mayor trascendencia, y por no discutir, firmó una disposición obligatoria que sólo obedecieron los indios. Mas cuando los indios se acabaron por las rarezas de la historia y los cadáveres desaparecieron de las ramas de los árboles, se formó una nueva comisión que volvió a molestar con la misma cantinela al Relojero del Universo. Entonces, Éste —que se encontraba ya menos agobiado— explicó a los pájaros que la simetría no se podía imponer de golpe, sino que se trataba de una conquista a realizar en diversas etapas, la primera de las cuales —dijo— consistiría en convertir a los gorriones en las cucarachas de las águilas. De ahí que desde entonces estas aves rapaces sientan enorme repugnancia por esos pajaritos grises, que los seres humanos nos comemos fritos en los bares de barrio.

Bueno, pues el impertinente sujeto que digo me impidió ver a gusto este documental apasionante y denso, del que sin duda se me escaparon muchas cosas. Pero lo peor fue que a la salida del cine comenzó a perseguirme por todas las calles con un descaro y una astucia impresionantes: con descaro, porque no hacía más que mirarme; y con astucia, porque en lugar de seguirme por detrás, me seguía por delante, aunque volvía frecuentemente el rostro con expresión de sospecha, como si yo fuera un delincuente conocido o algo así.

Intenté sin éxito deshacerme de él con diversas argucias, pero se ve que el tipo era un maestro en esta clase de persecuciones y no hubo manera de quitármelo de encima. Hasta que, a las dos horas de implacable persecución, se paró delante de una comisaría y cuchicheó algo con el guardia de la puerta, al tiempo que me señalaba. Yo continué avanzando con tranquilidad sin sospechar lo que me aguardaba. El caso es que cuando llegué a la altura del establecimiento policial, el guardia me detuvo y me preguntó que por qué tenía yo que seguir a aquel señor. Le expliqué sin perder los nervios ni la compostura, que se había equivocado, que el perseguido era yo. De todos modos, me obligó a pasar dentro en compañía del sujeto, que frente al comisario me acusó de haberle molestado con el codo y con la rodilla durante la película, y de andar detrás de él toda la tarde.

En seguida advertí que el comisario estaba más dispuesto a creerle a él que a mí, porque yo era —de los dos— el que peor vestido iba, pero también porque un ligero defecto de nacimiento le da a mi mirada un tono de extravío que quienes no me conocen identifican con cierta clase de deficiencia psíquica. Procuré, pues, mantener la serenidad y hablar en línea recta, pese a mi conocida tendencia a utilizar giros y metáforas cuyo significado más profundo no suelen alcanzar las personas vulgares. Y creo que habría conseguido mi propósito de convencer al policía, de no ser porque en un momento dado de este absurdo careo el defensor de la ley nos preguntó que qué película habíamos visto. Yo respondí que no me acordaba del título, aunque podía contarle el argumento. Confiaba en derrotar a mi adversario en este terreno, dada mi habilidad para narrar fábulas o leyendas previamente aprendidas. De manera que me apresuré a desarrollar la historia de los pájaros. Y ahí es donde debí de cometer algún error, porque detecté en el comisario una mirada de perplejidad y una fuerte tensión a medida que el relato avanzaba.

El caso es que cuando acabé de contarle la película, se dirigió al otro y le dijo que podía marcharse; a mí me retuvieron aún durante algunas horas. Finalmente, me hicieron pagar una multa de regular grosor y me dejaron ir con la amenaza de ser llevado a juicio si volvía a las andadas.

Desde entonces, siempre que me persigue alguien, me detienen a mí. Y de todo esto tiene la culpa mi vecino, que no me abre la puerta. Pero también influye un poco el hecho de que haya dejado de asistir al cine a las cuatro de la tarde, que es la hora a la que solía ir cuando era pequeño.

En fin.

(Del libro Primavera de luto, *Destino, 1992)*

Dúo

VICENTE MOLINA FOIX

Vicente Molina Foix nació en Elche y estudió Filosofía en Madrid. Residió ocho años en Inglaterra, donde se graduó en Historia del Arte y fue profesor en la Universidad de Oxford. Crítico de cine y autor dramático, su labor literaria se ha desarrollado en la novela. Ha escrito *Museo provincial de los horrores, Busto* (Premio Barral, 1973), *La comunión de los atletas*, *Los padres viudos* (Premio Azorín, 1983), *La Quincena soviética* (Premio Herralde, 1988) y recientemente *La misa de Baroja.* Es colaborador habitual de *El País.*

—Los homosexuales fuman distinto.
—Los homosexuales fuman menos que nadie.
—Los que fuman.
—¿Qué?
—Distinto. Fuman como nadie. Como nadie fuma ya.
—¿Pero aún fuma alguien?
—Las mujeres fumamos casi todas. Yo fumo.
—Tú. Tú sí. Según tú ¿cómo fuman? Los homosexuales.
—Muy sencillo: así. Así de difícil.
—No veo la dificultad por ningún sitio.
—¡Aquí! ¿No te das cuenta de que ya nadie fuma así?
—Conozco a tan poca gente que fume.
—Ellos creen que fuman como fuman las mujeres, con la mano muy rígida delante de la boca, el meñique y el índice doblados, el de en medio y el anular sosteniendo el cigarrillo, el pulgar suelto, en un ramalazo tonto. Y lo que es peor: la mano paralela a la boca, y el cigarrillo prendido como si los dedos fuesen garras. Ninguna mujer fuma así ya.
—¿Ya? ¿Tú has fumado así antes?
—¿Yo? Nunca. Alguna vampiresa debió de fumar así, sobre todo en los años veinte. La Mata-Hari fumaría así. Y Mae West. Aquí en España..., aquí no se me ocurre ninguna que fumara así.

—Nunca hubo vampiresas en España. Los homosexuales son muy viajeros.

Una luna de cuerpo entero les encuadraba, dándoles la certeza de sus gestos y la mentira de un reflejo levemente achatado. Eran las once y media de la noche, y la mujer estaba en camisón, un camisón de tienda de lencería sexy, con la pechera muy transparente y una orla de corazones rojos bordados en el borde de la faldilla. El hombre parecía venir de una fiesta o estar a punto de ir a ella: traje oscuro, camisa blanca, pajarita de pintas rojas, zapatos calados de dos tonos. Ni ella se fue a la cama al terminar de hablar ni él de fiesta. Se besaron ante el espejo del armario, y mientras con las lenguas se buscaban los rincones de la boca sus ojos se encontraron en las aguas del azogue, examinándose mutuamente. Estaban en la luna los dos, de pie y abrazados, y se besaban con más arte que deseo.

*

—¿Tú crees entonces que ellos tratan de imitar a las mujeres en todo?

—No en todo. Sería imposible. Porque yo hablo de los homosexuales de aspecto normal, no de los travestidos, que esos sí.

—¿Sí?

—Sí quieren ser como ellas en todo. Más mujeres que ellas.

—Y lo consiguen.

—Sí. Gracias a Dios las mujeres ya no somos como esas *drag queens* que nos copian.

—Es curioso.

—¿Qué?

—Estaba pensando en que nadie habla ya de lo que las mujeres han copiado a los hombres.

—¿Ahora sales con ésas?

—No, si sólo era una idea tonta. Me lo preguntaba a mí mismo.

Llevaban un rato despiertos en su tatami de matrimonio, y en la esterilla, al alcance de la mano, un bloc de notas estaba abierto con las hojas en blanco. Pero ella, que tenía en la mano un bolígrafo, no se inclinaba a escribir nada, y él se tapaba hasta la mitad de la cara con el edredón.

—A quién le interesa ahora saber quién copia a quién.

—A mí. Te recuerdo que las mujeres no fumaban. Antes. Nunca. Ninguna. Y hoy casi todas. Por eso es posible imitarlas.

—Si quieres remontarte a la historia lleváis las de perder. ¿O acaso olvidas que el primer acto de la primera pareja de antepasados nuestros fue una copia de Adán del gesto de Eva de coger la manzana?

—Bah. Eso estaba en los Libros. Pura predestinación.

—Al contrario, yo veo ahí la primera señal de una tendencia que los siglos habían borrado y hoy reaparece. Ahora que los hombres estáis todos un poco desorientados, volvéis a nosotras, a nuestras maneras, a nuestras conquistas. Los gays, que van siempre en avanzada, han empezado; exageradamente claro, como ellos lo hacen todo. Ya les seguiréis los demás.

—Los demás, ¿en qué? ¿En fumar como vosotras o en no follar con vosotras? Mira que la sugerencia podría no caer en saco roto.

Se habían levantado del tatami de matrimonio y antes del zumo de naranja estaban ya enzarzados, en camisón ella, sin pijama él, con unos calzoncillos de media caña grises, y los dos con los pelos alborotados. Mientras él preparaba el desayuno ella se lavaba los dientes y recordaba las últimas frases ante el espejo de aumento donde se depilaba las cejas. Pero al sentarse frente a frente en la mesa de madera de la cocina no hablaron: se miraban y masticaban el pan tostado. Ella fregó en silencio, él se duchó cantando una canción de Cole Porter, «los pájaros lo hacen, las abejas lo hacen, las clases más pudientes en España lo hacen, los lituanos lo hacen, incluso las medusas perezosas lo hacen, hagámoslo tú y yo, enamorémonos». Desnudo y mojado, se miró un instante en el espejo del lavabo al salir de la bañera y se encontró fofas las mejillas, rubicundas, casi femeninas. Regresó al dormitorio con el estribillo, «hagámoslo tú y yo, enamorémonos».

*

Esa tarde, vestidos los dos de artistas o de franceses, con boina ella, con pullover de marinero bretón y canotier de paja él, estaban acodados en un velador vacío, en un cuarto vacío con un espejo ocupando toda una pared, y un hombre vestido de norteamericano, con gorra de visera y bermudas, les miraba y les anotaba.

—¿Te molestan? ¿O es que conoces a muchos?
—¿Yo? Nunca me han quitado el sueño.
—Pero estos días fumas más.
—*¿Pero?* ¿Qué quiere decir ese «pero»?
—Nada. Sacaste lo del modo que tienen según tú los homosexuales de fumar y no paras de hacerlo.

—Son los nervios que preceden a la tormenta. El tabaco absorbe la humedad del ambiente. Y sí conozco; de vista docenas, a fondo tres o cuatro. Por lo menos tres.

—Raquel. Hace tiempo que no hablamos de nosotros.

—Bastante hacemos con vivir juntos, con dormir juntos, con trabajar juntos.

—Me refiero a otra cosa. ¿Cuánto tiempo hace que no hablamos antes de dormir de nuestras cosas, como hacíamos antes?

—¿Cuánto tiempo hace, Santiago, que no follamos antes de dormir, como hacíamos antes?

El hombre que miraba y anotaba se levantó de golpe y al acercarse al velador parecía que les iba a pegar con el fajo de cuartillas. A medio metro de la silla de la mujer se detuvo y empezó a abanicarse con las hojas.

—¿Qué os pasa? Nunca os había visto así de acartonados. No me importa el tiempo que llevéis juntos o los polvos que no echáis. Lo que quiero saber es esto: ¿cuánto tiempo llevamos juntos *nosotros,* pariendo asquerosamente juntos? ¿Cuánto? Tú por ejemplo, Marien, respóndeme.

—Que te lo diga él.

—¿Cuánto, Ángel?

—Cinco años, cuatro películas.

—Pues no es como para que estéis así de aburridos. ¿Lo repetimos otra vez o preferís iros a casa y venir mañana completamente limpios? No me gustaría que estropeaseis mi idea con vuestras historietas de cama.

*

Abrieron la puerta del apartamento, la puerta del salón, la de la nevera, la del cuarto de baño, y no querían tomar nada ni permanecer en ningún cuarto. Ángel estaba rabioso, aunque silbaba *Qué profundo es el océano* de Irving Berlin, y Marien sólo un poco nerviosa, con el cigarrillo en la boca. Los dos llevaban en las manos un grueso volumen sujeto con anillas.

Se sentaron frente al televisor, que ninguno de los dos se decidió a enchufar. Por un juego de luces y sombras, sus caras se reflejaban en la pantalla mate del aparato, como si fuesen intérpretes de un drama sin sonido, sin decorado, sin guión. Así permanecieron diez minutos. Hasta que una llamada de teléfono les sacó de su concentración de actores mudos.

—Mañana. Será mañana el Día R. ¿Estáis preparados?

—Sí.

—La cita es a las diez. Os recogerán en casa a las nueve.

Colgó Marien, que era quien había respondido, y se puso a llorar.

—¿Por qué has dicho que sí?

—Qué iba a decir. Haberte puesto tú. Dame un cigarrillo.

Ángel, que no fumaba, lo encendió con lentitud, y en vez de pasárselo se lo quedó un momento. Sostuvo el cigarrillo rígidamente, como si sus dedos fueran garras. Con ganas de fumárselo, de tragar el humo, la nicotina, el más alto grado de alquitrán.

Se dieron ánimos, repasaron juntos las pocas notas al margen de las páginas del grueso volumen de las anillas, pero aun así durmieron los dos mal, apenas, y al llegar al plató se les notaba tanto la mala cara que hubo que llamar a Paquita, una artista facial muy cara (había estado nominada a un Oscar por envejecer a Julie Christie en *Doctor Zhivago*), para que ayudara a Piti, el ayudante en funciones de maquillador, a restaurarles.

Era el primer día de rodaje de una nueva película que dirigía Alfóns Piquer, el hombre que anotaba y les miraba bajo la visera el día antes. Nueva en ese caso quería decir mucho más que «otra» o «siguiente». Después de un gran éxito de taquilla en su debut, a los 25 años, haciendo *El niño con ojeras,* un *gore* psicológico ambientado en La Manga del Mar Menor, Piquer no encontró dinero para su segundo y más ambicioso *gore-thriller* parapsicológico, *La galaxia sangrienta,* y al cabo de trece meses de inactividad y desánimo no tuvo más remedio que aceptar un encargo de la productora Rascalia Films que acabaría por especializarle en la comedia madrileña de divorciados y vecinos, un género que no despertaba grandes entusiasmos de público y ninguno de crítica pero que le dio una fama de cineasta solvente, rápido, algo inglés en los acabados y magnífico dirigiendo actores. En cinco años había hecho cuatro comedias con la pareja formada por Ángel Ripoll y Marien Muro, una pareja salida de los escenarios del off/off madrileño y entrada también como pareja en la vida real. De Marien el gran público apreciaba mucho su voz, un poco aflautada, sus piernas, y su involuntaria vis cómica, y en Ángel se admiraba la buena planta, la manera de expresarse doblando el arco de las cejas y el pelo rojinegro de alazán.

Pero Piquer entró un día en crisis creativa y rechazó la oferta de su productor habitual para rodar una secuela de su última comedia, *Me casé con la monitora del 2º C,* la mejor recibida por los espectadores. El guión de la secuela, *Siento celos del aerobic,* estaba de hecho más cuidado que ninguno de los que el productor José Rascal le había financiado antes, pero la crisis de Piquer no tenía vuelta de hoja. Su etapa de comedia había terminado. No podía hacer reír a la gente —así se lo dijo un día a Rascal almorzando en Mayte Commodore— alguien que por las noches llora de angustia en su habitación.

Desapareció de Madrid, no dejó ni recado en su contestador, un diario le dio por ahogado en el Estrecho, otro por perdido en una barca a la deriva por aguas del golfo de Vizcaya, pero Piquer sólo estaba reflexionando en un hotel de dos estrellas de Santander, desde donde llamó una noche, en la hora más caliente de las televisiones privadas, a sus actores predilectos. Marien estaba leyendo una novela de Martin Amis, y Ángel protestando de tener que tragarse una sesión didáctica de *fist-fucking* entre un transexual activo y una ex monja muy puesta de silicona que precedía a las noticias de José María Carrascal.

Les quería mucho, les quería ver cuanto antes, les quería contar sus planes, les quería en su próxima película. Les adoraba como sólo quieren los borrachos.

Pero al día siguiente se presentó en el apartamento sobrio y sin avisar, con un guión delgado bajo el brazo. El más delgado que ellos habían visto en sus vidas: tres páginas. Se había acabado el tiempo de las mentiras de risa; quería realismo.

—Quiero ser realista, y con vosotros. En Santander he visto la luz, he embaucado a un vendedor de zapatos y he oído una frase de película. ¿Queréis realizaros conmigo?

Tardaron tres meses en empezar a realizarse los tres. Piquer les proponía un desafío, el vuelco a su carrera fácil de comediantes repetitivos, el salto sin red de los grandes cómicos de antaño. Hacer una película de parejas sin hacer reír por reír, y hacerla sin guión, sin apenas dinero, sin más equipo artístico que ellos tres y más equipo técnico que otros tres, el operador, el sonidista y un ayudante desdoblado en factótum. Todo era minimal en el proyecto, hasta el título, *Dúo.* Pero la crisis de Piquer había desembocado en una locuacidad tan convincente que no sólo el comerciante zapatero de Santander avanzó treinta millones a cambio de una frase como todo guión, sino que el cotizado director de fotografía habitual de sus comedias vecinales madrileñas, Quim Reyna, aceptó el trabajo sin cobrar, y Ángel y Marien estaban felices de rechazar la pareja protagonista de *Siento celos del aerobic,* que iba a dirigir, al fallar Piquer, una joven arribista de provincias, Eva-Manuela Villorria. Todos convencidos por una frase.

—Quiero volver a la pureza de los primitivos. Y si el neorrealismo ya no es posible, haremos realismo del futuro. Para eso os necesito vírgenes, quiero decir, espontáneos, como si acabarais de salir a la calle desde vuestra infancia y no desde vuestro pasado. Mucho Rossellini, mucho *Pickpocket.* Así seréis los dos tan artífices de *Dúo* como yo, puesto que el desarrollo de la acción lo haréis vosotros, observados discretamente por mí, a partir de la *frase.*

Paseando un día desde el puerto al Sardinero, Alfóns Piquer se había detenido a ver a Gerardo Diego, que está sentado en bronce en un banco del mirador sobre el mar, y los turistas bajan del autocar y se fotografían junto a él. Una mujer y un hombre estaban sentados en el banco, uno a cada lado del poeta esculpido, aunque iban juntos. El hombre lloraba, la mujer fumaba, Piquer observaba. Y cuando estaba a punto de irse, porque el hombre a la diestra de Diego se estaba mosqueando con el mirón, la mujer a la siniestra de Gerardo dijo la frase:

—Los homosexuales fumáis distinto.

Piquer no quiso oír más, aunque la escena prometía; el hombre dejó de llorar al oírla y sacó un paquete de Marlboro y un revólver reglamentario del ejército, la mujer se apagó el cigarrillo en la palma de la mano y ocultó su cara con los dedos, y hasta el broncíneo Gerardo Diego diríase que dio un respingo. No quería oír más porque quería él seguir la trama de una frase tan estremecedora, o tan prometedora al menos, dejándola en suspenso en el banco del vate montañés.

Ésa era la propuesta vanguardista y santanderina de Piquer, un poco inspirada en las técnicas de improvisación del Método de Stanislavski que él mismo, Ángel y Marien habían estudiado un año cuando coincidieron en la Escuela de Cine: recrear un drama entero o una comedia (les dejaba también esa elección) ante la cámara, ante el director, él, que actuaría de padre severo, censor suave y amante exigente, según las ocasiones, y todo a partir de esa frase escuchada a la vera de Diego, desarrollada previamente por la pareja en «imaginaciones libres» en su casa y según «impulsos interiores» supervisados en un local de ensayo unos días antes del primer día de rodaje, que se fijaría de golpe y por sorpresa.

*

—¡Acción! Rodamos.
—«Los homosexuales fuman distinto.»

—«Los homosexuales apenas fuman.»

La primera escena se rodaba en la misma sala de ensayo de una compañía de baile español donde la pareja había ensayado tres días, porque Piquer quería enfrentar a sus protagonistas al espejo del fondo de la sala y al mismo tiempo dejar ver el truco del cine: los dos actores hablaban, y entre ellos y el espejo cabía toda la realidad reflejada de la cámara de Super 16 milímetros, los focos del foquista y la nagra del sonido directo. Marien tenía una mano apoyada en la barra fija de madera, pero no bailaba. Ángel pisaba impaciente el suelo de listones de madera con los tacones, pero no taconeaba. Los tres espectadores del equipo les aplaudieron al acabar la primera toma desde la otra punta de la sala, pero no eran palmas de jaleo. La escena rodada no era andaluza, sino de aire centroeuropeo, puro cine del Este, y la música de fondo lejos de ser flamenca era del musical *Oklahoma!*

—«... con la mano rígida ante la boca... y los labios haciendo morrito, como si fuesen ellos los que buscan el cigarrillo y no al revés. Ninguna mujer fuma así ya.

—»¿Ni siquiera Sara Montiel?

—»Ni siquiera.

—»Yo no me fijo, pero las vampiresas...»

—¡Corten! Está muy bien, Ángel, Marien, pero me gustaría que aquí no repitieseis lo que habéis ensayado en casa o conmigo antes. ¿De acuerdo? Se trataría más bien de que aquí —recordadlo, estamos rodando, y esto es cine, o vida, no teatro, y mucho menos comedia divorciada madrileña— desarrollaseis la emoción interna que se supone que habéis ido acumulando entre vosotros estos días a partir de la frase que os dejé enriquecer y desarrollar. Nada de imitación ni de repetición. ¡Tensión! ¡Justificación! ¡Imaginación!

*

Llegaron mustios a casa y sin hambre, aunque no habían comido nada desde la bolsa de producción de las dos de la tarde, que contenía un bocadillo de salchichón, un plátano y un yogur azucarado. Era el día más duro de su carrera de actores, y uno de los más tristes de su vida de pareja. Ninguna toma de las doce que habían hecho del primer plano-secuencia había sido válida, y ninguna ocurrencia suya a partir de la frase del banco santanderino de Gerardo lo suficientemente brillante para Piquer.

A Marien le apetecía mucho fumar, pero no quería hacerlo delante de Ángel, que pensaba casi lo mismo: si ahora vuelvo a fumar, al cabo de los años, delante de ella, me expongo a entrar en el guion de la película. Ya nadie fumaba en la casa, ni comía, ni dormía. Y menos aún follaba. Allí nadie follaba desde que, al acabar su segunda comedia madrileña *Edredón para seis parejas,* se compraron un tatami de matrimonio.

A las nueve, cuando seguían quietos ante el televisor apagado, en un nuevo episodio de su particular película muda nocturna, llamó Alfóns.

—No pasa nada. No os desaniméis. Este cine nuevo en el que nos hemos metido es así. Traicionero. Deslizante. Por eso mismo tan apasionante. Yo confío en vosotros. Hasta el fin. Sacad de dentro lo que lleváis: lo que nunca os habéis atrevido a sacar. Allí estaré yo para recogerlo.

Tenían tanto miedo de sacar nada que esa llamada tranquilizadora de su director les desveló definitivamente. No había necesidad, en su fase de actores del cine mudo, de decirse lo que los dos llevaban pensando al menos tres días. Ángel había sido el alumno preferido del profesor Juan Barcia, el genio y el hueso de primero de interpretación en la Escuela de Cine, y Marien la alumna díscola y odiada. Por eso Ángel odiaba a Marien que odiaba tanto a Barcia. En primero Marien se amaba sólo a sí misma y Barcia amaba a Ángel que se dejaba amar por Barcia sin poner gran cosa de su parte. Al empezar segundo todo cambió. El infalible Método, que Juan Barcia había aprendido directamente en Nueva York de la boca de Lee Strasberg, fallaba con Ángel y Marien, los dos alumnos más brillantes del curso. Ángel dejó de pasar las noches en la cama de Barcia, dejó de asistir religiosamente a sus clases, dejó de creer en sus enseñanzas del Actor's Studio y —dejando en su casa con dolor la colección de discos del musical americano que el maestro le había regalado después de aficionarle al género— se fue a vivir al pisito de Marien en el barrio de Malasaña, donde imperaba un dramatismo menos metódico. Nunca había pensado en sí mismo como homosexual, aunque Barcia lo era y todos en la Escuela lo decían de él. Al entrar en el pisito más de teatro del absurdo de Marien, en su cama, en su vida, se olvidó de toda la «memoria emocional» que Barcia le había inculcado. Y del apestoso humo del tabaco turco que fumaba en cadena el maestro, sosteniendo los cigarrillos de filtro coloreado con una rigidez de cabaretera histórica.

Nueve años hacía de todo eso, de los cuales pasaron los tres primeros sin salir del pisito de Malasaña y del teatro alternativo, los cinco siguientes en el cine comercial de divorciados comerciales de Piquer, el último en el dique seco. Pero los nueve años juntos y regularmente felices, aunque mudados a la tercera comedia madrileña —llevando el tatami comprado después de la segunda, ese en el que no se follaba— a un apartamento más cómodo y moderno de la calle del General Oráa.

Hasta hoy, en que miraban antes de acostarse el tatami con edredón de dibujos de peces y se temían. Otra noche de insomnio. Otra dura jornada para Paquita.

*

El segundo día de rodaje contaba con la novedad de un decorado y la visita del comerciante zapatero, que iba a comprobar cómo se invertían sus millones. El espejo de la sala de baile estaba a medio tapar con un simulacro de paisaje alpino, más conceptual que verosímil, pero el zapatero de Santander elogió mucho las piernas de Marien, que no llevaban medias por exigencias de guión.

—«¿No me has copiado tú desde que nos conocemos? Y yo no digo nada.»

—«¿Yo a ti?»

—«Sí, tú a mí, ¿o es que ya no te acuerdas? Mi forma de vida, que te gustó mucho más que la que llevabas, hecho un mono, o mejor una mona, de imitación, cuando nos conocimos, ¿o es que vas a negarlo?»

—«Forma de vida, forma de vida, qué entenderás tú por eso. Lo más superficial. Maneras.»

—«Maneras..., no me hagas hablar, Santiago. ¡Qué digo Santiago, Ángel, quitémonos las máscaras!»

—«Máscaras dices. La primera que tienes tú que quitarte es la de tu nombre, Encarnita, también yo voy a prescindir del nombre de ficción, que en tu caso es doblemente falso. Ni te llamaré Raquel ni te llamas Marien, que además no te cuadra. No has dejado nunca de ser la María Encarnación de Peñafiel, provincia de Valladolid, hija de un farmacéutico simpatizante de Fuerza Nueva y de un marujón rancio como el mazapán que aún te obliga a ir a misa cuando les visitas.»

—«¿Y qué? Lo tuyo...»

—Sí, sí, corta, Enrique, corta. Magnífico, magníficos los dos, y estupendo el salto de la ficción de los nombres del guión a vuestra realidad... Sí, sí. No me importa, al contrario, que paséis a la agresión, a sacar el monstruo que llevamos dentro. Si decidís que *Dúo* ha de ser una película de terror, yo seré el primero en celebrarlo. Pero psicodramas no. ¿Me entendéis? Yo no busco hacer un Antonioni a estas alturas, ni siquiera algo como esa bobadita de Woody Allen *Maridos y mujeres,* donde metía su drama personal con la Farrow. Vuestra vida no me interesa, y mucho menos a la gente que se gasta su dinero en una entrada. Y daos cuenta de que por arriesgada, rara y pobre que esta película mía vaya a ser, yo la quiero trepidante y transparente. Y a ser posible con tirón para el público. Al menos para el público que llena los Renoir. Sois los únicos actores de la peli, creceos, sed cinco o diez parejas al mismo tiempo, pero no la vuestra. ¿No os acordáis de lo que enseñaba el cascarrabias de Juan Barcia en la Escuela? Aportar las imágenes propias, la emoción sincera, a situaciones y personajes de ficción, sin reproducir miméticamente la situación dramática y el esquema de conducta que el escritor plantea por escrito. Conflicto. Mucho conflicto. Pero no trifulca de mesa-camilla, ni siquiera de alcoba. Ingmar Bergman no es mi norte. Si acaso Rohmer o Hal Hartley. Y ahora, para rebajar las tensiones, os pondré música. Algo que he elegido yo, aunque a partir de mañana prefiero que traigáis vosotros los discos que queráis tener de fondo en las escenas. Piti, por favor, pon el *Possente Spirto* del *Orfeo* de Monteverdi.

*

Estaban tan desolados consigo mismos que esa noche sí enchufaron el televisor al volver del rodaje. Comieron una ensalada fría de pollo y dos agujas de ternera cada uno, abriendo justo la boca para dejar pasar el alimento. Vieron un reportaje de investigación sobre las familias de un solo padre, un coloquio sobre la inseminación en madres alquiladas, un programa semihumanitario sobre esposas y huérfanos que querían encontrar a padres que un día salieron de casa diciendo que se iban a la tertulia y nunca regresaron, una tertulia moderada por Hermida con parejas rehechas después de dos y hasta tres separaciones, y en la 2, en versión original, *La alegre divorciada* de Fred Astaire y Ginger Rogers, que Ángel se sabía de memoria. Y las noticias.

Granada ardía. El Festival de Teatro se había clausurado la noche anterior con un espectáculo que encendió las pasiones del público, hasta tal punto de calor, conservado en las críticas y comentarios, que por primera vez en la historia de todos los festivales del mundo los responsables habían decidido repetirlo la noche siguiente, esta noche, con el aforo vendido y cien personas de pie, en el mismo escenario del triunfo, el Patio de Carlos V en la Alhambra. Absorbidos por *Dúo* no leían la prensa, no enchufaban el televisor, donde si acaso se veían sólo a sí mismos, y por eso no sabían que el legendariamente olvidado Juan Barcia, el gran maestro de actores que hacía cuatro años había pasado a la dirección teatral, cosechando cuatro sonados fracasos, uno tras otro, con comedias psicológicas escritas por él mismo, la noche anterior había arrasado en Granada con su quinto montaje, un «vodevil metafísico deudor de Artaud, cuya larga duración, noventa y cinco minutos, se soportaba pese a las duras sillas del patio» (en palabras de Haro Tecglen, que se había desplazado, en sí mismo todo un acontecimiento, a cubrir el estreno para *El País*), un «endriago iconoclasta no exento de valores plásticos» (López Sancho en el *ABC*), «texto exaltado por la sangre de un vigoroso tremendismo que hunde sus raíces en Cela» *(El Mundo)*. Y acababa el telediario, después de mostrar unas escenas del insólito bis granadino, entrevistando al triunfador Barcia, que en ese mismo momento se asomaba a la pequeña pantalla del apartamento de Marien y Ángel con más entradas que nunca en el pelo y un cigarrillo turco triturado vampiresamente entre el índice y el corazón.

*

La película se terminó antes de lo previsto, y el zapatero daba saltos de alegría, regalando el último día del rodaje mocasines de su propia fabricación a todo el equipo, siete pares, pues se acordó de la oscarizada Paquita, que al final trabajó de lo lindo. Quim Reyna, el operador, creía haber hecho la mejor iluminación de su carrera usando unas lámparas de gas helio que daban a sus interiores el pudor material de Vermeer y la carnalidad lúbrica de Caravaggio. Pero el más feliz era Alfóns, seguro de obtener todos los Goyas del año, excepto quizá el del mejor guión original.

Dúo duraba hora y veinte y constaba de ocho planos-secuencia de diez minutos exactos, cada uno con su conflicto vivo y sincero, con su peripecia, su tensión, su intriga, su drama, su alivio cómico, sus gotas costumbristas, su desenlace crudo pero abierto a una ambigua esperanza. La música, aportada al final por Ángel, eran ocho canciones del musical clásico, Cole Porter, Ira y George Gershwin, Jerome Kern, Bernstein, que actuaban a modo de contrapunto chispeante, «no-brechtiano», recalcaba Piquer al perplejo pero feliz financiador de los zapatos.

Se estrenó sin glamour a finales de agosto en el Palacio de la Música y Ángel Fernández-Santos la comparó en *El País* con las películas de más firme línea de resistencia dramática salidas de la mano de Ingmar Bergman, César Santos Fontenla (del *ABC*) vio en ella el exquisito confesionalismo de Woody Allen en *Maridos y mujeres*, *Fotogramas* le dedicó la reseña mensual más larga y destacada, en la que, con su habitual rimbombancia, el crítico sostenía que «*Dúo* trata con arrebato lo inefable y acaba convirtiéndose en una sinécdoque lumínica de los sueños que no se atreven a decir su nombre», la *Cartelera Turia* (de Valencia) dijo que era «una apasionante variación rohmeriana de este director originario de Gandía», Carlos Boyero, que la odió, la llamaba en *El Mundo* «coñazo antonioniano», pero concursó en Venecia y ganó el premio al mejor director. Nominada para diez Goyas, obtuvo cinco: mejor guión original, mejor director, mejor actor, mejor actriz, mejor maquillaje, cediendo los otros cinco a la película-revelación de la temporada, *Siento celos del aerobic.* Ninguno de los tres artífices esenciales de *Dúo* estuvo en la gala para recoger su premio.

Alfóns Piquer esta vez había desaparecido rigurosamente, y no se le encontró sentado junto a Gerardo Diego ni siquiera haciendo sombra a la estatua de bronce de Rilke erguido en el jardín de un hotel de Ronda. El empresario de calzado santanderino le buscó por Sudamérica y el Oriente Medio, porque quería invertir más en él, y José Rascal ofreció en la prensa un millón libre de impuestos al que diera noticias de su paradero. Deseaba rectificar su carrera productiva madrileña, encomendándole un doblete de *Dúo, El cuarteto de Almería*. Nunca más se supo de él en las cinematografías occidentales.

Más raro fue el caso de los premios Goya de interpretación de ese año. No es que desaparecieran sin rastro como su director Piquer, no. Ellos estaban localizables, muy visibles incluso, saliendo todas las mañanas del piso de General Oráa a pasear hasta un pequeño jardín infantil con una estatua de victorias aladas que hay en la calle Príncipe de Vergara. La gente que les reconocía les saludaba, y los niños, que no habían visto *Dúo* por su fuerte crudeza sexual, les pedían autógrafos al oír que eran estrellas y podían en cualquier momento salir en la tele. Nadie les llamaba. Ningún director, ni siquiera los debutantes. Ni una mala película, ni un papel de actores invitados en una serie familiar de Antena 3, ni una obra de teatro en gira por provincias. Su representante estaba atónita, y no se atrevía a explicarles que cuando proponía sus nombres a empresarios y directores todos tocaban la madera más cercana. El cine es una profesión supersticiosa, y los directores de teatro los más supersticiosos de todos. Pero ellos no le pedían explicaciones. Vivían tan felices entre General Oráa y Príncipe de Vergara, comiendo de los *royalties* de su participación cooperativa en *Dúo,* que se estaba vendiendo en toda Europa y América del Sur. Por las tardes apenas salían: escuchaban enteros los musicales de Broadway, que Ángel se había vuelto a comprar en compacto después de haberlos perdido en vinilo.

Hasta que un día les llovió una oferta. Caía una tormenta sobre el Madrid de fines de agosto, casi un año después del triunfo de *Dúo* en Venecia, y llamaron a la puerta de su apartamento. Ángel estaba leyendo una novela de Álvaro Pombo y Marien veía la tele asqueada. Se miraron, con más picardía que sorpresa, y abrieron los dos al tiempo. Juan Barcia chorreaba ante ellos enfundado en un impermeable barato, con todo el aire de ser de Sepu.

—Hola. Te veo más delgada, Encarna. ¿No me vas a invitar a que pase, Angie?

Estaban los tres en el salón, y el televisor seguía dando imágenes de una cama redonda lésbica acompañada del penetrante sonido de unas marimbas. El maestro, después del abrasador éxito granadino, había visto su espectáculo reducido a cenizas. Ni siquiera encontró teatro en Madrid, y las críticas encendidas se apagaron en un mes. Un proyecto de *Hamlet* situado en la posguerra española, con el palacio de El Pardo convertido en el castillo de Elsinor, no consiguió el apoyo del Centro Dramático Nacional ni del Festival de Almagro, y un *Jardín de los cerezos* adaptado a un fin de raza burguesa en una masía de la Costa Brava fue rechazado por el Mercat de les Flors. Pero esa noche:

—Hacía años, ¿eh? Os encuentro iguales, muy guapos. Ese cine porno que habéis estado haciendo no os ha maleado. Bien. Os necesito.

Barcia iba a dar un giro de ciento ochenta grados (o más, si se podía de trescientos sesenta grados) a su carrera de madurez triunfal iniciada en Granada y detenida a partir de Granada. Tras aquel chafarrinón cómico que había hecho, les decía, para halagar a un público festivalero y satisfacer a la crítica, recordándoles quién era él y de lo que era capaz, la vuelta a lo esencial. La intimidad. El drama. El método.

—Vosotros. Vosotros dos, una mesa, dos sillas, un espejo, un texto más bien breve, que he escrito pensando en vosotros, luego os lo paso. Qué más necesita un director cuando cuenta con dos actores de raza a los que además conoce a fondo y conocen ellos, en este caso vosotros, las exigencias de él, sus manías, incluso sus modismos. El espectáculo, el sentido, la verdad, los llevo aquí en la cabeza, como os llevo a vosotros en la memoria desde hace nueve años. Y si la caja del escenario se os queda pequeña, lo hacemos para el cine, eso no es problema. ¿Tienes tabaco, Angie?

Ángel recuperó de golpe toda su memoria emocional. Y claro que tenía tabaco, un manojo de cigarrillos turcos escondidos en un cajón desde hacía nueve años, desde el día en que dejó de imitar a Juan fumando. Escondidos a su propia mano amanerada desde el día en que decidió poner fin a su fumadora relación emocional. Pero Ángel no se movió del asiento. Fue Marien, o María Encarna, la que se levantó sensualmente de la butaca y andando como ya ninguna mujer anda, como sólo andan quienes imitan a las mujeres de un tiempo más sinuoso, se puso a buscar los suyos, que ofreció, sin filtro de colores, sin aroma oriental, al maestro. Juan Barcia dudó, los olió, pero acabó aceptando uno, que ella misma le encendió con mechero insinuante mientras Ángel iba hasta el tocadiscos y ponía una canción del musical *Roberta* cantada por Ella Fitzgerald. El maestro ya no fumaba como las *drag queens*. Tomó el Ducados manu militari, lo aspiró sin poner labios de placer, bajó los dedos firmes hasta la rodilla, siguiendo el estribillo de la canción: «Seré difícil de manejar, te lo digo bien claro». Por ninguna parte se veía a Mae West a punto de lanzar sus afiladas garras sobre la presa.

Pero la noche se hizo y Juan Barcia tuvo que marcharse, después de hacerles prometer que irían al día siguiente a su casa a empezar los ensayos de la obra escrita por él de la que les dejaba una copia. Una copia. Una obra escrita por él. Una obra escrita pensando en ellos. Claro que irían. Le despidieron, le besaron, le arroparon, le devolvieron el impermeable de Sepu seco, le juraron fidelidad artística. Es más: le recitaron de memoria sus consejos más metódicos, interpretando en el hall, mientras él se emocionaba en el rellano, una perfecta imitación de la escena de la locura real de Ofelia y el enloquecimiento falso de Hamlet, que el maestro solía ofrecer, haciendo él los dos papeles, en la clase más magistral del primer curso. Antes de entrar al ascensor, Juan les lanzó un beso con la mano, con la mano militarizada de antigua *vamp* fumadora.

Entonces volvieron al salón y empezaron su propia película. Se fumaron entre los dos el manojo de turcos de Ángel y el medio paquete de Marien lo más mariconamente que supieron, echando mano a su memoria gestual —más que emocional— de actores formados en el Método según Juan Barcia, y al acabárselos follaron donde les entró la gana, que fue el pasillo, bajo un póster enmarcado de Marilyn Monroe fumando sensualmente en *El multimillonario.* Follaron con un deseo que no recordaban haber tenido desde el día en que una tormenta interrumpió el rodaje campestre de su segunda comedia madrileña, *Edredón para seis parejas,* y se refugiaron en la *roulotte* del maquillaje, muy mojados, desnudos, muy salidos los dos por el barro pegado en los pies y el aroma de la humedad en los árboles.

Estaba amaneciendo cuando llegaron por fin al dormitorio, y el tatami les pareció un cielo prometido que sabe a poco. Estaban desnudos y tenían pegada a la piel la porquería del pasillo mal barrido, aunque no querían lavarse. Pusieron el edredón sobre el suelo y se dejaron caer en él, pero también querían fumar, y oír música, y dormir sin insomnio, y no dormirse aún. El disco que eligieron fue *I've Got a Crush on You,* y se decían el uno al otro las palabras de la traducción española, que les sonó a comedia madrileña de parejas felices: *Siento locura por ti.* Lo único fumable en todo el piso eran las colillas dejadas por la mano recia del maestro. Con qué gusto las rescataron, como los buitres agarran la carroña, hundiendo sus uñas en el tabaco y llevándoselo a la boca con la lujuria femenina con que la Mata-Hari dio su última bocanada ante el pelotón de fusileros.

Siguieron besándose y follando hasta que, con la primera luz del sol, cayeron rendidos y durmieron doce horas de un tirón. Sin molestarse en abrir el libreto que les había dejado Barcia en la mesita del salón. Sin llegar a leer el título de la obra que él había escrito pensando en ellos. Sin acudir a la hora fijada a casa del maestro para el primer ensayo de *Trío.*

(Inédito)

Una muchacha café

REINALDO MONTERO

Reinaldo Montero (Cuba, 1952) se licenció en Filología en La Habana. Ha publicado poemas, cuentos, obras de teatro, artículos y ensayos en diversas antologías y publicaciones periódicas. Ha participado en conferencias y orientado talleres de dramaturgia y narrativa en las universidades más prestigiosas. Ha obtenido premios en certámenes internacionales como el Casa de América (*Donjuanes*) o el Juan Rulfo (*Trabajos de amor perdidos*). Ahora trabaja en la compañía de teatro Hubert de Blanck.

Me columpio. En el portal hay un columpio cómodo. Vivian me lo dijo, de lo más rico. Lucho. Y es verdad. De qué manera dice rico, y cómo usa rico para todo y en todo. Chirrea rico el columpio al mecerse. Hace un rato tenía apuro, quería verla, ahora sigo con el querer verla, pero sin apuro. Que aparezca cuando quiera, cuando se le ocurra virar de casa del primo, aquí la espero. Al principio me puse toca timbre y toca timbre, por gusto, me parecía. Ni sombra de gente en esta casa. Había visto alejarse a El Zambo Herrera, lo vi coger rumbo al dominó de Toño. Dejé que se fuera sin tirarle ni medio saludo, sin dejarme pillar. El Zambo es un poco celoso con su hija, peor que Reinaldo Miravalles en la película donde hace de guajiro enamorado de las vacas. Y yo, tocando el timbre y sintiéndome embarcado. Aunque alguien tenía que estar ahí adentro, lo supuse, lo adivinaba, si no Vivian, por lo menos la madre. Fue la madre quien me abrió cuando casi me iba. Me dijo, está en casa de su primo, no sé si demora, mijito. Cuando a Tyrone Power le pasó algo parecido, dio un empujón y entró. Yo soy tipo equilibrado y pacífico. Respondí, bárbaro, la espero, y me senté en la ricura del columpio chillón. En la película no había columpio. Y tampoco era cosa de abrir la puerta metiendo empellón aunque parezca sospechosa tanta demora para abrir. No estoy seguro de que Vivian esté o no esté, la madre me confunde.

La vieja salió a repetirme, ella demora, mijito. Ya no puede confundirme. Ahora comprendo por qué se habían demorado en abrir. ¿Me habrá visto llegar, o fue instinto de mujer enamorada? El caso es que Vivian supo que era yo el que estaba en la puerta, y pudo soltarle a la madre, es él, no estoy, ni le abras. O me abrían la puerta o achicharraba el timbre. La vieja terminó abriendo porque le daba pena, no porque le importara el timbre, ya la conozco. Y cuando Vivian se dio cuenta que estaba dispuesto, y sigo dispuesto, a echar raíces en este columpio, mandó a la madre de nuevo. Ve, anda. Lo imagino clarito. Y la vieja volvió a salir con el mismo cuento, pero diferente, porque me dejó caer con su mirada, Vivian está, pero no quiere saber de ti, mijito. Me clavó los ojos de la verdad mientras soltaba por la boca el mensaje de mentira, y puso sonrisa hueca como Jane Fonda, y para colmo, estrujaba y recontraestrujaba un trapo de cocina, o lo que parece trapo de cocina. Lo estrujaba y lo siguió apeñuzcando hasta que se quedó quieta de golpe y apagó la cara. Me di cuenta de que salía de la pena conmigo para entrar en el encabronamiento también conmigo. Pero la vieja se moderó rápido, me desclavó los ojos que se habían vuelto bravos, miró por encima de mi cabeza, estuvo así, registrando el aire un rato de nada, segundos si acaso, como a la expectativa, muy tensa. No sabía qué hacer, la pobre. Me recordó a la sirvienta, gorda tipo elefante y negra como la negrura, que hizo lo mismo porque Montgomery Clift se iba a caer del caballo delante de su nariz azabache, y la gente en el cine tenía que darse cuenta de que ese accidente era terrible e importante para el resto de la película. La vieja estaba empeñada en que yo captara que Vivian no quería saber de mí. La pobre, no ve que cuando uno dice a no enterarse, no hay quien te haga. La vieja seguro comprendió mi empecinamiento, o al menos no se puso a dar gritos como la criada de Montgomery Clift, al contrario, volvió a mirarme con cara de inteligente para confundir, como hacía Libertad Lamarque. Qué no va a confundir, si la totomoyez se le sale por encima de la ropa. Con algo de luz, con un tin al menos, la vieja captaría lo que yo sí capto. Vivian dice que no quiere verlo, o algo parecido, y hasta piensa en firme que de verdad siente eso porque ni ella misma sabe que es al revés, que en realidad está enamorada de mí, y tanto, que se confunde y hace lo contrario, para contradecir el instinto, porque a las mujeres les encanta caer en vericuetos de ese tipo. No hay más que mirarle la cara a la madre de Vivian para comprobar que a esas sutilezas no llega. Le repetí, yo la espero de todas maneras, señora, no se preocupe, siga, siga trajinando. La vieja, la pobre, no atinaba, se quedó un rato indecisa, pero se fue. Trancó la puerta sin tirarla, creo que hasta dijo, con permiso. La pena, saliéndosele por los poros. Ahora estoy sentado sabroso esperando que el manco eche dedos. Vamos a ver quién cansa a quién. Que Vivian siga de muda allí adentro, que yo me mantengo chirriando columpio aquí afuera. De mí no sale tan fácil. Que siga pasando la noche. Ella tendrá la casa, pero el portal es mío. Ahora me imagino a la vieja y a Vivian cuchicheando en la cocina. ¿Qué hacemos?, a ver, dime, dime tú, no, tú. O Vivian pudiera estar en el cuarto, tirada en la cama, haciéndose la que le da igual ocho que ochenta, haciéndose, porque en realidad el amor no la deja. O Vivian preguntando bajito, ¿no se va?, y poniéndose nerviosa, más nerviosa de lo que ella es y contagiando a la madre con el nerviosismo. O la madre diciendo de espalda a cualquier pared de la casa, mija, me vas a matar, que tu padre regrese rápido de su bobería con el dominó o me acabarás de quitar la poca vida que me queda. Sufran, señoras, sufran. Y yo, a mecerme. Lo que más me gusta es la chirriadera, la música de acompañamiento. Las dos deben estarme escuchando. Lástima que Vivian no se asome. Lástima que no entreabra la ventana y mire. Si lo hace, juro que me haré de la vista gorda como Pedro Armendáriz en situación parecida, y muy distinta, porque a Dolores del Río la delata un suspiro, y yo sé que Vivian, primero muerta que suspirante. Le llegó la hora de la preocupación al par de señoras. Yo mismo me veo y me preocupo.

Tony, el primo, me saludó con un ¿qué hubo? de compromiso, sonó par de timbrazos, le abrieron enseguida y entró. A ver qué inventan, ¿dónde van a poner a Vivian ahora?, ¿en casa de qué otro primo? El Tony y yo no nos llevamos, no me traga. De tragarme, las muecas serían recital. Tony con su voz de galán Pasado de moda, igual a la de Hugo del Carril, y el qué hubo de saludo, saliéndole como rumor de bestia. Yo le contesté igual de rumorante con un ¿y qué? tirando a ¿y qué, hijo de puta? Ahora le estarán contando, inventando, poniendo la cosa en pantalla ancha, y yo, haciendo el fondo musical. Como si le dicen que llevo aquí toda la tarde. Según mi cuenta, es hora y sus minutos, y no tengo siquiera ganas de orinar, que es lo único que no aguanto demasiado, no está en mí. Mi mecedera no ha sido toda la tarde, pero puede ser toda la noche. Esto es diversión. Y a ver pasar la gente, a muy poca gente, por cierto, porque mira que este barrio es despoblado. No saco cuenta de la cantidad de películas que me vienen a la cabeza. O pensando en lo primero que se me ocurre, en que no me han entrado ganas de orinar, me acuerdo de que hay un baño frente al cuarto de Vivian, un baño donde me bañé, porque el fin de semana antepasado ella me llamó, ¿podrías llegarte por mi casa a la salida del trabajo?, tengo un salidero en la ducha. Su madre y El Zambo andaban para Caimito, y no se les ocurriría regresar hasta el domingo por la noche. Información completa. Era un viernes, Vivian no iba a estar hasta el lunes con el salidero gotea que te gotea. Justificación perfecta. Tocar ese mismo timbre y ella abrirme fue uno, lo más distinto y diferente a hoy. Y rápido cambié la zapatilla, y más rápido llegó la invitación, quédate a comer, casi tengo la comida preparada. Y como estaba resucio, me suelta, si quieres puedes bañarte. Ella y yo trancados y solos en esta misma casa. Aquello me sonó como campanitas. Me le acerqué. Y ella se metió dentro de mi boca como un regullete, y yo, taimado, saboreé su desespero y le hice llegar un beso bien profundo, como hace Innokentai en la película de la muchacha que vuela y al final se revienta. Yo voy camino también de reventarme, pero entonces me sentía reventado de tanta suerte. Me veo sin ropa y metido en ese baño dándome ducha, porque ni ella ni yo queríamos apurar la cosa. Me quité la parafina de los brazos con calma y cuidado, es lo que más se pega, aunque esperaba un ¿te enjabono la espalda?, o algo parecido. Vivian es sabia, dejó que me bañara, que me secara, y cuando estaba al salir en cueros para sorprenderla y ver qué hacía, me dice, ponte el short mío que está en el toallero, Lucho, y ven, tengo la mesa servida. El short me quedaba que ni pintado, se lo noté en los ojos. Qué mesa tan elegante, ni cuando Ginger Rogers invitó a Fred Astaire. No me puse a bailar por el techo porque eso sólo pasa en películas. Qué recuerdo más sabroso, ¿o será que me está entrando hambre? Y acariciaditas y besitos, y el resto es sabrosura a pulso. Vivian es hembra de raza, qué malicia, una espalda tipo Joan Crawford, que no me gustaba al principio, pero que ya le encuentro su cosa, unas nalgas como par de fileticos, aunque rinden, y cómo rinden cuando arman el bamboleo redondo y restregante que saben, unas teticas sin puntas en atención, pero en su sitio, y bastante llenas para lo flaca que es, y para lo...

Tony está cabrón. Cabrón es mierda. Tiene un encabronamiento del coño de su madre por lo que dije. A mí, como si se cae muerto del berrinche. Salió a dar palique conmigo. ¿Por qué no me agarró por el cuello, o hizo el intento?, ¿por qué no gritó, vete a sentar a casa del carajo?, como dijo más o menos la muchacha a Cybulski, aunque en polaco eso casi me escupe, no se pronuncia. Venir a sentarse a conversar conmigo en este columpio. ¿De qué voy a hablar con Tony? Lo que más le jodió, me parece, fue que yo no abriera la boca. Me suelta de sopetón, mi prima no está. ¿Será verraco, totomoyo, tarado, cafre, comemierda, bestia, imbécil, animal, zanguango, rebruto? Me revienta, me pone la sangre a millón, peor que Vivian, coño, ¿cómo me va a despertar al otro día, después del baño, la comida, la olímpica noche...? La noche y la casa para nosotros, y a mí me dio por dar cuero y más cuero, porque hay hembras que inspiran, Vivian inspira, y la puse a punto de arrebato, se iba a volver loca, y yo, entero, y el tipo, como hierro, y cuando terminamos, ella casi no podía respirar, temblaba, sudaba, eso jamás se ha visto en cine, Steven Spielberg no puede imaginar espectáculo parecido. Vivian es candela sobre candela, ni sentada en piedra de hielo se tranquiliza, peor que La Abeja Reina, por eso me provoca, por eso con ella no había fin, y si paramos fue de milagro. Entonces cómo me va a despertar al otro día por la mañana, a eso de las ocho, con aquello de hace falta que te vayas, rico, ellos pueden llegar, llámame luego, rico. Y a la tarde la llamé por teléfono, y me sale con que no venga, que quería estar sola, ni que fuera Greta Garbo en Gran Hotel. De imbécil le hice caso quince días, y hasta puse bastante tierra de por medio con el montaje de una pulpera en Holguín. Quería ver si ella daba un paso, si me llamaba al teléfono de una vecina, si no podía resistir. No me llamó. Y yo, sin pretexto para hacer matraquear este timbre de mierda. Y el Tony, a sacarme conversación, como si este que está aquí estuviera dándose columpio por deseo de chirriar, no por cabronada de su prima la hirviente. Entonces aproveché que me decía, mañana temprano me espera trabajo voluntario. Como si a mí me importara su trabajo, su voluntario, o cualquier cosa que le espere, como si yo no estuviera cansado de tenerlo delante cagándome la vista de la calle, aburrido de verlo, más aburrido que en película rumana con comisario. Por eso abrí la boca por única vez y le dije, yo tú, me iba ahora mismo y me acostaba para que el trabajo, el voluntario, lo que me espere, me coja descansado. Le cayó como una patada en el cielo de la boca, era botarlo de su casa, porque el tipo entra por esa puerta como si fuera El Zambo Herrera en persona. Que se vaya al carajo, que en el carajo lo tengo desde la noche que estuve sentado en la sala esperando por El Zambo. Era la primera vez que tocaba el cabrón timbre ése. Tenía que ponerme de acuerdo con Herrera sobre una contrata que por fin no cuadró, pero que entonces nos dio tremendo embullo. Mil pesos le convienen hasta a Jesucristo Superestrella. Fue el propio Zambo quien me dijo, vamos a hablar con calma en mi casa. Pues sí, como dice Herrera, me senté a esperar y a esperar, y de paso conversaba con Vivian, por matar el tiempo, porque Vivian no llama la atención, no tiene nada, peor que las flacas aquellas de Lindsay Anderson o Jack Clayton, y para entretenerme, o para que me aburriera menos, o por cortesía natural, ella me preguntó si quería café, y yo respondí que sí, y cuando terminé con la taza, le dije que estaba Caliente, Amargo, Fuerte y Escaso, como el buen Café, y ella que es Calientísima, Alborotosa, Fresca, y Especialista, aunque sea de Cara difícil, un poco Atrasada en su mulatería, Feíta en sentido general, y Escasa de la ceja para arriba como la madre, se puso Cadenciosa, se Acercó, se Frotó contra el sofá, y se Endulzó de lo lindo. En eso llegó el Tony a interrumpir. Su primo abrió la puerta como en película de acción, y yo no soy confianzudo, pero lo dije para hacer contacto, porque siempre es bueno tener relaciones estrechas, como se dice, y se lo solté como jarana en cuanto ella nos presentó, dije, compadre, usted ha entrado como un ciclón. Se la puse en tono amistoso, para mejorar la primera impresión en ella y en la familia, pero Tony me respondió, en esta casa entro como yo quiera. Lo dijo de una manera tan sangrona que me dejó frío. Me callé, pero le di carné de enemigo. Cada vez que lo veo es como si viera al Hombre Invisible, y si se me sale un poco de roña, nunca es tanta como la de Alain Delon cuando mira a un policía, que yo sí que no soy rencoroso, aunque tengo memoria para los hijos de puta, así que haga el cabrón favor y no se extreme. Es enemigo que tiro a mierda. Discuten allá adentro. Ese ruido algo trae.

De la acera no me muevo. El portal será de la familia, como dijo el maricón de Tony, pero la acera es del pueblo, y me gusta porque Vivian puede mirarme por entre las persianas como la Novia de América en película muda donde hacía de odalisca. Ella es la que debe estar enamorada de mí, aunque no se haya dado cuenta. Yo el que no estoy metido con ella, si acaso tengo embullo, cuando más. Ahí sale Tony de nuevo. Me va a hacer que le baje la muñeca, y no quiero. Qué va, tendré que sonarle. No tengo por qué dejarle pasar frescuras al Tonito de mierda. Que me da dos minutos para irme. Y ahora sigue ahí, de pie, ofendiéndome. Así que me levanto, me le acerco a ver qué lío es el suyo, hasta dónde quiere llegar, y ya sé que no quedará más remedio que apearlo porque el tipo está muy soliviantado, habrá que darle su nalgada al cretino. ¿No se dará cuenta de que lo puedo descuajeringar completo por mentecato, por falta de respeto a los hombres? Bueno, que Tony suelte el primer galletazo, le voy a dar chance, tirar un golpe. Qué ridículo, ni Rocky 36 esclerótico pone una guardia así. Bien, me cogió desprevenido, pero ahora me la cobro. ¿Te gustó?, ¿viste que duele? Que vayan buscando el mapa para armarte. Llega, intenta, ten lo que tienen los hombres. Así no, tú. ¿Ves?, y te mato si no te cubres... Con la izquierda no, sonso, con la derecha. ¿Qué sabrás tú de cubrirte o de...? No se te ocurra entrar cuerpo a cuerpo que te pongo un tackle o una turca y vas a comer calle. ¿O mejor será que ahora, cuando veo a Vivian y a la madre asomadas, porque de refilón las veo...? Esto es lo que se llama un-dos, aprende, ¿quieres que repita? ¿... no será mejor que me deje sonar?, porque Liz Taylor, cuando vio al grande por gusto de Rock Hudson regado por el piso en una cafetería después que le arrearon tremendo trastazo... Cúbrete por lo menos. Y, cuando lo vio por el piso embarrado de ensalada, dijo que nunca lo había amado más que entonces. Esto es lo que se llama gancho de derecha al mentón. Puedo probar, dejo primero que me entre con la zurda, algo que me estremezca. No tiene pegada, ni se siente. Puedo dejar que me suene otro. Así. Que... Se está embullando. Coño, ahora entró como es. Vivian y la madre parece que llaman a gente. ¿Son ellas? ¿Es Vivian la que viene para acá? El tipo va mejorando. ¿Es Vivian?, ¿por qué no acaba de llegar? Está demasiado embullado. ¿Por dónde anda Vivian?, ¿me estará viendo? Siento un poco de mareo. ¿Me estará mirando Vivian? Ño, éste sí me llegó al alma.

(Del libro Seis mujeres seis,
Pensieri, São Paulo, 1994)

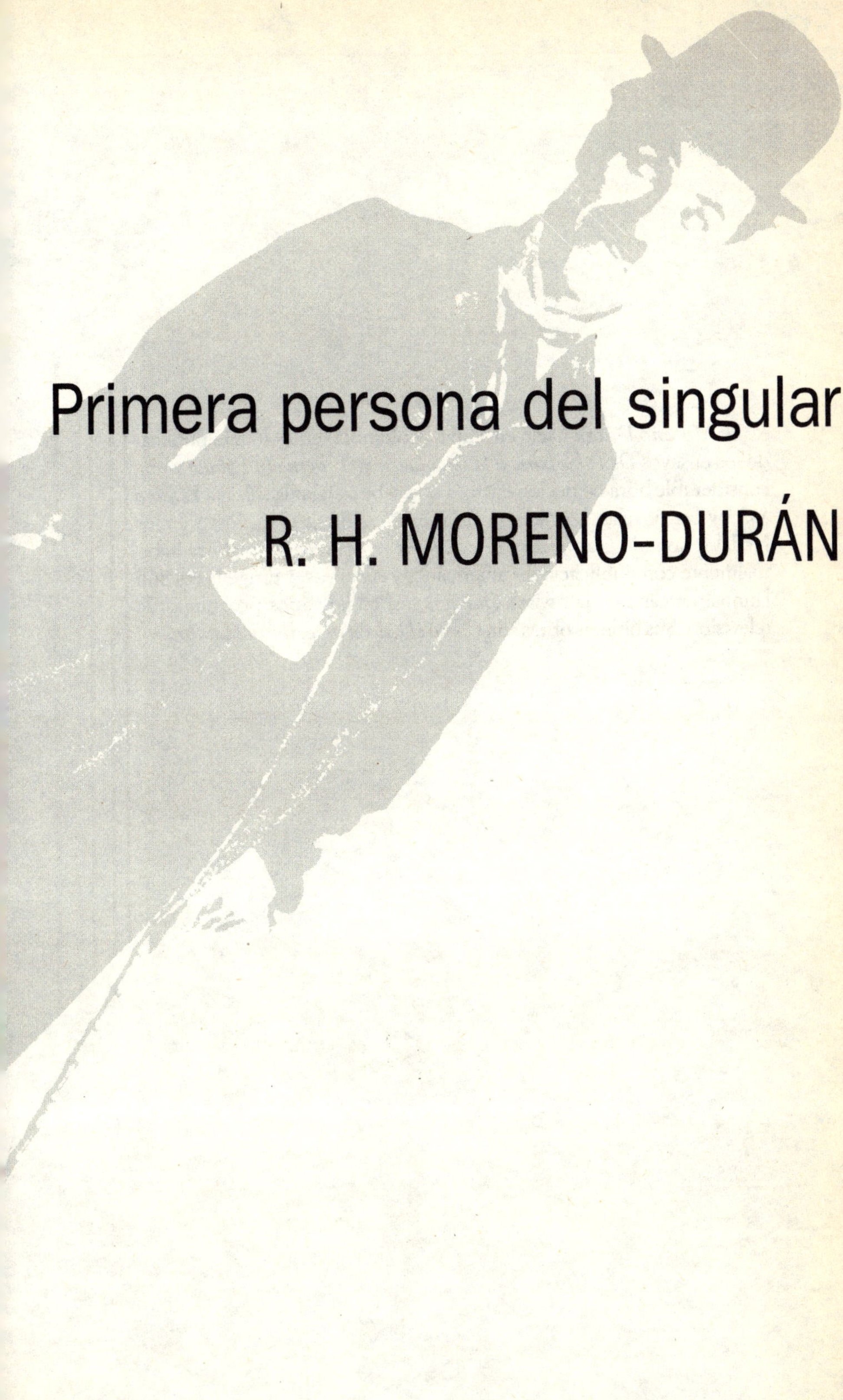

Primera persona del singular

R. H. MORENO-DURÁN

R. H. Moreno Durán nació en Tunja (Colombia) en 1946. Ha publicado los ensayos *De la barbarie a la imaginación, Taberna in Fábula* y una considerable obra de ficción entre la que cabe señalar la trilogía *Fémina Suite* y las novelas *Los felinos del Canciller* (finalista de los premios Nadal y Rómulo Gallegos) y *El caballero de la Invicta.* Colabora habitualmente con publicaciones americanas y europeas, y dirige la edición latinoamericana de la revista *Quimera,* así como varios programas de televisión. Sus últimas obras son *Como el halcón peregrino* y *Mambrú.*

Con un tipo así no valen circunloquios ni vacilaciones: alto, fornido bajo su grueso abrigo de invierno, rebosante de energía y con un cigarro eternamente encendido en sus labios, se abre paso entre los pasajeros.

—Parece un ferrocarril en marcha —dijo Salcedito, y volvió a frotarse las manos a causa del nerviosismo en que la larga espera lo había sumido. Y para estar a tono con él, tampoco yo dejaba de ir de un lado para otro pues, pese a la discreción que asumimos ante la noticia de su llegada, algún imprevisto podía frustrar su visita. Pero no: ahí estaba. Fue de los primeros en descender del *clipper* de la Pan American y al llegar al terminal, quince metros más allá del puesto de inmigración, comenzó a mirar, impaciente, inquisitivo, en todas las direcciones, esforzando sus ojos oblicuos mientras se hacía sombra con el ala de su borsalino color beige. Por fin nos descubrió entre la multitud al ver cómo lo saludábamos insistente, indiscretamente con las manos y como respuesta nos hizo un gesto de camaradería, ni que fuéramos amigos de toda la vida. Muy cerca de él, entre la gente y algunos periodistas que no se percataron de su presencia, dos individuos advirtieron nuestras señales y nos observaron con agresiva curiosidad. Tras las diligencias de inmigración pasó a la sección de equipaje y sin que le importaran los pasajeros que hacían cola se puso en primer lugar, y la verdad es que fue tan rotundo su gesto que nadie protestó y pronto estuvo con nosotros. El frío vestíbulo del aeródromo de Techo se tornó cálido de pronto, o eso al menos fue lo que me pareció cuando se acercó hasta donde nos encontrábamos, dejó sus maletas en el suelo, me dio un fuerte abrazo y dirigiéndose a mi compañero, que temblaba por la emoción, lo abordó contundentemente.

—Usted debe de ser Salcedito —y a continuación le estrechó la mano—. Una de mis maletas se extravió entre Santiago y Lima —dijo—. Menos mal que no llevaba cosas de importancia. En todo caso les agradecería que me recuerden más tarde comprar otra, pues soy portador de unos documentos que considero arriesgado llevar en la mano.

Y como si perteneciéramos a la fuerza aérea dijo algo que puso de presente su magnífica capacidad de observación.

—Me ha llamado poderosamente la atención el lema de la Pan American Airways: «Veinte hombres en tierra por cada tripulación en el aire». Parece el título de una película de Howard Hawks —sonrió, y agregó que en el avión que lo había transportado desde Lima había comprobado hasta qué punto la guerra había anulado las fronteras.

—Por pedido del capitán, un pasajero civil tuvo que cederle su asiento a un militar. Al preguntarle el porqué de esa actitud el capitán dijo en voz alta, como para que todos lo escucháramos, que lo que acababa de ocurrir era una de las lecciones aprendidas bajo la tensión del momento bélico que vivimos...

—¿Puedo anotar eso? —le pregunté. Welles se encogió de hombros, «haz lo que quieras, Fatty Balbuena», pareció decirme como si nada le importara, aunque de pronto cambió de actitud.

—A propósito, gracias por haberme ahorrado el agobio de la prensa.

—Aunque no hubiéramos sido cautelosos con su visita nada habría ocurrido —dijo Salcedito—. La sombra de William Randolph Hearst es alargada. No se imagina usted la cantidad de lameculos que tiene el magnate de la prensa norteamericana en este país. Con decirle que la única información que se publicó sobre su visita fue una breve nota, casi una filtración que, por lo que vimos en el aeródromo, nadie o muy pocos creyeron. Y la verdad es que hasta el más despistado de los lectores debió de sonreír al preguntarse qué demonios venía a hacer a Bogotá un personaje como Orson Welles.

—Por otra parte —intervine—, *Ciudadano Kane* ha despertado tal escándalo entre los censores que dudo que haya alguna sala de cine que se atreva a exhibir esa película.

—Incluso algunos nos hemos tenido que consolar con la lectura del guión que usted nos envió desde Buenos Aires —dijo Salcedito con un tono de fingida envidia. Acusé la indirecta con una sonrisa, pues hace cuatro meses, el 22 de abril, me encontraba en Buenos Aires cuando Welles recibió un premio por *Ciudadano Kane.* Conversamos durante largo tiempo y nos hicimos amigos. Le hablé de la profunda admiración que por él y su obra sentía Salcedito, y Welles, generosamente, le envió conmigo una copia mecanografiada del guión.

—Lo de la censura no es algo nuevo para mí —retomó Welles el hilo de la conversación—. En los países que he visitado se han formado dos bandos. Aunque no creo que el asunto sea para tanto.

—Aquí las cosas son a otro precio —terció Salcedito—. ¿Sabía usted que el mayor acólito de Hearst en estos lares hizo cesión de la presidencia de la República hace apenas seis días? No se extrañe pues del silencio con que va a tratar su visita el periódico que ese político dirige ni de la actitud servil de sus satélites.

—Lo sé y no me importa. En realidad, si algo me interesa de este país es lo que se cuece en los pasillos del régimen. Me han llegado informaciones sobre algo que aún no ha trascendido pero que pronto estallará, una sucia alianza entre periodismo de baja estofa y política de alto vuelo.

—Como en su película —intervine—. Pero ¿cómo conoce usted cosas que ni siquiera aquí se han filtrado? Y no me refiero a simples chismes palaciegos.

—Cuento con magníficas fuentes de información —y le dio una cómplice palmada en el hombro a Salcedito, quien casi se cae de espaldas a causa de la súbita deferencia.

—¿No tuvo usted problemas con inmigración?

—¿Por qué? A partir del momento en que pisé el suelo de este país decidí llamarme Hank Quinlan, para servirles.

El Studebaker de Salcedito se desplazaba veloz por los amplios potreros de la Sabana en dirección al centro de la ciudad. Welles bajó el vidrio de la ventana izquierda y el aire frío del exterior nos liberó un poco de la densa cortina de humo de su cigarro. A lo lejos se definía poco a poco el perfil de los cerros, el pardo lomo del enorme dinosaurio dormido, y sobre una de sus jorobas el santuario de Monserrate, casi perdido entre el azul del cielo y las fugitivas bandadas de nubes grises, que presagiaban tormenta.

—¿Y qué es lo que se cuece en los pasillos del régimen? —pregunté, incapaz de disimular la curiosidad que despertaron en mí sus palabras.

—Una historia como para Dashiel Hammett. Se habla de un fulano que por casualidad descubrió un lío de alcoba entre un patricio y una dama de las alturas y decidió someterlos a chantaje. Un asunto así tiene un final rápido.

—¿No fue un chantaje como ése lo que acabó con la carrera política de Charles Foster Kane? —mi lápiz surca veloz las páginas de mi libreta.

—Fue diferente. A Kane lo enredó su contendor electoral y, como si fuera poco, su mujer amenazó con quitarle el hijo. Demasiado para un solo hombre. Además, la rubia que siempre hay de por medio en estos asuntos no estuvo a la altura de las circunstancias y literalmente se meó en los calzones. ¿Qué es ese edificio que vemos a la izquierda?

Es la Estación de la Sabana —dije—. El punto cero de los ferrocarriles de este país. De aquí salen y aquí llegan los trenes del interior.

—Siempre quise filmar en un sitio como éste. Hay algo de mausoleo en el ambiente, con las locomotoras dormidas y la enorme y vacía sala de espera. Un cierto olor a eternidad.

Y se tornó soñador, con los párpados semientornados, como un tártaro al acecho. Siempre fue un poeta, o si no basta con echarle una mirada a la forma como espía, aborda, degusta a las mujeres. Lo comprobé en Techo, cuando observaba a las azafatas o a las pasajeras más llamativas. Y ahora en la estación del tren. ¿Será Welles un amante de esos que todo lo apuestan al azar de la llegada o la salida? Pero mejor cambio de tema, pues corro el riesgo de volverme nostálgico y hay muchas cosas que quiero saber. Y Salcedito, que parece adivinarme el pensamiento, se me anticipa.

—¿Qué fue lo que le sucedió en el Brasil hace unos meses?

—En el Brasil aprendí el portugués pero estropeé por completo mi español.

Celebramos su broma y, más comedido, prosiguió mientras observaba la punta ígnea de su eterno cigarro.

—Todo fue una estupidez. Me dejé convencer para hacer las veces de Embajador de Buena Voluntad de mi país ante el Brasil y me hundí. A veces pienso que fue una trampa de mi productora para deshacerse de mí. Pero voy a dar la pelea.

—¿Y qué tiene que ver su productora con eso? —un semáforo en rojo le permitió a Salcedito ordenar su discurso—. Usted es su niño mimado. O si no cómo se explica que, sin haber rodado jamás una película, los de la RKO le extiendan un contrato en blanco para que haga un film por año, con un porcentaje del veinticinco por ciento sobre los beneficios brutos y además le dé un anticipo de ciento cincuenta mil dólares. Y como si fuera poco, le conceden el privilegio de que nadie supervise su trabajo. Y así, año tras año, hasta que usted quiera. ¿Es eso una trampa?

—Mire, Salcedito, los caminos de Hollywood, como los de Dios, son inescrutables. Yo pensaba exactamente lo mismo que usted hasta que volvieron trizas *El cuarto mandamiento.* A esa película le cortaron una hora de duración y además le cambiaron el final, con lo que la historia pierde todo su sentido: ni más ni menos que mi versión sobre la espléndida decadencia de la aristocracia norteamericana, el final de esos Ambersons por cuya mansión el presidente de los Estados Unidos estaba dispuesto a cambiar la Casa Blanca... Y eso para no mencionar lo que la productora hizo con *Jornada de terror,* película que en algunos países se exhibió con el título de *Estambul.*

—¿Qué ocurrió? —pregunté mientras veía cómo mi lápiz hacía extrañas figuras sobre el papel a causa de una súbita maniobra del vehículo. En una esquina de San Victorino el Studebaker logró esquivar a un caballo encabritado que estuvo a punto de hacer volcar la carreta a la que estaba atado. El animal recibía fuertes golpes de látigo del conductor, un individuo malencarado que en medio de improperios intentaba abrirse paso entre el denso tráfico de la calle.

—¿Y eso qué es? —preguntó Welles, sorprendido por lo que veía.

—Una zorra —dije sin pensarlo mucho. Welles me miró como si yo fuera un tarado.

—Cuando yo viví en España las zorras eran quienes lo revolcaban a uno —y acompañó su comentario con una opulenta y amable carcajada.

—En *Jornada de terror* ocurrió de todo —retomó Salcedito el tema mientras culminaba airosamente su maniobra al volante y dejaba atrás al pobre caballo y a su frenético dueño—. Alteraron por completo el montaje al punto de que en el cuarto rollo muere un personaje que reaparece vivo en el séptimo. Y lo triste de todo esto es que *Jornada de terror* no es una película desdeñable. Al contrario, muy pocos saben que ésa es la primera película de la historia del cine en que hay una escena completa antes de que aparezcan los títulos de los créditos. La volvieron pedazos.

Con la caída de la tarde y ya en el centro de la ciudad, el clima justificaba por completo los atavíos de los viandantes. Grises grupos de gente deambulaban entre una esquina y la otra, protegidos por gruesos y oscuros abrigos y armados de fúnebres paraguas negros de aguda punta que, al socaire de las conversaciones, levantaban y esgrimían, para de esta forma rebatir o apoyar los argumentos en discusión.

—El frío de la capital hace que éste sea el único lugar del mundo donde las tertulias son itinerantes y además organizadas en comandos —dijo Salcedito al advertir la enorme curiosidad de Welles, quien no cesaba de mirar a lado y lado de la calle. También le llamó la atención la forma como los voceadores de prensa cantaban operísticamente la oferta de los periódicos.

—¿De manera que este país tampoco se ha salvado de la nefasta influencia de Hearst? —preguntó mientras intentaba descifrar desde la ventanilla los titulares de los diarios.

—Esa nefasta influencia, como usted dice, es mayor en este país que en cualquier otro del continente —intervine mientras me frotaba las manos, enteleridas por el frío y la incesante escritura.

—Como le comentaba antes, hace apenas una semana el magnate de la prensa nacional se despidió de la silla presidencial. Ya imaginará usted hasta qué punto los periodistas tienen poder aquí —dijo Salcedito. Y como para que su interlocutor descubriera por sí mismo de lo que hablaba, compró algunos periódicos y sin mirarlos siquiera se los ofreció. Welles los colocó a su lado, sobre el asiento posterior, y recorrió los titulares sin mayor interés. El general Montgomery prepara una nueva ofensiva en El Alamein. Rommel lo esquiva y contraataca, por algo lo llaman El Zorro del Desierto. En el Extremo Oriente, los japoneses se pasean por Birmania, Singapur e Indonesia. En Europa, las cosas están como la semana pasada. De no mediar algo, el mundo seguirá en manos del Eje, piensa en voz alta, aunque al cabo de un rato se detuvo en una de las páginas de *El Liberal*.

—¿A qué escándalo se refiere este artículo?

Miré la página que me indicó y entonces me salpicó la tinta de uno más de los múltiples episodios de la polémica desatada por la publicación de *Psicoanálisis de un resentido,* libro que por esos días hacía subir la temperatura política del país.

Se trata de la polémica del momento —dije—. El resentido del título es Laureano Gómez, líder de la extrema derecha nacional, aliado de Franco y nazifascista confeso, quien se ha dedicado a protestar por el ensayo que un psicoanalista ha escrito sobre él y algunos de cuyos capítulos ha publicado *El Liberal* como anticipo. Y lo curioso es que este político es un Hearst de la prensa conservadora, lo que no impide que el libro fuera publicado por otros conservadores...

Y al tiempo que Welles suelta una robusta carcajada que le enrojece tres cuartas partes del rostro señala la fotografía y dice:

—Este tipo dejaría sin trabajo a Boris Karloff. Su cara produce escalofríos y no sabría decir si se trata de un psicópata o de Nosferatu de vuelta al mundo de los vivos.

—Las dos cosas —dijo Salcedito. Y agregó—: El libro vale la pena, pues aparte su valor científico también puede servir como guión de una película de terror.

—Me agradaría leerlo —dijo Welles—. Quiero quitarme el mal sabor de boca que me dejó una sugerencia de Wilder.

—¿Oscar Wilde? —pregunté tímidamente, aunque la pronunciación sugería otro nombre.

—Wilder —corrigió Welles—. Thornton Wilder. Él fue la primera persona que me habló de Colombia hace diez años, cuando abandoné Sevilla para regresar a los Estados Unidos. Me habló de un país que en ese entonces a mí se me antojó remoto y que no sé por qué asocié con el Canal de Panamá. Claro que ahora comprendo la razón de esa asociación. ¿Sabían ustedes que una de las mayores villanías de Hearst fue patrocinar, valiéndose de su prensa incendiaria, la separación de Panamá?

—¿Y cuál fue ese mal sabor de boca que le dejó Wilder? —preguntó Salcedito, siempre atento a no irse por las ramas.

—Wilder es muy buen tipo y un gran escritor, aunque eso no lo salva de cometer pifias colosales. Cuando supo que yo incluía a este país en mi gira insistió mucho para que conociera a un sujeto que escribió un libro titulado *El hermafrodita dormido* o algo así, aunque confieso que tras la lectura el dormido fui yo. Wilder se empeñó en que lo visitara, pero el filósofo vive en Otraparte.

—Como todo filósofo —terció Salcedito.

—La verdad es que no entiendo cómo pueden llamar filósofo a un canónigo laico que disimula con una teología doméstica y mal hablada su libido a flor de piel. Ojalá no me ocurra lo mismo con el libro sobre el resentido ése, del que hablan ustedes. ¿Cómo es que se llama?

—Por higiene mental, mejor es no recordarlo —concluyó Salcedito mientras buscaba un lugar para estacionar el Studebaker.

Poco después, en la recepción del Hotel Granada Welles nos demostró que no mentía. Al serle preguntado su nombre dijo, sin inmutarse:

—Hank Quinlan, de Wisconsin —y sin que le temblara el pulso firmó la hoja de registro. Y mientras subía a su habitación escoltado por un botones recordé lo de la maleta extraviada y se lo dije a Salcedito. Habíamos acordado cenar al cabo de una hora, lo que nos daría tiempo para salir de compras. Caminamos hasta el Salón Bridge, en la esquina de la calle doce con carrera séptima, y allí elegimos una valija Val-a-pak, para avión, según insistía la dependienta. Sea lo que tenga que empacar, pensé, aquí cabe y además le sobra espacio. Luego, con el tiempo a nuestro favor, nos desplazamos hasta la Librería Siglo XX y el propio dueño, Rafael Naranjo Villegas, nos vendió un ejemplar del ensayo sobre Laureano, no sin antes hacer un pérfido chiste acerca de las iracundas reacciones de ese sujeto, quien no cesaba de maldecir y amenazar al autor de su perfil psicoanalítico. Antes de que Naranjo envolviera el libro volvimos a echarle una mirada a la carátula y lo cierto es que la fotografía que la ilustraba era sencillamente escalofriante. Nada bueno parecía desprenderse de esa mirada ni del rictus de esa boca en la que los dientes incitaban al vampirismo.

—Tiene razón Welles —dijo Salcedito—. Este tipo es Boris Karloff a medianoche y en ayunas. Qué miedo.

La lluvia caía menuda pero persistentemente. Diminutas agujas de hielo perforaban los paraguas y el ánimo mejor dispuesto, y en medio de esa gélida cortina llegamos de nuevo al vestíbulo del hotel. Casi un cuarto de hora más tarde apareció Welles, rodeado de humo, como siempre, y con una historia en los labios.

—Parece que en este país mi vida se repite —dijo mientras nos daba las gracias por la valija y el libro. Un botones trasladó la Val-a-pak a su habitación mientras él deshacía la envoltura y le echaba una mirada a la cubierta—. ¡Dios del cielo! Este tipo se ha escapado del mismísimo infierno.

Guardó el libro en uno de los bolsillos de su abrigo y le dio voz a su historia.

—Mientras ordenaba mis cosas en la habitación, sintonicé la radio y una emisora que si mal no recuerdo se llama *La voz de Colombia* ganó mi atención. A las ocho en punto comenzó un programa que parecía mío. Se trata de la emisión de una serie de misterio, dramatizada convincentemente, y al final de la cual reparten premios entre los radioescuchas.

—Como en la célebre retransmisión suya de *La guerra de los mundos* hace cuatro años —dijo Salcedito, siempre tan preciso—. Aún no entiendo cómo un país como los Estados Unidos puede paralizarse y ser víctima del pánico...

—Eso fue lo más importante —dijo Welles—. Esa emisión de radio demostró que no éramos tan poderosos, que cualquier hábil impostura podía desencadenar el Apocalipsis. La prensa dijo muchas estupideces al respecto, aunque hubo excepciones, como Dorothy Thompson, quien pocos días después escribió en el *New York Tribune* que nosotros, los del dramatizado de la CBS, que también se emitió a las ocho de la noche, habíamos descubierto los terrores primitivos que yacen bajo la delgada superficie del llamado hombre civilizado. Y ya ven ustedes, razón no le faltaba: menos de un año después los fantasmas amarillos del Japón atacaron Pearl Harbor y nos metieron en la guerra.

—¿Cómo se llamaba el programa en el que usted dramatizó *La guerra de los mundos?* —pregunté, aplicado en mi trabajo, libreta y lápiz a mano.

—Cuando lo descubra —me contestó Welles—, póngaselo por título a este reportaje.

Poco antes de ganar la puerta, al cruzar frente al salón de belleza del hotel, Welles se detuvo ante un reclamo publicitario de Max Factor que calificaba a la nueva sección de maquillaje como «Un rincón de Hollywood en Bogotá». Soltó la risa y dijo:

—¿Lo ven? El cine me persigue en este país por todas partes.

Pese a la lluvia, Welles se empeñó en que camináramos hasta el Borchert, el restaurante de la carrera sexta con calle quince donde habíamos reservado mesa. La noche era un enorme bloque de hielo y en medio de la niebla nos sobrecogíamos de terror al ver avanzar hacia nosotros la sombra de algún transeúnte extraviado, de algún gato que hurgaba entre las canecas de basura o de algún vehículo que con las luces encendidas parecía precipitarse a toda velocidad en dirección hacia donde nos encontrábamos. Y Welles disfrutaba a mandíbula franca de nuestros sobresaltos.

—Me gustan las ciudades en las que el miedo forma parte de su definición —dijo—. La pesadumbre y el terror nunca aparecen en las tarjetas postales y por eso me agrada someterme a prueba en ciudades como ésta. Créanme si les digo que el espíritu antisocial y facineroso de Bogotá contribuye a fortalecerme el carácter. Y algo más: en un medio tan impredecible, las mujeres deben ser fascinantes.

¿Qué decir ante todo eso? En silencio tanteamos entre tinieblas hasta que el instinto nos instaló en las puertas del Borchert. La luz de las lámparas y la suave música del recinto nos devolvieron la sangre al cuerpo. Estábamos al tanto del odio que Welles profesa hacia la comida de los grandes hoteles y de su preferencia por dejar al azar los dones de la gastronomía. Y lo cierto es que ante la mesa, el difuso retrato de Welles cobra su verdadera identidad. No hay duda: su tamaño, su expresión, su volumen, su aire de sibarita y de consumado degustador de lo que cautiva sus cinco sentidos nos confirman lo que en realidad es: un joven Falstaff a punto de gozar todos los placeres del mundo. Pero esta noche está parco: solamente pide pescado a la parrilla, ensalada y té helado.

—La larga temporada en el Brasil le ha pasado factura a mi estómago —dijo mientras estudiaba con la mirada el resto del salón. Goloso, se detuvo sobre las mujeres de las mesas vecinas. Y la verdad es que hay en sus ojos algo de sátiro simpático que hace que su interés sea correspondido de inmediato por aquellas que se sienten acariciadas con sus escrutadores asedios. Su estatura no pasa inadvertida y Salcedito y yo, casi esmirriados a su lado, nos ganamos una que otra mirada de piedad. Y con la palabra Brasil en los oídos retomé la conversación iniciada cuando abandonamos el aeródromo.

—¿Qué sucedió en el Brasil?

—*Todo es cierto...*

—¿Qué cosa? —pregunto sin saber a qué se refiere Welles.

—*It's all true.* Así se titula lo que filmé en el Brasil. Me dijeron que era mi deber patriótico gastar un millón de dólares en el rodaje del Carnaval de Río de Janeiro —dijo mientras le daba vueltas casi obscenas a su puro al tiempo que observaba a alguien en un rincón, ajeno a mi vista. Salcedito, al advertir su interés y mi turbación, dijo:

—Esa que está al fondo, la de la blusa color crema, es Piedad Lozano, la más temida periodista de este país.

Sin discreción alguna miré hacia donde me guiaban los ojos de Welles y las palabras de Salcedito y, en efecto, en el ángulo más apartado del restaurante se encontraba La hiena de Flandes, como por expresivo apodo la llamaban sus colegas. La acompañaban dos mujeres, una de ellas muy bella, y uno de los Decentes.

—¿Y eso qué es? —preguntó Welles, intrigado por el extraño apelativo y al borde de la risa.

—¿Los Decentes? Un grupo de políticos untados de mierda hasta el cuello aunque a todas horas hacen gala de lo que su cursi denominación desmiente —dijo Salcedito.

Al mirar atentamente a Piedad Lozano el semblante de Welles cambió de repente y lo que ante otra mujer pudo ser un gesto galante se tornó de pronto fría descalificación, actitud que no impidió que sus dedos se cebaran de forma abiertamente procaz con su cigarro.

—Detesto esa clase de gente que a nombre del periodismo —dijo— se alimenta con el cadáver del entrevistado. Hay que ver cómo te acorralan, te asedian, te insultan con su ignorancia. Y si es una mujer, Dios nos coja confesados. ¡Cómo recuerdo ahora a Louella Parsons, esa loba amaestrada por Hearst, y que hizo lo posible por congraciarse con su amo al contarle todas las incidencias sobre el argumento de *Ciudadano Kane*! Pero a pesar de sus intentos por sabotear el estreno y difusión de la película ninguno de los dos pudo conseguir sus propósitos.

—En los Estados Unidos no, pero aquí sí han logrado frenar la exhibición de la película —dijo Salcedito. Y cambió de tema—. ¿Qué fue lo que en realidad pasó con *Todo es cierto*?

—Desde Río de Janeiro envié a la productora casi trescientas cajas de negativo, fruto del trabajo de varios meses. En realidad, me proponía hacer tres cortos. Uno de ellos está prácticamente terminado y se titula *Cuatro hombres en una balsa,* sobre un hecho real que hizo llorar al Brasil entero. Es la historia de cuatro jacandeiros, unos pescadores pobres de Fortaleza que recorrieron en una balsa casi dos mil millas sólo para denunciar ante el presidente la espantosa situación en la que vivían. Y al llegar a Río fueron tratados como héroes. Los entrevisté para el documental pero, al reconstruir uno de los momentos de su hazaña, uno de los jacandeiros se ahogó. Fue terrible.

—Usted no tuvo la culpa. Fue un accidente. Así lo han divulgado la prensa y las autoridades de ese país.

—De acuerdo, aunque me queda un no sé qué...

—¿Y qué fue lo que ocurrió con el corto del Carnaval?

—Bueno, en eso también creo tener la razón. Me dijeron que filmara todo lo relacionado con el Carnaval y yo quise ir más al fondo, así que me desplacé hasta las favelas, pues es allí donde nacen la música y el baile. Y ahora se me reprocha lo que llaman torcida visión crítica, aunque sólo traté de filmar la terrible miseria que ocultan los oropeles del Carnaval. El Departamento de Estado y el Gobierno del Brasil me han llamado traidor a la patria y comunista, figúrense. Y con la ayuda de la RKO han fomentado tal campaña de desprestigio contra mí que la orquestada por Hearst y sus sicarios es cosa de niños. Además, ¿qué le puede importar a toda esa gente tan digna mi vida, a la que han vejado so pretexto de mis presuntas costumbres disolutas?

Su risa vuelve a enrojecerle por completo el rostro, desde el labio inferior a las cejas, mapa jovial, carnal, exultante, en el que los ojos se hacen cada vez más luminosos y oblicuos. Los clientes del restaurante se dan vuelta para observarnos y hasta La hiena de Flandes parece divertirse con la contagiosa risa de Welles. A su lado, junto al miembro de los Decentes, puedo observar por fin y en toda su dimensión a quien desde el comienzo ha llamado la atención del cineasta, una hermosa morena que, ante las explícitas miradas de su admirador, no sabe qué hacer con las manos.

—¿Más proyectos? —me animo a preguntar antes de que la entrevista se vaya por la tangente.

—Trabajo en el borrador de un guión para filmar *El principito,* de Saint-Exupéry. Me he resignado ya al fracaso de *El cuarto mandamiento* y a lo que le espera a *Todo es cierto,* es decir, un largo confinamiento en las bodegas de esa productora que tanto me odia. En lo de *El principito* me agradaría utilizar una técnica mixta: por un lado, la historia realista del piloto que se accidenta y, por el otro, dibujos animados para la aventura del principito en el asteroide. He sondeado a Walt Disney para lo último, pero el muy cabrón comienza a darme largas en el asunto.

—Y en el caso específico de su visita a nuestro país, ¿qué planes trae? En Lima usted le dijo a la prensa que tenía aquí grandes amigos y que de Colombia admiraba su pasión por los toros.

—Aquí, por lo que he visto y me han dicho, hay muchas cosas por hacer. Me gustaría filmar una historia sobre las últimas horas de ese famoso cantante de tango que se mató en un accidente aéreo. De eso hablamos usted y yo en Buenos Aires, ¿se acuerda? Pero más que la muerte en sí, me interesa el largo peregrinar del cadáver del divo por la mitad de Colombia. Creo que, aparte la fiesta brava, el culto por la muerte es lo más hispánico que he visto en algunos de estos países: los cadáveres resultan ser mucho más importantes que los vivos.

—Es verdad —resucitó Salcedito—. ¿Conocen ustedes la historia de la larga procesión que emprendió en España Juana la Loca con el cadáver de Felipe el Hermoso?

—Necrofilia de alta pureza —asintió Welles—. ¿Se acuerda usted, Balbuena, que en Buenos Aires nos dijeron que el tango ha hecho más estragos en Colombia que en los arrabales porteños?

Y a continuación acomodó su mirada al ritmo bamboleante del trasero de la morena que en ese momento abandonaba el restaurante, en compañía de la otra joven, escoltadas ambas por el Decente y La hiena de Flandes.

—Esa muchacha tiene un destino solar —dijo enigmáticamente. Y agregó—: No creo que exista nada parecido a la mujer latina. Lo supe a mis diecisiete años cuando viví en Sevilla y lo confirmé hace poco en el Brasil frente a ese mulaterío que ni para qué prosigo. Y ni hablar de las chilenas y limeñas. En fin, ¿sabían que Dolores del Río fue mi ayudante cuando yo hacía de mago por las ferias de Sacramento y otros lugares de California?

No lo sabíamos y temo que la conversación, de seguir por estos rumbos, termine entre edredones. Me curo en salud y, lápiz en ristre, devuelvo las cosas a su cauce.

—¿Y aparte del proyecto sobre la muerte de Gardel, ¿hay algo más?

—Como les comenté hace un rato, en Lima me contaron algo que puede resultar un buen guión. Se dice por ahí que un periodista de poca monta descubrió por azar que uno de los hijos del presidente anda en tratos de alcoba con una alta dama y que se ha dedicado a hacerles chantaje. El escándalo no ha explotado aún, pero de por medio anda la policía y el siempre turbio mundillo del boxeo. Y como no quiero que me birlen la exclusiva, desde Lima ya hice algunos contactos con el personaje principal de la trama.

—Esa historia me hace pensar en algo que usted anunció en una entrevista reciente —dijo Salcedito—. ¿Es verdad que desde hace algún tiempo trabaja en un guión sobre un consejero político de Roosevelt que es homosexual y cuyo amante quedó paralítico tras luchar contra los fascistas en la guerra civil española?

—Es verdad, pero no quiero mover un dedo mientras Roosevelt, que es mi amigo y a quien admiro, esté vivo. Y ojalá por mucho tiempo.

Entonces, con impaciencia, mira su reloj de pulsera y poniéndose de pie dice algo que a Salcedito y a mí nos deja de una sola pieza.

—¿Les importaría acompañarme hasta el Teatro Faenza? Debo cumplir una cita.

De acuerdo, pero a pie imposible. Diez minutos después el Studebaker se detuvo ante la bella fachada del edificio. La sorpresa de Welles es evidente y durante largos minutos observa el arco de tres cuartos de círculo del frontis, inobjetable muestra de *art nouveau* criollo. Y también se regodea ante la feliz combinación de sus colores ocre y café.

—En mi país una sala de cine semejante es inconcebible. Se ve que aquí el arte empieza por la ventanilla. ¿Por qué se llama Faenza?

—Tengo entendido que el propietario de una fábrica de loza llamada Faenza decidió construir una sala de cine en el mismo lugar de su negocio. De ahí que le pusiera el mismo nombre —y la lógica parvularia de mi respuesta hizo que me sonrojara de vergüenza hasta los tobillos.

—¿Y cómo anda la producción de cine en este país?

Salcedito me miró, tan sacudido por la terrible pregunta como yo, y con los ojos a punto de desbordarse en lágrimas de autoconmiseración, optó por hacer una equiparación cruel.

—El año pasado, precisamente el gran año de *Ciudadano Kane,* nuestro país estrenó el primer largometraje argumental sonoro. *Flores del Valle,* realizado por el ciudadano Calvo...

Y entonces recordé que en esa película había mucha música, tal vez demasiada, y que la estrella se llamaba Esperancita Calvo, quien aparecía en todos los afiches publicitarios de perfil, con un violín sobre el hombro izquierdo, y el arco, perfecto, impecablemente perpendicular en la mano derecha.

Afortunadamente, Welles no parecía prestar atención al discurso de Salcedito y ya en el interior del teatro —el portero nos franqueó la entrada, como si fuéramos los dueños— se detuvo a observar los decorados en yeso del vestíbulo y la sala, una muestra de inequívoco estilo neoclásico. Y juntos, en silencio casi reverente, recorrimos las escalinatas de dos ramas que sirven de acceso de un lado a otro del edificio. Admiró las imágenes sobre las columnas, el orden de la platea y el balcón en forma de herradura.

—Creo que tiene muy buena acústica —dijo mientras nos abandonaba al descubrir en uno de los palcos a dos individuos a quienes, estoy seguro, creo haber visto en alguna parte. Ambos se pusieron de pie al verle entrar y le ofrecieron una silla. Salcedito y yo, intrigados pero comedidos, nos limitamos a observar desde platea un diálogo del que no alcanzamos a escuchar ni una palabra y que sólo pudimos seguir a través del nervioso juego de manos de uno de los sujetos, tan alto como Welles y con modales de curtido hombre de mundo. El otro, más bajo y mulato, cuya rotunda musculatura y el puente de la nariz destrozado delataban a un boxeador o algo por el estilo, se limitó a escuchar, aunque nos llamó la atención su atuendo, demasiado tropical para el clima de la ciudad y con una bufanda escocesa al cuello. No supimos cuánto tiempo transcurrió ni de qué hablaron. Y por discreción, Salcedito y yo optamos por la espera en un mudo paseo entre la galería y el *hall.* Cuando escuchamos voces nos dimos vuelta y esta vez fue Welles quien manoteó, como si quisiera dejar las cosas en claro. El aire se enrareció cuando los dos individuos pasaron a nuestro lado, agrios y sin despedirse, y raudos se introdujeron en un Buick azul oscuro que los esperaba a pocos metros del teatro. Welles vino hacia nosotros y como si fuera la cosa más natural del mundo dijo:

—Bueno, ahora a lo que vinimos. Quiero que me lleven a El Rosedal.

Yo entendí mal y creo que Salcedito también.

—¿Adónde?

—No me digan que no conocen ustedes su propia ciudad. Me han dicho que El Rosedal es el burdel más fino de este país y no quiero dejar de visitarlo por nada del mundo.

No habíamos entendido mal. Diez minutos después el automóvil de Salcedito se detuvo frente a una casa bastante concurrida en la carrera séptima con calle cincuenta y dos. La casa, permanentemente escoltada por una larga fila de vehículos —indicio de que ahí pasaban cosas muy interesantes—, era conocida por unos como el Soto de los Suspiros y por la mayoría simplemente como El Rosedal. La moral del vecindario no se ponía con circunloquios y apostrofaba al lugar como si de un antro de vicios e inmundicias se tratara, una auténtica Babilonia muisca. Pero en realidad allí recalaban las más prestantes figuras de la cultura, las finanzas y la alta política del país.

—¿De manera que éste es El Rosebud? —preguntó Welles en lo que mi amigo y yo consideramos un afortunado lapsus debido tal vez a su célebre película.

—El Rosedal —me apresuré a corregir. Y entonces Welles me concedió una mirada rayana en la lástima.

—Rosebud, Rosedal, ¿acaso no es lo mismo? —y mientras una de las opulentas muchachas que revoloteaban en el salón nos instalaba en una mesa iluminada con velas y arreglo de violetas, Welles agregó—: Durante meses los críticos se han rebanado los sesos intentando averiguar el sentido de la palabra Rosebud, que aparece al comienzo y al final de *Ciudadano Kane*.

—¿Pero no era ése su propósito? —intervino Salcedito—. El guión mismo ordena a Thompson que se dedique, detectivescamente, a buscar como sea el significado de Rosebud. Por eso indaga en la familia de Kane, entre sus amigos y colaboradores, entre su esposa y sus amantes, entre la servidumbre. Y nada. Al final sólo encuentra un trineo de niño con la palabra del comienzo, Rosebud.

—Y según eso, que es evidente, ¿qué piensa usted de la palabra en cuestión? —preguntó Welles.

—Bueno, pues para mí ahí está la clave de la película. Y su grandeza. Pues se trata de una justificación de la infancia perdida frente al superlativo poder acumulado por Kane a lo largo de su vida. Por eso, al morir en medio de la soledad y su inútil riqueza descubre que sólo fue feliz cuando era niño, deslizándose en ese trineo que las llamas devoran.

—Perfecta interpretación —dijo Welles mientras probaba el whisky que, sin consultarle a mis amigos, yo me había atrevido a pedir—. Y este escocés tampoco está mal. Todavía el olor a madera estimula el paladar. Buena elección, Fatty Balbuena —dijo mientras me palmoteaba el hombro. Y prosiguió, esta vez con la mirada puesta sobre Salcedito.

—Es muy bello, casi poético el sentido de su interpretación. Hacer una película con el pretexto de bucear en los excesos de un magnate y las miserias del periodismo y la política a través de la búsqueda de una palabra. Sólo que hay algo más. Y eso usted ni se lo imagina.

—¿Y qué otra cosa puede haber?

—El sentido exacto de la palabra Rosebud.

—Capullo, pimpollo, eso es lo que significa en inglés, ¿no?

—Exactamente. Eso es lo que significa y eso es lo que en el fondo irritó a Hearst.

—¿Esa palabra?

—Rosebud era el nombre que Hearst le daba al clítoris de su amante Marion Davies. Y si *Ciudadano Kane* lo enfureció no fue sólo porque la película mostraba lo que él era y además sabía: un perfecto hijo de puta. Su ira creció cuando se dio cuenta de que yo aireaba públicamente el nombre que él le daba a la sensible cresta de su hembra. Y se irritaba, no porque eso fuera falso sino porque el que yo lo supiera quería decir, sencillamente, que me lo había contado Marion, quien, por supuesto, se refocilaba conmigo y se burlaba de los malos polvos del magnate.

—Tras cornudo, apaleado.

—Como usted ve, no hay ninguna diferencia entre rosedal y rosebud. Una discreta luz malva caía sobre algunas parejas que amablemente departían a la vista de todo el mundo, como si se tratara de la más amena reunión social. En algún momento una de las parejas se puso de pie y se alejó, escaleras arriba, hacia alguno de los reservados de la casa. Sus pasos, sobre el suelo alfombrado, parecían menguar el peso de las pasiones. Y las otras parejas como si nada: un ballet de sombras, envueltas en el iris de las velas sobre las mesas, en el violeta pálido que descendía del techo y en las azules espirales de los cigarrillos. Otros bailaban al ritmo de una música suave, tramitando sus pactos. Pero si algo me llamó la atención, al margen de la exquisita cortesía con que una dama nos atendió —tal vez la propia dueña—, fue el perfume que impregnaba todo el recinto y varios de los arreglos florales del salón principal. Alguien, sentado al piano, interpretaba algunas melodías y una que otra pareja bailaba *cheek to cheek* al fondo. Y de pronto Welles me dio un suave codazo y con su mirada guió la mía: algo se movía cerca de donde se encontraba el pianista y al cabo de un rato cobró forma lo que, por lo menos a mí, se me antojó un prodigio: una niña de unos tres o cuatro años, inadvertida para casi todos, cruzó tímidamente el espacio de la sala entre el piano y la escalera, hasta perderse en el lugar por donde huían las parejas. No lo había soñado y Welles era mi testigo pero no tuvimos tiempo de comentarlo, pues en ese preciso instante una mujer joven, con aire distinguido, se sentó a nuestra mesa junto al gringo. Salcedito y yo nos desentendimos discretamente de su presencia, así como de las dos señoritas que tras la primera quisieron sentarse con nosotros y a las que muy amablemente hicimos desistir de sus generosos propósitos. Bebimos un par de whiskys más y de pronto Salcedito me hizo mirar hacia una de las mesas del fondo.

—¿Ese que está ahí no es Helí Sanín?

Miré y, en efecto, ahí se encontraba completamente ebrio, en medio de dos mujeres, el parlamentario Sanín, con modales algo mostrencos. Welles se dio cuenta de nuestro interés y por un momento abandonó su charla con la mujer para inquirir por las causas de nuestras confidencias.

—Se trata de un sujeto que se ha hecho célebre porque, para abrirse camino en política, invita a sus copartidarios a su casa y allí hace que su joven mujer, trepada sobre una mesa, baile hasta la madrugada para los poderosos —dijo Salcedito casi sin tornar aliento.

—Como las bailarinas colgantes de Babilonia —comentó Welles—. Poner a bailar a la esposa ante los príncipes siempre ha dado buenos dividendos, ahora y en la antigüedad clásica —y tras chupar salazmente su puro volvió a su amena charla con su compañera.

Y entonces me pregunté a qué demonios había ido Welles a El Rosedal. ¿A curiosear? ¿A ventilar morbo? ¿A recoger material para alguna película? Y él pareció leerme el pensamiento, pues en una nueva pausa pareció hablar para todo el mundo.

—Ésta es una de las grandes conquistas de la cultura: la invención del burdel. Y no me refiero al tráfico de carne, pues eso se hace en cualquier parte, sino a la tertulia cálida y gentil con interlocutores con quienes todo es posible. En un escenario tan obvio y dispuesto para saciar los apetitos más íntimos, ¿no es una maravilla dedicarse a artes tan placenteras como la confidencia a media luz? Sólo a los políticos y a los militares se les ocurre venir a un sitio como éste exclusivamente a fornicar —dijo con su mirada puesta sobre Sanín, a quien, en efecto, las manos no le alcanzaban para dar abasto con la oferta pectoral de sus compañeras.

Y como si su comentario no lograra satisfacer mis reservas, agregó:

—No crean que estoy aquí por morbo. Siempre me atrajo el mundo cerrado de todo esto. Es más, no hace mucho estuve en lo que mis compatriotas llaman una *Parlour house,* forma eufemística de las casas de recibo. La lengua evoluciona, sobre todo en sitios como éste. O si no, díganme, ¿en qué lugar del deseo se perdió la explícita *whorehouse,* la tan mentada casa de putas, o el *brothel,* el burdel?

—Se ve que usted no pierde en ningún momento el interés por rastrear la salud de las palabras —dije—. Me refiero a lo de rosebud y rosedal.

—¿Cómo perder ese interés? —Welles se puso nostálgico—. Lo paladeo. Hay algo de sano ritual en todo esto. Hace unos años visitaba con frecuencia los feudos de Adelaida Cohen en la esquina de Avedon Avenue y la 69th. Street. Y créanme que me sentía en mi ambiente, pues gran parte de las muchachas que trabajaban para Adelaida eran actrices que, cuando no tenían trabajo, ejercían allí lo que más nos gusta a los hombres. Muchas de ellas trabajaban con nosotros en pequeños papeles de las obras que puso en escena el Mercury Theatre. También había cantantes y bailarinas que escampaban entre biombos de los malos tiempos. Buenas muchachas, a quienes les encantaba la escena, o cantantes, ansiosas de cantar a solas o en grupo temas como *Melancholy Baby,* algo así como el himno universal de las putas. Su gran sueño era habitar un fastuoso país llamado Broadway, del que, por supuesto, querían ser primeras damas. ¿Su mayor deseo?, que antes o después su hombre se exhibiera con ellas en el Savoy u otro lugar por el estilo. No eran putas en su sentido más barato, sino algo así como primas, o amigas un poco descarriadas.

El hombre de la batería se dejó oír en ese momento y un negro entonó una canción caribeña y casi a continuación salieron de las sombras algunas parejas que comenzaron a bailar bajo el halo de luz malva en el centro de la pista. El parlamentario Sanín, evidente animal de costumbres, había hecho trepar a sus dos mujeres sobre la mesa y con las palmas de las manos acompañaba su danza. Y los demás como si nada, impertérritos, la procesión va por dentro. Poco después hubo lugar para melodías no tan estridentes, como el bolero y el tango. Y fue la música y letra del tango *Cambalache* lo que rescató a Welles de los laberintos de su memoria. Un joven alto y delgado, con aire de poeta, y a quien algunos clientes llamaban familiarmente Víctor y otros Ovalle, dejaba escapar de su garganta los finos timbres de la desilusión.

—De verdad es tremendo el efecto que el tango causa entre la gente —dijo Welles—. La idea de la película sobre la muerte de Gardel me conquista día a día. Debería comenzar el rodaje en un lugar como éste.

—No olvidemos que el tango comenzó en los burdeles de Buenos Aires —dijo Salcedito, con cierta petulancia.

—Como el jazz en el barrio de putas de Nueva Orleans —reviró Welles—. ¿Sabían ustedes que jazz, en jerga, quiere decir sexo?

Ni idea. Ni Salcedito ni yo teníamos la menor idea de eso, aunque a cada momento nos deslumbraba más la solvencia semántica de Welles acerca de la prosodia de la carne.

—¿De los treinta y siete periódicos de Hearst cuántos llenan de mierda este país? —súbitamente cambió de tema.

—Por lo menos dos de los grandes —dije—. Para no hablar de algunas rotativas de provincia.

—¿Y dónde piensa publicar usted esta entrevista? —me preguntó Welles a quemarropa. Quedé tieso por la sorpresa.

—Donde se pueda —vino Salcedito en mi ayuda—, aunque no faltará quien se sienta en el sagrado deber de sabotear a toda costa su publicación. Creo que las dificultades apenas comienzan.

—No importa. Escríbala. Lo terrible es saber que Hearst ha corrompido con su virus las agencias internacionales —dijo Welles. Y volvió a observar con atención al cantante de tangos—. Tiene pinta de actor.

—Lo es. Y además vive aquí.

—Qué envidia.

Y después de un rato pedimos la cuenta y nos dispusimos a salir. La compañera de Welles nos escoltó hasta la puerta y allí, con el cambio de luz, comprobamos que era realmente hermosa, del tipo de morena que él había considerado solar horas antes en el Borchert. Al despedirnos, ella le dio a Welles un beso en los labios mientras decía algo que incitó nuestra risa:

—Me calentaste como para tres polvos, primor —y volvió a su lugar muerta de la risa, tan elegante y comedida como al comienzo.

—¿Y saben ustedes qué es lo mejor del asunto? —dijo Welles mientras tomaba asiento en la parte posterior del Studebaker—. Esa pájara se llama Rita —y comenzó a reír hasta el borde de las lágrimas. Nos despedimos en el hotel al filo de las tres de la madrugada y acordamos recogerlo en la mañana siguiente para acompañarlo en sus extrañas diligencias.

Pero al otro día ocurrió algo que nos pareció inaudito. Cuando le preguntamos al recepcionista del hotel por el señor Quinlan nos dijo, como si nada, que ya había cancelado la cuenta y se había marchado.

—Imposible —dijo Salcedito—. Si todavía falta media hora para la cita convenida.

—Les digo que hace un rato salió del hotel —insistió el empleado—. Dos hombres vinieron y se fueron con él en un Buick azul oscuro.

—¿Y cómo eran esos hombres?

—Uno era un caballero casi tan alto como míster Quinlan y el otro un costeño con pinta de boxeador.

La descripción no nos dejó duda alguna aunque nada entendíamos. Y fue entonces cuando descubrí que los dos tipos con los que Welles se entrevistó en el Teatro Faenza eran los mismos que nos habían mirado inquisitivamente en el aeródromo la tarde anterior. ¿En qué líos andaba metido Welles? ¿Quiénes eran esos dos hombres? ¿Policías? ¿Representantes de la productora cinematográfica? ¿Por qué esa cita en el Faenza y casi a medianoche? Todo esto parecía formar parte de un guión que escapaba a nuestro entendimiento.

—¿Y no dejó para nosotros ningún mensaje?

Ante la negativa del recepcionista Salcedito y yo nos sentamos a evaluar los hechos. De pronto nos dimos cuenta de que el tiempo se nos esfumaba como ceniza entre los dedos y una hora después optamos por desplazarnos hasta Techo, pues el avión que debía tomar Welles rumbo a México partiría a las once en punto. Como centellas, violamos todos los semáforos de la ciudad, acortamos trecho por caminos vecinales y a tiempo llegamos al aeródromo. Abandonamos el Studebaker a su suerte y nos precipitamos bruscamente en las oficinas de la Pan American Airways.

—En la lista de vuelo no figura ningún señor Welles —dijo la azafata de tierra.

—¿Y Quinlan? —pregunté afanado—. Hank Quinlan.

—Tampoco.

Miré decepcionado a Salcedito, resignado aunque incrédulo por todo lo que nos había ocurrido. Intentamos reconstruir las dieciocho horas que Welles permaneció en Bogotá y, salvo la extraña entrevista en el Faenza, todo parecía estar en orden. Entonces advertí que una curiosa simetría rodeaba a Welles: si con Salcedito y yo él fue a todas horas el tercer lado de un triángulo, algo similar sucedió con la pareja compuesta por el sujeto alto y mundano y el mulato que lo acompañaba a todas partes.

—Durante todo este tiempo Welles ha sido el tercer hombre —le dije a Salcedito. Me miró como si me hubiera sorprendido con un as en la manga y entonces, apabullado por nuestra ingenuidad, abordó de nuevo, enfáticamente a la azafata.

—Señorita, ¿por qué no busca en la lista de pasajeros a un hombre llamado Harry Lime?

Visiblemente molesta, ella buscó sin ganas pero al final asintió:

—Míster Lime embarcó hace diez minutos.

Me bastaron unos segundos para comprobar que la sonrisa de Salcedito era radiante y que una extraña felicidad habitaba su mirada. Era como si de pronto hubiera resuelto algún enigma, aunque para mí las cosas seguían como antes. ¿Qué había ocurrido en las dos horas que antecedieron a la partida de Welles? ¿Dónde estuvo? ¿Por qué se marchó sin despedirse y además en compañía de esos dos tipos tan raros? Demasiadas preguntas para un solo hombre, pensé, pues Salcedito recorría con placidez otros dominios. Al cabo de un rato me pareció oírle silbar algo y, mientras regresábamos al automóvil, creí escuchar una dulce melodía, como un concierto de cítaras a mis espaldas.

(Inédito)

El juego del tiempo

JUSTO NAVARRO

Justo Navarro nació en Granada en 1953. Ha publicado los libros de poemas *Los nadadores* y *Un aviador prevé su muerte* (Premio de la Crítica, 1987), y las novelas *El doble del doble*, *Hermana muerte*, *Accidentes íntimos* (Premio Herralde, 1990) y *La casa del padre*.

La adivina profetizó que yo mataría a mi madre, averiguó que yo había sido actor de cine y auguró cuál sería el arma del crimen, un arma brutal, nada como venenos y jeringas que revelaran mis conocimientos médicos. Era verdad: yo había sido actor de cine hacía muchos años, aunque mi madre detestaba el cine, quizá porque en su vida sólo vio dos películas, y en una de esas películas intervenía yo y en la otra apareció mi padre. Yo fui hace muchos años la estrella infantil de una película sobre el Niño Jesús que tuvo cierto éxito en España y en el sur de América y en Italia. Mi madre me había llevado al rodaje y al estreno, y había ayudado a las maquilladoras, pero odiaba el rodaje y el maquillaje y el cine, y, si vio mi película, fue por hacer lo que debía hacer: acompañar a mi abuela, que entonces aún vivía, a que viera a su nieto en la pantalla.

Mi madre sabía que yo no valía para el cine: nadie pagaría por ver una cara como la mía en una pantalla. La gente, según mi madre, paga para ver lo que no tiene en su casa, y en cada casa, según mi madre, hay más de una cara como la mía, torpe y vulgar, decía mi madre. Y además me cambiaría la voz, y empezaría a salirme bigote, y espinillas rencorosas y persistentes, y las películas sobre niños sagrados se convertirían en absurdas películas diabólicas como un Niño Jesús con bigote y acné. Cuando los productores hablaron de hacer una segunda película, mi madre se negó terminantemente: había sido una debilidad y un error aceptar la invitación de aquellos hombres que sin permiso de los padres de los niños habían fotografiado a los colegiales jesuitas y me habían elegido para estrella, porque no se habían fijado en mi nariz, decía mi madre, una nariz torpe y vulgar como mi cara. Si había aceptado el primer contrato fue porque al productor Solana lo había unido una vaga camaradería con mi padre.

También mi padre hizo cine, de un modo involuntario, y la película en la que apareció fue la última película que vio mi madre antes de morir, si es ver una película aguantar dos minutos frente a un vídeo. El vídeo nos lo trajo de Roma Esperanza, amiga de mi madre, amiga lejana, porque mi madre sólo tuvo amigas lejanas: cuando las amigas se acercaban y dejaban de ser lejanas, simultáneamente dejaban de ser amigas. Esperanza solía visitarnos con noticias fúnebres, novedades sobre los enfermos y los difuntos recientes, y, tras una excursión al Vaticano para recibir la bendición del Papa, había vuelto con aquel vídeo en el que aparecía un difunto de hacía cincuenta años. Era un documental sobre la intervención italiana en la guerra civil española, donde se recogía la heroica liberación de Málaga, prisionera del terror rojo. Los aterrorizados eran una escuálida y perpleja fila de fascistas en un patio, poco antes del fusilamiento, meses antes de que los fascistas italianos conquistaran la ciudad: mi padre estaba en aquella fila, o así lo creía la amiga lejana de mi madre.

Mi padre fue fusilado una noche de agosto de 1936, como represalia después de que la aviación fascista bombardeara unos depósitos de gasolina cerca del puerto. Tengo que confesar que, según mi madre, mi padre no fue un héroe, sino un fanfarrón: se unía a las caravanas de los políticos de derechas porque le gustaban las fiestas. Los discursos y los viajes electorales por la provincia eran una extraordinaria ocasión para hallar timbas, cante, mujeres y bebida. Cuando mi mujer, quince años menor que yo, poseída juvenilmente por la fiebre revolucionaria arremetía contra el caudillo Franco y sus herederos y cómplices, contra mi familia y, en primer lugar, contra mi padre, yo intentaba explicarle que mi padre no había sido un militante fascista, ni mucho menos un héroe, qué más hubiera querido yo que mi padre hubiera sido un héroe, sino un borracho y un vividor, palabras exactas de mi madre que yo dulcificaba: mi padre había sido un hombre alegre y amante de vivir. Amante de la juerga perpetua, decía mi madre, muerto a causa de una incurable falta de personalidad que lo obligaba a dejarla sola y lo impulsaba a seguir a cualquier sitio a sus camaradas de juerga, que, ellos sí, eran políticos, fascistas, fundadores de sindicatos y partidos agrarios, pistoleros, héroes. Me lo decía mi madre:

—Tu padre no tuvo jamás una pistola, y jamás tuvo una idea, ni buena ni mala, pero lo conocían en todas las salas de fiesta.

Mi mujer no aguantaba a mi familia, ni siquiera a mi padre muerto. Mi madre, como mi mujer, siempre ha tenido razón: no se equivocaba nunca. Averiguó que mi mujer no merecía confianza, y, en efecto, mi mujer me dejó hace cuatro años. Las miradas de mi madre a mi mujer sumaban y restaban, multiplicaban defectos y dividían virtudes, ajustaban cuentas infalibles: mi mujer no valía mucho. Y mi mujer no hablaba en presencia de mi madre, callaba siempre. Y mi madre decía:

—No se sabe si es que calla porque no piensa y no tiene nada que decir, o si está pensando en algo tan malo que no puede ser dicho. Y no sé cuál de las dos cosas es peor.

Y existía además el problema del olor: mi madre detectaba cierto olor en mi mujer, no sabía a qué, un perfume o una especia o algo más repulsivo. A mí se me escapaba aquel olor, lo confieso, y no sé de nadie que percibiera olores raros en mi mujer, pero vi muchas veces cómo arrugaba mi madre el entrecejo y la nariz cuando mi mujer andaba cerca, y entonces me esforzaba por detectar, yo también, aquel olor indescifrable.

—Tu mujer huele a puta —dijo mi madre.

—Mamá, tú nunca has olido a una puta.

—No. Pero olí muchas veces a tu padre.

Cuando mi madre recibió aquel vídeo de Italia, se negó a verlo: en aquel vídeo su lejana amiga Esperanza creía haber identificado a mi padre, a quien conoció fugazmente en 1935 y 1936, para encontrárselo después repetido en portarretratos y cuadros de las casas de la familia. Mi madre no quería ver el vídeo porque le parecía imposible que nadie hubiera rodado ninguna imagen de mi padre horas antes de la muerte: los mismos asesinos que mataron a mi padre, decía mi madre, hubiesen aniquilado al cámara para borrar las pistas de su crimen. Fue difícil sentarla ante la pantalla del televisor, pero se impuso el deber: creo que aceptó ver el vídeo como hubiera aceptado la obligación de reconocer un cadáver en el depósito. Y, con cara de cumplir un deber, se sentó frente al televisor. Era la cara que ponía cuando me presentaba facturas o cartas que habían llegado a mi nombre o al suyo: una cara consciente de la cantidad de energía que está gastando, una cara consciente de estar siendo mirada.

Aunque mi madre contestaba personalmente, de su puño y letra, toda su correspondencia, exigía que yo revisara sus cuentas y facturas. Soy radiólogo gracias a que mi madre veló por el patrimonio de mi padre difunto y me pagó los estudios: mi madre se había ganado el derecho a descargar sobre mí, junto a las cuentas de la casa, sus infatigables problemas con tenderos, fontaneros, mis colegas médicos, limpiadoras, recaudadores de impuestos, peluqueras, agentes de la funeraria con la que había contratado su propio entierro, cobradores de la Funeraria El Ocaso, repartidores, vecinos, amigos lejanos y parientes. La vida interior de mi madre era una zigzagueante calle de callejones, laberinto infinito de mínimos malentendidos y frases en las que descubría trasfondos insospechables, una laboriosa contabilidad de pequeñas deudas que había que pagar o cobrar, angustiosos problemas de dinero que se hubieran resuelto pagando o cobrando cantidades ínfimas, deudas aplazadas un día y otro día durante treinta o cuarenta años, problemas que le quitaban y me quitaban el sueño: eran una piedra grande que yo soportaba sobre la cabeza, y eran, dentro de la cabeza, otra piedra grande, igual, triturada.

—Tengo muchísimos problemas —decía mi madre.

Mi mujer me dejó porque no soportaba la cara con que me había acostumbrado a mirarla. No sé con qué cara miraba yo a mi mujer, pero quizá la ansiedad me deformara la cara, la ansiedad de captar el olor enigmático que mi madre había descubierto y que yo era incapaz de percibir.

La adivina profetizó que yo mataría a mi madre, y aquella visión del futuro me sorprendió y espantó, porque la adivina parecía una profesional seria y veraz, y acababa de adivinar mucho de mi pasado. Confieso que no creo en los adivinos: mi sentido común es de raíz científica, y sólo subí a la casa de la adivina porque vi la placa en la puerta y entré para distraerme, para olvidarme un poco de mí mismo mientras me hablaban de mi futuro, es decir, de mí mismo. Me abrió la puerta un ciego que me condujo a una sala de espera donde había una mujer y un hombre miserables, con los que me hubiera avergonzado que me viera alguien. La mujer tenía un monedero viejo en la mano, el hombre no tenía nada, y los dos eran tristes y movían los labios como si hablaran solos, sin voz porque para nadie hablaban. Una hora después me recibió la adivina: una voz y una sombra en las sombras del comedor de una casa decente. Estaba apagada la luz, las ventanas cerradas y echadas las cortinas, y un cirio rojo se consumía encima de la mesa, entre la adivina y yo.

No tenía edad la adivina, sólo una soberbia antigua, impersonal, imperfecta y ridícula, de ídolo de piedra. Había un periódico encima de la mesa, un periódico en el que distinguí la fecha del día y me pareció una fecha de treinta años antes o treinta años después. Le tendió el periódico al ciego que me había abierto la casa, sentado ahora en un sillón de plástico, de terraza de bar, a la derecha de la adivina, a un metro de distancia, protegido por las gafas negras en la oscuridad del cirio rojo. Le golpeó el brazo con el periódico y el ciego cogió el periódico y lo dejó en el suelo antes de quedarse muy quieto, dormido o muerto sin quitarse las gafas. La adivina me miró fijamente, entrecerró los ojos como si me buscara en su memoria y quisiera enfocarme con precisión, y la cara de ídolo pareció ablandársele: quizá veía en mí algo que podía conmoverla. Sirvió dos tazas de té. No hubo té para el ciego: el ciego no contaba, no importaba que estuviera en la habitación. No importaba que oyera las profecías más atroces.

Entonces profetizó la adivina que yo asesinaría a mi madre, y me sobresalté, porque la adivina parecía incapaz de errar: había adivinado que yo había sido actor de cine, divo infantil, y había adivinado mi boda con una concejala del ayuntamiento, y mi divorcio, y mi profesión de radiólogo. Así que me espantó aquel futuro inverosímil, imposible, que se atrevía a vaticinarme. Traté de encender un cigarro, pero me temblaba tanto la mano que se apagó el encendedor. Llevaba una semana durmiendo mal, viajando, casi en ayunas, y oír de repente la profecía disparatada de la adivina me rompió los nervios. También mi madre había conseguido rompérmelos la noche en que nos reunimos en el comedor, mi madre y yo y la amiga lejana de mi madre que había traído el vídeo desde Roma, para ver las últimas imágenes de mi padre. Mi madre dijo:

—Es imposible que Emilio salga en esa película. Emilio era insignificante, que salgan Hinojosa o Lafarga no me extrañaría, porque eran alguien y los mataron con motivos, pero que aparezca Emilio es absolutamente imposible.

Yo no conocí a mi padre: nací después de su muerte. Pero he visto fotos y pinturas copiadas de las fotos, y me he visto a mí durante muchos años, en fotos, en el espejo, en los ojos de mi madre y en los ojos de mi mujer, y cuando vi en la película la imagen del fantasma, gris y amarillenta, alma sin cuerpo, pálida, vibrante, quemada y rayada, fantasma de un fantasma que llevaba muerto muchos años, me vi, me vi como nunca pude llegar a ser, y la amiga de mi madre gritó:

—Ahí, ahí está Emilio.

Era un hombre más joven, mucho más joven de lo que yo soy ahora, inexplicablemente feliz el día de su muerte, con la chaqueta al hombro porque era un día de calor, remangada una manga de la camisa y la otra bien cerrada en la muñeca, abrochada por el gemelo, despeinado, sin afeitar, una cara descompuesta entre caras descompuestas y manos que ocultaban caras, una cara de asombro de vivir o sólo asombro de haber sido sacado a la fuerza de un bar o un baile donde se estaba divirtiendo. Entonces miró al suelo, y la cara se transformó, como si hubiera leído en el suelo el futuro que lo esperaba, pero se recuperó pronto y miró a la cámara: arqueó las cejas, abrió desmesuradamente los ojos, fingió una sonrisa que enseñaba los dientes y era peor que un insulto.

—Ése no es mi marido. No es Emilio. Emilio no tenía esa expresión de insensato, esa cara torpe y vulgar. Ni esa nariz.

Habló mi madre, se levantó con mucho esfuerzo y salió del comedor arrastrando los pies de setenta años. Nos miramos la amiga y yo. Y la amiga me dijo con los ojos llenos de lágrimas:

—Es tu padre. Yo me acuerdo de tu padre: era guapísimo.

Yo pensaba en mi cara torpe y vulgar, y en mi nariz, y en la pantalla los aviones bombardeaban una ciudad, y traté de encender un cigarro, y me temblaba el pulso y el encendedor se apagó, como en la casa de la adivina. Y el hombre que estaba sentado a la derecha de la adivina se levantó, evitó pisar el periódico que tenía a los pies, se me acercó y me ofreció la llama de un encendedor. No era ciego el ciego. Y la adivina continuó sus profecías imposibles:

—Te parecerá inverosímil. Matarás a tu madre y te parecerá inverosímil. Y no tendrás reposo, pero te entregarás a la policía y estarás en paz.

Salí a la calle, tiritando en la mañana de junio. Me metí en un café que se llamaba El Elefante. Pedí cerveza y cogí un periódico, y todavía me temblaban las manos. Pensé que aquella adivina profetizaba imposibles crímenes futuros y averiguaba algunas nimiedades del pasado porque vivía entre el pasado y el futuro como nosotros vivimos entre dos minutos: la adivina podía adelantarse o atrasarse unas horas, unos días, incluso algunos meses en la corriente de los años, recordar el futuro y profetizar el pasado sin preocuparse más de lo que yo mismo me preocuparía si mi reloj retrasara o adelantara unos segundos. Me equivocaba: la adivina no confundía futuro y pasado como quien confunde las once con las once y cinco. Abrí el periódico, el mismo periódico que había visto en la mesa de la adivina y a los pies del ciego que no era ciego: en la página veintisiete me esperaba mi foto, mi historia, la película antigua y famosa en la que fui el Niño Jesús, mi matrimonio fracasado con la concejala, mi profesión. Se me buscaba después de que mi madre hubiera sido hallada muerta hacía cuarenta y ocho horas, aunque podía llevar cinco días muerta, la cabeza rota por un martillo. Me confortó pensar que la adivina y el ciego hubieran podido reconocerme, a pesar de que la foto del periódico era mi foto oficial como vicetesorero de la Sociedad de Radiología, cuando yo era honorable y no había pasado cuatro días sin dormir, sin afeitar y sin apenas comer, y mi madre aún me cuidaba.

(Inédito)

El halcón eibarrés

MARIO ONAINDIA

Mario Onaindia (Bilbao, 1948) es licenciado en Filología Hispánica y doctor en Filología Inglesa. Ha sido secretario general de Euskadiko Ezkerra. Actualmente es senador del PSE-EE por Guipúzcoa. Imparte clases de guión en la Fundación Viridiana. Es autor *de Elurzan dantzaten zohaitz enborrak, Grand Place, Tau y el caldero, Gau Ipuinak, Carta a un nacionalista* y el *Guión clásico de Hollywood,* entre otros títulos.

El tren abandonó su cansino traqueteo al llegar a una curva y a la vista de la estación aceleró repentinamente su ritmo. O eso me pareció. Acaso fue sólo la impresión producida por la inusitada agitación de los viajeros que, dejando de estar abandonados al rutinario mecimiento del tren, empezaron a preparar sus chaquetas y tupés, blusas y faldas.

Me levanté del asiento, atravesé con cuidado la doble fila de zapatos que acababan de terminar su cabeceo, para llegar al pasillo, y me asomé por la ventana con la intención de comprobar la proximidad de la estación, pero, para mi sorpresa, sólo se divisaba un túnel. Tenía curiosidad por conocer el pueblo al que me mandaban en mi primera misión especial: descubrir al autor del atraco más espectacular de la zona —el botín: un millón de pesetas de comienzos de los años cincuenta— que la policía destinada en Éibar, más acostumbrada a patear que a pensar, era incapaz de resolver.

La húmeda opacidad solamente se rompía por unas extrañas luciérnagas que se agitaban en medio del túnel. Al llegar a su altura comprobé que no eran sino unos mozalbetes de no más de doce años que se protegían en la oscuridad para llevar a cabo sus travesuras como fumar y, seguramente, contarse sus fantasías sexuales.

Al final vi a contraluz la silueta renqueante de un abuelete con cara de pocos amigos que se adentraba en la oscuridad con una enorme linterna balanceante. Me imaginé que sería algún empleado que tendría la compañía para asustar a chavales traviesos porque al ferrocarril le resultaría más rentable que indemnizarlos por posibles accidentes. Oí a mis espaldas un grito de alarma y me imaginé a los chavales corriendo y arrojando sus colillas. Sin duda estimaban más saltarse la prohibición y el riesgo que el sabor de la nicotina.

El abuelete empezó a agitar su linterna y a proferir blasfemias enfadado de verdad, quizá más harto del papel de espantapájaros animado que le habían encomendado que de los propios mozalbetes.

Por una asociación de ideas saqué del bolsillo de la chaqueta un paquete de Bisonte —único tabaco rubio que me podía permitir cuando se acercaba el final de mes— e intenté abrirlo buscando, no sin dificultad, el cabo de la cinta roja de celofán. Para cuando logré dar con ella y tirar con firmeza el tren ya había llegado a su destino.

Noté la presencia de un pasajero a mi espalda. En cuanto me volví comprendí por qué no se había sumado a la cola de los que habían empezado a apearse del tren incluso antes de que parara completamente. Se limitó a acercar a sus labios un cigarro amarillento. Interpreté que quería que le diera fuego; saqué mi mechero de gasolina del bolsillito interior de la cazadora y lo encendí, protegiendo la llama con mi paquete de cigarrillos. Me pareció captar un ligero brillo de decepción en sus ojos. Acaso esperaba que le ofreciera uno.

Me acordé de un poema en el que un mendigo se queja de su suerte, condenado a comer humildes altramuces, hasta que comprueba que otro más le sigue recogiendo los pellejos que arroja.

Junto a la puerta principal de la estación, me esperaban dos compañeros. Eran de la vieja guardia, como se podía percibir no sólo por su edad y la curva de la felicidad que sobresalía de sus cinturones, sino también por su actitud de policías de película: sombreros de ala ancha, trajes cruzados y un aire distante. Era lógico que no pudieran resolver ningún caso. No tendrían ninguna fuente de información y sólo estaban para dar palos de ciego y amedrentar a la población. «Medicina preventiva» lo llamaban. Pero si surgía alguna enfermedad real y se producía algún caso, eran totalmente incapaces de llevar a cabo una investigación profesional y tenían que llamar a gente de Madrid, aunque fuera a los recién salidos de la academia, como era mi caso.

—El doctor Livingston, supongo —les dije, pero no entendieron la indirecta. Se cruzaron una mirada entre sorpresiva y escéptica. Me observaron, mejor dicho, examinaron mis ropas, sin perder detalle, dejando entrever que no daban crédito a que un inspector de policía pudiera ir sin traje cruzado y sombrero y, como si se tratara de un ataque de discreción, evitaron exteriorizar si no simpatía al menos la cortesía que podían sentir hacia un compañero de trabajo que llegaba a una zona complicada.

En un gesto mecánico levanté la mano y les ofrecí tabaco, que rechazaron con firmeza.

Me cogieron en medio, quizá por pura costumbre, supuse, y nos dirigimos a un enorme Seat 1500 aparcado en doble fila.

—Y ¿por qué has venido en tren? —me preguntó por fin el que se puso al volante.

—Me pareció que sería una buena forma de conocer el ambiente de la zona.

—Y para qué tienes que conocer el ambiente.

—Hombre, se decía que el atracador había tenido que huir en tren y es una buena forma de ver con qué tipo de gente tuvo que encontrarse.

—¿Y has descubierto algo?

—No mucho.

El copiloto sacó del bolsillo de la chaqueta un paquete de rubio americano y lo abrió con parsimonia, mostrando ostentosamente el precinto azul que evidenciaba que se trataba de tabaco de contrabando. Me ofreció, esperando que cogiera agradecido y tirara el medio Bisonte que me quedaba, pero me limité a aspirar su acre humo con falsa fruición y luego dejar que saliera de mis fosas nasales formando una barrera que separaba a los policías profesionales que habían pasado por una academia de los chusqueros que se habían reenganchado tras la guerra, con tal de no volver al arado.

Perdí todo el día con aquella gente que se limitaba a repetir lo que ya sabía. Hacía una semana que se había producido un atraco en una Caja de Ahorros de Bérriz, a la una y media cuando estaban a punto de cerrar. El atracador se llevó más de un millón de pesetas, la nómina de varias fábricas de los alrededores, y huyó misteriosamente. Sospechaban que se fugó utilizando el tren, que fuera de Éibar o que se hubiera ocultado en esta villa porque la mayoría de las empresas de Bérriz acababan de trasladarse de aquella población. No pude sacar más información del orondo jefe de policía que no paraba de jugar con la cadena dorada del reloj que adornaba la pechera de su chaleco; ni de su imberbe ayudante con un cierto aire peterpanesco, como si la barba se resistiera a salir simplemente porque su dueño también se resistía a crecer.

En cuanto dieron las siete me despedí de los compañeros y me metí en un cine. Se llamaba Rialto. Estaba junto a unos bloques de casas inauguradas no hacía mucho y pertenecían a una de las zonas llamadas catastróficas.

No había mucho público, tan sólo algunas parejas. Me llevé una sorpresa agradable al comprobar que echaban *Gilda* pues había entrado sin fijarme en la película que proyectaban.

Cuando llegó la famosa escena en que el desalmado Glen Ford le arrea un sopapo a la pobre Rita Hayworth oí unas protestas entre el público que provenían de mi espalda. Me parecieron demasiado juveniles y no comprendía cómo les podían haber permitido entrar para ver una película no autorizada para todos los públicos. 3-R nada menos. Y que, además, había provocado la protesta airada de gente del régimen.

A medida que avanzaba la acción de la película comprendía menos cómo habían podido haber entrado unos chavales de menos de quince años. Ésa era al menos la edad que atribuía a aquellas voces atipladas que no paraban de hacer comentarios cada vez que la protagonista tenía una intervención apasionada.

Llegó a intrigarme tanto el origen de aquellas voces que me preocupaban más que la acción de la propia película, que ya había visto no menos de tres veces en Madrid. Me levanté y me dirigí al servicio. Fui fijándome en el público pero no veía más que parejas abrazadas al abrigo de la oscuridad, con los rostros ensimismados fijos en la pantalla.

Una vez en el váter aproveché el tiempo para echar un cigarrillo e inspeccionar si veía algo raro. A través de un ventanuco que daba a un jardín o algo similar, pues no percibía más que un ciprés y algo parecido a una piscina minúscula, oí unas voces juveniles que protestaban por algo impreciso.

Arrojé la colilla al suelo. La estrangulé con la punta del zapato y entré de nuevo en la sala. Ahora tendría ventaja y podría observar sin ser observado. Las parejas seguían absortas sin prestar ninguna atención a lo que ocurría en la pantalla.

Me apoyé en la pared del pasillo y estuve un rato en silencio esperando que algún comentario extemporáneo traicionara la posición de los jovenzuelos. Entre el público no se oía más que el leve silbido del orondo acomodador, entre ronquido y respiración entrecortada por el exceso de peso. Cuando Glen Ford besó a la protagonista se produjo a mi espalda una explosión de risa contenida seguida de unas voces de protesta. Me volví rápidamente, pero no vi a ningún chaval.

Retrocedí unos pasos y empecé a mirar debajo de los asientos, pero un nuevo ruido hizo que percibiera con claridad su origen. A través de un ventanuco se veía la luz de la luna y, en contraste con ella, un par de cabezas de mozalbetes. Estaban viendo la película desde la calle seguramente agarrados a la ventana, en una postura acrobática para poder ver bien y, a juzgar por las voces, tendrían que turnarse. De nuevo sentí la solidaridad de quien se come los altramuces con el que chupa sus pellejos y no sólo me pareció legítimo lo que hacían —por lo menos se lo trabajaban— sino que me recordaba a las miles de trampas que teníamos que hacer los chavales en Vallecas para poder ver una película para mayores.

Me volví a mi asiento y seguí viendo *Gilda* sin mayor novedad.

Cuando acabó todavía no eran las diez de la noche y me daba una enorme pereza encerrarme en la pensión. Vagué por el pequeño jardín adornado con minúsculos cipreses y algo parecido a una pequeña piscina. Oí cuchicheos procedentes de un seto. Me acerqué sigilosamente. Un chaval de unos once años contaba una historia realmente absurda: una tía que se parecía a una tal Marisa, la del kiosco, se marchó a Buenos Aires como cantante con su novio. Al principio él la explotaba, encantado con el trabajo de ella, pero luego se ponía celoso y le arreaba un mamporrazo de vez en cuando.

El silencio de la numerosa concurrencia, no menos de seis niños, demostraba que se lo tomaban totalmente en serio y saciaban su sed de historias prohibidas. No por absurdo aquel cuento perdía interés, todo lo contrario, adquiría una dimensión de morbo como el que sólo produce el conocimiento directo y cotidiano de los protagonistas. Aquel chaval tenía alma de director de prensa amarilla. Era increíble lo que se imaginaba de Rita Hayworth y de Glen Ford, o mejor dicho de la quiosquera y del hijo del acomodador.

Consiguió engancharme a mí también y me encontré tan absorto que, con un gesto mecánico saqué el paquete de tabaco del bolsillo y encendí un cigarrillo.

El cuentista se calló de pronto. Reaccionó con indignación, como si un *voyeur* le observara furtivamente. Se puso de pie y apartó con sus manos el seto que me protegía. Todos los chavales se pusieron de pie como movidos por un resorte. Les pedí perdón y les ofrecí un Bisonte.

—Se ha abierto el estanco —dijo con aire victorioso el desalmado narrador repitiendo lo que había oído en alguna película española.

Ninguno de ellos despreció la invitación y me quedé sin tabaco; pero al menos me aceptaron en su círculo y tuve la oportunidad de asistir a una versión autóctona, adaptada a la sociedad eibarresa, de *Gilda,* que resultaba más apasionante que la que había visto en la pantalla.

Cuando terminó la película la mayoría de los jóvenes se fueron a sus casas y sólo nos quedamos el narrador —un niño con cara redonda y entrado en carnes que cuando dejó de contar la historia perdió inmediatamente el halo que le adornaba anteriormente— y otro joven que, con casi quince años, parecía el mayor de todos.

Me contaron que les aburrían las películas de niños y como no les dejaban entrar en las de mayores se tenían que conformar viéndolas colgados de la ventana de la sala, desde donde sólo divisaban media pantalla y apenas podían oír nada de lo que decían. Pero, afortunadamente, contaban con un espía con capacidad de inventarse la información que no podían obtener directamente de la película.

Movidos por un extraño sentimiento, mitad chovinismo y afán de deslumbrar a los extranjeros mitad restos del viejo espíritu de acogida, estuvimos más de una hora fumando y hablando de las curiosidades que encerraba la vieja villa. Los carnavales que se celebraban en el casino en tiempos de la República y los extraños ligues entre la gente del lugar, particularmente una quiosquera que estaba más buena que Ava Gardner, el animal más bello del mundo.

Sin que yo les preguntara nada, de pronto empezaron a comentar los temas de mayor actualidad del pueblo. Una de las historias que contaron me dejó de piedra.

Se había producido un atraco en un pueblo vecino: algunos gángsteres que se dedicaban al contrabando de oro tenían que pagar a la fuerza a unos mafiosos de Marsella. El viejo de *El Halcón Maltés,* un señor orondo que siempre llevaba chaleco, y Peter Lorre habrían sido quienes habrían llevado a cabo el atraco para sacar el dinero. Y gracias a él se libró el pueblo del mayor tiroteo de la posguerra.

Como las historias tomaban un aire cada vez más alucinante, me retiré a la pensión que me habían encomendado dándole vueltas en la cabeza a la idea de los mendigos y los altramuces. En Vallecas no estábamos tan necesitados como para inventarnos películas viendo solamente media pantalla.

A la mañana siguiente, cuando fui a comprar el periódico me quedé de piedra: ante mis propias narices estaba la mismísima Ava Gardner en persona. Tras el mostrador del quiosco el mismo rostro ovalado, los ojos de pantera, y lo que no era menos inquietante: el jersey ceñido que resaltaba sus rotundos atributos.

Camino de la comisaría me encontré con varias tiendas en las que se vendía artesanía en oro y plata: tortugas pisapapeles y espadines abrecartas por doquier.

Cuando llegué a la oficina me encontré con el orondo estómago de *El Halcón Maltés,* sus cejas hirsutas y su cadena del reloj atravesándole la pechera en la persona del subcomisario. También andaba por allí el rostro imberbe y peterpanesco de Peter Lorre en la cara de su ayudante.

Tras un momento de confusión en el que no sabía si el mofletudo chaval eibarrés me había hipnotizado con sus historias, decidí arriesgarme y darle la razón. Me puse a escribir el informe siguiendo las claves que me había ofrecido.

En cuanto les conté que creía tener las claves de lo que podía haber ocurrido, el jefe de policía y el comisario peterpanesco no pararon de rondar por el despacho que me habían cedido anteriormente, lo cual consideré que era la prueba que me faltaba. Por miedo a que también lo de los mafiosos de Marsella fuera verdad me volví a Madrid, donde terminé el informe. Y resultó que todo lo del «Halcón eibarrés» —como le llamaba el mofletudo chaval— era verdad. Los dos policías que habían ido a esperarme a la estación no sólo tenían acceso al tabaco decomisado sino que habían llevado a cabo el atraco de Bérriz para poder pagar las deudas contraídas con unos mafiosos de Marsella que se dedicaban al contrabando de oro que el pueblo de Éibar necesitaba para dedicarse al damasquinado.

Volví alguna vez a Éibar, aunque nunca por motivos tan serios. Intenté buscar al chaval que me había resuelto uno de los trabajos más difíciles de toda mi carrera, pero me dijeron que sus padres le habían metido en un internado por miedo a las malas compañías.

(Inédito)

A la salida del cine

SOLEDAD PUÉRTOLAS

Soledad Puértolas nació en Zaragoza en 1947. Escribe novelas, relatos breves y ensayos. Sus libros han sido traducidos a varios idiomas. Entre los títulos más conocidos se encuentran *El bandido doblemente armado* (Premio Sésamo, 1979), *Todos mienten, Una enfermedad moral, Burdeos, Queda la noche* (Premio Planeta, 1989), *Días del arenal, Si al atardecer llegara el mensajero*, el libro de artículos *La vida se mueve* (1996) y el volumen autobiográfico *Recuerdos de otra persona* (1996).

A Ramón, aquel novio que tuve que no entendía nunca las películas, no le gustaba nada su nombre. Hubiera querido llamarse Ovidio, Homero, un nombre clásico, pero eso no era costumbre en su tierra. Ramón era valenciano. Por los tiempos en que nació Ramón, ni en Valencia ni en Calatayud ni en Lugo ni en ninguna parte ponían nombres clásicos a los niños. Se los ponían en Suramérica, eso decía Ramón. Y la verdad es que hubiera merecido llamarse Ovidio, hubiera sido más feliz, y quizá ahora estaría yo casada con él y también yo sería feliz, más feliz de lo que soy ahora, porque no soy desgraciada, pero es evidente que podría ser más feliz. No sé qué remedia ir buscando culpas por aquí y por allá de este estado mío y dar repentinamente en pensar que si Ramón, ese novio mío que nunca entendía las películas, se hubiera llamado Ovidio, todo hubiera sido diferente. ¿Es que por haberse llamado Ovidio hubiera entendido las películas, asunto que seguramente fue la causa principal de nuestra ruptura? Quizá, los nombres hacen mucho, los nombres marcan.

Lo que determinó la ruptura, en todo caso, no fue que él no entendiera las películas, cosa que siempre se puede comprender, porque las películas no son todas fáciles. Aun estoy por decir que las películas son en general dificilísimas y yo excuso sin ningún esfuerzo a todos los que se quedan perplejos en medio de una película y sobre todo a la salida del cine, que con sólo mirarles a la cara ya puedes saber lo que les pasa, y es que no saben qué pensar de todo lo que acaban de ver, no saben si es bueno, malo o regular, no saben si es moral o amoral, no saben si es de buen gusto o de malo, y no saben, finalmente, si estaría bien que todo eso les gustara, aunque como sospechan que sí, porque para eso han ido a ver la película, para eso, en fin, la película existe, se quedan paralizados, sin decidir aún si harán ese esfuerzo, el de unirse a la sospechada voz común, la aprobación común.

No, yo no me meto con eso. Yo no me siento superior a nadie. Ni siquiera, pasado el tiempo, me siento superior a Ramón. A mí lo que me anonadaba de él era que las interpretara con tanta seguridad y de manera tan inusitada. Las películas nunca eran lo que parecían, estaban todas llenas de mensajes ocultos que el resto de los mortales, fundamentalmente yo, ni sospechábamos, pero que Ramón desvelaba siempre. ¡Qué amplia e inagotable cultura desplegaba Ramón en aquellas interpretaciones!, ¡qué sensibilidad y qué agudeza! Se mareaba con sus propias palabras, subía, se remontaba, trotaba, los ojos le brillaban y recorrían con avidez la cafetería —adonde íbamos inmediatamente después de salir del cine, para comentar la película, es decir, para explicarme él a mí la película que, según él, yo no había entendido, no había podido entender—, incorporándolo todo a su nueva y original visión del mundo, porque de cada película sacaba una nueva visión del mundo. Eso era una virtud, ¿quién podría dudarlo? Sin embargo, me irritaba un poco, porque no podía ser que estuviese tan contento de sí mismo y de su inteligencia y de sus análisis profundos. Deberías escribir un libro con todo esto, le decía yo, cansada de tener que escuchar atentamente tanto deslumbramiento. Pero Ramón era incapaz de escribir. Se quedaba mirando fijamente el papel mientras se le borraban todas las palabras de la cabeza. Todas sus brillantes ideas y sus complicadas interpretaciones se esfumaban. Empalidecía, fumaba un cigarrillo tras otro, apretaba los dientes, se pasaba, desesperado, las manos por la cabeza, como si se la quisiera exprimir. Finalmente, descargaba su ira sobre el papel y la mesa, los golpeaba a la vez, con el puño cerrado. De manera que dejé de decirle que escribiera.

Estaba muy interesado en mi educación. Hasta el momento, se había dedicado a educarse a sí mismo, pero ahora tenía ganas de compartir con alguien, con una mujer, sus descubrimientos. Yo fui escogida para que lo mirara extasiada y siguiera una por una sus directrices. Me di cuenta, desde luego, pero nadie me había hecho tanto caso en toda mi vida, y acepté el juego, o hice como que lo aceptaba, porque de ningún modo quería perder a Ramón. Cuando fijaba sus ojos en mí, repentinamente desconcertado ante aquel torrente de saberes en el que trataba de envolverme, me hacía gracia, me llenaba de alegría. De hecho, me entraban unas ganas locas de reír. ¿Será esto amor?, me preguntaba, ¿estas ganas descontroladas de reír? Aún ahora, no podría negarlo.

A él no le importaba nada que yo me riera, no se lo tomaba a mal. Nada se lo tomaba a mal, en realidad, tan convencido estaba de sí mismo. Estaba suscrito a *Le Monde,* pero como no tenía tiempo para leerlo entero todos los días, los iba almacenando y planeaba leerlos de un tirón, uno tras otro, los periódicos de dos meses —ése era el retraso que llevaba— en vacaciones. Decía que había artículos de fondo interesantísimos.

A Verónica, mi mejor amiga, no le gustaba nada Ramón. Lo miraba con profundo recelo y me decía sin rodeos lo que pensaba de él. Era peor que un burgués, era un dandi, no un dandi hecho y derecho, sino incluso un fracaso como dandi. No entendía mis gustos, decía con preocupación, con alarma. Por aquella época, Verónica era muy franca. En algunos terrenos se sentía en posesión de la verdad. Pertenecía a un partido político y eso le daba una gran tranquilidad y una gran solvencia. A pesar de lo cual se reía siempre mucho y a mí siempre me ha gustado reír hasta el punto de que, en el caso de Ramón, llegué a pensar que esa risa que a veces me invadía cuando me miraba era amor, y aún hoy lo sigo creyendo un poco así. Verónica, apoyada en sus ideas políticas, no vacilaba en condenar a Ramón, pero, cuando lo veíamos, se mostraba muy interesada por él, le hacía muchas preguntas, y parecía francamente divertida.

En seguida me di cuenta de que Ramón le tenía miedo. No le gustaba venir a casa a buscarme, sin duda por temor a encontrarse con Verónica y, sin embargo, en cuanto ella se marchaba de vacaciones —era la primera en desaparecer—, prácticamente se instalaba en el piso. A las leonesas, dos hermanas que parecían gemelas, las toleraba muy bien, siempre les hacía alguna broma, halagándolas con cualquier motivo, y ellas se quedaban encantadas. Pero jamás alabó a Verónica. Ante ella, se quedaba enmudecido. Rehuía a Verónica, eso estaba claro. A mí, en cambio, me gustaba estar con los dos al mismo tiempo, me gustaban los interrogatorios a los que Verónica sometía a Ramón y me gustaba ver a Ramón salido un poco de sus casillas, sin saber qué contestar a esa avalancha de preguntas. Claro que a veces me aburría, porque los dos eran tenaces, y repetitivos y torpes, y decían de mil modos las mismas cosas, intentando convencer al otro, o vencerlo, pero el otro, entonces, ofrecía una variante de su discurso, imperturbable, imbatible.

Una vez fuimos juntos al cine. Se trataba de una película que estaba muy de moda, no recuerdo cuál, sé que era en blanco y negro —o mi recuerdo es en blanco y negro—, y que había mucho paisaje y mucho primer plano y conversaciones profundas y enigmáticas. Mientras la veía, ya me estaba temiendo la sesión de análisis en la cafetería a la que iríamos inmediatamente para que Ramón nos explicara minuciosamente lo que acabábamos de ver y formulara una nueva visión del mundo. Me preguntaba qué cara pondría mi amiga Verónica y si iba a tolerar todas esas interpretaciones, ya que ella tenía que tener las suyas, apoyadas en sus firmes ideas políticas. Ya me veía yo venir unos minutos, más bien unas horas, insoportables, tensos o aburridísimos. Ojalá sean aburridos, me decía, porque me horrorizaba la idea de una discusión violenta, dado que los dos eran tan obstinados y que en el fondo se odiaban.

No disfruté nada de aquella película, aunque tampoco sé si en condiciones normales la hubiera disfrutado y entendido como había que entenderla, porque no soy una de esas personas que quieren entenderlo todo, como era Ramón. Aunque, bien pensado, sí quisiera entenderlo todo, ¿quién renunciaría a eso?, sólo que en seguida me di cuenta de que no entendía casi nada y a lo más que aspiré fue a entender una o dos cosas que me permitieran sobrevivir. Sólo una o dos cosas. El resto era una nebulosa. De vez en cuando, en la oscuridad, reconocía una de esas dos únicas cosas que me eran familiares y cercanas y respiraba con un poco de alivio. No estaba totalmente perdida. No es que haya entonces renunciado a entender el mundo o a entender a las personas que constituyen el mundo, eso es algo que ni siquiera me lo llego a plantear, ¿cómo puedo renunciar a algo sobre lo que no tengo la menor idea hecha? Yo estas cosas no se las decía a Ramón, pero creo que él lo sospechaba y por eso estaba empeñado en educarme. Se creía que yo era una pizarra en blanco y quería escribir en ella, llenarla de contenido, sentirse satisfecho de su labor.

El caso es que no presté ninguna atención a la película que vimos juntos Ramón, Verónica y yo. Sólo sabía que era una de esas películas difíciles que luego daban a Ramón la oportunidad de hablar durante largo rato. Me sentía inquieta y palpaba ya, a través de una pequeña tosecilla, de un gesto de la mano, de un leve cambio de postura en mis acompañantes, que me flanqueaban, la tensión que se nos iba a venir encima. No, Verónica no iba admitir de ningún modo las interpretaciones de Ramón. Por lo demás, se me había olvidado advertirle que eso era lo que nos esperaba a la salida del cine y ya veía el ceño fruncido de mi amiga, y su sonrisa irónica y sus muchas ganas de rebatir las palabras de Ramón, y ya oía y veía el temblor en la voz y las manos de Ramón, esa excitación que hacía presa en él cuando se creía en posesión de la más verdadera y original visión del mundo y nos quería convencer de ella a todo su público, habitualmente compuesto sólo por mí, y ahora enriquecido con la presencia de Verónica. Estaba segura de que Ramón ya no temía a Verónica, ahora la veía como público, quería captarla.

Cuando salimos a la calle, los miré de reojo. A Ramón ya le bailaba en la cara esa leve sonrisa que anunciaba sus inmediatas elucubraciones, ya empezaba a saborear la satisfacción que le producía el torrente de palabras que en breve iba a soltar, y no miraba a nadie en particular. Se sentía feliz, lleno de ideas, y sus ojos reflejaban el aire de la primavera, aún no se habían detenido en nosotras, sus futuras interlocutoras, su público. Verónica, en cambio, lo que avivó todos mis malos presagios, miraba hacia abajo, concentrada y, como yo había temido, ya había empezado a contraerse su ceño.

Anduvimos callados por la calle, quizá sólo comentando el aire templado que nos hacía presentir el verano, hasta que llegamos a la cafetería. Nos sentamos a una mesa y pedimos cerveza y sándwiches. Yo no sé entonces lo que dijo Ramón, alguna alusión a la película que acabábamos de ver, desde luego, pero el caso es que Verónica empezó a hablar. Su voz sonaba muy alta y segura, ya empeñada en rebatir cualquier pequeña teoría que Ramón hubiera planeado elaborar, adelantándose a todo, explicándonos ella, imperiosa, avasalladoramente, la visión del mundo que la película ofrecía. Y como lo decía con la voz tan alta parecía un poco malhumorada —y yo creo que lo estaba, ya que odiaba a Ramón y quería humillarlo—, y desde las mesas de al lado, e incluso desde la barra, la gente nos miraba, sin comprender, yo creo, de qué estábamos discutiendo.

Ramón, más pálido que nunca, levantó una mano temblorosa, y dijo con voz grave, de ultratumba:

—Por favor, Verónica, no sigas explicándonos la película.

Luego, hizo una pausa que a mí me pareció eterna, porque vi los ojos desconcertados e iracundos de Verónica enfrente de mí y me dije que no tardaría en insultar a Ramón, pero en seguida vi que Ramón se volvía hacia mí y me clavaba unos ojos aún más fieros que los de Verónica.

—Tus palabras —dijo— pueden desorientar a Irene. Quiero saber lo que le ha parecido a Irene la película. No quiero que la influyas. Irene tiene que tener su propio criterio. Quiero saber lo que piensa ella de la película.

Quizá Ramón me había hablado así muchas otras veces —aunque en realidad en aquel momento no me hablaba a mí, hablaba de mí y me miraba fijamente—, pero yo no lo recordaba. Nunca me preguntaba mi opinión después de una película, siempre la daba él y siempre eran opiniones equivocadas, ahora estoy segura de eso y por aquel entonces sólo lo vislumbraba, porque por encima de todo me hacía gracia tenerlo enfrente de mí, hablando sin parar, y no me detenía demasiado a escucharle, ni mucho menos a rebatirle.

Me está tratando como a una estúpida, me dije, como a una persona que no se entera de nada y a quien se puede humillar públicamente, delante de su mejor amiga. Sin embargo, no se me ocurría nada que decir. Esa película era como si no la hubiera visto. No había podido concentrarme, había estado demasiado nerviosa, espiando los pequeños movimientos y ruidos que producían mis acompañantes. Miré a Verónica, quizá en busca de apoyo. Ella también parecía estupefacta, también se había quedado abruptamente callada, sin duda molesta por haber sido interrumpida. Además, parecía intrigada, me miraba interrogante, desde muy lejos, como si en medio de todo tuviera curiosidad por saber cómo iba a responder yo.

Hubiera debido levantarme, dar una violenta patada a la silla, tirarla, hacer, en fin, algo de estrépito, y marcharme muy digna para siempre. Perder de vista a Ramón y acabar en ese mismo momento con esa historia. Y Verónica, si quería, si era de verdad mi amiga, que me hubiera seguido.

Pero me quedé allí, escuchando los ruidos de la cafetería, bajo la mirada inquisitorial de los dos, con la mente en blanco, sin recordar siquiera el título de la película que acabábamos de ver y que yo no había visto en absoluto. Me tapé la cara con las manos y me puse a llorar. Al cabo de un rato, ellos, al otro lado de mis manos, de mi cara tapada, empezaron a hablar, pero ya no hablaron de la película. De repente hablaban como si fueran muy buenos amigos de muchas otras cosas en las que parecían estar de acuerdo, hablaban en un tono de voz cómplice, confidencial. Yo ya había dejado de llorar, pero aún no me atrevía a mirarles a la cara. Fui a los servicios y me lavé la cara. Me quedé un buen rato contemplándome en el espejo, sintiéndome perfectamente estúpida, cada vez más humillada, incapaz de saber qué podía hacer para remediar el desastre, sin recursos.

Aún me estaba mirando al espejo cuando entró Verónica en el lavabo. Me preguntó si me encontraba bien. Le dije que sí con un hilo de voz. Atravesamos la cafetería y salimos a la calle, donde nos esperaba Ramón fumando un cigarrillo. Apenas nos miró. Echamos a andar mientras yo comprendía que no volvería a ir nunca al cine con Ramón, que muchas cosas tenían que cambiar en mi vida. Me sentía muy triste, llena de complejos, a miles de kilómetros de las otras personas que avanzaban por la vida con decisión, trazándose metas precisas, sin mirar atrás.

De todos modos, tardé unos días en decírselo, porque, incomprensiblemente, Ramón me gustaba y me costaba prescindir de él. Creo que eres tú el que no entiende las películas, le dije al fin, y de verdad que eso no me hubiera importado, pero no tienes ningún derecho a pensar que yo soy estúpida, a tratarme como a una estúpida.

Aunque todavía me asombre un poco, sólo porque le dije eso, antes de que le dijera otras cosas que había pensado decirle y que eran mucho peores, verdaderos insultos, Ramón se derrumbó. No llegó a llorar ni a taparse la cara con las manos, como yo había hecho unos días antes en la cafetería a la salida del cine, pero bajó los ojos y vi que se hundía sin remedio, que aún tenía menos recursos que yo.

En voz muy baja, casi inaudible, me pidió que no le dejara, que se sentía perdido. Yo no sabía, murmuraba, lo que significaba para él: era la primera mujer a quien había amado de verdad. A mi lado, se transformaba, se llenaba de fuerzas.

A veces me acuerdo de aquellas palabras suyas. Nunca sabré si eran sinceras o si obedecían a un desesperado intento de reconstrucción, de remontar el vuelo y alcanzar de nuevo el torrente de palabras que le permitía sobrevivir, seguir buscando a su alrededor interpretaciones del mundo.

Hace mucho que no veo a Ramón. Verónica, que se lo encontró hace poco, me dijo que sigue tan pedante y pretencioso como siempre. Pero yo no lo sé, quién sabe, no entendía las películas, desde luego, se llenaba la cabeza de frases ampulosas, me humilló aquella tarde a la salida del cine, no lo olvido, pero había algo en él, quizá esa frustración por llamarse Ramón y no Ovidio, un nombre clásico, elegante. Se diría que luchaba, que se rebelaba contra una maldición. Tal como era cuando le conocí y como al parecer sigue siendo, yo no hubiera podido ser feliz a su lado, pero si él se hubiera visto libre de la carga invisible que lo atenazaba y le hacía sentirse inferior, quién sabe, a lo mejor hubiera sido el hombre de mi vida, a lo mejor hubiéramos ido juntos al cine un millón de veces y hubiéramos entendido las películas del mismo modo y yo no tendría que recordar todo esto con la nostalgia de esa felicidad que se me escapó y que, de todos modos, algunas veces aún espero.

(Inédito)

Hasta la vista, amigo*

Rosa Regàs

---

* *Terminator 2,* James Cameron, 1992.

Rosa Regàs nació en Barcelona, donde inició su labor profesional con Carlos Barral hasta que fundó la editorial La Gaya Ciencia y las revistas *Arquitecturas Bis* y *Cuadernos de la Gaya Ciencia*. Ha publicado *Ginebra*, *Memoria de Almator*, *Azul* (Premio Nadal, 1994), *Viaje a la luz del Cham* y *Canciones de amor y de batalla*. Ahora es directora del Ateneo Americano de la Casa de América.

A Manuel Huerga

Lo conocí esquiando en el *Cursillo del Sol,* en Davos en diciembre de 1984, y desde el primer momento pensé que, de no haber estado yo entonces viviendo una apasionada historia de amor, habría sido el hombre perfecto para una aventura de invierno. Esquiaba mejor que yo, todo hay que decirlo, pero haciendo de la voluntad ley, yo lo seguía por las pistas más difíciles y no me arredraba siquiera cuando nos adentrábamos en los amplios valles o las pendientes cubiertas de nieve virgen, un elemento que siempre se me había resistido. Todos los días llegábamos como los demás a nuestra clase y, después de haber prevenido al profesor, nos extraviábamos con disimulo en el primer descenso para ir a encontrarnos al pie de otro telesilla desde donde comenzábamos una jornada de una plenitud y una brutalidad que sólo igualé años más tarde cuando, en otro cursillo, me tocó esquiar con el mayor de mis hijos que ya había cumplido los quince años. Subíamos al punto más alto de la pista más difícil y mirábamos los dos el minúsculo lugar que nos esperaba en las profundidades del valle, y al poco rato salíamos disparados uno tras otro por pendientes, riscos y vaguadas, saltando montículos, evitando tropiezos o deslizándonos en pequeño o gran eslalon por las faldas de montes tan escarpados que apenas alcanzábamos a ver más allá de unos metros de terreno. El primer día se situó al borde del precipicio que se abría en picado bajo nuestros pies y, un minuto antes de echarse montaña abajo, se inclinó hacia mí y, como si me hiciera partícipe de un secreto de gran trascendencia, murmuró en mi oído:

—*Yo he visto cosas que no creerías... He visto atacar naves en llamas más allá de Orión. He visto rayos C brillar en la oscuridad cerca de la Puerta de Tanhäuser. Ahora, todos estos momentos se perderán en el tiempo como lágrimas en la lluvia. Es hora de morir.**

Y sin más, se lanzó como un rayo pendiente abajo, con una furia y una velocidad que ni en mis mejores momentos llegué jamás a alcanzar. No recuerdo si, en mi asombro, aquel primer día me di cuenta de lo que decía, pero la segunda y la tercera vez y las que le sucedieron yo repetía para mis adentros *Blade Runner* y, sin preocuparme de más, me lanzaba despendolada tras él porque lo único que me importaba, ahora que no me veía, era tratar por todos los medios de que la distancia entre los dos no disminuyera. Fijaba los ojos en sus movimientos para repetir el mismo giro en el mismo punto porque sabía que lo que él hiciera sería lo mejor y lo más rápido para un descenso en una ladera tan difícil como aquélla.

Era un esquiador impresionante, con un estilo impecable, aunque demasiado acelerado para ser perfecto, me decía yo en la frontera de la envidia. Era uno de esos americanos altos y delgados de facciones enjutas, como John Carradine, y llevaba unos esquís larguísimos que precipitaban su carrera en las bajadas largas y pronunciadas. Lo veo aún avanzar a toda velocidad, casi sentado en sus esquís, con las manos apretando los puños de cuero de los palos que mantenía horizontales al suelo bajo los brazos, la

* *Blade Runner,* Ridley Scott, 1982.

cara al viento y el gorro luchando por zafarse de las gafas negras, una imagen que la aceleración convertía pronto en un punto cada vez más lejano. Acababa la carrera con un golpe de cadera que levantaba un semicírculo de nieve polvo como la cola de un pavo real blanco, al tiempo que sin el menor esfuerzo se ponía de nuevo en pie y se subía las gafas a la frente para comprobar sin filtro alguno el lugar donde se encontraba. Por las tardes, cuando ya declinaba el sol, entrábamos en un refugio de montaña y nos tomábamos un *schnaps* que nos devolvía el calor y nos ponía las mejillas coloradas y el ánimo propicio al entendimiento y la unión.

Pero era un hombre de pocas palabras, y por otra parte poco tiempo había para charlar. Nos acoplábamos a un orden establecido tácitamente en el que nos movíamos con perfecta comodidad: el que iniciaba un descenso sabía que el otro le seguiría pero no le adelantaría ni buscaría otros atajos sin avisar. Y así fuimos conociendo la región día a día encadenando las pistas que a veces nos llevaban tan lejos que había que tomar un tren para volver al hotel.

Uno de los últimos días del cursillo, cuando estábamos decidiendo el descenso que más prometía, no sé si acuciado por alguna necesidad urgente o por mero capricho, me dijo que él se adelantaba porque quería probar una pista de nieve virgen y nos encontraríamos en la estación del segundo pueblecito del valle. Y señaló a lo lejos unas casitas alrededor de la glesia casi hundida en la nieve.

—¿Podrás ir sola? —me preguntó.

—Sí, claro —respondí.

Y, entonces, poniendo una cara que al principio no reconocí pero que enseguida comprendí que quería ser de Bogart —aunque sin cigarrillo ni sombrero ni ojeras en sus ojos azules—, dijo con una sorna que a todas luces había aprendido en la pantalla:

*—Si me necesitas, silba. Ya sabes cómo se hace: juntas los labios y soplas.**

Durante un buen rato estuve hurgando en la memoria para recordar de qué película lo había sacado, hasta que quizá apurada por el frío se hizo la luz: ¡Lauren Bacall en *Tener y no tener*!, exclamé relajada y salí de estampida para que me encontrara en la estación, fuera el que fuera el motivo de su aislamiento.

Por las noches, en el hotel, apenas nos veíamos, ocupado él en su mujer y yo en el hombre que sólo por pura dedicación me había acompañado pero que ni sabía ni quería esquiar y se pasaba los días jugando al bridge, decía, con otros acompañantes tan poco deportivos como él. Sólo el último día, en la fiesta de despedida, bailamos más tiernamente de lo que nuestras parejas habrían esperado de nosotros y nos dejamos llevar de la nostalgia que ya nos producía la despedida inminente.

En el último momento, cuando ya nos habíamos dado las direcciones y habíamos apurado la última copa en la barra del salón con el taladro de sus miradas en la nuca, su mujer desde lejos le hizo un gesto admonitorio. Entonces se acercó más todavía a mí, me miró de arriba abajo con los ojos medio cerrados y un rictus de suficiencia en la boca, y con una voz oscura y profunda que jamás le había oído susurró marcando cada sílaba:

—Estás muy bonita esta noche, querida.

Se levantó para irse, y cuando ya iba a desaparecer entre la multitud me miró de soslayo y añadió:

---

* *Tener y no tener,* Howard Hawks, 1944.

—*Nos veremos al amanecer.*

Lo tomé como una broma para quitarle hierro a la despedida y seguí con mi copa. Aunque recuerdo mi último pensamiento antes de subir a la habitación: ¡Qué raros son los hombres!

El amanecer tardó cinco años en llegar. Cinco años de correspondencia regular en la que ni una sola vez recurrió al cine americano, ni siquiera para decirme en qué película Robert Mitchum frente a una valla había pronunciado las palabras con las que me había dicho adiós. Vivía en Viena con su mujer y sus hijos y trabajaba para el Gobierno de los Estados Unidos de América, me explicó pomposamente en una de las primeras cartas. Escribía en un inglés tan literario y tan exquisito que surgía de sus frases una melodía de tiempos y cadencias como si la carta siguiera el ritmo de una sinfonía o de una historia, con su argumento, con un punto de inflexión, o de tensión, de tal modo que las palabras de despedida, que arrastraban todo el lastre de su discreta añoranza, no eran sino el desenlace del conflicto en que había desembocado la trama de la carta. Encadenaba el color de las hayas de los otoños vieneses con la nostalgia de su Michigan natal, y la melancolía de los atardeceres o el canto del mirlo que le despertaba cada mañana, para acabar sondeando en la fugacidad de la vida cuando pensaba en sí mismo o en la inexorable perversión de los humanos tan enfrentada a su apremiante e inocente afán de encontrar el bien y la belleza. Yo me gozaba en ellas y le contestaba, nunca antes ni después de los dos meses como hacía él, procurando, igual que con el esquí, mantener una distancia respetable con la calidad de las suyas, hasta que no sé si por la pulcritud y el esplendor con que desarrollaba los argumentos morales, políticos y sentimentales, o por el ansia que yo ponía en encontrar en las profundidades de mi mente y de mi corazón cuestiones que no le decepcionaran, poco a poco su imagen fue alcanzando unas dimensiones que, tal vez coincidiendo con el epílogo de los tres años de convivencia con aquel amor que me había acompañado a Davos, lo convirtieron en un ser doblemente incitante y atractivo. Llevábamos ya diez o doce cartas en un sentido y en otro cuando me anunció que volvía a los Estados Unidos, a Washington, donde quería dejar la Administración y abrir su propio bufete, y añadía al final de la carta que había decidido separarse de su mujer.

Al cabo de un año más o menos, la revista donde yo trabajaba me comunicó que a la semana siguiente debía ir a Nueva York a cubrir la información de la toma de posesión del nuevo alcalde de la ciudad. Le mandé un telegrama para anunciarle que cuando acabara el trabajo iría a Washington y a las pocas horas me llamó por teléfono, lo que no había hecho nunca, para decirme al principio con evasivas y luego más claramente que no me extrañara si alguien indagaba en mi vida y en mi pasado o si al llegar a Nueva York me retenían en el aeropuerto, porque cuando estaba en Viena había trabajado para la Central Intelligence Agency y, aunque su situación había cambiado, la CIA tomaba sus precauciones por una simple cuestión de seguridad. Me dejó atónita porque me parecía contradictorio con el proceder de la Agencia que una persona que hubiera trabajado para ella lo confesara sin más, pero atareada con el viaje y el trabajo y como nadie vino a casa a investigar mi vida ni me detuvieron en el aeropuerto, lo atribuí vagamente a su mitomanía cinematográfica que esta vez le había convertido en una prolongación doméstica del Tercer Hombre, y no volví a pensar en ello.

Hasta que, una vez en Washington donde llegué sobre las nueve de la noche, y mientras corríamos por la carretera que va del aeropuerto a la ciudad y después por avenidas y calles desiertas, no me hizo falta recordar ninguna película para darme cuenta de que efectivamente nos seguía un coche.

Era el mes de febrero más frío que yo he conocido y creo que uno de los más fríos que se recuerdan en los Estados Unidos. La nieve se había helado en los parterres, en los parques y en las alcantarillas. Pero aun así me hizo visitar el Jefferson Memorial y el Lincoln Memorial en plena noche, sin tener en cuenta que en esos altozanos el viento gélido del Potomac se filtraba entre las columnas tan cortante como el filo de una navaja. Se empeñó en que viera con mis propios ojos el principio del discurso que Lincoln pronunció en Gettisburg grabado en la pared, que él leyó en voz alta, como si yo no fuera capaz de hacerlo, con el mismo orgullo que al día siguiente me llevó a la Casa Blanca y en la Smithsonian Gallery me mostró un tazón de 1812.

El coche nos siguió sin tregua ni descanso y él pareció no enterarse, y sólo lo perdí de vista cuando llegamos a su casa, en Maryland, y entramos en el jardín y en el garaje.

Yo tenía hambre porque todavía no había cenado y acepté un vaso lleno de un licor espeso y amarillento parecido a un batido que me ofreció casi en el mismo momento de entrar en la casa.

—¿De qué está hecho? —pregunté.

Y él, mirándome a lo Bogart, respondió:

—*De la materia con la que se hacen los sueños.**

Pero no estaba yo para citas cinematográficas en aquel momento y me puse aún de peor humor. Había imaginado que me llevaría a cenar, que habría velas sobre la

---

* *El halcón maltés,* John Huston, 1941.

mesa y nos tomaríamos una botella de vino para inaugurar ese nuevo episodio de nuestra relación que yo tácitamente había aceptado. Pero nada de esto había ocurrido. Tras las palabras de los padres de la patria y el recorrido por su casa, jardín incluido, me fue dado a conocer el gato, un ser gordo, siniestro y ronroneante que no hacía sino maullar a todas horas y que había dejado la casa impregnada con la fetidez de sus secreciones más vergonzantes.

Desde que había bajado del avión no había habido entre nosotros la más mínima manifestación de cariño, ni me parecía que este hombre fuera el que había escrito aquellas maravillosas cartas que me habían hecho soñar. Además me adjudicó una habitación lejos de la suya y aunque quiso entrar conmigo estaba hasta tal punto distante que para disuadirle esgrimí el pretexto del cansancio y le di un beso casto antes de cerrar la puerta, porque estaba segura de que no iba a transcurrir la noche como yo había esperado ni era posible a estas alturas que lo imprevisto se introdujera en nuestras vidas.

Estaba casi dormida ya cuando llamó a la puerta. Encendí la lámpara a tiempo para verle entrar y cerrarla tras de sí con mucho sigilo. Llevaba un batín de seda rojo y sobre el cuello había vuelto cuidadosamente el del pijama, un mechón le caía por la frente, tenía las manos en los bolsillos y un rasgo irónico de la boca, entre tierno y cínico, acompañaba sus ojos sonrientes. Pero era en vano porque de todos modos le falta la línea del bigote, me dije escudada en mi irritación.

Se acercó a la cama y se quedó de pie, mirándome. Yo no sabía qué hacer. Al rato cambió la expresión de la cara sólo para decirme que tendríamos que ser muy cautos y no podríamos hacer ruido, y mencionó algo referente a los hijos que no comprendí.

Me levanté y me puse esa bata, también de seda haciendo juego con el camisón, que todas las mujeres americanas tienen siempre a punto a los pies de la cama y que yo había dejado allí, como ellas, quién sabe si anticipándome a la situación. Incluso me abroché con cuidado el cordón del cinturón, tal vez para ganar tiempo porque no sabía a qué venía esta complicidad tan de repente.

Yo no había visto a sus hijos ni podía comprender dónde podían estar, me había enseñado hasta el último rincón de la casa pero no había ninguna habitación de chicos. Por eso le pregunté en un susurro:

—¿Están aquí tus hijos? ¿Te preocupa que se despierten?

Había recuperado la expresión de Clark Gable y, antes de cogerme por los antebrazos, atraerme con ellos hacia su pecho y aplastar sus labios absolutamente cerrados sobre los míos hasta hacerme daño, dijo enarcando una ceja:

—*Francamente, querida. Me importa un bledo.**

No había más luz que la de la mesita de noche y la situación era un poco violenta. Él, tras el beso, quizá esperando a que yo me hubiera rendido, seguía de pie un poco desconcertado. Yo no tenía idea de lo que iba a hacer a continuación, pero estaba segura de que por mi parte no había la más mínima intención de jugar al amor aquella noche. Así que, armándome de valor, procuré hacerle comprender que estaba cansada, que el trabajo y el viaje me tenían agotada y le pedí que se fuera por favor, que mañana sería otro día. Al instante la expresión de su rostro pasó de la ironía altiva de su héroe al desencanto y la tristeza. Me dio lástima pero poco podía hacer más que insistir:

---

* *Lo que el viento se llevó,* Victor Fleming, 1939.

—Lo siento, no lo tomes así, estoy cansada, de veras.

Él no se movía.

Busqué algo más convincente y le acaricié con cariño el pelo:

—¿Te duele que te haya dicho esto?

Reaccionó inmediatamente, adquirió una expresión drámatica y trasladando la acción al desierto dorado de Arabia, como si realmente una cerilla encendida se le hubiera consumido entre los dedos, dijo con fingida naturalidad:

—*Lo importante no es que duela, lo importante es que no te importe que duela.**

¡Vaya!, pensé, otra vez con las mismas. Me quité la bata, me metí en la cama y me di la vuelta para que comprendiera que no estaba la noche para cine.

Sin embargo no se fue. Yo intentaba adivinar qué estaba haciendo pero ningún ruido rompía el silencio. Se había sentado en la cama y permanecía inmóvil sin que se oyera, ni movimiento alguno acusara, su respiración. Al poco rato sentí su mano sobre la espalda. A punto estuve de volverme furiosa, pero esperé. No más de unos minutos. Se movía con tal suavidad y ternura que lentamente me di la vuelta y sus manos, tras el movimiento, siguieron acariciando el cuello y los hombros. La expresión había cambiado de nuevo, los ojos habían perdido la rigidez de la mala interpretación y reconocí en su mirada reposada y tranquila la del hombre que me había dirigido aquellas cartas cuyos mejores párrafos sabía de memoria. Sin hablar, sin decir nada que justificara el cambio repentino, me transmitió tal confianza que, antes aún de que hubieran encontrado sus manos el calor de mi cuerpo, el deseo se había agolpado en mi boca

---

* *Lawrence de Arabia,* David Lean, 1962.

que acerqué a la suya para comprobar la dureza de sus labios. Eran suaves ahora y mórbidos, y nada resultó más fácil que abrirlos y acoplarlos a los míos.

Fue una noche hermosa pero extraña y basculante, en la que hice el amor con él y con una serie de personajes cuyos rostros veía y cuyas voces oía pero que carecían, por lo menos en la versión de mi nuevo amante, de su apasionamiento y entrega. A las tres de la madrugada, cuando ya estábamos agotados los dos, se levantó de la cama, se puso de nuevo el pijama y el batín sin preocuparse ahora del cuello y, volviéndose hacia mí, tomó entre sus manos mi cara, y con su propia voz y la afable expresión de sus ojos azules, me dijo:

—No habrás pensado que quería forzarte, ¿verdad?

—No, de veras —dije yo—, sabes bien que no.

Y ya iba a besarle de nuevo cuando repentinamente todo volvió a cambiar, se puso en actitud dramática y dijo como si reconociera su culpa:

—*Está bien, ¡soy un hombre!**

A veces se nos ocurren las respuestas cuando ha pasado la ocasión de decirlas. Pero en este caso no fue así. Casi sin darme cuenta pronuncié las palabras con que Joe E. Brown había desbaratado el último de los pretextos de Jack Lemmon, con la misma naturalidad que si hubiera estado representando yo su papel en *Con faldas y a lo loco:*

—*Nadie es perfecto* —dije simplemente.

Y, por la dulzura de su expresión, por la forma en que me miró desde la puerta, sin decidirse a soltar la mano del pomo que la mantenía abierta, comprendí que más que aquella noche de amor que le había arañado a la suerte, me

* *Con faldas y a lo loco,* de Billy Wilder, 1959.

agradecía la facilidad y la exactitud con que había respondido a esta nueva cita.

Nuestro encuentro siguiente fue en París, tres años después. A pesar de que sus cartas habían seguido siendo igualmente esperadas y deliciosas y de que tenía fotografías suyas recientes que él mismo me había enviado, al verle en el aeropuerto apenas lo reconocí. Aquellos ojos azules que habían tenido tantos atisbos de ternura y devoción andaban extraviados por el recinto del aeropuerto en unas órbitas que le quedaban demasiado grandes y apenas recuperaban la calma cuando casi por azar coincidían con los míos. Había adelgazado de forma tan alarmante que le hacía parecer más alto aún y en el formal abrazo de la llegada sentí el roce de sus huesos bajo la camisa como un desgarro. Después, sin darme tiempo a respirar, me agarró los antebrazos con sus manos poderosas, echó hacia atrás los codos y estampó sus labios contra los míos en uno de aquellos besos fríos de la pacata cinematografía de los cuarenta con que me había sorprendido la primera vez. Luego me soltó y habló:

—No dices nada. *Dime una mentira.*

—*¿Qué quieres que te diga?* —respondí un poco distante.

—*Dime que me quieres.*

—*Te quiero.*

—*Dime que me has estado esperando todos estos años.*

—*Te he estado esperando.*

—*Gracias. Muchas gracias.**

---

* *Johnny Guitar,* Nicholas Ray, 1954.

—De nada —añadí saliéndome del guión. Pero sin saber por qué esa referencia a *Johnny Guitar* me produjo mucha más tristeza que decepción. Lo tomé del brazo casi con la sensación de guiar a un inválido o abrirle el camino a un niño y lo llevé al hotel que él mismo había reservado. Estaba muy parlanchín y no cesaba de hacer gestos y guiños acompañados de frases de películas que yo ya no reconocía. Abrió de pronto la maleta como si recordara algo y me entregó un paquete, «un regalo que te he traído de América», dijo. Le quité el lazo y el papel y encontré una camiseta blanca con la inscripción *Pretty woman.* Él sentado en un rincón me miraba, y cuando fui discretamente al baño a probármela le oí cantar a voz en grito: *Pretty woman walking down the street, pretty woman...*

De nada sirvió que intentara hacerle callar. No parecía verme ni oírme, y sólo cuando terminó la estrofa recuperó un poco el sentido, se acercó a mí y me besó en la frente, con los ojos en otra parte pero no ido sino consciente tal vez del arranque que le había llevado lejos de allí, aunque sin osar hablar de ello.

Sólo pasamos dos noches en París de las seis o siete que habíamos previsto y en las dos, excepto algún momento en que su presencia se hacía evidente, vagaban su mente y sus gestos, la mirada de sus ojos y hasta el latir de su corazón, por una sangre que no era la suya y que bien a las claras se veía que tenía dificultad para adaptarse a su propia circulación. Parecía a ratos darse cuenta de ello. La primera noche ya nos habíamos dormido cuando de pronto me desperté y lo encontré sentado en la cama, envuelto en el acerado pavor de su incipiente clarividencia que, de todos modos, sólo sabía expresar por boca de otro:

—*Se me va la cabeza, se me va la cabeza, me doy cuenta.**

Intenté despertarle de ese ensueño sin lograrlo. Repetía incansable *my mind is going, I can feel it, I can feel it, I'm afraid,* con la pausada desesperación del condenado que asiste impotente a su propia destrucción, a la desconexión de su mente. Y más tarde cuando ya pareció haber vuelto a la cordura o a lo que de ella quedaba, procuré desembarazarle de un tormento que no era visible en su trágica complejidad y que sin embargo no dejaba de atenazarle más que cuando se sumergía de lleno en su propia alucinación. Arropado con mis besos y caricias, al cabo de un momento se acostó, apoyó la cabeza en el almohadón y se quedó dormido.

Durante el día la angustia no afloraba pero él desaparecía de mi lado para convertirse quién sabe en qué o en quién, y soltaba unas parrafadas que, aun no teniendo trazas de locura, nada tenían que ver ni conmigo ni con él ni con la situación que estábamos viviendo.

La noche siguiente ocurrió algo parecido, sólo que esta vez al despertarme vi que había ido al baño, la puerta estaba abierta y él, frente al espejo del lavabo, tenía clavados en su propia imagen esos ojos tan acerados que se le ponían a veces y repetía sin cesar:

—*¿Me hablas a mí? ¿Me estás hablando a mí?***

Tal vez fuera sugestión pero me pareció que se le había puesto cara de De Niro en *Taxi Driver* y me asusté. Por él, que seguía ante el espejo ajeno a mi presencia, y por mí que ya comenzaba a verle como él se veía.

---

* *2001: una odisea del espacio,* Stanley Kubrick, 1968.
** *Taxi Driver,* Martin Scorsese, 1976.

No sé si en París nos siguió el mismo coche que en Washington, no sé si aquél había sido realmente un coche de la CIA o de alguien de su familia que le vigilaba a todas horas, nunca supe de verdad por qué se había separado de su mujer, qué razón le había llevado a dejar su trabajo, ni dónde vivían esos hijos que decía tener en su casa y por los que no habíamos podido compartir la habitación en Washington, pero algo extraño debía de ocurrir porque al día siguiente aparecieron en el hotel dos hombres jóvenes con aspecto de burócratas que dijeron ser uno el hijo mayor y el otro un hermano suyo. Al verlos, él dejó de hablar como quien se parapeta en su propio silencio, y se diría que de algún modo secreto e incomprensible para mí se dio por vencido, no sabría decir a qué ni a quién. En un aparte muy difícil de conseguir, porque atenazado por el miedo no se movía de mi lado, me dijeron que su mente estaba muy débil y que había que vigilarle a todas horas. Que desde la separación del matrimonio había mostrado síntomas de una esquizofrenia que no hacía más que aumentar con los años. Que estaba en tratamiento psiquiátrico y bajo vigilancia, y se detuvieron un instante confusos sin precisar por parte de quién. Que había huido de casa hacía unos días, le habían encontrado por la agencia de viajes donde había sacado los billetes y reservado el hotel, y tenía que volver inmediatamente con ellos a los Estados Unidos para seguir el tratamiento y porque no era bueno para él ni para nadie que anduviera por el mundo sin control alguno. No es que hasta ahora hubiera dado muestras de ser peligroso, pero los médicos no podían responder de un comportamiento que cada vez mostraba más síntomas de trastorno.

No servía de nada resistir, ni siquiera sabía si convenía o si quería prestarme a ello. Pero logré que le dejaran acompañarme a la estación donde yo tomaría el tren de noche para volver a Barcelona. Dijeron que ellos nos seguirían en otro coche y regresarían con él al hotel para llevarle a Washington en el avión que habían reservado para el día siguiente.

Él volvía en aquel momento y yo lo llevé conmigo a la habitación mientras hacía el equipaje. Al darse cuenta de que me iba debió de creer, con muy buen criterio, que la culpa era de ellos, de esos que se llamaban su hijo y su hermano, y convertido de pronto en William Holden, se puso a patear el suelo y a gritar: *Si se mueven, ¡mátalos!, ¡mátalos!**

Le ayudé a sentarse en una butaca desde la que siguió todavía aplastando seres imaginarios unos minutos más. Después, cuando me senté en sus rodillas, se calmó, me envolvió en sus brazos, escondió la cara en mi hombro y me pareció que lloraba. Así estuvimos un buen rato hasta que la inmovilidad y el silencio pidieron un descanso. Me levanté tras cubrirle de unos besos que nunca supe por qué salieron tan apasionados, y todavía hicimos el amor, de pie esta vez y casi vestidos, con una furia contenida y un odio salvaje contra el inexorable destino que se había tomado gratuitamente la mente y el corazón de uno de los dos.

Apenas hablamos durante el camino a la estación. Me ayudó a llevar el equipaje y a instalarme en mi compartimiento. Luego nos convertimos en una pareja más de las que, ajenas al ir y venir de gentes y equipajes y a los pitidos de las locomotoras, no han dejado de despedirse en los andenes bajo las bóvedas de hierro, desde que existen las grandes estaciones de ferrocarril.

Cuando ya el jefe de tren iba cerrando las puertas, antes de subir los peldaños que nos separarían para siempre, me acerqué a él y le susurré al oído:

---

* *Grupo salvaje,* Sam Peckimpah, 1969.

—Adiós, amor mío, cuídate y sé feliz.

Y consciente de que sólo había un homenaje que rendirle, sólo un presente que ofrecerle, y porque estaba claro que eso es lo que se esperaba de mí, añadí:

—*Siempre nos quedará París.**

Me puse de puntillas y le di un último beso en los labios.

Y entonces él, como tocado por un resorte, se puso la mano en el pecho, levantó la cara buscando en algún lugar un ruido extraño que no lograba localizar y con el rostro transmudado y confuso —de él o de ella o tal vez el suyo propio esta vez— que yo adivinaba a través de las lágrimas, preguntó dulcemente:

—*¿Son bombas o los latidos de mi corazón?**

(Inédito)

---

* *Casablanca,* Michael Curtiz, 1942.

Cuando lloró Charo

MANUEL RIVAS

Manuel Rivas (La Coruña, 1957) se ha hecho acreedor con sus relatos del Premio de la Crítica por *Un millón de vacas* (1990) y del Premio Torrente Ballester por su última obra publicada, *¿Qué me quieres, amor?* (1996). Su creación literaria se extiende, además, al ámbito de la poesía —*Baladas nas praias do oeste, Mohicania, Ningún cisne*—, del ensayo —*Galicia, bonsái atlántico* y *Toxos e flores: Humor, destrucción e saudade no reino de Galicia*— y de la novela —*Los comedores de patatas* (1992) y *En salvaje compañía* (1994). Escribe habitualmente en *El País* y dirige la revista *Luzes de Galiza.*

Me llamo Antonio Ventura y soy alcohólico.

Ése era el ritual de presentación en la Unidad de Ayuda y Autoestima de Monelos. Todos habíamos dicho aquella frase como quien suelta un tapón de corcho atascado en la garganta. El tapón rodaba por una ruleta invisible e iba dando turno en la rueda del grupo. Pero durante varios días sentías vértigo y, cabizbajo, posabas los ojos de plomo en el eje, en el justo centro del círculo, rogando a Dios que la rueda no girara en tu dirección. Levantar la mirada, ir descubriendo a los otros, decía el psicólogo, era subir un primer escalón en la vuelta a la vida. A mí me costó mucho, muchísimo trabajo levantar la mirada, quizás porque no tenía ningún interés en hacer esa ruta. Me daba más miedo la gente que la bebida. Lo que pasaba es que había llegado a un punto en que la bebida me hacía ver cucarachas en todas partes, en las sábanas de la cama, en el poso del café y en las hendiduras de las uñas. Y bien sabe el demonio que tengo mucho más miedo a las cucarachas que a la gente.

Antonio Ventura no miró hacia abajo. Dijo que era alcohólico con la resuelta naturalidad de quien se declara dueño de una bodega o de una destilería. Más aún, como quien dice que es católico. Lo miramos con desconcierto y prevención, convencidos todos de que en efecto estaba borracho. Pero no. En realidad, nunca entendí muy bien qué rayos hacía Antonio Ventura en la Unidad de Ayuda y Autoestima, antes llamada Asociación de Ex Alcohólicos. Si yo fuera un tipo sano, si yo fuera como Dios manda, si yo volviera a nacer, me gustaría ser Antonio Ventura.

En las sesiones de terapia, cuando nos tocaba la vez, la mayoría de nosotros sufría para vencer la vergüenza. Yo retorcía las manos sin querer, y los dedos se enroscaban dolorosamente como si fueran nidos de serpientes heridos por la luz. Tenía un estropajo en la lengua y balbuceaba cosas que me arañaban los labios. Enfrente, Ventura deletreaba mis palabras con ansia. Permanecía alerta, ayudando con los ojos, a la manera de un intérprete de sordomudos. Y cuando le tocaba a él hablar en la sesión de terapia, parecía que el mundo dejaba de ser un caos. La vida, en aquel preciso momento, tenía sentido. Y yo sentía sed. Sed de agua.

Un día tocó hablar del llorar. El llorar es bueno, dijo el psicólogo.

La ruleta, felizmente, fue a detenerse en la dirección de Ventura.

Hay muchas clases del llorar, dijo. Pero la primera vez que oí llorar, llorar de verdad, la primera vez que dije esto es el llorar fue cuando lloró Charo A'Rubia en el cine Rex. Ponían *Capitanes intrépidos,* una película en la que trabajaba Spencer Tracy, que también hizo de Thomas Alva Edison, el que inventó la luz. Mucho me gustaba a mí Spencer Tracy cuando inventaba la luz. Bien, pues en la película ésta de *Capitanes intrépidos* el Spencer Tracy hacía de pescador en Terranova. Era la historia de un niño hijo de un padre muy rico que va en un barco que tiene un naufragio y es rescatado por un bacaladero. En aquel tiempo no era como hoy, no había manera de enviar un aviso ni los pescadores podían volver de vacío por muy niño rico que fuera el náufrago. Así que el niño rico tuvo que hacer la marea. Era un auténtico repugnante, el niño rico. No quería echar una mano y amenazaba con las represalias de su padre cuando volvieran a puerto, todo por hacerle limpiar la cubierta o mondar unas patatas. La pesca no se daba bien y algunos hombres empezaron a murmurar que la culpa era del mocoso, que había traído una maldición. Y ahí entra Spencer Tracy, que en la película se llamaba Manuel y era portugués. Pues bien, el Manuel, poco a poco, va haciendo entender al chaval. Con pocas palabras, le descubre un mundo desconocido. El verdadero sentido del valor y del trabajo. Aquellos hombres, rudos y sin estudios, reaparecen a los ojos del niño como héroes. Manuel era para él una especie de Ulises que pescaba bacalao y al tiempo la figura del padre que no había tenido, alguien que le enseñaba a luchar en la vida codo con codo. Tener, tenía padre en tierra, pero no era un Ulises sino un Señor Dólar. El muchacho deja de ser un intruso caprichoso y pasa a ser un *cho,* el niño del barco. Y el pescado viene a manos llenas.

Yo también era un niño cuando vi aquella película, dijo Antonio. Mucho más pequeño que el de la película. Me colgaban los pies de la butaca. Lo recuerdo todo como si fuera hoy. Era la tarde de un domingo de febrero, uno de esos días agripados, de luz enferma, que empalmaban una noche con la otra. El mar golpeaba en el espigón queriéndose echar fuera, con la furia de un garañón coceando las tablas de un corral. Yo tenía un abriguito de cheviot con los bolsillos muy hondos y, camino del cine, no sacaba las manos, bien apretadas las monedas de real, por miedo a que me las llevara el viento del norte como dos petirrojos.

Y allí estábamos todos ahora, metidos en la oscuridad del cine Rex, encogidos en las butacas, con las llamas de la pantalla lamiéndonos la cara. El pescador Manuel tocaba una zanfoña y le cantaba al niño rico con un cariño que nos daba envidia.

¡Ay mi pescadito deja de llorar!
¡Ay mi pescadito no llores ya más!

Y fue entonces cuando lloró Charo A'Rubia.

Era al principio un llorar manso que se confundía con la zanfoña. Me di cuenta porque ella estaba muy cerca, justo a mi lado. Cogió un pañuelo blanco y trató de contenerse tapando los ojos. Pero el llanto iba a más, hasta que los sollozos desbordados ocuparon todo el cine como si hubieran salido de la misma pantalla. Las cabezas giraron hacia ella pero luego volvieron a su sitio. Los mayores llevaron el índice a los labios para acallar las preguntas inquietas de los niños. Lloraba Charo A'Rubia y hasta pareció que Spencer Tracy dejaba la zanfoña para mirar con pena nostálgica hacia el patio de butacas. Recuerdo estremecido aquel llanto, el mar de lágrimas cayendo sin consuelo, salpicando mi abriguito de cheviot.

El hombre de Charo A'Rubia había muerto dos años antes en Terranova. Todo lo que recuerdo de él es que tenía unas manos enormes con cicatrices en las yemas de los dedos. Me llamaron mucho la atención porque yo había visto esas manos ofreciéndoseme a modo de cuenco lleno de caramelos. Más tarde me contaron que él mismo se había hecho aquellas heridas, abriendo a navaja la carne para que con la sangre caliente no se le helaran las manos un día de frío polar en Terranova.

Charo A'Rubia era mi madre, dijo Antonio Ventura. Fue la primera vez que lo vi cabizbajo en la sesión de terapia de grupo, como si hubiera soltado de la garganta un maldito tapón de botella.

(Inédito)

La gran ola

JUANA SALABERT

Juana Salabert nació en París en 1962 y se licenció en Filología francesa en la Universidad de Toulouse Le-Mirail. Ha publicado *Varadero*, en donde despuntaba ya una narradora de irrefutable calidad literaria, y *Arde lo que será*, obra con la que ha quedado finalista del Premio Nadal. Actualmente colabora en diversos medios periodísticos.

La ola era enorme, una pared de agua grisácea, tromba rugiente avanzando como un galeón fantasma emergido de una sima infernal. Avanzando a tantos nudos por minuto desde la claridad lejana, su estruendo ahogaba las inútiles palabras que dibujaban los labios de la mujer asiendo con ambas manos el cuerpo del hombre. Breves, agolpadas sílabas lanzadas a quemarropa por quien se sabe ya del lado otro de las brumas, presa inminente de los espejos fatídicos, de leyenda, que nada otorgan ni reflejan. Vocales y consonantes arrastradas por el son embravecido del agua elevándose hasta más arriba del acantilado aún distante... Tantos nudos, ya, por segundo, falta poco... Palabras estrellándose cual peces dentro de la red para decir no el olvido, el no regreso... Palabras, en fin, de amor y despedida, palabras de Jennie. También esas palabras sucumbían en su sueño. Las que la gran ola se llevó consigo, las que *ella* no había pronunciado cuando se levantó, calmosa, el bolso entre los dedos finos y sin anillos, de la butaca. «Vuelvo dentro de un momento.»

Pero Jennie no había mentido, y el pintor supo de inmediato que no iba a volver, que iba a perderla definitivamente, junto a un oscuro acantilado donde despertaría horas después con un chal, *su* chal, liviano y húmedo entre las manos apretadas en un gesto de dolor y de ausencia ciegos.

Durante mucho tiempo había envidiado al pintor, acaso porque él no fue engañado y logró dejarse infiltrar por la pérdida sin que ésta le emponzoñara hasta el recuerdo más mínimo dibujado en una memoria de cruel y prodigiosa exactitud.

Palabras de amor y ansia, palabras de adiós proferidas por una mujer que no existe ni aun en el blanco rectángulo donde se incardinan y encabalgan las historias, los seres moviéndose al trasluz en el país sin nombre de la pantalla. Palabras de Jennie, que fue niña y luego mujer de niebla, aire nada más, en cumplimiento de una promesa dada a un pintor sin éxito, en una mañana helada neoyorquina, una mañana atravesada por patinadores de Central Park bajo el enramado de árboles desnudos. «Te prometo que creceré para ti.» Palabras de un fantasma, palabras de Jennie.

La película que daban esa tarde, 5 de abril de 1953, en el cine Fantasio se llamaba *Retrato de Jennie* (echaban otra primero, pero llegaron tarde y decidieron no entrar, «mejor merendamos algo en Arranz y nos metemos en la segunda», dijo ella). Con Jennifer Jones y Joseph Cotten. También recordaba el nombre del director, William Dieterlich se llamaba, estuvo tantas horas aguardando en el vestíbulo hasta que llegó la policía (su padre trabajaba de noche, con voz temblorosa explicó que era revisor de trenes de largo recorrido, localizarlo iba a resultarles tan difícil), tantas horas junto a los dos acomodadores de pelo blanco y chaquetas raídas, la taquillera vieja y la regordeta y llorosa mujer de los lavabos que le dio tiempo a aprenderse el programa de memoria. La tarde en que ella se marchó para siempre, levantándose de su butaca apenas se izó la gran ola en el fondo de la pantalla. Se inclinó hacia su cuello de niño y le susurró «vuelvo enseguida», él asintió en la penumbra de la sala, sin saber que estaba aspirando por última vez el aroma incierto de su agua de Colonia mezclada con el olor al chocolate algo terroso que habían llevado desde casa. «Vale, mamá.» Su pelo, una media melena oscura dividida en ondas modeladas noche tras noche con las tenacillas, le había rozado una mejilla al salir, camino del pasillo central cuya rala moqueta amortiguaría el sonido de sus altos tacones de tafilete tan criticados por las adustas vecinas que la acusaban de «darse aires de reina, de gran señora», de «estar siempre en Babia, en otra parte, como si no tuviese nada que ver con nadie y se creyese superior al resto»...

Pero ahora, en su sueño, era el pelo de Jennie acariciándole la mejilla, *llega la gran ola, mi amor, más deprisa, he de irme y no regresaré, nunca se vuelve del lugar adonde yo retorno, el lugar al que pertenecí y del que escapé para crecer para ti, bésame deprisa, no sientes el agua que viene, el agua que me llevará, bésame rápido, mi amor, no me olvides, adiós, amor mío.* El pelo de Jennie, tan suave como los filamentos de un pincel mojado, el pelo de Jennie enroscado contra su rostro, oliendo como el interior de una caracola, en el sueño no cerraba los párpados, los aplastaba contra esa tibieza salina y esponjada, en vano trataba de sujetar sus codos frágiles de fantasma enamorada, y sus propias y no pronunciadas palabras se enquistaban en su mente como agujas al rojo, *porque tú estás y no estás, en la pantalla y en el mundo, y no existes ni en uno ni en otro lugar, y en ambos tienes siete y diez y catorce y veinticuatro años para siempre, no morirás, tú la no vida, el ensueño escondiéndose siempre en otra parte, esa que no alcanzo a divisar, no morirás porque no fuiste, sólo para hacerme en ti, tú en blanco y negro y llena de todos los colores, tú que vas a enseñarme la ausencia, el pictograma del dolor, la rabia y la dicha, tú el agua infinita, tú el espejo solitario posado sobre el acantilado y el mundo para no reflejarlos, tú el aire cortado por cuchilla de patín, tú la adivinanza del deseo, tú que no morirás, tú desapareciendo, ahora, sí, en un segundo, a tantos nudos por.* Y de pronto qué nítidas surgían las palabras de Jennie en su sueño, maremoto, nuevas palabras nunca captadas en la cinta jamás vuelta a ver de *veras,* una súplica gozosa... *crece tú ahora para mí... cuando yo no esté.* La gran ola llegaba y lo arrastraba todo, derruía las paredes del cuarto de alquiler, hacía añicos la lámpara verdosa sobre la alfombra con quemaduras, destrozaba la bajada persiana, arrancaba el vidrio emplomado del breve ventanuco...

Y el hombre despertó a la luz diurna, sobrecogido sobre el cubrecama de flores amarillentas, se frotó los ojos, tiritando, estuvo a punto de farfullar «mierda» al constatar su erección, pero en vez de ello sonrió y dijo, en voz muy alta, «Jennie», y luego «madre». Le dolía espantosamente la cabeza. Lo aquejaba una resaca atroz, pero no tenía que embarcar hasta el amanecer siguiente, y volvió a sonreír, tranquilizado. Ya hacía mucho que dobló el cabo de los siete años, y no obstante... Entonces recordó el motivo —absurdo, sin duda, pero ¿acaso no lo eran todos?— que lo impulsó a embriagarse ciegamente la noche anterior por bares desconocidos, de luces agrias de neón y clientela demasiado joven y estridente, y supo otra vez del envite de una colérica tristeza. Cualquier cosa menos sucumbir a eso, se dijo de repente lleno de angustia... Y saltó de la cama, encaminándose hacia el infiernillo con furiosas zancadas, igual que si recorriese la cubierta bajo una fuerte ventisca. Pero su mente seguía visualizando el cartelón, algo desteñido por las lluvias, que proclamaba, donde antes estuvieron las altas letras de hierro del rótulo del cine Fantasio, el nombre, odiado al minuto, de Bingo Majestic.

Se había quedado mirándolo con aire absorto, estupidizado. Era miércoles... Como aquel 5 de abril de 1953.

Siempre que recalaban en su ciudad natal, donde ya no le quedaba nadie y donde seguía manteniendo un cuarto alquilado en una fonda del centro, no lejos de la casa de la infancia, se precipitaba al cine Fantasio, como guiado por una ciega voluntad ordenándole un recorrido que hubiese podido cumplir aun con los ojos vendados. No miraba a su alrededor, ajeno a la cambiante fisonomía de unas calles que, luego de la reconversión naval y del cierre de los astilleros, habían cobrado un brusco e irremediable aire de decrepitud y deterioro. Toda la ciudad transmitía una impresión de enfermedad mal disimulada, algo bien discernible bajo su apariencia intacta y el rumor de sus avenidas de altos edificios, sucios de un gris invadido por el blanco de los carteles donde se repetían con insistencia lacónica los «se vende», los «en venta», pero él no lo advertía porque caminaba hacia otra ciudad, tan muerta como un continente de leyenda yéndose a pique, la ciudad de la niñez, y hacia el día exacto en que Jennie fue conminada a acatar su destino inamovible, el que la arrojaría a ese lugar de donde no se regresa, y hacia la hora precisa en que ella se levantó de una butaca roja de cine y le murmuró al oído ese «vuelvo enseguida» que todavía hoy sonaba, monocorde cual toque de reloj, dentro del caparazón de algunos de sus sueños. Caminaba solo (sus compañeros lo apodaban *Lobo Estepario* sin verdadera malevolencia, pues apreciaban su reserva y la dura serenidad de sus gestos y sus actos), y llegaba ante la taquilla y compraba dos entradas, sin fijarse ni por asomo en el título proyectado; últimamente se trataba casi siempre de películas porno, filmes clasificados X que él no veía porque nada más entrar cerraba los ojos e hincaba las uñas sobre el roído y brilloso terciopelo del asiento, sin enterarse siquiera de los hombres revolviéndose unas filas más atrás, solos o en compañía de mujeres de manos elásticas y cansadas de una reiterativa tarea; hincaba las uñas, los párpados apretados, muy recto contra el respaldo viejo, alzando la barbilla para *ver* mejor porque tenía siete años y a esa edad si alguien se pone delante... Cuando era más pequeño, *ella,* su madre, doblaba el abrigo sobre la butaca y le urgía a sentarse encima, «que protesten, da lo mismo», y la bien modulada voz acusaba un indicio de altivez, revelaba una suerte de exigencia, y quizá —pero *eso* no hubiera podido entonces fijarlo, reconocerlo— una apenas disimulada queja por una vida cotidiana que en nada se asemejaba a la de las películas que devoraba cinco veces por semana con ansiedad de adicta. («Mi mujer siempre fue muy exigente, siempre soñaba con... qué sé yo, otra cosa mejor, no es que se quejara, pero... estaba siempre como ida, y yo...»; mientras hablaba, de pie en esa comisaría donde él durmió dos noches, junto a hombres de uniformes grises que fumaban sin parar y manoseaban naipes hasta la extenuación, hasta que lograron localizarle en la estación de Port Bou, su padre retorcía la gorra entre sus dedos y lo miraba dudoso, con el aire de contemplar una aparición. «De manera que te dejó tirado en ese cine...», dijo por fin, vacilante. Y él había vuelto la cara hacia la pared, mecía las piernas sobre el banquillo de madera mugrienta cuando escuchó, por encima de los ruidos del transistor llegados de otro cuarto, la voz de alguien diciéndole «no llores, chico, los hombres no lloran». Una voz fría y cascada, de una petulancia que recusó al minuto. Y enseguida habían tenido que sujetarlo, se había lanzado contra esa voz a patada limpia, todo él manejado e impulsado por un odio también frío y cascado...) Pero todo eso quedaba fuera, excluido sin ambages, apenas se instalaba en su asiento para esperar a Jennie, y escucharle prometer, con su aguda voz de niña, «creceré para ti». Ésa era la verdadera película, la que su interior recobraba una y otra vez, y en ella olía a escarcha y a mañana neoyorquina de invierno, y a diarios voceados en Central Park por voces rápidas y alegres, y a salitre y a marejada preludiando pérdida y peligro, y a lienzo embadurnado donde iban surgiendo los rasgos de la mujer arrebatada que no existía y sin embargo existió más de lo que nadie podría hacerlo nunca, los rasgos exhibidos años después en una sala de museo. Aguardaba a Jennie en cada ocasión del modo en que se aguarda una demoledora certeza, un destino, la veracidad de unas palabras donde la mentira y el engaño y el subterfugio no tienen hueco ni cabida. «Creceré para ti.» Había cumplido una a una cada palabra, cuánta prisa no se dio en crecer, pequeño fantasma de melena corta que espiaba con inquietud las nubes de un horizonte blanquinegro...

En cada visita, en cada sesión, fue en su búsqueda con la fidelidad de un peregrino; alguien no abocado al incierto porvenir de un sueño, alguien entregado a la promesa. Porque Jennie era la promesa, y en Jennie no existía la soledad.

Pero ahora el cine Fantasio había dejado de existir... El hombre se aproximó a la breve ventana con la taza de café entre los dedos. Dispersas secuencias de la noche perdida revolotearon por su mente. Un entramado de imágenes sin orden ni concierto, de una cualidad tan obscena como inútil. Mientras oteaba la calle mojada, la hilera de árboles, los escaparates de luces encendidas cual reflectores de acuario en el mediodía sombrío, comprendió que no le desazonaba la dificultad de recobrar esas zonas en blanco, el espacio de unas horas donde tal vez llegó a comportarse con un patetismo que en cualquier otra ocasión le hubiese espantado. Creía recordar que en uno de aquellos interregnos, sin duda hacia el fin de la noche, se había echado a llorar sobre el hombro de una mujer desconocida, poco antes de ser expulsado de malos modos de cierto lugar de altos taburetes y suelo cubierto de serrín. Y estaba seguro de no haberse acercado al puerto en ningún momento; en realidad, no albergaba querencia alguna hacia los puertos, solía preferir los tranquilos bulevares con cafés acristalados y mesas de terraza pintadas de blanco donde se instalaba, en los raros días de sol, durante horas, atento al ir y venir de las gentes, distrayéndose en inventarles raras existencias. («Vidas de película», hubiera apostillado su madre, en la boca una sonrisa de anhelo y complacencia.) «El Lobo es un tipo la mar de rarito», decían sus compañeros, y él no intentaba disuadirles, se acomodaba a su reputación de retraimiento y excentricidad con una suerte de secreto orgullo. «Un tipo educado, además»... «Y un buen tipo», alguien siempre dispuesto a escoger regalos para parientes y amigos lejanos, a redactar, en nombre de otros, febriles cartas para mujeres de caras huidizas y rasgos intercambiables, cuyas fotografías rehusaba mirar si insistían en mostrárselas. Desde el día en que su padre, al poco de juntarse con Rocío, apiló todas las fotos de *ella* y las hizo desaparecer, detestaba las fotografías; todos los retratos, aun los aparentemente más *naturales,* se le figuraban retratos de muertos. «Un tipo de muy buen gusto»... Lo había heredado de *ella,* estaba seguro. De ella, que sabía componer como nadie un centro de flores sobre una mesa barata, de ella, que llevaba la ropa de confección con el porte desenfadado de quien se viste a medida, de ella, que entraba en los lugares para adueñárselos al instante, aceptando la intriga en las miradas ajenas como un débito lógico hacia su persona. Sonrió al pensar que nadie, ni su padre, supo nunca de dónde venía ella, nadie le conoció familia ni amigos ni origen. «Ni destino, tampoco», se había esfumado simplemente por el pasillo central de un cine de segunda categoría cuyo programa no consultaba jamás cuando lo llevaba consigo de la mano, a toda prisa y esquivando los charcos para no mancharse las medias tensas. La taquillera y los acomodadores del Fantasio solían hacer la vista gorda en lo tocante a la mayor parte de las películas no toleradas, seducidos quizá por su aire de gratitud y esa desplegada sonrisa que parecía contener mil y una promesas... Otra ficción, resolvió, sin decidirse a abandonar la ventana desde donde miraba sin ver, idéntico a un centinela a punto de sucumbir al sueño atrasado, *«porque tú nunca fuiste promesa, madre. Sólo que nada se asemeja tanto a la verdad como la mentira»*.

Por el contrario, Jennie... Y era de nuevo una extraña felicidad aplacándole el cuerpo saturado de alcohol y horas muertas, a la deriva —¿fue él quien se empecinó en gritar ese nombre por los interiores de unos bares repletos de humo y de gentes con rostros por definir o ya deshechos, él caminando a tumbos, dando tropiezos de náufrago que avanza, playa adentro, por una isla quizá más peligrosa que el *maelstrom* mismo, él siendo echado de todas partes, ora con firmeza, ora con desprecio?—, una rara dicha filtrándose por sus nervios al mero conjuro de esas dos sílabas cuyo son encerraba toda la levedad del aire. Un nombre en claroscuro, transparencia... De pronto se descubría contento, por vez primera le había sido dado escuchar, no ante la pantalla luminosa, sino en el compartimento submarino del sueño, la voz de Jennie, un enfilamiento de palabras que le estaban destinadas. *Tengo que marcharme, amor mío.*

Tenía siete años y aguardaba en el vestíbulo, un botellín de Coca-Cola en la mano, palomitas aún calientes en el regazo, ya no quedaba nadie, hasta los de la última sesión se habían ido, en las miradas ese vago desconcierto que todo espectador pierde nada más ganar la turbamulta de la calle; «Dios mío, qué desgracia, pobre chaval», se lamentaba la taquillera, sin oír su acento tozudo repitiendo a cada diez minutos «mi madre dijo que vendría, dijo que no iba a tardar», el acomodador más viejo meneó la cabeza y mandó a su compañero en busca de un bombón helado, «llámate a la policía de paso», añadió, «ya que no se puede pillar al padre». El suelo del vestíbulo tenía estrellas pintadas, de un color oro que el tiempo había convertido en ocre, y de los muros pendían carteleras y *affiches* de actores, *cowboys* rifle en mano, rubias desenvueltas en pirueta de claqué, pelirrojas en brazos de galanes sobre un horizonte en llamas, tipos con sombreros de ala ancha, pitillo en la comisura de los labios y mirada sagaz, de un cansino escepticismo. Abril empezaba y la noche era fría, comenzó a llover, sentía el rumor del agua contra los batientes de cristal, del otro lado fosforecían las luces del alumbrado; cuando llegaron los dos policías traían los uniformes empapados y el pelo aplastado sobre sus nucas brillaba igual que si se hubiesen vertido encima un frasco entero de fijador. Lo miraron, no verdaderamente curiosos, despedían un olor extraño, a estufas, a cuarto sin ventilar, a gasóleo, a aburrimiento, y él sintió miedo, imaginó los muros de una cárcel, recordó en un segundo que su padre odiaba a la policía, a veces los insultaba en voz baja con los escasos amigos que iban a cenar a su casa una o dos veces al mes. Muy poco antes de que juntasen las sillas, medio a oscuras, y manipulasen los botones de la radio, que sintonizaban muy bajito, en busca de una emisora cuyos locutores hablaban español con marcado acento extranjero... Tardó algún tiempo en comprender que no lo iban a llevar preso, lo intuyó cuando ya casi lo vencía el sueño, la mujer de los lavabos le había estirado una manta encima y le instaba a sacarse los zapatos, sobre el sofá que se pegaba al cuerpo igual que un desatascador de goma viejo de los que su padre le daba para jugar oyó entonces el diálogo de los dos hombres, «menuda pájara debe de ser la chorba», decía uno, y el otro contestó, entre suspiros, «pues habrá que llevarse al chico a comisaría... hasta que lo encuentren, al padre. Seguro que hay un gachó de por medio, ya me lo estoy imaginando, un desgraciado, un pringado con un par de cuernos de aquí a la esquina».

Pero en su reciente sueño —cuyas imágenes lograba asir y empuñar como nunca lograría recuperar sus actos de horas anteriores y ebriedad por el centro de una ciudad que de pronto se le revelaba ajena— no contaba siete años, era un hombre de pie junto a un acantilado, él mismo, con bolsas bajo los ojos y un chubasquero tosco de marino. No Joseph Cotten con sus largos dedos de pintor sin éxito. Él, tratando de retener justo lo que no puede ser retenido, aferrando a una mujer con sus manos nudosas en el centro exacto de la borrasca, bebiéndose palabras que —ahora, sí, ahora, éstas le tornaban con una radical y definitiva claridad que no tuvieron siquiera en la bobina del ensueño— triunfaban del temporal. «Aunque supiera pintar, nunca te pintaría, Jennie», dijo en voz alta. Y le sorprendió la ternura hosca de su voz en la soledad del cuarto. Miró a su derredor, vio la maleta deshecha junto al perchero de madera, el espejo manchado de azogue, la ropa interior apelotonada en un rincón, el cabezal de latón con la pareja de angelotes entrelazados, sus bocas gordezuelas exhibían una mueca de rijosa astucia que le desagradó por vez primera. Se apartó muy despacio de la ventana y tras un segundo de indecisión desechó los cigarrillos de la mesilla. Supo que ése era su último despertar en el cuarto impersonal donde hasta sus útiles —la brocha, el infiernillo, la cafetera italiana, el peine, el vaso metálico con el dentífrico y el cepillo asomando— se le antojaban de repente aportaciones de un huésped desconocido. Un cuarto de nadie... y una sala de cine de butacas arrancadas y telón y pantalla arrojados al basurero, donde ahora habría mesas circulares repletas de cartoncitos numerados sujetos por dedos codiciosos de mujeres y hombres en la frontera de la edad, socios de una clase muy singular de hastío o desamparo. Voces cascadas, de una fría petulancia, cantando bingo en la hora última de las tardes... Ningún olor, ya, a desinfectante de fresa, a chocolate con sucedáneo, a maíz, a manises, a papel de seda envolviendo bollos en forma de glaseada caracola. Pero otro olor, el de los números, el olor frío del dinero, un azar sin jugadas de riesgo. De la pantalla habían llegado entonces tantos olores..., aromas imperceptibles, pero que conseguían ser identificados apenas *uno* se entregaba sin escrúpulos ni miramientos, alegre y veleidoso, perfumes a magnolia, seco relente a pólvora, olor a Colt, a enagua crepitante, a burbujas de *champagne* en la Francia ocupada, a muslo de pollo que Cary Grant sacaba, indiferente, de un refrigerador más blanco que un *igloo*... Y *ella* se había embebido de todos esos olores, tan quieta en su asiento, los dedos retorcidos de avidez... Una tardenoche había susurrado a la salida «qué lenta se pasa la vida», y desde luego no lo hablaba a él, su asombro no le estaba destinado, lo había entendido de inmediato, pese a sus pocos años.

El olor de Jennie, sin embargo... salino y acre, el verdadero olor del deseo. *Tú que no fuiste para hacerme en ti. Tú que no morirás porque no eras.* Ahora ese olor lo invadía por entero, *te he buscado y siempre supe que vendrías, nunca reflejada por espejos, nada parecida a la verdad, tan distante de mentiras.* Ya no había cine, ni refugios donde esperar, anónimo, las vueltas de tuerca de la vida, las promesas y el ruego «no-me-olvides» de un fantasma al encuentro de un destino, la butaca nunca vuelta a ocupar al cabo de los años, desarraigo. *Pero eso ya no importa, amor mío, no sientes el son del agua que vendrá para llevarnos.*

De pie junto a la cama, el hombre cerró los ojos como si un viento levantándose sobre un acantilado los irritase. A sus espaldas quedaba la ciudad, y más lejos el puerto silencioso, con pocos y viejos barcos anclados, y los desocupados merodeando por muelles fantasmales, de repente inhóspitos. Cuando los reabrió parecía más joven y tan viejo, casi una criatura. Y supo que había vencido sin ganancias, la única clase realmente hermosa e intensa de victoria. Supo que a la noche embarcaría, rumbo al gran norte, seis meses entre el agua y el cielo, meridiano del día y de la noche, rumbo a la GRAN OLA prometida, por fin. *Ahora también yo he crecido para ti, no fue fácil, tuve que luchar en tantos frentes.*

Sobre el muro blanco, lienzo por estrenar, pantalla abandonada, espejo que nada otorga ni refleja, la descubrió sin verla, tenía siete, diez, trece, veinticuatro años, y era ella, no su retrato, Jennie que ya nunca volvería, Jennie prometiéndole *LA GRAN OLA* que barre el horizonte.

Madrid, mayo de 1996

(Inédito)

Un deseo

CLARA SÁNCHEZ

Clara Sánchez nació en Guadalajara y reside en Madrid, donde estudió Filología Hispánica en la Universidad Complutense. Ha escrito artículos y cuentos para periódicos y revistas, y ha publicado varias novelas, *Piedras preciosas* (1989), *No es distinta la noche* (1990), *El Palacio Varado* (1993) y *Desde el mirador* (1996), todas ellas acogidas con especial interés por la crítica.

Para Lola Vega

I

La situación en que me encontraba en el verano de mis veintidós años, tras concluir el último curso de universidad, era ésta: no tenía nada aparte de juventud. Subsistía con el poco dinero que periódicamente me enviaban mis padres y con trabajos esporádicos mal pagados en un Madrid repleto de cosas de otros. Por lo tanto, sólo disponía de futuro, probabilidades, proyectos e ilusiones sin concretar, por ejemplo la de una buena vida e incluso la de tropezarme con riquezas y gloria, ocultas en el tiempo en el que me iba adentrando poco a poco.

De momento, el paso siguiente lo iba a dar sin titubear porque los estudios me depositaban con toda naturalidad en unas oposiciones que, de aprobarlas, me depositarían en una estable seguridad. Ahora me sorprende mi poca visión de entonces, el que no supiera distinguir nada más que aquella débil señal y el concentrar en una pequeña esperanza toda la ambición, la energía y el porvenir. Y por eso debió de parecerme una gran suerte que una amiga me ofreciera el lugar idóneo donde estudiar a fondo y sin distracciones.

Se trataba de un apartamento en el último piso de una casa antigua sin ascensor, cerca del Parque del Oeste, con escaleras de mármol blanco y una artística barandilla de hierro forjado. En realidad, en su origen, había sido un piso que los dueños convirtieron en los dos actuales para alquilarlos.

A finales de junio mi amiga se marchó de vacaciones y como ella el resto de los vecinos, y me trasladé allí. Los primeros días fueron muy agradables. Era la única dueña de la casa, del tiempo, de mí, de toda la paz imaginable. Me levantaba temprano y con el café me introducía en el estudio de uno de los temas. Por la ventana entraba el piar de muchos pájaros, que no se veían, y el aire apacible de las ligeras mañanas de verano.

Opté por un atuendo cómodo y monótono: pantalón corto y camiseta de tirantes. Recuerdo que entonces llevaba el pelo corto y de mi color natural, que es oscuro.

A mediodía sentía la tentación de bajar a comprar el periódico; pero como un periódico siempre puede resultar más interesante que un tema de oposiciones, desistía. Por la tarde ya hacía mucho calor para salir, aunque a veces por la noche me decidía a ir hasta algún bar para tomar algo y luego dar un paseo. Los bares solían estar poco animados y las calles también, así que regresaba más bien aburrida.

Hasta que, más o menos al mes, noté que empezaba a desesperarme no recibir cartas ni llamadas, lo que no era de extrañar porque nadie conocía mi actual dirección ni mi teléfono. Y, sobre todo, me alarmaba el continuo silencio que más que paz me ocasionaba inquietud.

Las mañanas eran más humanas, tal vez por la presencia de los pájaros invisibles, en cambio los atardeceres, día tras día, fueron acumulando el vacío de los cuatro pisos deshabitados y me vi obligada a estudiar con la radio puesta a bastante volumen, a la espera del cansancio y el sueño, que cada vez llegaban con más retraso.

Por eso, cuando hacían su tímida aparición, me metía en la cama, apagaba la radio y el flexo y procuraba repasar mentalmente lo último que hubiese leído hasta que me dormía. Sin embargo, al rato cualquier pequeño ruido, a veces el propio estruendo del silencio, me hacía abrir los ojos, que quedaban vagando en la oscuridad de la habitación, más caliente que la oscuridad del universo aunque sin luna ni estrellas.

Una noche, al volver del paseo y dar al interruptor del portal, el silencio o el vacío del que hablo se presentó con la luz y comenzó a ascender por el hueco de la escalera detrás de mí rozándome la espalda como un soplo o una pluma. Me apresuré a abrir y cerrar la puerta y pensé, recobrando la calma, que era la ausencia de los demás la que provocaba esta absurda necesidad de roces fantasmales porque seguramente los fantasmas los crea el deseo de personas.

Aunque esa misma noche por fin ocurrió algo, un ruido, un portazo seco y próximo que me sobresaltó de verdad. Una vez alerta, no tuve más que distinguir movimientos en el piso contiguo: grifos, el frigorífico, la persiana, una tos, sonidos de alguien real, cuyos pasos sosegados por las habitaciones durante media hora me fueron tranquilizando, acunando, adormeciendo. Soñé bien.

A la mañana siguiente percibí en el descansillo y las escaleras un leve rastro de perfume. Me alegré sin querer alegrarme. Y durante varios días seguidos se repitió lo mismo: su llegada a altas horas de la noche, los ruidos humanos, los pasos. Al tiempo que estudiaba, no podía dejar de pensar que probablemente la misteriosa vecina era una mujer a quien le gustaría charlar con alguien como yo cuando ella llegase tarde y que podríamos ser amigas.

A continuación me parece que transcurrió una semana sin aquellos sonidos ajenos que tanto me tranquilizaban. Una ausencia más que creaba una necesidad más. Me limitaba a oír mis propios pasos, la radio, la cisterna. La noche crecía y se desbordaba sobre la propia noche hasta que llegaba el alba. De vez en cuando contabilizaba los folios memorizados que iban formando una montañita cuadrada.

Fue precisamente al final de este paréntesis cuando mucho más temprano de lo habitual, a eso de la hora de cenar, oí dos pares de zapatos por la escalera, la puerta que se abría y se cerraba y luego, a través del tabique de los salones, la risa perfumada de mi vecina. Sin verlo, supe de inmediato que alguien la abrazaba. No hablaban, pero las respiraciones, los roces y pequeños movimientos atravesaban el tabique, el oído y llegaban al cerebro y allí retumbaban como latidos de personas que estaban sintiendo mucho. Cuando después, a lo largo de mi vida, he deseado algo que no tenía nunca lo he deseado tanto como aquello. No he olvidado que sentí profundamente que no tenía a nadie. No sé si ellos todavía recordarán que se tuvieron. Me alejé lo más posible de aquel punto y al rato bajé los escalones de dos en dos a las calles desiertas.

Afortunadamente el aire de la tarde había limpiado la atmósfera y había preparado una noche fresca y suave. Cené unas tapas en la barra de un bar que ya estaban limpiando para cerrar y luego anduve con paso rápido y sin rumbo sabiendo que sobre la cabeza reposaba el punto de equilibrio, el centro del universo infinito donde las pasiones de nuestros pequeños corazones no significaban nada. E intenté repasar el último tema que había estudiado, poniendo en ello los cinco sentidos, que constituían mi único centro.

Regresé mucho más serena, con un ligero sudor por la caminata, casi contenta por lo bien que había fijado el tema. En el descansillo percibí la intensa, aunque invisible, presencia de mi vecina. Esta vez el silencio no era luminoso, ni humano, ni atronador, era sólo silencio. Ella y su acompañante debían de estar dormidos. Me metí en la cama y eché de menos hablar en susurros con alguien para que un posible vecino no nos oyera, eché mucho de menos pensar en alguien y me dormí.

De todos modos, una parte del cerebro, al margen de mi voluntad, se había especializado en los movimientos del piso de al lado y registró la marcha de uno de sus ocupantes, que me despertó. Subí la persiana para hacerme una idea del tiempo transcurrido. Había amanecido y el cielo estaba sufriendo cambios y desgarros de luz. Sin pensarlo dos veces me puse los pantalones cortos y una camiseta y bajé los escalones de dos en dos como ya era mi costumbre.

Sin duda era el acompañante de la vecina el que estaba en la acera doblándose las mangas de la camisa blanca hasta el codo. Llevaba pantalones negros y mocasines sin calcetines. Iba sin afeitar y sin peinar. Probablemente en la calle apenas transitada me pareció más alto y delgado de lo que realmente era. Se subió en un taxi y le oí decirle al taxista: «Pise a fondo». Dejé vagar la imaginación: huía desesperadamente de la vecina o regresaba desesperadamente a un hogar abandonado. Esa mañana sí compré el periódico y subí despacio hojeándolo.

La situación, con algunas variantes, como besos de despedida y palabras de súplica de la vecina en la puerta, se repitió al día siguiente y al otro y creo que otro más. El que mejor recuerdo es el último, después de que él se marchara como siempre, con toda seguridad sin afeitar y sin peinar.

En el apartamento penetraba el piar histérico de aquel millar de pájaros ocultos en las copas de los árboles y me tomaba el café observando la montañita cuadrada cuando se hizo perceptible un gimoteo detrás del tabique que se fue transformando en gritos, además de portazos y golpes en la pared con objetos y con puños. Al principio me sobrecogí. E inmediatamente comprendí que la vecina estaba sufriendo un ataque de desesperación, lo que podía significar que esta vez él había huido en el taxi definitivamente. Entonces, sin saber por qué, dejé caer la taza del café en el suelo, y la vecina se detuvo en seco. Tal vez se asustó, tal vez no sabía que el piso contiguo estaba habitado, probablemente no sabía que yo existía.

Me tumbé en el sofá con un increíble bienestar y, tras quedarme un rato dormida, miré el reloj. Gran parte de la mañana podía darla por perdida. Comenzaba a hacer calor. Me di cuenta de que la vecina andaba descalza para pasar inadvertida, también que hacía esfuerzos por contener un llanto interno, continuo e inagotable. Alguna que otra vez se lavaba la cara en el grifo de la cocina. El resto del día no me concentré para estudiar, pendiente de los pies desnudos de la vecina. En algún momento descolgó el teléfono, marcó un número y volvió a colgar. Estaba convencida de que llamaba al alto y delgado, pero que no se atrevía a decir nada.

Supongo que algunos instantes se olvidaba de que yo existía y hacía más ruido de la cuenta, entonces rompía otra taza en el suelo, y ella volvía a tener cuidado. Era más cobarde que yo.

Así llegamos a la noche, sin encender la radio, sin estudiar apenas. Podría afirmar que la vecina no comió nada en todo el día. Por la ventana empezaba a entrar algo de brisa y yo me disponía a cenar cuando oí pasos sobre el mármol. El corazón me resonó en los oídos como si los pasos se acercaran a mi puerta, como si vinieran a verme a mí, como si yo fuese la vecina. Siguieron nudillos en la puerta de al lado, timbrazos y súplicas del tipo: «Abre, por favor». Me vi con cierta repugnancia intentando oír mejor.

Ella por fin abrió, y él gritó: «¿Qué te ocurre?». Por lo que deduje que su aspecto debía de ser deplorable.

Por la garganta de la vecina subió una especie de congoja: «¿Por qué?».

Él cerró la puerta y contestó: «Quería marcharme. Olvidar todo esto, descansar, pero no he podido dejarte». Y volvió a preguntar: «Pero ¿qué te ocurre?».

Ella lloró.

Entonces, casi sin meditarla, tomé una decisión. Salí y llamé a su puerta. Sólo se oía el llanto de la vecina. Abrió él. Llevaba una ropa semejante a la que le vi la primera mañana aunque, como ya había supuesto, me pareció menos alto. Ahora estaba afeitado y peinado y se mostraban en todo su esplendor unos indefensos y sorprendidos ojos claros.

«Soy la vecina de al lado —dije—. Perdone, pero no he podido evitar escuchar. ¿Necesitan algo?».

«No, gracias —dijo—. Bueno, sí —rectificó—. Susana se encuentra mal.»

Pasamos al saloncito en que esperaba Susana con los ojos muy abiertos y sin llorar. Estaba destrozada. La cara roja, el pelo revuelto. No se podía saber si era guapa o fea. Le sonreí. Entonces observé que resbalaba un hilo de sangre desde la nariz por la boca, la barbilla y se introducía entre los pechos.

Dije: «Le sangra la nariz».

Ella continuaba mirándome con los ojos abiertos y se pasó el dorso de la mano por la boca que quedó desdibujada en una mancha roja como si se le hubiera corrido el carmín.

«Creo que deberías descansar», dijo él y la ayudó a incorporarse del sillón. Era más baja que él y más alta que yo y más mayor que los dos. Tenía un cuerpo envidiable aun con aquellos andares débiles que la condujeron a la cama. Él le bajó el vestido y la cubrió con la colcha, luego le limpió bien la cara y el pecho con un pañuelo de papel, que cayó en la moqueta arrugado y rojo como una flor, y le colocó un algodón en el orificio de la nariz por donde salía el hilo de sangre.

«Le he dado una pastilla para que pueda dormir», dijo.

Le invité a tomar un café. «Le vendrá bien», dije.

Pasamos a mi piso y le preparé el café. Él comentó: «Desde aquí puedo oír si le ocurre algo ¿verdad?».

«Con toda claridad», repuse.

Y de pronto tuve deseos de arreglarme y salir por ahí, de que aquel hombre por el que Susana era capaz de ponerse así me llevara a algún sitio a bailar o a tomar una copa. Quería que sus ojos ingenuos o perplejos, más jóvenes que él mismo, me mirasen entre las sombras y el humo de algún local nocturno y que luego caminásemos abrazados por las calles vacías de regreso a casa y que luego nos besáramos. Así que le dije señalando con cierta ternura el tabique:

«Susana duerme. No tienes por qué preocuparte. Se me ocurre que podríamos dar un paseo, tomar el aire mientras descansa».

Dudó un segundo y dejó la taza en la mesa.

«Tal vez así pueda reflexionar un poco sobre lo que me está ocurriendo», dijo.

Le pedí cinco minutos para arreglarme. Me despojé de la camiseta y los pantalones y me puse mi mejor vestido. No era rubia como Susana ni tenía su empaque, pero tampoco estaba hecha un asco ni medio drogada en una cama. Así que me encontré muy guapa, joven y con capacidad para dirigir las riendas de la noche.

Mientras bajábamos me dijo que se llamaba Alberto y que su relación con Susana, como ya habría intuido, era bastante tormentosa. No pregunté nada. Empezamos a caminar calle abajo entre los círculos azulados de las farolas y las sombras de los árboles. Me miraba poco a no ser que yo me detuviese y él no tuviera más remedio que hacerlo. Parecía muy preocupado.

«No te preocupes. Ella está bien», insistí.

Me hubiera gustado que me besara. Llevaba las manos metidas en los bolsillos de los pantalones negros, los ojos vagando suavemente por las luces del suelo. Yo iba a su lado. No nos conocíamos de nada. Y, sin embargo, para alguien que quedó atrás, juntos nos íbamos ocultando poco a poco entre las sombras del fondo de la calle.

De vez en cuando pasábamos por algún local en cuyo interior se presentía una vida protegida de la indeterminación de fuera. Deseé entrar con Alberto en una de estas ilusiones levemente iluminadas y aminoré el paso, pero él ni siquiera reparaba en ellas.

A la altura de un cine de sesión continua, dije por decir algo: «De modo que te llamas Alberto».

«Sí», contestó él y me detuvo cogiéndome del brazo: «Entremos, necesito pensar».

Superé la sorpresa asintiendo rápidamente. Nunca se me hubiera pasado por la cabeza que acabásemos en un cine y me dije que los acontecimientos, por insignificantes que sean, siempre sorprenden.

Daba igual que la película fuese por la mitad porque habíamos entrado a meditar. Alberto apoyó los codos en los brazos de la butaca, entrelazó los dedos y se quedó absorto en la pantalla como si estuviera rezando. Era una película de gángsteres. Coches negros, chaquetas estrechas y sombreros. Me dio la impresión de que ya la había visto.

Llamé su atención: «¿Quieres comer algo?».

Se volvió hacia mí y negó con la cabeza. Me pregunté qué estaría pensando exactamente. Yo pensé que no me apetecía volver sola al apartamento, que quería regresar con él por calles solitarias. También pensé en mi porvenir, en que necesitaba ganar dinero, en que quizá algún día me casaría y tendría hijos. Pensé que ahora no tenía nada. No quise pensar en mi pueblo, pequeño, casi inexistente, en mis padres, parecidos en parte a mí y en parte absolutamente diferentes y extraños. ¿Dónde estaba el futuro? ¿En alguna parte de esta sala en penumbra? ¿Estaba ya incluido en este momento, en mí? ¿Quién me explicaría cómo escaparme de ser nada?

«Dios mío —rogué—. Cuídame», mirando fijamente a la pantalla para que la luz me salvara del abismo. Y entonces pasé la mano por la mano de Alberto, y él me la oprimió y le miré y vi que estaba llorando.

«Ya podemos regresar —dijo—. Hemos visto lo mejor».

Se despidió de mí en la puerta. Volví a coger su mano cálida. No dijimos nada porque nunca habíamos tenido nada que decirnos. Este momento casi había sido tan inexistente como el futuro. Con su mano en la mía tuve la sensación de que el calor de la noche nos hundía en una tibieza sin esperanza.

Regresé a casa en un taxi tras cuya ventanilla las luces eran más brillantes, las casas más seguras y los árboles más fuertes. Alberto ya pertenecía al mundo estable que sólo se ve.

De Susana no volví a acordarme hasta que, al entrar en el portal y encender la luz, me llamaron la atención las continuadas manchas rojas sobre el mármol blanco. Las seguí desde la entrada por toda la escalera hasta su piso. Eran como estrellas y soles, a veces sobre una estrella había caído otra y se había dispersado en pequeños ramales por el suelo. Llamé con los nudillos como solía hacer Alberto, pero nadie contestó. Se podía creer que se había marchado, puede que en busca de Alberto. También era evidente que había llamado a mi piso por la sangre del timbre y de la puerta.

No tuve más remedio que dormir allí aquella noche, pero a la mañana siguiente me marché con los temas, los libros, los pantalones cortos y las camisetas a mi pequeño pueblo. Tuve que hacer varios viajes y pisar las manchas una y otra vez para bajarlo todo y, por último, limpié la puerta y el timbre de la casa de mi amiga. Eché la llave al portal, que empezó a salir de mis sentidos según lo iba dejando atrás mientras que en su lugar entraba el viento cálido de esa hora de la mañana, que me despejaba, me alegraba y me volvía más ligera.

II

Por fortuna no aprobé las oposiciones, aunque entonces me pareciera una desdicha, y así pude dedicarme al mundo de la publicidad y a hacerme rica. Llegué a ser dueña de mi vida como nunca soñé que pudiera llegar a serlo. Y no quise volver a estar sola, siempre he tenido gente amable y entretenida a mi alrededor. De tarde en tarde me acercaba a mi pueblo para pasar unas horas con mis padres. Desde su austeridad me daba perfecta cuenta de todo lo que había conseguido. Podía considerarlo y poseerlo en conjunto. Era como un regalo caído directamente del futuro. Cuando se presentó el momento que me pareció oportuno, me casé con un hombre que me ha proporcionado estabilidad y felicidad. He llegado a ser en el inicio de la madurez como he querido: serena y equilibrada, y he hecho armonizar con este estado interior el aspecto exterior por medio de un maquillaje suave y el pelo recogido en la nuca. Su tono oscuro lo he ido aclarando en el transcurso de los años y ahora es casi rubio.

No es agradable sentir mucho, no te da tiempo de pensar como pienso ahora reclinada en una hamaca en el jardín de nuestra residencia de verano entre la tarde que se deshace apaciblemente. Aunque tampoco es agradable pensar si no puedo evitar que me asalte de nuevo la duda de que Susana tal vez se quedase encerrada en su piso desangrándose, sin fuerza para pedir auxilio, acaso inconsciente, sin ninguna posibilidad más cuando eché la llave a la última puerta. Si de verdad llegó a salir a la calle, pudo caer desmayada en las inmediaciones, oculta en la oscuridad y el silencio. Y ahí se ha quedado, en la noche eterna en que tengo y pierdo sin cesar el calor de la mano de Alberto.

Me digo que ya hace muchos años de aquello, mientras que mis hijos juegan frente a mí en un prado de flores a la espera de que descienda el decorado final de las luces eléctricas, que hacen brillar la tierra, y los puntos infinitamente lejanos, que hacen brillar el firmamento.

(Inédito)

Sombras Saavedra

(Informe)

BERNARDO SÁNCHEZ SALAS

Bernardo Sánchez Salas (Logroño, 1961) es licenciado en Filología Hispánica y miembro de la Asociación Española de Historiadores del Cine. En la actualidad es profesor de la Universidad de La Rioja, además de articulista de cine y teatro en varias publicaciones. Ha escrito los libros *1896-1956: Del Cinematógrafo al Cinemascope* (1991), *100 años de luz* (1995) y de la edición de Rafael Azcona, *Otra vuelta en el cochecito*.

«... mi *home movie.* Es algo que he ido haciendo durante algunos años. Apenas tengo un poco de dinero ruedo otra escena de *Don Quijote,* es un film experimental y cuando lo haya terminado lo exhibiré.»

ORSON WELLES

No hace mucho se ha sabido que una noche de mediados de marzo del año 1583, en la plaza de un pueblo extremeño frontero con Andalucía, ardió como la estopa la balumba de la denominada Compañía de Sombras Turcas Miguel de Cervantes, la cual había iniciado su ambulancia casi un año antes en el coso de un hospital de Madrid al cargo de cierta cofradía.

Algunos pliegos medio roídos y mal casados en un legajo del municipio que aún se conserva en el archivo provincial dan cuarteada noticia del siniestro, atestado seguramente por el interés de algún tercero dañado en su propiedad y no por consideración del hecho en sí ni de sus víctimas en primera instancia, la Compañía de cómicos sombromanistas dirigida por el ex cautivo Miguel de Cervantes Saavedra, a cuya denuncia no habría concedido crédito ninguna autoridad en plaza.

De lo dicho puede deducirse el que tampoco se siguiera investigación alguna sobre la causa del incendio de este pionero teatro de sombras ni, aún menos, que interesara desvelar la autoría del mismo, pues todo apunta a que fuera intencionado y más concretamente ejecutado por uno o varios agentes del Santo Oficio en cumplimiento de una orden no escrita pero tácita expedida desde alguna oficina del omnímodo Tribunal.

Esta hipótesis resulta inferida de una noticia recogida en el expediente contable de las seis representaciones que la Compañía llevó a cabo en el patio del Hospital de San... en Madrid, en el mes de julio de 1582. Al final de la página correspondiente incluida en el libro de contaduría de la cofradía regente, se añade un adenda en el que se hace constar que los «autos nocturnos» *(sic)* de la «Compañía de sombras a la turca de Maese Cervantes», por cierto bastante rentables para la entonces depauperada caja de esta Hermandad y también para la bolsa recién estrenada de la Compañía, son suspendidos y prohibidos en adelante por la autoridad a causa de haber incumplido el Hospital y subsidiariamente la Compañía el reglamento de horarios de representación que establecía el mediodía como única hora autorizada, no sirviendo de atenuante el que el espectáculo de sombras traslúcidas sobre lienzo precisara para su escenificación la oscuridad que provee la noche.

Pero este pie de página a la nota de caja recoge, además de la versión oficial referida y la cuantía «ruinosa» de la multa que recayó sobre el Hospital, una apostilla en letra más pequeña y distinta a la anterior en la que se atestiguan los modos en que se materializó la orden —«... unos guardias acometieron a saco y sin medir contra la pantalia y los representantes que trabajaban detrás y desde el entarimado se obligó al público a salir tarifando del patio y de seguidas se hicieron presos al señor Romanos Cenzano como jefe y al señor Cervantes Saavedra como autor y se requisaron a priesa las jarcias del teatro...»—, la presencia solapada entre los espectadores de uno o varios ministros del Santo Oficio que coadyuvarían, ya sin disimulo, en la carga y la notificación que a puerta cerrada hicieron dichos ejecutivos a los responsables de la Hermandad de que tanto la Compañía alojada en su coso, liderada por el «amoriscado, vagamundo y mal pagador» Miguel de Cervantes, como el propio espectáculo «compuesto de hechizerías contra el Rey, la ley católica y las costumbres debidas» se encontraban bajo sospecha de «nigromancia y trapisondismo» y, en consecuencia, sometidos a vigilancia.

No parecerá ni siquiera aventurado el suponer que la destrucción del carromato de Cervantes y Compañía fuera el desmán que culminó no sólo la estrecha inspección con que funcionarios de la Inquisición persiguieron el negocio de sombras turcas importado de los baños de Argel por Cervantes y puesto en circulación por él mismo entre 1582 y 1583 atendiendo a razones familiares y económicas que más adelante se verán, sino el celo superlativo alimentado desde alturas eclesiásticas, ergo políticas, que había excitado la reciente divulgación —bien que restringida— de textos extranjeros renacentistas sobre magia natural, arte perspectiva y óptica, algunos de cuyos tratados principales —escritos, por cierto, por sabios y polígrafos árabes— permanecerían secuestrados durante lustros en los anaqueles de los «Infiernillos» conventuales arguyendo prejuicios contra las artes mágicas oculares heredados inertemente de fuentes patrísticas.

No se soltaría lastre tan fácilmente y esta prevención hostil a los espectáculos fundados en las nuevas prácticas escópicas y panorámicas se acentuaría, más tarde, en España a partir de la publicación en Roma en el año 1646 del *Ars Magna Lucis et Umbrae* del jesuita Athanasius Kircher, cuya consecuencia inmediata fue la descripción y fabricación del prototipo de «Linterna mágica» y, a medio plazo, la generalización del ejercicio itinerante del buhonerismo linternista a través de toda Europa, negocio trashumante que llegaría a ser prohibido taxativamente en nuestro país a finales del XVIII —precisamente en fechas muy cercanas a la expulsión de los jesuitas— por imperativo de Campomanes.

Por lo tanto, el caso de la Compañía de representaciones de sombras que lideraba Cervantes puede ser el primero en delatar la solapada persecución política que se decretó contra cierto tipo de espectáculos incontrolables en sus asuntos, incomprensibles en su artificio e impredecibles en su grado de influencia en los públicos de ciudades y pueblos. Claro está que a la suspicacia respecto a la actividad en cuestión había que sumar el cerco a ciertos sujetos igualmente desmarcados que se relacionaron con ella, entre los que, por razones varias, habría que incluir al Cervantes de esa época, a duras penas recuperado de la experiencia del cautiverio, tullido de un brazo, defraudado en sus expectativas de colocación en la administración, endeudado hasta las cejas y, sobre todo, con la sangre y costumbres en entredicho.

Claro que Miguel de Cervantes no sería el único que, a finales del siglo XVI y principios del XVII sufriría la represión consignada contra este tipo de espectáculos fuera del catálogo al uso en corrales de comedias y cuyos fundamentos eran confundidos incluso con la brujería u otras artes sin licencia por tratarse de apariciones, fantasmas y mutaciones de tramoya particular y desconocida y que no dependían de libros ya sancionados por la autoridad competente sino de guiones volanderos que resultaban continuamente modificados por el libre concurso del público, de bocetos que, en definitiva, no admitían fijación. Es imprescindible citar los casos del clérigo y escritor Lope de Vega y del polifacético Agustín de Rojas, entre otras razones porque están conectados con el *affaire* Saavedra que nos ocupa. Veamos:

Desde los primeros análisis que se hicieron de la composición estrófica del *Arte nuevo de hacer comedias en este tiempo* de Lope, se detectó un hueco discursivo subyacente en el primer tramo así como algunas alusiones no suficientemente glosadas y quizá referidas a ese hueco —v. g. «Verdad es que yo he escrito algunas veces / siguiendo el arte que conocen pocos...»—. Todo parece indicar que ese arte ignoto anunciado e incluso —globalmente— ese «*Arte nuevo*» promulgado por el *fénix* en su célebre manual de 1609 estaba referido a las «comedias de quimeras» y «autos de apariencia» que tanto le habían impresionado como espectador habitual del teatro doméstico de sombras que Miguel de Cervantes, al cabo de un tiempo de liquidación forzosa de su Compañía y tras haber contraído matrimonio con Catalina de Salazar, instalaría privadamente en su casa de Madrid con el fin exclusivo de procurar diversión en veladas nocturnas a sus invitados y sin verse ya tan apretado, por la urgencia de *modus vivendi* que le empujaría en su día a los caminos, plazuelas y trajinerías en lid con los comediantes *titilimundis.* ¿No sería censurado de la redacción dada a imprenta por Lope todo un bloque preliminar y editorial en el que describiría el novedoso arte de las sombras para componer y representar comedias? ¿Era esa técnica, hasta entonces desconocida en España, el verdadero *Arte nuevo de hacer comedias en este tiempo*? ¿Qué fue del texto de algunas comedias inventariadas en el almacén dramático de Lope, de las que no queda más que el título y la curiosa adscripción genérica de «auto fantasma» o «paso de sombras»? ¿Duermen en los «infiernos» bibliotecarios?

El actor y escritor Agustín de Rojas pudo haberse visto sometido a la misma amputación textual en una segunda edición del *Viaje entretenido,* que diferiría de la primera publicada en 1603 en que el ya veterano hombre de teatro quiso añadir, con casi toda seguridad, un nuevo discurso de Solano adjunto al muy conocido de las especies de Compañía que existen, en el que se describiría detalladamente el tipo de «Elenco de Sombras Turquescas», las cuales pudo conocer y admirar de cerca también como invitado de Cervantes en su casa vallisoletana a partir de 1604. Por otros documentos que se aportarán más tarde, sabemos que Cervantes con la complicidad de su esposa Catalina, de su hija Isabelita, de sus hermanas Andrea (mayor) y Magdalena (menor) y de su sobrina Constanza reactivó su teatrito de sombras en una estancia del domicilio que tenía en El Rastro, cerca del Puente de Madera, casa *sub iudice,* como se verá. Nuevamente, en el único ejemplar que se conserva de la segunda edición del *Viaje entretenido,* asoma la «falta», en este caso burdamente delatada por una hoja en blanco (en recto y verso) en medio del célebre catálogo de Solano. ¿A qué alude o qué anuncia esa duda superviviente en el Libro I: «¿Qué inventarán que no esté ya inventado? Cosa es cierta...».

Los motivos de sospecha respecto al retablo de sombras atribuido a la iniciativa empresarial de Miguel de Cervantes atañían tanto a su materia como a su artefacto. Para el esclarecimiento de ambas cosas suministran datos muy importantes —y coincidentes— el atestado del incendio y el tomo de contabilidad del Hospital, aunque estos mismos datos, sin embargo, nos exijan vencer cierta perplejidad inicial y replantear la conformación de buena parte de la obra literaria de Cervantes, incluida su pieza maestra. En los dos documentos citados se reseña —con un año de diferencia— la representación de una misma comedia que lleva por título *«Cuadros del Caballero Quijote y de su escudero Sandio» (sic).* Los administradores de la cofradía fueron un punto más prolijos en la descripción al añadir que la representación incluía «mágicas mutaciones de molinos en gigantes y más efectos de ilusión y morfosis de engaño». El repertorio de estreno de la Compañía en Madrid se reducía a estos cuadros del Quijote y el Sandio, por lo visto de tanto éxito que resistieron sin refuerzos en el cartel. Pero el programa de «despedida» ya presentaba más complementos, anotados en el informe del ayuntamiento con los títulos de *«Bululú del estudiante vidriera», «Coloquio de perros parlantes»* y *«Galatea o la comedia de los pastores»,* todos ellos bajo el epígrafe genérico de *«Escenas maravillosas».*

Y si constaban estos títulos en el legajo municipal era porque a continuación se añade un pliego de antecedentes —*dossier* preparado para frenar cualquier tipo de indemnización o chantajear reclamaciones de la Compañía— en el que se advierte que su representación había dado en otras poblaciones lugar a «... alborotos, liberalidades entre el público y chocarrerías contra la corte y la Santa Madre Iglesia por dar libre rienda a la opinión de gentes villanas....», lo que nos hace pensar que la ejecución de la función de sombras consistía, al menos en los casos del tal «estudiante vidriera» y los «perros parlantes» en una apelación continua a los espectadores y en un coloquio entre los personajes de sombra y ellos más o menos moderado por un presentador, comentarista o truchimán que bien podría ser el mismo Cervantes en calidad de autor. Lo imprevisible de ciertas preguntas, respuestas o reacciones a lo largo de la función debió de ser, sin duda, motivo de denuncias, de las que el Santo Oficio tomaría buena nota.

El «aparato», el «busilis», la «industria» la «máquina» del Teatro de Sombras Turcas de Miguel de Cervantes puede ser recompuesto entre el inventario de la «... fábrica de la compañía habilitada en el coso del Hospital...» y el de «... bienes de la Compañía declarados en siniestro...»: carromato para transportar pertenencias, tienda y toldo para cobertura del estrado o entarimado, pantalia *(sic)* con bastidor, luminarias, linternas, tarros con aceite, cristales tintados, instrumentos musicales para comparsa, caja de truenos, arcones para almacén de «figuras recortadas en cuero, vitela, pergamino, pellejos y latón» y cestos para «los útiles y aderezo para los asuntos». La relación del *dramatis personae* —incluidos semovientes— calcinado en la quema y de los bártulos que corrieron la misma suerte es curiosa: «... cada cual a su varilla unidas y recortadas delicadamente para su iluminación figuras de Quijote y Sandio, caballo babieco, asno porro, caballeros Amalís, Ruldán, Floriselio, Membrino Trustán, guerrero de los Espejos, cuatro cabreros, reata de ovejas, canes Cepión y Berganza, licenciado Rodaja, melindrosa Dulcinea y porquera Aldonza, bachiller, eclesiástico, ama de llaves, cuadrilla de seis pastores, pastora Galatea, tres molinos de viento aspados, venta de camino, lanzas, adargas, etcétera». Las causas del incendio del tablado y enseres no solamente no se indagaron nunca sino que toda la Compañía fue obligada a firmar una acta con una versión oficial en la que el siniestro se atribuía «... a una inflamación de las arrobas de aceite que para los candiles de la pantalia se usan en mixtura con las pólvoras e inciensos ensayados en la tramoya de este tipo de autos...» e incluso se inculpaba a los propios representantes «... por la temeridad que en esta especie de autos al modo extranjero *(sic)* se demuestra». Por el número de rúbricas de la declaración forzosa sabemos que la Compañía de sombras turcas estaba formada aproximadamente por ocho representantes, de los cuales tres podrían ser mujeres y cinco hombres. La identidad de uno de estos últimos coincide con el nombre completo de uno de los más célebres actores de corral de comedias de la época.

Pero si hasta aquí hemos avanzado la conclusión de esta aventura cervantina, el reciente descubrimiento y posterior transcripción de un documento judicial custodiado en los archivos de Valladolid esclarece casi por completo los términos de la insólita empresa. Se trata del pliego de descargos que un tal Sancho Iriarte Recio, autoidentificado como criado de la casa vallisoletana de Miguel de Cervantes, realizó ante la Audiencia de esta ciudad el 5 de julio de 1605 con el fin de defender a su amo y familia de las acusaciones de colaboración en el asesinato del caballero navarro Gaspar de Ezpeleta —que tuvo lugar en las mismas puertas de su casa el día 27 de junio— y de la «... celebración de actividades licenciosas, nocturnas, nigrománticas y contra ley que interesan al Santo Oficio». La declaración del sirviente Sancho Iriarte consta tras la de la vecina Luisa de Montoya, viuda de Esteban Garibay. Es en el apartado dedicado a desmentir «las maledicencias, fechorías y agravios que contra mi señor, su casa y sus habitadoras se han traído en esta causa» donde se encuentra la revelación de que era «la honesta recreación de las sombras turcas», el «ilusorio divertimento y venial embeleco para entretener las horas con unas figuras aparentes», la actividad que se practicaba todas las noches en el comedor de la casa de El Rastro desde que se trasladaron a ella Cervantes y «sus» mujeres en 1604, siendo ya Valladolid corte provisional de Felipe III.

Todo parece indicar que el desconocimiento casi absoluto que los miembros de la Audiencia tenían del «negocio de la sombras aturquesadas» —lo que abonaba una rotunda desconfianza— obligó a Sancho a relatar por extenso cómo su amo trabó conocimiento de su técnica en los Baños de Argel y las condiciones en que lo practicó desde los días del cautiverio —entre 1575 y 1580— hasta la fecha de autos —julio de 1605—, cercana a la de la publicación en Alcalá de la primera parte de lo que el mundo acabaría conociendo por «novela» del Ingenioso Hidalgo Don Quijote de La Mancha, en contra de la primera voluntad de Maese Saavedra, autor de «cuadros de sombras meras».

El extenso relato del criado constituye una descripción completa de la dedicación original —bien que obligada en la cárcel de Argel por una cuestión de supervivencia física y mental— que Cervantes empleó intermitentemente en el teatro de sombras a lo largo de veinticinco años. Al margen de detalles, pero sin despreciarlos (v. g. ¿Cómo se puede despreciar la anécdota que nos revela que justo antes de dar a imprenta el cartapacio del Quijote, Cervantes cambió el nombre de Sandio por el de su mayordomo Sancho «por lo mucho que en algún punto nos parecíamos en el charlar y en el decir a la llana o en refrán lo que a la boca se nos subía»), el testimonio de Sancho informa fundamentalmente de la iniciación de Cervantes a las sombras turcas en las funciones palaciegas que se daban de Karagös en el cerraje del Hassán Bajá, su amo, y luego en la pequeña compañía «titular» del baño que tutelaría el maestro de estas sesiones: el aljamiado Cide Hamete Benengeli; de la formación, ya de vuelta en España, de una Compañía propia de sombras para recuperar el dinero que le había costado a su familia el rescate de Argel y otras deudas añadidas y, por último, la renuente venta de sus cartapacios con los guiones de sus representaciones a una imprenta de Alcalá con la única intención de cobrar los privilegios correspondientes y satisfacer la ira de sus pertinaces acreedores. Del documento interesa extraer las siguientes noticias:

Que tras haberle servido al Bajá durante unas semanas de narrador de la geografía y costumbres de España, «aquella nación cuyo nombre había escuchado a cada triquete de los agrietados labios de tantos cautivos y que tan distante y enemiga se le hacía», fue conminado a integrarse en una pequeña compañía de representaciones de sombras que divertía las veladas oficiales del establecimiento y que estaba al cargo de un «sirviente ladino al que llamaban Hamete Benengelo» con el encargo de que creara «cuantos cuadros animados se le ocurriesen de España». Que por continuar con el argumento del viaje, que tan bien le había servido en las narraciones, al tullido cautivo Cervantes «... no se le alcanzó nada más propio que un viaje del norte al sur de nuestra patria en compañía de alguien que estaba por vislumbrar y al que, por parecer ameno a la concurrencia, sucedieran tropiezos sin coto...», eligiendo finalmente un tipo de héroe que «... bien porque aquellos ideales que tras los talones de Don Juan, el valeroso de Austria, hiciéronle seguir ruta en la profesión de las armas se habían hecho aguas junto a su bajel o bien porque el olvido de sus propios a lo largo de cinco años habíale reducido al gremio de los enjaulados y de nada le habían servido recomiendos ni sellos que en el forro de su jubón se amojamaban, ideó para este teatro de sombras la más triste de las figuras que imaginarse se pueda en forma de caballero a lo andante por toda España que habiendo fiado también su negocio al ejemplo de ciertos libros acababa descarrilado y en la espina de Santa Lucía...». Que el «preso de rescate» Saavedra iba reuniendo en un cartapacio las aventuras sueltas del «quijote» de que se nutrían las representaciones aunque el texto «explicado» en la función era siempre la traducción que redactaba paralelamente Cide Hamete. Que a lo largo de los meses de teatro de sombras, Cervantes aprendió «jerigonza berberisca», mejoró su estado y entró en la confianza del jefe turco, lo que le libraría de ser trasladado a Constantinopla. Y que en la partida de Argel, una vez abonado el rescate de quinientos ducados reales, se produjo una confusión de presentes y Cervantes se trajo en el petate no su cartapacio de escritos sino el de las versiones arábigas de Cide Hamete.

También se descubre en el discurso de Sancho que habiéndose traído su señor de los Baños un arcón con las principales figuras del Retablo recortadas y envarilladas y siendo ya muy diestro en la práctica de su iluminación y movimiento «no viendo otra solución que del cielo lloviera para liquidar deudas y sacar a sus padres de la miseria en que habían quedado, se dispuso a buscar gente de fuera para juntar una Compañía y armar el teatro de sombras». La Compañía resultante, formada con los restos de una tropa de cómicos desmantelada recientemente, itineró desde Madrid hasta Andalucía «viéndose que gustaba el nuevo género a la mayoría y que disgustaba a unos pocos de lustre» mal acabando sus días como ya se ha contado.

Especialmente penoso es oír del que sería su asalariado y confidente en Valladolid, el tal Sancho Iriarte, cómo tras el incendio y en absoluta soledad tuvo que apañar unas figuras como pudo «... y para ganarse el mendrugo y el cobijo se anduvo por mesones, tabernas y aun otros lugares que no digo sacando a relucir al gordo y al flaco en cualquier trapo que le pusieran y como él mal podía, pues manco era desde Lepanto. Y para refocile del vulgo que por allí caía porque al final le dieran unos cuatrines hacía al hidalgo y al escudero tontos del haba y chanzistas sin más cuadro ni conceto...». La miseria en que ya se veía rematado era tal que, aconsejado por cierto amigo también ex cautivo de Berbería, se decidió a vender a un librero complutense los pliegos de la historia de Galatea y más adelante el resto del cartapacio hasta llegar a las escenas del Quijote y el Sandio, pese a que «... no era partidario de la idea y sí muy reacio porque él decía que aquellos papeles estaban escritos para las figuras del teatro de sombras y sin ninguna otra obligación y que los dichos y párrafos y coloquios que de su única mano habían salido no eran de natural para ser leídos sino más bien para ser oídos y admirados en fantasmas estampadas sobre una pantalía...».

Al poco de casarse con Catalina de Salazar, reconstruyó en su domicilio madrileño el teatro, figuras y aparatos, denominándolo «Patio de Monipodio» porque «... éste era el nombre del mago que explicábalo todo y que regía la salida de las sombras y que no podía ser otro que Maese Saavedra y a estas comedias de casa sólo asistía personal de mucho fiar que muy suspendido quedaba dellas...». Catalina fue la encargada de recortar y zurcir de nuevo todos los personajes sobre diversas telas y pieles siguiendo los bocetos de figurines que se guardaban en el cartapacio, mientras que Cervantes seguía estimulado a escribir nuevos cuadros por esta técnica «... pues ya no sabía escribir de otra manera que no fuera con aquel propósito de ensayar lo escrito al trasluz...».

Trasladados a Valladolid en 1604, mudó con ellos la práctica ritual del retablo de sombras y no tardó en acomodarla en un salón de su nueva residencia. Aquí entra no sólo el testimonio diferido de Sancho sino su propia participación en las representaciones, sacando primero los animales y ocupándose, luego, de la manipulación y hasta voces del personaje de Sandio. Su declaración ante la Audiencia finaliza con el recuerdo de la función que se daba en casa la noche del acuchillamiento de Ezpeleta «... una comedia completamente nueva que se intitulaba *Retablo de las Maravillas* (...) el asunto deste auto era de lo más inocente y entretenido porque trataba del ver y no ver o de lo que veían unos y no veían otros, que el que no veía no era hijo de su padre o no pertenecía a la religión que se debe (...) y mi amo Don Miguel, que era el mago Tontonelo y el trazista de toda la comedia, metía en el ajo a sus convidados porque también había que preguntarles qué veían...».

La sesión fue interrumpida por las circunstancias del crimen y, a continuación, una vez más, los justicias irrumpieron en la sala no dejando títere con cabeza y rajando el lienzo de parte a parte.

De esta forma, los datos aquí referidos sucintamente vendrían a iluminar algunos años oscuros del que fuera final y universalmente conocido como escritor Miguel de Cervantes Saavedra, sombromanista.

(Inédito)

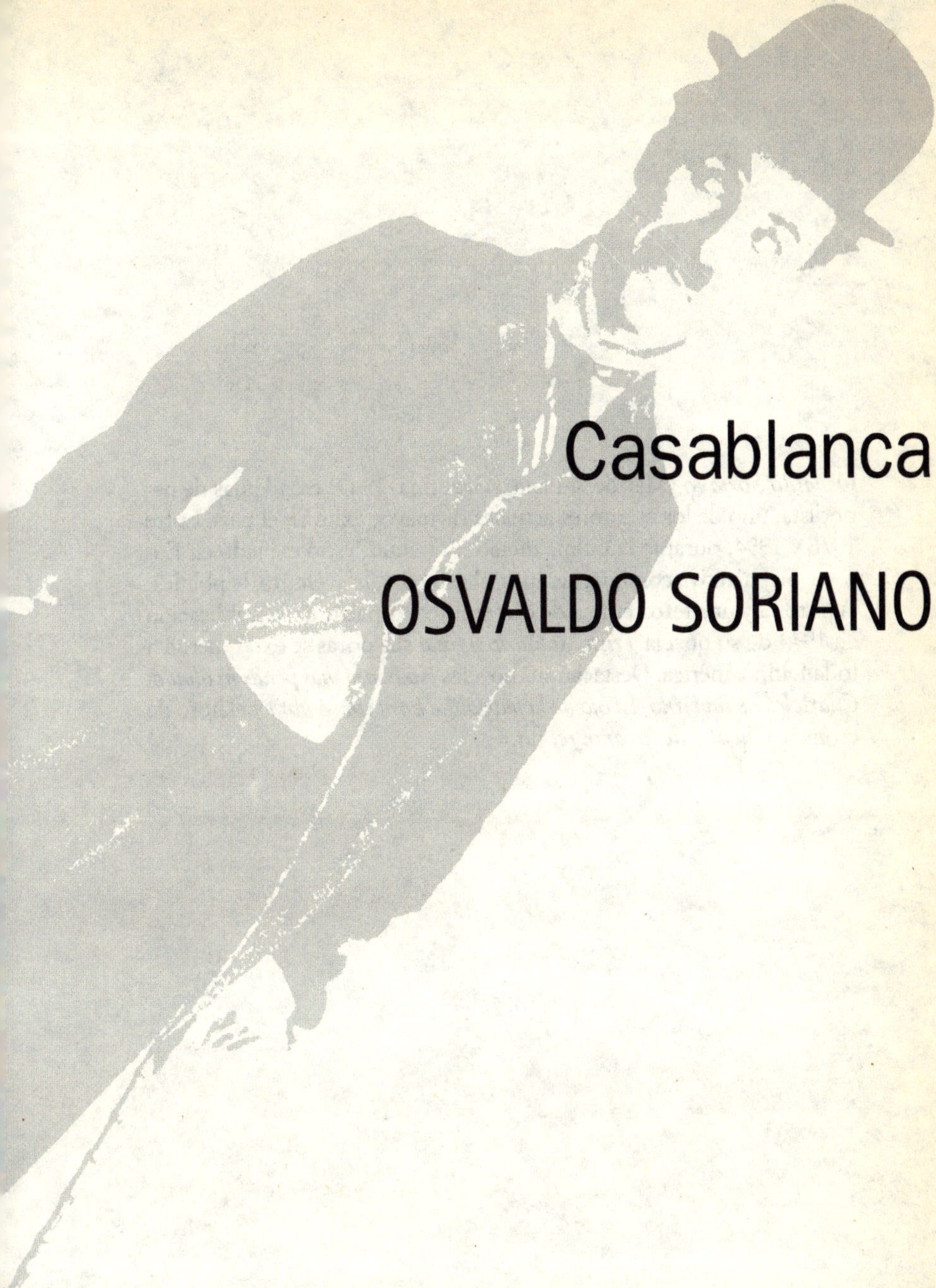

Casablanca

OSVALDO SORIANO

Osvaldo Soriano (Mar de la Plata, Argentina, 1943) es, además de periodista, uno de los escritores actuales de mayor éxito en el país. Entre 1976 y 1994, durante la última dictadura militar, vivió exiliado en Europa. Su narrativa combina la sátira, el grotesco, la aventura, la política, la historia y una feroz crítica de costumbres. A partir de la publicación en 1973 de su novela *Triste, solitario y final* sus obras se extendieron a toda Latinoamérica. Destacan sus novelas *No habrá más penas ni olvido*, *Cuarteles de invierno*, *El ojo de la patria, La hora sin sombra* y el libro de crónicas *Cuentos de los años felices*.

Imagínenme así: un metro setenta y cinco, más bien flaco, bigote ancho como el que llevaba mi abuelo a principios de siglo. Ha vuelto a ponerse de moda. Pelo abundante y descuidado, patillas cortas. Llevo sombrero tumbado a media frente. Tengo carácter huraño y alma de calefón. Me lo dijo una chica que crucé en Marsella el día en que escapamos de la gran guerra, allá por el año treinta y ocho. Ahora ya lo saben: me derriten las palabras amables y las mujeres que fingen timidez.

Me llamo Gustavo Peregrino Fernández, pero la profesión me privó del primer nombre y de otro, doctoral y vulgar: Míster. Míster Peregrino Fernández, entonces. Llevo muchachos a correr por los potreros de algún olvidado rincón de la patria. Trato de que se porten bien y dejen en la cancha lo mejor que tienen. Que no corran como poseídos detrás de la pelota. Voy de acá para allá por la parte fea del mundo. Soy un ganador incomprendido, corro por la sombra, tomo trenes y colectivos bajo la tormenta.

Estoy en un rincón de la Patagonia en el año cincuenta y ocho. Llevo una semana estornudando contra el viento, cagando arena y orinando agua bendita. En las horas en que no trabajo voy a matear con el cura, que es un primor de tipo, una ficha que Dios perdió a la ruleta. Les decía que vengo de lejos. Siempre es así. En el año treinta y seis fui a predicar mi fútbol a Europa, hasta que empezó la guerra y la chica aquella me dijo eso de que tengo alma de calefón.

Del 39 al 44 estuve en Casablanca, en el bar de Rick. Cuando no estábamos muy borrachos íbamos a jugar a la pelota cerca de ese aeropuerto que ustedes conocen. Después no sé qué pasó, adónde se fueron Rick y su amigo Renault, el gendarme francés. Yo me quedé dirigiendo en un club de Tánger. Eran tan malos los jugadores que tenía que ponerlos a todos en el área chica para escaparle al descenso. Me acuerdo que el centrojás era un petiso con joroba, bastante corto de vista. Había que ponerlo porque el padre manejaba el mercado negro y proveía tabaco, papel higiénico y hojas de afeitar. Al centrofóbal tampoco lo podía sacar porque decían que era su amigo o su amante, nunca pude confirmarlo.

Me pagaban bastante para lo que era el mundo en ese entonces. Tenía un Studebaker modelo 34, cuatro trajes y a veces una mujer expulsada de algún harén suburbano. No sé, nunca me gustó preguntar. No voy a ocultar que estuve preso. Las cosas eran confusas y no se sabía con certeza lo que estaba bien y lo que estaba mal. Ni siquiera sé si fui yo quien disparó el revólver. Hacía calor, el ruido era infernal y el eslovaco puteaba y puteaba, decía que yo le debía plata y que me estaba metiendo en su negocio. De pronto cayó redondo con un agujero en la cabeza. ¿Tiré yo? ¿Tiró otro? Todos andábamos armados en la ciudad y en los bares liquidaban media docena de tipos por día. Sólo que éste era un peso pesado y estuve a la sombra casi un año, hasta que el club reunió plata para los jueces.

No sé si esto tiene alguna importancia. Ahora que estoy postrado en una casa para viejos, aburrido y esperando el fin, se me dio por escribir las cosas de las que me acuerdo y que pueden servirle a los jóvenes. Un escritor de la Argentina que pasó a verme hace unos meses me contó que los jóvenes no quieren saber nada con el ejemplo de los mayores, que olvidara la moralina y los consejos. Si es así, narraré latrocinios y vendetas, vejaciones y tormentos. Tengo ochenta y cinco años y he visto bastantes.

Sé que los militares pasaron una generación de idealistas a degüello. Después mandaron a otros a una guerra perdida. Los que sobrevivieron todavía no han superado el terror y se lo han transmitido a los hijos. Parece que sólo los tranquiliza llevar una tarjeta de crédito. Igual, yo no escribo para que me lean. Utilizo las lenguas que me vienen a la cabeza según el humor con que empiezo el día. Viví en tantos lugares diferentes que cada idioma está atado a un afecto, a un suceso. Escribiré en turco, en inglés y en castellano sin traicionar ni reprimir los sentimientos. En alemán hablaré de aquella chica de Berlín, en polaco del campo al que me llevaron por tratar con judíos, en inglés de mis incursiones australianas.

Había pensado en un manual que traslade las enseñanzas del fútbol a la vida de todos los días, pero no sé si podrá ser. En algunos países mojigatos la gente vive colgada del travesaño; en los pretenciosos se adelantan tanto que terminan apuñalados de contragolpe. En fin, mis teorías no serán atendidas; tal vez tenga razón el escritor aquél, pero tengo mucha edad y no puedo remediarlo. Empiezo, entonces, con los años en el bar de Rick. Ustedes habrán visto mil veces la película: Tócala otra vez, Sam, Bésame como si fuera la última vez, dice Ilda, la enamorada. Pamplinas. Rick no quería a nadie, era un individualista al que se le habían muerto las ilusiones. Tócala otra vez, Sam. Quién hubiera dicho en aquellos tiempos que Sam iba a tener una posteridad. Murió el año cuarenta y siete o cuarenta y ocho, me contaron. El bar cerró y andaba tirado, con dolores de cintura y calambres en las manos de tanto darle al piano. Había remontado en barco hasta Burdeos. Se metió en un cine barato donde daban una de las primeras de Robert Mitchum. Lo oyó decir: El amor es como el azar, cuanto más lejos vayas más posibilidad tienes de ganar, y ahí nomás se murió. Tal vez era la época: estaba plagada de existencialistas, vividores y socialistas románticos. A Sam le habrá pasado lo mismo que a mí: sólo el socialismo te ofrecía futuro. Muchas veces había que morir para que los otros siguieran viendo más allá de la nariz, como el Che antes de ser un montón de huesos ofrecido a los turistas. Pero bueno, caer estaba en los cálculos. Se moría menos por accidentes de tránsito y más por un futuro imperfecto.

En mi vida he visto distintas épocas de varios países. Los he visto encanallados, valientes, resignados, corruptos, cobardes. Vi la aterrorizada Alemania de Hitler ensañarse con judíos y comunistas. ¿De qué les sirvió tener a Heidegger? Los hombres decentes se expatriaron: los hermanos Mann, Freud, Peter Weiss, tantos más. Vi miserias de las que no me atrevo a hablar todavía.

No me va a ser fácil hilvanar con el fútbol. Yo fui uno de los primeros que vieron la inutilidad de mantener wines estáticos haciendo firuletes por la raya, pero nunca pensé que al desaparecer los wines desaparecería un modo de vida. También afuera de la cancha. Habíamos acabado con la belleza para asegurar la rentabilidad de los equipos. Mandamos a esos endiablados chiquitos a correr de acá para allá, a sacrificarse, a colaborar con los que no sabían cómo se chanflea una pelota. El otro día vi a un tipo de cuatro millones de dólares, sin arquero por delante, tirarla afuera. No la embocó en un arco de once metros de ancho ni siquiera con esos zapatos de ahora, que vienen preparados con alerones y muescas de modo que hasta un enyesado pueda hacer un gol olímpico.

Allá por el cincuenta y ocho, en Tánger, mi centrodelantero era burro pero feliz porque sentía que tenía una misión y la cumplía. No iba a buscar la pelota, pero si se la daban a quince metros de la valla los arqueros sudaban. *Dur, violent, au coin enchanté,* me decía. Fuerte y bajo, al rincón de las ánimas, me atrevo a traducir. Tiempo después, así como Sam murió en una butaca de cine viendo y oyendo a Mitchum, mi delantero llamado Agustín se rompió la cabeza contra un poste al ir a buscar de palomita un centro mal colocado.

No quiero irme también yo sin antes declarar que soy uno de los responsables de la desaparición de los wines. Me gustaría evocar, además, a los backs centrales de aquellos tiempos. Uno era asesino y otro caballero; pero eso lo dejo para otro día. Estoy cansado, tengo más edad de la que he confesado y la enfermera se acerca para llevarme a cenar. Acá en París nos acostamos muy temprano y ahora que se acerca el invierno lo único que puedo hacer es mirar viejas películas, leer viejos libros y evocar viejos partidos. No tengan piedad de mí: la memoria, si voraz y violenta, es una materia exquisita.

(Del libro Rebeldes, soñadores y fugitivos,
Editora/12, Buenos Aires, 1987)

Charlot en los cielos

GONZALO SUÁREZ

Gonzalo Suárez nació en Oviedo en 1934. En la década de los sesenta comenzó su magnífica carrera cinematográfica y literaria. Títulos como *De cuerpo presente* (1963), *Trece veces trece* (1964), *Rocabruno bate a Ditirambo* (1966), *Gorila en Hollywood* (1980) o *El asesino triste* (1994) son muestras inequívocas de su vigor narrativo.

—Me llamo Charles Spencer Chaplin, nacido en el número 287 de Kennington Road, Brixton, Londres, hijo de Charles Chaplin, barítono, y de Hannah Dryden, conocida por el sobrenombre de Florence Harley. Acabo de morir.

—Pase.

—Curiosa sensación no sentir nada bajo el bombín.

—¿Qué bombín?

—El bombín y el bastoncito, ya sabe.

—Verá, yo aquí sólo soy el conserje. Pero si reclama objetos personales, délos por perdidos.

—Quiero hablar con el Señor.

—Lo siento, el Señor está reunido. Tendrá que esperar.

—Imposible. No tengo tiempo que perder.

—Si es cuestión de tiempo, délo por perdido.

—Diga que ha llegado Charlot.

—¿Cómo?

—CHARLOT. C de corazón, H de hombre, A de alma, R de rojo, L de luz, O de oro y T de trotamundos.

—C de cabrito, H de Hollywood, A de ambición, R de rey, L de libidinoso, O de ostentoso y T de tirano.

—¿Qué ha dicho? ¿Cómo se atreve?

—Nada. No he dicho nada.

—¿Quién ha hablado entonces?

—El eco.

—¿Eco? ¿Aquí? No veo paredes ni montañas.

—Cada hombre trae consigo su eco. No se preocupe, es un eco residual que dura sólo hasta el juicio.

—Pues este eco me hará perder el juicio.

—Si del juicio se trata, délo por perdido.

—Ya veo, aquí no vale de nada la gloria adquirida, ni el esfuerzo realizado, ni la infancia miserable, padre alcohólico, madre enferma, sólo un eco irrisorio y procaz, ¿y las alegrías que he proporcionado a millones de gentes haciéndoles reír y llorar?

—Sólo soy el conserje...

—Yo esperaba, al menos, una puerta giratoria, como la del hotel de Chicago, cuando ganaba 1.250 dólares a la semana y trabajaba en los estudios Essanay. Todavía no era gran cosa, pero Chicago se parecía más al cielo que este estúpido lugar y el conserje del hotel conocía, por lo menos, mi nombre...

—Si de su nombre se trata, délo por perdido.

—Unos segundos prendido en los ojos grises de Hetty Kelly, en Kennington Park, valen más que toda esta eternidad. ¿Para qué he recorrido tan largo camino? Y no me diga ahora que si de los ojos de Hetty se trata, los dé por perdidos, porque ya los perdí cuando ella se fue, bailando, bailando, a Europa, dejando en mi memoria jirones de tutú. Así que cumpla con su cometido y anuncie mi llegada. Quiero ver a Dios en persona. Estoy seguro de que Él sabe quién soy y me recibirá como me recibieron lady Astor, el príncipe de Gales, el duque de Westminster, Winston Churchill y la reina de Inglaterra. Todos habían visto mis películas...

—Si de películas se trata...

—No, no siga. ¡No están perdidas! El mundo entero sigue viéndolas y seguirán viéndolas mientras sea mundo...

—Si del mundo se trata...

—Bien, de acuerdo, lo doy por perdido, he ganado el cielo y he perdido el mundo, pero cambiaría el cielo por una caricia de Oona en mis últimos veinte minutos pasados junto a ella en Vevey. Bueno, en realidad, por lo que tengo visto, cambiaría el cielo por tomar un té simple en casa de sir Phillip Sassoon, con H. G. Wells, Bernard Shaw y Chesterton. ¿Qué digo?, cambiaría el cielo por... un arbolito; ya sé, ya sé, ¡no puede ser!

—Sólo soy el conserje...

—¿Y dónde está san Pedro? ¿Lo ascendieron?

—Imposible ascender. Nada hay más arriba.

—Pues cuando estaba más abajo me encontraba más arriba.

—Los estados de ánimo no importan.

—¡Ah, ya! No importan los estados de ánimo, no importa el cine, no importa el mundo, no importa san Pedro, y Charlot les importa un pepino... Y, por supuesto, si de pepinos se trata, los doy por perdidos, aunque cambiaría un pepino por los ámbitos celestiales... A Paulette le gustaban mucho los pepinos; una vez, en Carmel By The Sea, se comió cinco pepinos en una hora. Parece increíble ¿verdad?

—Creer o no creer es lo de menos.

—Evidentemente, querido Watson, ¿qué más da creer en Dios o en un pepino, si ni Dios ni el pepino creen en ti?

—Silencio, habla Dios.

—No oigo nada.

—El Señor se expresa así.

—¿Con el silencio?

—Es su estilo.

—¿Y qué está diciendo? O, mejor dicho, ¿qué está callando?

—Nada.

—Me lo temía. Es partidario del cine mudo. Por lo menos, confío en que le hayan gustado mis primeras películas. Debí haber traído una copia de *The gold rush,* pero debo darla por perdida, ésa y las otras, ya sé, las mudas y las habladas, todas al infierno, es decir, que sigan donde están, o sea, en el recuerdo de los vivos, porque aquí no hay sombras y donde no hay sombras no hay cine, sólo hay Dios, así que, de acuerdo, ¡buena la hemos hecho!, tanto agitarse, tantas inútiles pasiones engarzadas en tantos inútiles gestos y tantas inútiles palabras, para obtener, por fin, la más blanca de las pantallas blancas, sin un solo espectador. ¡Qué celestial amargura para alguien como yo que empezó a bailar a los cinco años y bailó sin parar para hacerse querer, para hacerse admirar!

—Le ruego que domine sus impulsos. Dios está aquí.

—¿Aquí? ¿Dónde? No le veo.

—Es que es invisible, por supuesto.

—¿Y quién supuso el supuesto?

—No pregunte. No responde.

—No le gustan las entrevistas.

—Le importan, como usted bien dijo, un pepino.

—En este caso... Si hablarle no puedo...

—Puede hablarle.

—Pero no oye.

—¿Para qué?, si ya lo sabe todo.

—Y verle, lo que se dice verle, tampoco puedo verle...

—¿Para qué?, si es invisible.

—Simple curiosidad, me gustaría saber si va desnudo o vestido, si tiene barba o no. Aunque, ya sé, si de curiosidad se trata, debo darla por perdida, y, como también debo dar por perdidos el sentido del tacto y del olfato, tampoco puedo tocarle ni olerle, así que puede decirle a tan intangible señor que me importa un pepino que esté o no esté aquí...

—Aquí y en todas partes.

—¿En todas partes?

—En todas.

—¿En mi bombín? ¿En mi bastón?

—Bajo el bombín y con bastón.

—Puedo deducir, entonces, que Dios fue Charlot.

—¿Charlot?

—CHARLOT. C de cine, H de humor, A de amor, R de risa, L de libertad, O de Oona y T de triunfo. Oigamos ahora qué dice el eco...

—Nada. No dice nada. Nunca replica en presencia divina.

—Pues si nada dice el eco y Dios tampoco, valga este acróstico como testimonio en el juicio final. Me gusta.

—Permítame, como simple conserje, hacerle una observación. No ha sido usted quien ha hablado.

—¿Quién entonces?

—Dios. A veces utiliza esta argucia y habla como por boca de hombre, cuando los hombres, por cansancio o defunción, no hacen de ello cuestión personal.

—En este caso, ahora que puedo hablar como Dios, antes de disolverme como azucarillo en el café con leche de la eternidad, quiero decir a los hombres que una vida imaginada vale tanto como una vida real, aunque, al final, ni una ni otra valgan nada. Y quiero decir más...

—Lo siento, no puede decir nada más.

—Sólo una palabra.

—Dios espera.

—Pues... ¡Adiós!

Cabizbajo y taciturno, sin bombín y sin bastón, Charles Chaplin se retiró contrito tras una nube.

—¡Qué razón tenía Paulette Godard! —exclamó el conserje—. Chaplin, en persona, es aburrido y pomposo, ¡se toma tan en serio!

Y con la cola de un cometa se puso a barrer el firmamento.

(*Publicado en* El País, *13 de abril de 1989*)

Doble vida

SUSO DE TORO

Suso de Toro nació en Santiago de Compostela en 1956. Licenciado en Arte Moderno y Contemporáneo, ha escrito piezas de teatro, artículos de prensa, cuentos, novelas y guiones de televisión y radio. En 1983 obtiene el Premio Galicia de Literatura de la Universidad de Santiago con su libro de relatos *Caixón desastre* y en 1986 el Premio de la Crítica de Galicia por *Polaroid.* Otras obras son: *Land Rover* (1988), *Ambulancia* (1990), *A sombra cazadora* (1995) y *Conta saldada* (Alfaguara-Obradoiro, 1996).

Está lloviendo, qué tiempo más aborrecible; lleva así toda la mañana. Supongo que hoy vendrá con esa gabardina rosa que le sienta tan bien. Qué guapa estaba hace tres días con el pelo corto y la gabardina, parecía una muchacha. Tendrá cuarenta y algo, cuarenta y cinco. O cuarenta y dos. Tiene un hijo de unos quince o dieciséis, me crucé un día con ella y el chaval. A ver si hoy viene temprano, sin prisa y le hablo un poco más, le preguntaré si le ha gustado la del otro día, *Sensaciones y sentimientos.* Cuando salía aún llevaba los ojos húmedos. O le diré algo de la película que vaya a ver hoy, supongo que irá a la de la sala 3.

Van dentro veintisiete, si viene ella veintiocho. Las sesiones de la tarde tienen más vida, muy poca gente tiene tiempo de venir al cine por la mañana; además por la tarde hay más animación en la galería, la gente que va al gimnasio, a las tiendas, a las oficinas... Las mañanas son muy muertas, sólo viene gente a la peluquería; pero el jefe dice que hay que rentabilizarlas aunque vengan cuatro espectadores. Seguro que él ahora está aún en cama o en bata por casa, mojando un cruasán en el café.

Atado a ti (Director: Stephen Frears. Guión: Ted Tally, adaptando una novela de Stephen King. Actores: Sigourney Weaver, Gene Hackman, Steve Buscemi. USA, 1998.)

—¡Puri, Puri, Puri! ¡No te apures, Puri! —le dije a Kati, y me arrepentí inmediatamente nada más salirme las palabras de la boca.

Ella entraba al salón de belleza con un café en cada mano, que traía del Floyma, ahí al lado, haciendo equilibrios y apoyando el culo en la puerta de vidrio para abrir sin que se le cayesen. Puri, Kati, no puso buena cara, no. ¡Ca!

Fui hasta allí a abrirle la puerta para que no se le derramasen los cafés con leche. Uno ya le había caído bastante por el platillo, es difícil caminar con ellos en la mano y que no se te derramen. Lo que pasa es que a veces en el Floyma tienen mucho trabajo y entonces Florentino no tiene tiempo de traerles los cafés a las chicas del salón de belleza. Gustar si que le debe de gustar llevarles el café, a ver a quién no, entrar en un lugar lleno de chavalitas todas preparadas y peinadas y depiladas. Una peluquería de mujeres es un vicio, ésta dicen que es unisex, pero casi sólo entran mujeres. A mí ya me mandan marcharme, que si no, me pasaba más rato de visita, sólo entrar ese olor a lacas y productos químicos ya me excita. Como le pasaba al de la película *El marido de la peluquera,* si la llego a ver antes no le dejo a Marisa sacarse de peluquera. Cuando vi la película me di cuenta de que ella me gustaba por peluquera. Lo que más me gustaba de ella era eso, que venía toda preparada, como le salía gratis. Ahora en cambio quién se acordaba ya de eso; total, para trabajar de asistenta por horas tampoco hay que arreglarse tanto. Ella andaba entonces como anda ahora Puri, Kati, y todas éstas, con mechas, permanentes, manicuras, depilaciones...

Aunque no sé por qué no le hace gracia a ésta que la llame Puri, si es su nombre. Yo se lo digo por bromear, y es que no sé aguantarme una broma, una manía que tengo lo de las bromas. Además se lo llamo cuando no me oye nada. Es igual, tengo que dejar de llamárselo. Puri en realidad se llama Kati. No, no es así, Kati en realidad se llama Puri. ¡Bah!, es lo mismo, ella se llama Puri, de Purificación, se ponga como se ponga. Y cuando empezó a trabajar en el salón, aún trabajaba Marisa en él, era una chavalita y se llamaba Puri, fue después que le dio por llamarse lo de Kati. Una manía como otra cualquiera. Yo creo que fue porque pensó que con el pelo teñido de rubio se parecía a la actriz Kathy Rich que estuvo muy de moda hace unos años. Y ahora ya hace tiempo que no se le ve en películas, a lo mejor enfermó o se retiró. Pero ésta se quedó de Kati, supongo que con *i* con punto. O a lo mejor con la otra *y*, la que tiene rabo.

Katherine, Sigourney Weaver, ha hecho cambios en su casa para acoger a su marido Brad, interpretado por Steve Buscemi, que se había quedado paralítico en un accidente de auto conduciendo ella. Ha adaptado el cuarto de baño para que pueda utilizarlo él sin ayuda, ha instalado un pequeño elevador en la escalera para que suba en la silla de ruedas al primer piso de la vivienda... Katherine se siente culpable por haber provocado ella involuntariamente el accidente, pero en la primera escena posterior a los títulos de crédito, durante los cuales se nos muestra una vida de ama de casa solitaria y se nos narra el accidente, ella va repasando las reformas en la casa para adaptarla a las necesidades de un parapléjico, insinuándose una cierta complacencia con la nueva situación, con el papel de ama de casa orgullosa de tener todo a punto para cuidar de su marido enfermo.

Brad ya lleva un día en casa, se muestra conmocionado y abatido por el drástico cambio en su vida, ya que tiene que abandonar la actividad profesional, es abogado, y una vida muy independiente de su esposa en la que no faltan noches fuera de casa. Katherine, en cambio, desarrolla una actividad constante a su alrededor combinando los cuidados maternales con la exigencia de un sargento para obligarlo a hacer los ejercicios de recuperación.

La puerta de vidrio traslúcido ya estaba cerrada, desde dentro llegaba el zumbido de algún secador, el vestíbulo seguía con el aspecto triste y semioscuro de casi todas las mañanas. Pasó un hombre que seguramente iría a la gestoría del primer piso. Era lo que tenía esta función matinal, que era muy aburrida. Caray, no aparecía; hacía dos días que no venía, y eso que ya había cambiado la cartelera. Ahora teníamos *Atado a ti, Los apuros de un poli tonto* y *Cantata de venganza,* yo creo que dos por lo menos le podrían gustar. No digo la del poli tonto, porque ésa era para público infantil, pero las otras sí. ¿Y si no viniese hoy tampoco? A lo peor estaba enferma en cama, quería venir pero no podía. ¿Y si prefiriese ir a otros cines en vez de a éste? No, ella vivía por aquí, tres o cuatro portales más adelante, la había seguido un día. No, ella además era fiel a este cine, no lo cambiaría por otro. ¿Pero y si dejase de venir, si no volviese nunca más? Si se mudase a otro barrio, o a otra ciudad, por cualquier motivo.

Una pareja de jóvenes novios llegó apresurada adelantando las entradas.

—Venga, que siempre llegamos tarde por tu culpa —dijo él.

—¡Bah!, siempre ponen algún anuncio o algún cortometraje.

Cortó los *tickets* con parsimonia, sonriendo para sí de lo apresurados que venían. Aún no había empezado la película, Javier siempre esperaba a que él le indicase cuando ya no había más gente para entrar para comenzar a proyectar la película.

—Sí. Estoy harto de pillarlas siempre empezadas, nunca sé cómo es el comienzo y si no ves el comienzo a veces no entiendes bien la historia.

Era cierto, venían una vez a la semana, los martes, que era el día del espectador y el precio estaba rebajado, y siempre llegaban a última hora, él tirando de ella para que corriese. Se veía que a ella no le gustaba tanto el cine. ¡Bah!, las mujeres, ya se sabe. A Marisa tampoco le gustaba, y eso que le podía salir gratis. Ella, aquella mujer, era distinta, le gustaba tanto el cine como a él. ¿Cómo se llamaría?

El joven tomó a la novia de la mano y la arrastró hacia la sala 2, iban a ver *Cantata de venganza,* una de esas de mucha acción y tiros y sangre y animaladas de un director joven americano, Kurt Kaine.

—Tranquilos, que aún no ha empezado —les dijo sonriendo cuando ya iban a abrir la puerta de la sala. Ellos le miraron—. Dentro de un par de minutos, más o menos.

¿Se darían besos en el cine? Qué va, éstos venían a ver la película, ahora todos tenían un coche o un piso donde ir. No era como antes, que Marisa y él se pasaban la película metiéndose mano, se ponían en la última fila y, en cuanto se apagaban las luces, zas. Y era pena, porque a veces a él le hubiera gustado atender a la película, pero no se puede todo en esta vida y a Marisa nunca le interesó el séptimo arte.

A ver si venía de una vez, ya habían entrado veintinueve, pasaba un minuto. Esperaría un par de minutos para avisar a Javier, a ver si llegaba ella. Si se asomaba Javier en lo alto de la escalera que ascendía a la cabina de proyección, le diría que esperase un momento que había gente haciendo cola en la taquilla y que estuviese tranquilo, que enseguida le avisaría.

Nada, nadie. Salió por la puerta de vidrio traslúcido del salón de belleza una mujer de unos sesenta años caminando muy tiesa, más estirada que cuando entró; aguantaba bien los años, un peinado de color plateado. Era atrevida. Nada, no vendría. De un momento a otro aparecería allí arriba en la puerta de la cabina la cabeza de Javier para preguntarle si ya podía empezar. Hoy ya no vendría.

La noche de ese primer día en que Brad ha vuelto del hospital, Katherine ordena las ropas de él y, al sacar de un traje sus efectos personales, descubre un juego de llaves que no conoce. Él la ve en silencio desde el lecho reflejada en un espejo mientras ella hace el descubrimiento de las llaves, y suspira imperceptiblemente de alivio cuando ella no pregunta nada aunque se queda pensativa.

Esta escena, narrada con gran delicadeza visual por su director Stephen Frears, es el punto de inflexión en la narración. A partir de aquí, de una forma subrepticia, cada palabra y cada acto de uno y otro personaje irán tejiendo una trama fatal como una soga que va apretando la garganta del espectador, un trenzado que hace avanzar el duelo interpretativo de estos dos dotadísimos actores gracias al hilo que les suministra con mano sabia el guionista Ted Tally adaptando la novela de Stephen King *After the sin*.

¡La cartera! No estaba en el bolsillo del abrigo, ay, ay, ay, que no la traía. La llevaba siempre en el abrigo desde que un día se la habían robado del bolso, y ahora no la tenía.

Se paró y abrió el bolso. Allí estaba, qué susto. Claro, tonta, antes cuando había ido al súper llevaba la chaqueta que no tiene bolsillos y la había metido en el bolso y ahora seguía allí. ¡Uy!, ya eran las doce y un minuto. La olla de las lentejas había quedado en la cocina eléctrica al mínimo, cuando saliese ya estarían hechas y con poner la mesa en un momentito estaría todo listo. Todo justito, justito. A ver qué tal estaba Sigourney Weaver, sólo por verla actuar iría a ver la película. Qué mujerona, quién fuese como ella, valiente, decidida. Ésta trataba de una mujer casada con un hombre que no le hacía caso, el clásico, como Rafael, y que andaba con otras, y entonces tiene un accidente de coche y él queda inválido y pasa a depender de ella, que lo cuida pero también le pasa factura, claro. Yo haría lo mismo. Era una película psicológica y a ella las películas psicológicas le gustaban, mejor si no tenían mucha tensión, porque con la tensión ahora a media mañana después al mediodía no comía bien. A Rafael no le gustaban las películas psicológicas, sino las de acción, como *Destrucción preferente* y así. Ella las veía también, en realidad quizá disfrutase más ella que él; la verdad es que a él no le gustaba el cine, si era de esas de tiros y mucha acción que prefieren los chavales aún pasaba, iban los dos el sábado por la tarde, pero él lo hacía por complacerla. Qué tontería, podía quedarse en casita viendo el fútbol si quería, que a ella le daba lo mismo, total para que él pudiese decir que la acompañaba al cine. Además, que no soportaba la manía que tenía él de hacer comentarios, «ahora va a sacar el otro la ametralladora...», era infantil, completamente infantil. Por no decir la vez que se empeñó en que lo masturbase en la mitad de la película, fue en *Satén y culpa,* de Sharon Stone. No quise, esas cosas en la habitación, al cine se va a ver la película. Sin contar que eso es una porquería y que se mancha una la ropa. Si no le gusta el cine no tiene por qué acompañarme sólo para complacerme, que vea un partido en la tele o un vídeo de Swarzenegger si prefiere. Allí tumbado en el sofá toda la tarde, vaya ejemplo para el niño también. Además, que prefiero ir sola al cine, perderme en la película. Era como si soñase, y los sueños son de una solamente. Mientras ella estaba en la película no quería a nadie al lado, no quería sentir el cuerpo de nadie pegado al suyo; ni siquiera quería sentir el propio cuerpo, por eso no le gustaba sentir frío en invierno o calor en verano, para no recordar que ella misma estaba allí, para no salir de la película y no cesar de soñar.

Allí estaba el gitanito pidiendo en la puerta de la galería, ¡qué pesado! Pues ya le había dado cinco duros el último día, hoy no le tocaba.

—*Dami* algo —imploró el niño con cara de pena.

—Nada, hijito. Hoy no, que no llevo cambio.

Caminó presurosa hacia la taquilla, ya pasaban dos minutos de la hora. Por culpa de tender la ropa, siempre le llevaba más tiempo del previsto. Y eso que apenas se había pintado, una crema base, algo de polvos y barra de labios. Pero seguro que aún no había empezado, aunque fuera algo tarde siempre llegaba a tiempo de ver la película desde el comienzo. Era como algo mágico, como si la fortuna velase por ella. Y estaría el acomodador, tan amable y sonriente, animándola a entrar rápido que ya pasaba de la hora e iba a empezar. Era como estar en confianza, entre amigos. A él parecía gustarle también el cine.

Un tercer personaje, Freddo, interpretado por un como siempre pleno Gene Hackman, tendero maduro enamorado platónicamente de Katherine que ahora encuentra una ocasión para acercarse a ella, entra en juego con un papel ambiguo y en el filo de la navaja moral, dividido entre proteger al hombre que no se vale, a merced de una esposa poseída del demonio de los celos y afán de revancha, y la tentación de ayudarla a ejecutar su venganza para unirse a ella a través del crimen secreto.

¡Ah!, al fin, allí estaba inclinada y asomada a la taquilla sacando el *ticket,* no había traído la gabardina rosa que le sentaba tan bien. Era el abrigo beige tan entallado de diario, qué esbelta se conservaba. Pensar que tendrían la misma edad y él con aquella barriga de no hacer deporte. Y allí estaba Javier en lo alto de la escalera con gesto de estar harto de esperar.

—Qué, ¿empezamos o qué? Yo empiezo, que tengo que estar a las dos menos cuarto en casa. Ya no viene nadie más, no sé a qué coño esperas.

—Tranquilo, hombre, ya sabes que el jefe quiere que esperemos para empezar a si hay gente en la taquilla, pero ya puedes. Hasta ahora ha estado entrando gente, acaba de hacerlo un grupo de cuatro en la sala 3, pero ahora ya puedes. Iba a avisarte precisamente ahora, hombre.

Ella ya estaba allí para entrar y le ofrecía el *ticket* con gesto de impaciencia para que lo cortase. Javier entró a la cabina.

—No se preocupe que no ha empezado, esté tranquila que ya estoy yo atento.

Ella sonrió aliviada y como agradecida.

—¡Uy!, hoy no he podido acabar antes. Vengo sin aire.

—Qué, ¿a ver esa de suspense?

—Pues sí... —sonrió con timidez y se fue hacia la puerta de la sala 3.

—Le va a gustar, está muy bien. Ya sólo por los actores...

Ella entró, el vestíbulo de la galería estaba vacío y ya no vendría nadie. Cerró con llave la puerta de vidrio y fue hacia la sala 3 para situarse en los asientos de la entrada, desde allí vería la película de nuevo y también observaría su cabecita, sentada en el medio hacia delante. Desde allí vería cómo poco a poco al ir avanzando la tensión de la película ella pasaría de estar sentada muy erguida a irse encogiendo y hundiendo en el asiento, hasta que sólo quedase asomando el pelo en los momentos de mayor angustia, y la vería estremecerse cuando el peligro era inminente. Incluso podría oír los gemidos que se le escapaban casi siempre para avisar a la protagonista. Cómo vivía las películas, era como una chiquilla. Cuando saliese a encender las luces aún tendría tiempo de asomarse un momento para verla recomponer la figura, muy seria, antes de volver precipitadamente a la puerta para tenerla ya abierta para los más impacientes por salir.

Un final sorprendente y sin embargo nada forzado, natural dentro de la narración, el de esta película que no cae en sustituir la trama por efectismos fáciles como es hoy tan común en el cine de Hollywood y que se enmarca en la mejor tradición del cine negro y psicológico.

Desde la última fila, en el asiento más cercano a la puerta, reconocía entre las tinieblas de la sala su cabeza y el cuello aún rígidos. Cuando Katherine, después de haber registrado el despacho de su marido y de descubrir recibos de un piso alquilado, va allí con las llaves que le ha encontrado y de las que ha hecho copia para evitar que él las echase en falta, y abre la puerta despacio después de haber llamado para comprobar que no había nadie, ella en su butaca abrió el bolso y tomó algo, parecía un pañuelo doblado, que empezó a morder.

Mientras, Katherine recorría el pequeño apartamento de una pieza con baño, una gran cama y un armario con lencería, toma en sus manos un *négligé* de seda roja y deja que se le escurra entre los dedos; un gran televisor y vídeo enfrente de la cama y videocasetes ordenados en un estante, una mesilla de noche con artilugios de *sex-shop*... Ella inmóvil en el asiento mordía el pañuelo, el cuello muy tieso y pequeños movimientos nerviosos de la cabeza. Katherine súbitamente empieza a arrancar ropas de las perchas y a desgarrarlas y a deshacer la habitación, pasa al cuarto de baño y estrella los frascos de la repisa contra la pared. Finalmente, agotada, ve que le sangra una mano, se ha cortado con algún frasco. Lleva el corte a la boca y lo chupa, observa la boca que ha quedado manchada de sangre, vuelve a pasar el corte por la boca, la cara, hasta quedar toda la cara ensangrentada. Contemplándose en el espejo ríe con cara de trastorno. Luego reacciona y se lava bien con agua, se seca y con cara muy seria apaga la luz. Quién pudiese estar sentado al lado de ella ahora, si me atreviese.

Freddo acaba de traerle el pedido personalmente a casa, le explica que el muchacho de los recados se ha tomado el día libre. Katherine lo invita a una taza de café, los americanos toman café a cualquier hora porque es muy flojito el café allí, y están un rato hablando en la cocina, él se ve que bebe los aires por ella. Le pregunta por la herida de la mano y ella le contesta que el ama de casa, o cualquiera que viva encerrado en el hogar, está expuesto a sufrir accidentes. En el piso de arriba Brad, desde el lecho en el que se ha refugiado deprimido, escucha la conversación en silencio a través de la puerta entreabierta. Freddo ve que el grifo pierde un hilo de agua, le dice a ella que el próximo día volverá a traer él el pedido y se traerá las herramientas para arreglarlo. Desde la cama Brad oye la puerta que se cierra al marcharse Freddo y en el silencio de la casa los pasos de ella subiendo las escaleras.

Ella entra en el cuarto en penumbra, sólo una lámpara de pie en un ángulo alumbra apenas, él finge dormir debajo de las mantas. Ella pasa al cuarto de baño, cómo me gustaría tener también baño en el dormitorio, ahora casi todos los pisos lo tienen, incluso los modestos, y desde el interior le habla en alto para despertarlo.

—¡Querido! ¡Brad!

Él abre los ojos y finge que despierta de un sueño pesado. La puerta del baño está abierta y sale de allí claridad, a veces el espejo refleja el paso de un brazo con un cepillo del pelo.

—¿Qué? Ah, eres tú, querida.

Esa manía de los americanos de llamarse «querido», «querida».

—¿Dormías? No debes dormir por la tarde o de noche tendrás insomnio, cariño. ¿Sabías que hoy he pasado por tu despacho?

—¿Sí?

—Sí. Y te he traído la correspondencia que tenías.

—No hacía falta que te molestases, ya me la trae Cindy cada dos días y si hay algo urgente telefonea.

—¡Bah!, no importa, pasaba por allí cerca. Por cierto, hay un sobre de una inmobiliaria y lo he abierto casi sin pensar. Supongo que no te importa.

Había alguien sentado en la butaca de al lado, en la oscuridad de la sala entrevió una silueta familiar.

Brad cierra los ojos y se encoge debajo de las sábanas, abre los ojos, está sudando.

—No tiene importancia, cosas del despacho —dice—. Es que vamos a abrir una pequeña sucursal en otro barrio de la ciudad, queremos ampliar la clientela, y momentáneamente pusimos el alquiler del piso a mi nombre. Este mes precisamente quería cambiarlo y ponerlo a nombre del despacho. Pensé que te lo había contado.

—Pues no, no me lo habías contado. Pero ahora debes despreocuparte de esos asuntos, cariño, pronto te recuperarás y cuando descanses y recobres el ánimo podrás volver al trabajo. Hoy Ethan me ha dicho que piensan preparar tu despacho para que te puedas mover cómodamente con tu silla.

Se apaga la luz del baño. Siente una mano caliente que toca la suya agarrada al reposabrazos. Sale Katherine con el *néglige* rojo que estaba en el apartamento que ha visitado por la tarde. Toma la mano que tiene al lado de la suya y la aprieta. Katherine se acerca a él, que la vea vestida así, y le da un beso en la frente.

—Buenas noches, cariño. Descansa y no te preocupes de nada, las cosas se irán solucionando. Aquí está tu esposa para cuidar de ti. Duerme bien.

Ella rodea la cama hacia su lado de la cama mientras él mantiene la cara contraída y rígida. Apaga la luz.

Se cierra de un portazo la puerta de un frigorífico y Katherine tiene en la mano una jarra de leche, la cocina llena de luz de la mañana.

—¡Cariño, Brad! ¿Quieres que suba a ayudarte a salir del baño?

Ella soltó la mano que tenía agarrada y la recogió en puño cerrado a su regazo. El hombre que estaba a su lado no pareció notar nada, como si estuviese tan distraído viendo la película que no se hubiese dado cuenta de nada.

Qué tonta había sido agarrándose a su mano, menos mal que a él no le había importado. Era el acomodador, el de la entrada, estaba muy rígido mirando hacia la pantalla. Se puso muy rígida en el asiento y volvió la vista a la pantalla.

Se levantó rápido, justo antes de que apareciesen las letras de crédito, tenía como un sexto sentido desarrollado para eso. Los de las salas 1 y 2 tardarían aún siete y diez minutos. Cuando los primeros espectadores, dos chavales, salieron echándose las cazadoras por los hombros ya él tenía la puerta abierta. ¿Con qué cara lo miraría ahora? Él había aproximado la mano, pero había sido ella quien la había cogido. Él no había hecho nada malo. Era una cosa inocente, sin importancia, y ella no se quejaría ni diría nada a nadie. Al fin y al cabo los dos eran mayores, y los dos casados.

—Hasta luego —saludó a los dos muchachos. No le contestaron, se veía que la urbanidad no era materia de estudio hoy. Fueron saliendo todos, ocho, nueve, ella iba a salir hoy la última. ¿Estaría enfadada con él? A lo peor se había ofendido. Era mejor marcharse de la puerta, iría hasta los servicios para no tener que verse. Qué tonto había sido. Se dirigió al servicio, cuando pasó por delante de la sala estaba saliendo ella, que miraba hacia la puerta y aparentó no verlo. Inmediatamente detrás salió un viejo gordo poniéndose el sombrero y dando vueltas a la bufanda. Él también aparentó no verla, le dijo adiós al viejo y siguió hacia los servicios simulando tranquilidad. Cuando cerró la puerta tras él, resopló y tomó aire, fue después hasta un lavabo y abrió el grifo, tomó agua en las manos y la pasó por la cara. Había sido una imprudencia, tenía que olvidar aquello como si no hubiese ocurrido nunca y no volverlo a repetir. Si le daba a ella por presentar una queja perdía el empleo y le deshacía la vida. Marisa pensaría que era un degenerado. Qué capricho tan estúpido le había entrado con aquella mujer. Si con ella no podría tener nada que ver, fuera del cine ni lo conocería si se cruzaban. La culpa era de ver tantas películas y dejar después que la cabeza trabajase. No se podía dejar a la cabeza soñar lo que ella quisiese.

—¡Carlitos, Carlos! —era Puri, Kati, que entraba de nuevo con un café en la mano al salón de peluquería—. Qué raro hoy que no me digas nada, ¿estás enfermo?

—¿Qué? No, estaba distraído. ¿Por qué?

—Por nada. Sólo que como siempre tienes algo que decir cada vez que entro o salgo y hoy salí hace unos minutos y no me has dicho nada y ahora vuelvo y tampoco me ves... ¿Qué te pasa que estás tan interesante, todo pensativo?

—Ha, ha —se sentía descubierto, como si Puri, Kati, fuese a saber lo de la mano de ayer—. Nada, pensaba en mis cosas. Uno también tiene sus cosas.

—¡Caray!, ¿no estarás enamorado? Mira que se lo cuento a Marisa. ¿O no te irás a hacer ahora un intelectual? —rió con coquetería al tiempo que empujaba la puerta de cristal con la cadera y entraba.

Mira tú, pues se veía que estaba distraído. Ya era la hora en punto y no había venido. Lo que temía, no volvería, después de lo de ayer no volvería. Pensaría que era un aprovechado, un acosador de ésos como en las películas, *Deseo implacable.* Iría a otros cines por culpa de él. O se quedaría en casa sin venir. ¿Y si lo comentaba con el marido? Él diría que fue una casualidad y que había sido ella quien había tomado su mano. Además seguro que el marido no sabía que ella iba al cine unas cuatro veces por semana, viendo todas las películas y repitiendo siempre alguna. Seguro que no le contaba lo que se gastaba al mes en cine. Era como si tuviese una vida aparte de la que tenía con su marido y su hijo, una vida secreta como el protagonista de la película. Pero ella era una mujer sensible, y soñadora. Disfrutaba perdiéndose en la película, como él. Era como compartir con ella una afición secreta. Pero hoy no vendría y Javier se asomaría de un momento a otro para decir que él no esperaba más.

No sabía si entrar o no entrar. Si entraba, ¿qué pensaría él? Pensaría que ella consentía, que le daba pie. Pero por qué no iba a entrar si le daba la gana, como hacía siempre, no consentiría que él la incomodase ni la molestase. No iba a dejar que una persona que no sabía estar en su sitio le impidiese ir a los cines que estaban al lado de casa. El niño gitano esperaba mirándola desde la entrada de la galería, cuatro metros más adelante, para pedirle la limosna. Qué lío, llevaba desde el día anterior dándole vueltas, casi no había podido dormir y hoy había tenido que cubrir bien las ojeras con maquillaje; no sabía si debía volver o no volver. Él siempre había sido muy amable con ella, después de todo pudo ser una casualidad y ella le estaba dando demasiada importancia. Pero si se llegaba a enterar Rafael. Cómo se lo podría explicar, no lo entendería, le echaría la culpa a ella. Y le preguntaría que qué hacía en el cine por la mañana, no entendería que fuese un rato a ver una película algún día por la mañana. Qué horror. Y con lo bruto que es Rafael era capaz de ir allí a armarle un escaparate al pobre hombre, que es tan poquita cosa. No es feo, pero no es mucha cosa, tan dulce y amable. Y quién sabía si Rafael no era de los que tenían una doble vida, como Brad el de la película, algunas veces llegaba muy tarde a casa y la explicación que daba no convencía mucho. Nunca había encontrado una prueba, pero era muy probable que andase con otras. Quién sabía si alguna vez no había pensado en deshacerse de ella para juntarse con alguna jovencita sin escrúpulos, como el de *La sospecha*. El niño gitano se acercó por fin a ella.

—Nada, nada. No tengo suelto. Mañana te doy, mañana. Te digo que mañana —y entró ligera en las galerías y caminó hacia la taquilla. Pasaban ya cinco minutos, hoy seguramente que la pillaba empezada. Guardó la cartera mientras iba hacia la puerta adelantando el *ticket*. No le miraría a los ojos.

Él estaba de espaldas hablando con el operador que tenía cara seria al lado de la puerta abierta del cuarto de máquinas, allí arriba.

—Vale, vale, pues empieza. Yo sólo hago lo que me mandan, y a mí me mandan que te avise para que empieces cuando ya no venga gente —se dio la vuelta para cerrar la puerta y la vio a ella con la gabardina rosa. Se sorprendió y sonrió espontáneamente. Ella también se sobresaltó y notó el rubor al tropezar las miradas—. Ah, hola. Ya cerraba la puerta, pensaba que hoy no venía.

—Sí, eh... Es que hoy he enredado dejando la casa recogida.

—A la sala 3 otra vez.

—Sí. Está muy bien la película.

—También a mí me lo parece, muy buenos actores.

Ella fue yendo mientras él cerraba la puerta, pasaban ya siete minutos y ya no vendría nadie. Puri, Kati, volvió a salir y le sonrió, él no la vio y se apresuró a entrar en la sala 3.

Katherine está ventilando el cuarto mientras el hombre va en la silla de ruedas a una sala contigua con galería que da al jardín y la calle y se queda allí ensimismado. Volvía a haber alguien sentado en la butaca de al lado. Katherine va acomodando y ordenando todo cuando abre un cajón de la mesilla de noche del lado de su marido y vuelve a ver las llaves que había descubierto la noche anterior. Notó el leve roce de una mano en la suya. Katherine toma las llaves y las guarda en un bolsillo del pantalón, cierra el cajón. A través de la puerta del cuarto se ve en la sala contigua la silueta del hombre en la silla de ruedas de espaldas que hizo un leve movimiento de cabeza al sentir el ruido del cajón al cerrarse. Apretó aquella mano dentro de la suya, estaba caliente.

(Inédito)

El cuarto hombre

MARUJA TORRES

Maruja Torres nació en Barcelona en 1943. Su nombre —su gracia aguda y extremada, su ingenio de alfilerazos y frases que nunca antes se le podían haber ocurrido a nadie, pero que en seguida parecen la catarsis misma del humor— se hizo pronto popular en la España del último franquismo y las primeras libertades, en *Fotogramas,* en *Por Favor* («¡Cielos, la democracia! Y yo con estos pelos») y otras publicaciones. Su labor periodística no ha dejado faceta sin cubrir, desde sus trabajos de guerra en los frentes de la jet-set a sus libros de paz y afecto en las Américas. Es colaboradora habitual del diario *El País.* Lleva más libros publicados de los que caben en esta nota. Por ejemplo: *Amor América* (El País-Aguilar), *Como una gota* (El País-Aguilar). Alfaguara tiene en prensa *Un calor tan cercano,* su primera novela.

«Ha transcurrido una vida y todavía camino entre los árboles desnudos. Paso a su lado, sin mirarle, y camino, completamente sola, camino. Camino para siempre.»

Sin vacilar, deposité aquella carta en la canasta de Desechables en cuanto leí el primer párrafo. Estaba firmada con un nombre extranjero, un nombre de mujer, que apestaba a falso, pero no fue esto lo que decidió su destino, porque la mayoría de quienes escriben al legendario Consultorio de Mr. Belvedere, de la prestigiosa revista *Fotogramas* —a cuya plantilla pertenezco desde hace un cuarto de siglo—, se escudan en el anonimato tanto como el propio titular de la sección, y utilizan seudónimos que ellos creen originales y audaces. En mi opinión, no son más que exhibicionistas que sólo pretenden presumir de lo mucho que saben de cine. Cine: como si resultara algo necesario. Yo no he visto jamás una película, y eso no me ha impedido trabajar durante décadas en la más importante publicación del sector sin que nadie haya llegado a sospecharlo. Para saber no hay más que leer, y yo estuve siempre muy impuesta en el tema, gracias a haber leído *Fotogramas* desde el primer número. La colección completa fue la única posesión que mi padre dejó al morir.

A mi padre le gustaba mucho el cine, lo cual no le impidió tener una vida de mierda. Pasó por este mundo como una sombra, una sombra en estado de inutilidad permanente, cuya única actividad consistía en permanecer en los cines del barrio durante horas viendo películas que luego nos contaba, y que yo odié, mientras era testigo de su indiferencia hacia la forma en que mi madre se mataba a trabajar desde el amanecer para mantenernos a flote. No era falta de amor, supongo ahora, sino de sangre, y por eso se perdía en eternos sueños que ni siquiera había soñado él, sino gente que se llamaban Gary Cooper, Orson Welles, Ingrid Bergman o Tyrone Power. Como respuesta a su obsesión por el cine, lo único que yo quise hacer en la vida fue leer, pero en casa no había un jodido libro, sólo la colección de *Fotogramas.* Lo que, en el fondo, encaminó mi futuro, porque el mismo día en que la tuberculosis se llevó por fin a mi padre —su última voluntad fue mandarme al quiosco a por la revista, que entonces era semanal—, y mientras me preguntaba qué íbamos a hacer ahora que en la familia habría una boca menos que alimentar y podríamos dedicar algo de dinero a mi afición preferida, descubrí que *Fotogramas* buscaba una aprendiza para su archivo. Habían puesto el anuncio en la página del Consultorio de Mr. Belvedere, que leí de cabo a rabo durante el velatorio para abstraerme del gimoteo de mis tías y el llanto desconsolado, por increíble que parezca, dado de que se estaba librando de una buena, de mi madre.

Yo acababa de cumplir los catorce, la edad legal para empezar a trabajar, de modo que me presenté, pasé el examen, y a la semana siguiente ya estaba distribuyendo en carpetas las fotos de los artistas que le habían sorbido el seso a mi padre. He cumplido con mi trabajo disciplinadamente y, diría, con más aplicación que la mayoría de mis compañeros, y eso que he seguido fiel a mi principio de no poner los pies en un cine —y ni siquiera poseo un televisor: detesto la imagen en general—, y que he recibido la irrupción de las cintas de vídeo en nuestra vida con el mismo despego con que asistí al invento del cinemascope y a la llegada de las salas de arte y ensayo a mi ciudad. Pero, desde que trabajo en *Fotogramas,* he sido feliz, porque soy una mujer sedentaria y a lo único que aspiro es a ganar un sueldo que me permita comprar los libros que necesito. No hay pared en mi casa que no esté cubierta por estanterías surtidas por todo lo que se publica, tanto en novela como en ensayo, en biografías como en reconstrucciones históricas, y estoy tan orgullosa de la biblioteca que he conseguido reunir como del cine que he logrado no ver.

La carta a que me refiero, que fue la primera de tres, no la metí en Desechables por ir con seudónimo, ni siquiera por carecer de remite —el matasellos indicaba que había sido enviada desde la misma Barcelona—, sino porque aquélla no me pareció una forma de empezar que presagiara una consulta cinematográfica. De nuevo me encontraba ante el desahogo de un corazón solitario. Les asombraría de lo que es capaz la gente que escribe a un consultorio, aunque sea de cine. La gente carece de pudor y cree tener derecho a contar sus penas, pedir soluciones, exigir consejos. Mi misión actual en la revista —quisieron ascenderme a jefa de Documentación, que es como ahora llamamos al archivo, pero me negué: no tengo ambiciones— consiste, precisamente, en librar al Míster, que es un desmañado, de misivas absurdas, personales e impertinentes, así como de anónimos insultantes y amenazadores, que de todo hay, porque la gente está bastante loca. Las cartas que valen, un montón enorme, las distribuyo por temas, y a menudo les pego un *post-it* con indicaciones que a mi jefe le resultan muy útiles. Por ejemplo, le aviso cuando el remitente es un habitual que cambia de seudónimo para ponerle a prueba, o cuando se le tiende una trampa para averiguar su verdadera identidad.

Ya sé que nadie es insustituible, pero puedo asegurar que, si yo le faltara, sería como si al Míster le cortaran una mano. En cambio, podría suplantarle sin que nadie notara la diferencia, pero ya he dicho que no soy ambiciosa. Lo que a mí me gusta es leer, desde folletos de productos farmacéuticos hasta libros de enjundia. Leo, muy especialmente, las cartas que la gente que no tiene pudor le manda a Belvedere contándole su vida. Y los ratos más satisfactorios son, para mí, los que paso cuando llego a casa, terminada mi jornada laboral, y me siento en la mecedora de la sala con la botella de Anís del Mono cerca y las cartas Desechables del día en mi regazo, leyéndolas con la atención que no he podido prestarles en el despacho.

Ésta había sido escrita por una mujer de avanzada edad que desvariaba acerca de un hombre con el que, por lo visto, en su juventud no pudo llegar a ningún arreglo. No quedaba claro, en la primera entrega, cuál había sido el problema, pero era evidente que la señora se sentía culpable. «Durante toda mi vida me he arrepentido de pasar por su lado sin mirarle, ya estaba arrepentida mientras caminaba entre los árboles desnudos, pero no podía dejar de hacerlo porque otros habían decidido que fuera así, y yo siempre he dependido de las decisiones ajenas.» Lo más disparatado era que le pedía a Mr. Belvedere que hiciera lo posible para localizar a su antiguo novio, o lo que fuera, pero no proporcionaba dato alguno, aunque, de haberlo hecho, sus posibilidades de éxito habrían sido las mismas. No nos dedicamos, desde la revista, a hacer de casamenteros. La carta terminaba abruptamente y —por eso digo lo de que su autora debía de ser vieja— con la frase: «Ahora tengo que interrumpirme, porque están apagando las luces para que nos durmamos a las ocho, como las gallinas. Es triste no poder elegir ni siquiera cuando se llega a mi edad». O sea, que deduje que escribía desde un hospital, o desde una residencia para la tercera edad.

La segunda carta entraba directamente en materia. Si era verdad lo que decía, aquella mujer —que firmaba como Anna Schmidt— había tenido una vida fascinante. Natural de un país de la Europa del Este, había ido a parar a Viena huyendo de los comunistas, al final de la Segunda Guerra Mundial, y en aquella ciudad destruida por los bombardeos había intentado rehacerse trabajando como actriz en un teatro de comedia, a cambio de cupones para comer. Fue entonces cuando hizo amistad con un hombre muy atractivo, pero de comportamiento dudoso. «Harry estaba relacionado con el mercado negro», escribía, «y me facilitó un pasaporte muy bien falsificado con el que podía moverme por la zona internacional, situada bajo el mando conjunto de la policía de las potencias vencedoras, que controlaban la ciudad. Yo me había enamorado de él, o eso creía. Lo cierto es que dependía de él: era la única persona amable que había conocido en Viena, y cuando murió en un accidente de tráfico pensé que yo quería morir también... Hasta que apareció su mejor amigo, y empecé a pasar cada vez más tiempo con él, con la excusa de recordar a Harry. Pero Holly —qué nombre tan extraño para un hombre, pensé— lo estropeó todo cuando empezó a insinuar que a Harry no lo había atropellado un coche, sino que lo habían asesinado. Holly era escritor de novelas del Oeste, de esas baratas, y tenía una enorme imaginación, por lo que, al principio, no le creí, aunque le seguí la corriente, conmovida porque pensé que ésa era su forma de no aceptar la pérdida de su amigo del alma. Incluso le acompañé a un par de sitios y le hice de intérprete, porque él no hablaba alemán, en la esperanza de que pronto se cansara y dejara de investigar. No fue así. Lo realmente asombroso es que pronto hubo un asesinato de verdad. El portero de la finca en donde vivía Harry, que había presenciado el accidente de tráfico...».

Seguí leyendo, y cuando terminé —la carta acababa con una magnífica descripción de la noria del Prater dando vueltas sobre las ruinas de Viena, con los llamados Holly y Harry, que no había muerto, sino huido al sector ruso porque le perseguían por traficar con penicilina, subidos a uno de los coches—, una extraña sensación me invadía por completo. Miré la botella de Anís del Mono y comprobé que había consumido su contenido casi sin darme cuenta. Pero no era la bebida lo que me producía aquella impresión desasosegante, sino el hecho de que *yo conocía también aquella historia,* aunque había detalles que no me cuadraban. Recordaba vagamente haber leído en algún lugar algo relacionado con un caso como aquél, y me sonaba hasta el nombre del capitán Calloway, o Callaghan. Y la noria, desde luego, la noria daba vueltas en mi cabeza como mi propia memoria en busca del cabo que condujera al ovillo.

Aquella noche no pude dormir. ¿Cómo podía haberme dejado embaucar, yo, que presumo de adivinar las intenciones ocultas detrás de cada carta dirigida al Consultorio, cómo no había intuido que lo más seguro era que la historia de la supuesta Anna Schmidt no fuera más que un plagio del argumento de una película? Pero, no, me decía, dando vueltas en la cama, con un atroz ardor de estómago causado por el abuso de anís. No: yo la recordaba demasiado bien, como algo que a mi vez había vivido, no —como me suele ocurrir— por haber tenido acceso a datos técnicos, resúmenes de guiones y comentarios de críticos. La recordaba como si me hubiera impresionado de primera mano, aunque en esta ocasión me parecía tener acceso a un nuevo punto de vista, los mismos hechos narrados por una persona distinta.

Fue fácil, al día siguiente, recabar información entre los redactores de *Fotogramas.* Me hice la prematuramente senil —«Cada vez estoy peor de la memoria»— y ellos me recordaron, con gran amabilidad, que película con noria en Viena no hay más que una, y se trata de *El tercer hombre,* de Carol Reed —«Aunque la influencia de Orson Welles fue decisiva», añadieron, muy doctos—, rodada en escenarios naturales en 1950. Busqué en nuestros ficheros y descubrí que los nombres de los protagonistas coincidían con los que la desconocida daba en sus cartas: Joseph Cotten era Holly Martins, Orson Welles era Harry Lime, el falso muerto, y de Anna Schmidt había hecho la actriz italiana Alida Valli, una de las favoritas de mi padre, por cierto. No se daban grandes detalles del argumento, pero uno de los datos resultó fundamental: Graham Greene era el autor del guión original. Y ahí se me hizo la luz.

Aquella mañana fingí un cólico nefrítico y me fui corriendo a casa, dispuesta a aclarar el misterio de una vez por todas. Allí estaba, en una de mis estanterías, en el lugar correspondiente a la letra G. Entre William Goldman y Germaine Greer, Graham Greene. Entre *El revés de la trama* y *El décimo hombre.* Agarré *El tercer hombre,* que era un volumen sumamente delgado. Habían pasado al menos diez años desde la primera vez que lo leí, y ahora volví a hacerlo de un tirón. Sin embargo, las cosas no eran en el libro tal como la mujer que se hacía llamar Anna Schmidt contaba en sus cartas. Para empezar, en el libro Holly no se llamaba así, sino Rollo. Hay también, en el libro, un largo paseo de la mujer bajo los árboles, pero no alejándose de Holly, sino acercándose a él, y en el momento final ella le toma de la mano, o sea, que acaba bien.

Encontré la respuesta en el prólogo que el propio Greene escribió para su relato, explicando las diferencias entre éste y la película: «Una de las escasas disputas importantes que tuvimos Carol Reed y yo fue acerca del final, y él tenía toda la razón. Mi opinión era que una película de corte ameno como ésta no podía soportar el peso de un final desgraciado. Reed pensaba que mi final podía resultarle al público, que acababa de ver la muerte y el entierro de Harry, desagradablemente cínico. Me convenció sólo a medias; temía que poca gente iba a aguantar en sus butacas el largo paseo de la muchacha desde la tumba...». Respiré hondo, entre otras cosas para asimilar la impresión de que un autor confesara que consideraba más acertada la versión cinematográfica de su historia que su propio relato.

Cuando, pocos días después, llegó la tercera y —yo no podía saberlo— última carta, traía remite: Residencia de la Tercera Edad El Amparo. Al menos, en esto, no me había equivocado. La metí en Desechables sin abrirla, pero, ya en casa, no pude resistir la tentación. «Arrojé un puñado de tierra al agujero donde, ahora sí, yacía para siempre el cuerpo de Harry, el tercer hombre que preparó su propia muerte para engañarnos a todos, traté de no mirar a Holly, a pesar de que sentía sus ojos fijos en mí, pero eso era lo que me habían dicho, que no le mirara. Entonces, di media vuelta y eché a andar por entre las tumbas y salí al camino. El aire era helado y los árboles estaban desnudos. Poco después, el *jeep* en donde iban Calloway y Holly me adelantó, pero seguí andando, tal como me habían dicho. En un momento dado, a lo lejos, el vehículo se detuvo, y Holly saltó. Me esperó en la cuneta, recostado en un viejo carromato que alguien había abandonado por inservible. Caminé y caminé, y pasé por su lado, tal como me habían dicho, sin mirarle. Al poco oí a mis espaldas el ruido de un fósforo al encenderse y deduje que se había puesto a fumar, pero no me volví, y he pasado toda mi vida soñando que deshago lo andado, que me acerco a él y le pido un pitillo, uno de aquellos cigarrillos americanos tan apreciados en Viena, y le sonrío. En mi sueño nos tomamos de la mano y esperamos juntos el autobús, y no hay música, no hay ninguna cítara tocando sin cesar la maldita música de Anton Karas que desde entonces no ha dejado de torturarme. ¿Cree usted, estimado Mr. Belvedere, que con su ayuda podré encontrar alguna vez a Holly? Aunque sólo sea para pedirle perdón por no haberle dicho nunca que él fue para mí el único hombre.»

A fuerza de copas de anís y de leer las cartas una y otra vez, el entendimiento se me debió de nublar, pues sólo así me explico la pena que me entró, una pena profunda y real, como si acabara de asistir, herida de impotencia, a una tragedia amorosa auténtica. Decidida a acabar con tal estado de debilidad emocional, me presenté en la Residencia El Amparo, que resultó ser una de esas torres burguesas de la Bonanova reconvertidas en asilo para ancianos de clase acomodada. Me informaron de que, efectivamente, una tal Anna Schmidt, que decía ser austriaca aunque hablaba perfectamente el castellano y bastante el catalán, pasó allí los últimos diez años. La habían enterrado el día anterior.

—Era una señora muy especial —dijo la directora, que fue quien me recibió—. Aseguraba que había sido actriz, y que había venido a Barcelona a principios de los años cincuenta, enrolada en la compañía de Los Vieneses. No tenía familiares, que yo sepa, pero, antes de morir, dejó esto para un tal Mr. Belvedere. ¿Le conoce?

Asentí y tomé el paquete, con dedos temblorosos. Dentro del taxi, rasgué el sobre. Contenía una copia en vídeo de *El tercer hombre,* en versión original, con subtítulos en castellano. Le dije al conductor que me llevara directamente a El Corte Inglés de la Diagonal, y allí mismo cargué con un televisor y un aparato de vídeo.

Desde entonces no he dejado de verla caminar bajo los árboles, pero no me quiero enviciar. Esta misma tarde voy a comprar *Lo que el viento se llevó,* de la que mi padre solía decir, pero hasta hoy no le he hecho caso, que también era mucho mejor que el libro.

(Inédito)

La muerte de Julio Alejandro

MANUEL VICENT

Manuel Vicent ganó el Premio Alfaguara en 1966 con *Pascua y naranjas*. Desde entonces, su trayectoria literaria y periodística ha sido imparable. Entre sus numerosas obras cabe destacar *Balada de Caín* (Premio Nadal), *Tranvía a la Malvarrosa* y su última novela *Jardín de Villa Valeria*, la sobrecogedora crónica de la generación que vivió la transición. Actualmente escribe en *El País*.

Iba yo con una pequeña tropa de peliculeros que estaba localizando exteriores por los valles de la Marina Alta, con José Luis García Sánchez, Pierre Thévénet, Alcaine, Pablo del Amo y otros. En la sobremesa de un arroz en Casa Pepa de Ondara, entre naranjos, alguien comentó que a pocos kilómetros de allí, en la playa de Jávea, vivía Julio Alejandro completamente solo, con noventa años. Nos propusimos ir a visitarlo. Le llamamos por teléfono y Julio nos citó para tomar café en su casa a las siete de la tarde. Parte de la pequeña tropa tuvo que regresar a Valencia. A la hora convenida llegamos a Jávea el cineasta José Luis García Sánchez, el ayudante de dirección Salvador Pons y yo.

Vivía solo en un extremo de la bahía, cerca de la playa del Arenal, en una zona de apartamentos que al final de septiembre aparecían ya deshabitados, con las ventanas cerradas, los toldos recogidos y abrochados con plásticos para el invernaje. Los veraneantes habían regresado a la ciudad, pero en medio de la desolación de todas las terrazas vacías había una sola iluminada en lo alto de un edificio y desde ella comenzó a gritarnos a los tres extraviados en la calle un anciano con voz extraordinariamente musculosa agitando los brazos:

—Es aquí, es aquí, gilipollas.

—Parece Júpiter —comenté.

—Ese señor que oyes tiene casi un siglo —dijo José Luis.

La misma voz de Júpiter volvió a tronar por el hueco de la escalera ya con un acento de gran cordialidad.

—Es el quinto piso. Subid.

No conocía personalmente a Julio Alejandro. Lo admiraba por las leyendas que de él contaban los amigos. Era uno de esos personajes sumergidos de la generación del 27 que han sido genios privados, con un talento disgregado en múltiples oficios: marino, poeta, guionista de famosas películas, *Viridiana, Tristana, Nazarín,* vinculado a Buñuel, decorador de cine, anticuario, autor de teatro, testigo de la guerra del opio en Shanghai, prisionero de los japoneses durante la invasión de Filipinas en cuya cárcel, según los rumores, fue castrado por venganza. Estos elementos lo convertían en el héroe más deseado en todas las tertulias.

Nos esperaba inquieto de pie en el felpudo del rellano y en el momento de los abrazos fue extremadamente amable conmigo. A simple vista me pareció un viejo de lo más fardón. Vestía pantalones de esquijama, babuchas de cuero labrado, jersey fino con cuello de cisne y encima llevaba otro jersey de grano gordo color manteca. Nos sentamos en sillones de mimbre alrededor de una mesa en la terraza y sólo bebíamos agua mineral. Julio Alejandro miraba la bahía de Jávea cerrada enfrente por el acantilado del cabo San Antonio y detrás de su cabeza carnosa el sol estaba bajando por la sierra Aitana con todas las tonalidades de sangre y de almíbar posibles. En seguida comenzó a contar cosas de un pasado ya muy perdido. Era una charla encantadora pero hecha de palabras y vivencias precisas, y en ellas ámbitos muy lejanos se mezclaban con artistas y escritores muertos.

—He sido marino y no puedo vivir sin el mar. Dentro de tres meses cumpliré noventa años. En este límite de la edad sólo se experimenta una paz muy suave. Todos los días miro desde aquí ese horizonte.

Julio levantó pesadamente el brazo y señaló con el dedo artrítico, aunque todavía muy firme, la línea rosada de la bahía entre los dos cabos.

—Sé que muy pronto por esa línea del horizonte llegará la calaca. Subirá hasta esta terraza, se sentará aquí a mi lado en ese sillón, charlaremos un rato amigablemente y luego nos iremos los dos juntos despacio en silencio hacia el fondo de la bahía.

—¿Quién es la calaca? —le pregunté.

—Es la calavera. Así llaman los mexicanos a la muerte —dijo él.

Mientras la bahía de Jávea se iba inflamando con un oro muy leve Julio Alejandro habló de la calaca con una ternura indecible, el tono de voz medido, mirándose con ojos bajos el dorso de una mano cubierto de pecas negras como si hubiera ensayado ese parlamento infinitas veces hasta extraerle el matiz que deseaba, pero en seguida recobró la risa y se puso a hablar de la vida.

—¿De veras no queréis que os haga un café?

—Déjalo, Julio.

—En la cocina hay un poco de fruta.

Interrumpiéndose a sí mismo, de pronto, comenzó a hablar con una espontaneidad muy jovial.

—Nunca he conducido un coche ni he escrito a máquina porque yo soy un señor. Esto de la informática es un monstruo con una boca insaciable. Acabará por borrar el pensamiento y tragárselo todo. Me causan terror esos chicos que se pasan diecisiete horas frente al ordenador. Deberían estar en la calle viendo cómo les crecen las tetas a las niñas. Ah, José Luis, anoche vi en televisión a Ariadna Gil. Qué belleza más extraña. Dile a David Trueba que le haga una foto de perfil con un gorro egipcio y descubrirá que esa muchacha es Nefertari. Por cierto, he leído en el periódico que mañana es tu cumpleaños.

—Así es —contestó José Luis.

—Felicidades. Me gustaría mandarte una tarta —exclamó el viejo riendo—. ¿Te gusta el chocolate?

—Déjalo, Julio.

—Mañana recibirás una tarta de chocolate.

Soltó otra pequeña carcajada. Tenía delante el pedernal del cabo y con una apoteosis de Bernini a la valenciana el sol al caer entre nubes de sangre por los montes de la Aitana sacaba también muchos destellos de la coronilla de Julio Alejandro que ahora había comenzado a hablar de política entre sorbos de agua mineral sin gas.

—No me gusta Anguita porque levanta demasiado el dedo. No me gustan los políticos que apuntan con el dedo. Anguita lo hace así, hacia arriba, como los profetas. Aznar amenaza con el dedo horizontal, como los inquisidores.

Julio creía que en España había mucha corrupción pero no tanta como la gente pensaba. Había que limpiar esa basura del partido socialista. Para aliviar un poco el pesimismo le dije que la política era poca cosa frente a la fuerza de la vida, que por mucha corrupción que hubiera bastaría con que los panaderos, los fontaneros, los mecánicos fueran excelentes para que el país se salvara, como prometió Jehová a Sodoma y Gomorra. El anciano me miró con ironía.

—Eres muy optimista. No sabes lo fácil que es comenzar a degollarse —exclamó por lo bajo—. Yo he presenciado varias matanzas colectivas. No sabes lo fácil que resulta.

Se le veía tranquilo, con los ojos brillantes, sentado en aquel sillón de mimbre en medio de la dulzura de una puesta de sol de septiembre que doraba la bahía de Jávea. Después de un silencio, aunque sonrió, creí ver que le caía una lágrima. Pensé que estaría imaginando otra vez su viaje con la calaca. Luego me preguntó:

—¿Estás escribiendo alguna cosa ahora?

—Me gustaría escribir un cuento sobre cine —le dije.

—Puedo obsequiarte con una historia real —murmuró Julio Alejandro.

Antes de hablar dudó un poco, incluso gimió levemente, y en seguida con los ojos muy fijos, unas veces en la línea del horizonte y otras en la punta de las babuchas, exclamó con gran melancolía:

—Aquel niño me miró con rencor... No sé si contártelo.

—Por favor, cuéntanos esa historia —insistimos los tres invitados.

—Hace unos días vinieron a verme unos amigos con un hijo de ocho años. No era más alto que esta mesa. Quise hacerle un obsequio para que se acordara siempre de mí. Le regalé una piel de lobo marino. El niño antes de tomarla me preguntó: «¿Quién ha matado a este animal?». Le contesté: «Yo mismo». Entonces el niño me miró con rencor y exclamó: «¿Y por qué en lugar de matar a este pobre animal no te han matado a ti que eres un viejo que ya no sirve para nada?».

En ese instante Julio Alejandro calló. Nosotros también. Después de un silencio prolongado le dije:

—Es una historia emotiva, pero no es un cuento de cine. No creo que me sirva.

Con la cabeza baja Julio Alejandro parecía que trataba de llorar sin conseguirlo del todo. Una lágrima le cayó sobre el labio inferior amoratado y nosotros creíamos que la inocente crueldad de aquel niño le había vuelto a emocionar, pero en realidad el hombre estaba agonizando y nosotros lo ignorábamos. Después supimos que le acababa de dar una embolia cerebral. Tratando de animarlo comenzamos a contarle cosas disparatadas y en su agonía él aún hacía un esfuerzo sobrehumano por ser cortés. Sonreía. A veces tendía un brazo hacia la bahía e intentaba levantarse del sillón agarrándose a la barandilla de la terraza y nosotros forzábamos las risas hasta la carcajada por ver si se le deshacía el nudo de emoción que parecía tener en el pecho.

—Hay que dejarlo tranquilo.

—Julio, ¿te encuentras mal? —le preguntó José Luis.

—Sin duda el recuerdo de aquel niño le ha alterado. Se le pasará.

A continuación volvimos a contar historias esperpénticas mientras Julio Alejandro expiraba. Este terrible malentendido duró casi media hora, ya que el moribundo se comportaba con una discreción exquisita. En vista de que no mejoraba, entre los tres lo trasladamos hasta el sofá del salón donde quedó tendido y absorto. La soledad de la tarde era absoluta. La playa estaba vacía. En el edificio no había portero ni quedaba un solo vecino. Toda la urbanización de ese lado del Arenal de Jávea se hallaba deshabitada. Incluso las farolas de la calle a esa primera hora de la noche permanecían apagadas. También nosotros estábamos de pie en silencio frente al agonizante.

—Hay que llamar a Rafael Azcona —exclamó de repente José Luis.

—¿Qué puede hacer Azcona si está en Madrid?

—Él conoce a un hermano de Julio que vive en Zaragoza.

Salvador Pons buscó inútilmente por la casa algún papel, alguna agenda, cualquier tarjeta, aunque fuera la del fontanero, que pudiera ayudarnos a salir de nuestra propia soledad ante el moribundo. En ese momento sonó el teléfono. Al oír mi voz, el comunicante colgó. Esta llamada anónima se repitió tres veces mientras Julio Alejandro tendido en el sofá estaba entrando en coma. Entonces le grité al oído:

—Julio, si me oyes apriétale la mano a José Luis.

El agonizante extendió el brazo izquierdo hacia José Luis García Sánchez y le estrechó débilmente la mano y luego hizo con ella un gesto de despedida. Y eso fue lo último que hizo. En ese momento volvió a sonar el teléfono. Esta vez no colgaron. Una voz femenina muy lejana, muy dulce me preguntó por el dueño de la casa. Sin esperar respuesta a continuación añadió:

—Dígale a Julio que el encargo que me hizo ya está cumplido. Dígale que mañana a las tres de la tarde iré a hablar con él.

Cortó sin que yo pudiera preguntarle nada. En un folio en blanco sobre su mesa de trabajo le dejamos este aviso bajo la luz del flexo para que Julio lo leyera si despertaba del sueño. Escribí con un bolígrafo: «Julio, mañana a las tres una mujer vendrá a verte. No ha dejado su nombre». Entonces sonó el timbre de la puerta. De pronto entró en la casa un señor con peluquín dando alaridos:

—Julito, Julito, qué has hecho, pero qué te ha pasado, Julito, Julito —el hombre vestía camisa de seda apretada, lucía un bronceado exquisito y lo seguía un jovenzuelo que exhibía músculos de gimnasio—: Es mi sobrino —dijo aquel recién llegado que de forma espontánea se precipitó en el sofá donde Julio Alejandro expiraba—. Qué te ha pasado, Julito. Saben ustedes, yo esta noche tengo una cena con mi sobrino y unos ingleses, pero de pronto me han llamado desde Zaragoza diciéndome que viniera a ver qué le había pasado a Julito. ¿Comprenden el problema? ¿Qué les digo yo ahora a los ingleses?

En seguida la casa se llenó de gente disparatada llorando. Después llegó el médico de Jávea. Los camilleros de una ambulancia se llevaron a Julio Alejandro sumido en coma profundo al hospital de Denia cuando las farolas del Arenal tenían una corola de humedad de final de septiembre alrededor. Le dimos el número del móvil al médico para que nos avisara si se producía la noticia que esperábamos y muy amable el médico nos dijo que así lo haría.

Al día siguiente en el restaurante La Pechina de Valencia la pequeña tropa de peliculeros quisimos celebrar el cumpleaños de José Luis García Sánchez con una tarta al final del almuerzo. No había tarta. Yolanda, la dueña, trató de solucionar el problema. En el momento de los postres el restaurante ya estaba vacío. Ella apagó todas las luces. A continuación salió de la cocina portando en una bandeja la única repostería que quedaba en el obrador de La Pechina, un pedazo de pastel de chocolate en forma de ataúd sobre el cual había clavado un cirio. Así iluminada avanzó hacia nosotros por toda la oscuridad de la sala y la pequeña tropa comenzamos a cantar: «Es un muchacho excelente, es un muchacho excelente», pero en ese momento eran las tres de la tarde y en medio de la oscuridad del restaurante sonó el teléfono móvil en el bolso de la jefa de producción Carmen Martínez. Desde el hospital de Denia el médico nos comunicó que Julio Alejandro acababa de morir. A oscuras, sólo con el cirio encendido sobre el féretro de chocolate en la mesa nosotros seguimos cantando la misma canción de cumpleaños ahora en honor de aquel muchacho que un día imaginó a Viridiana.

(Inédito)